MAX BROD
DER MEISTER

Roman

Insel Verlag

Der Roman erschien erstmals, gekürzt, 1952
im C. Bertelsmann Verlag, Gütersloh;
als ungekürzte Ausgabe 1960
im Eckart-Verlag, Witten und Berlin.

Erste Auflage der Ausgabe im Insel Verlag 1981

Druck: Georg Wagner, Nördlingen
Printed in Germany

Ester Hoffe gewidmet

1
Ein Mensch wird verschenkt

Sehr sehnsuchtsvoll denkt Meleagros an die Zeit zurück, die er zu Alexandria in der ›Kleinen Halle‹ der berühmten Bibliothek, des Museions, verbringen durfte. Diese Zeit ist ein großstrahlendes Licht. Und mitten in dem Licht sieht Meleagros sich selbst, den schönen jungen Griechen, den blonden Lockenkopf vom schwarzblauen Band längs der weißen Stirne umwunden – kein schlechter Anblick übrigens, das darf er sich gern und gut eingestehen. Und damals – damals war er zudem auch noch glücklich zu nennen!
Reine Seeluft strich über den mosaikgepflasterten Estrich des Saales. Sie war es, die diesen Fußboden schimmern ließ wie einen Metallspiegel. Und über dem bunten Grund schwebten fast sichtbar die Gottheiten der Freude, der Stille. In der Ecke hinter der dunklen Erzbüste des Kallimachos sitzen, des hochzuverehrenden Schulhauptes und Urdichters, in dieser Ecke alte Texte miteinander vergleichen, seltene Lesarten auffinden, hie und da selbst einen Vers, ein Erotikon, niederschreiben – an die prachtvolle Heliodora etwa, die Flöten-

spielerin: was konnte es Besseres geben! Wenn ihn diese Heliodora nicht gerade durch Untreue quälte, wenn sie ihm letztens vertraut zugelächelt hatte, dann genoß er in den Räumen der Bibliothek einen Zustand, der jener Seligkeit zumindest benachbart war, wie sie dem Weisen ansteht.

Man atmete förmlich die Ruhe der vielen tausend Papyrosrollen ein, die in roten und blauen Lederkapseln auf den sauber gebeizten, funkelnden Holzregalen lagen oder bündelweise in Tongefäßen standen wie Blumen in geräumigen Vasen. Kühler Schatten weht hinter grünen Vorhängen, in mehr als hundert Sälen. Hundert Nester des Schweigens, des Friedens. Nur aus der ›Mittleren Halle‹ machen sich zuweilen die Gelehrten vernehmbar, die mit leisen Stimmen ihre Streitfragen besprechen oder einander ihre letzten Gedichte vorlesen.

Er selbst ist ›Gehilfe der gelehrten Dichter‹ — dies sein offizieller Titel —, und er trägt überdies einen nicht unbedeutenden Plan im Herzen, dessen Ausführung ihn gewiß einst berühmt machen wird; er nimmt ihn immer wieder auf, nach wohligen Unterbrechungen, ohne Hast, langsam und sanft, diesen süßen Plan; in völliger Ausgewogenheit des Gemüts, wie es dem Weisen geziemt, der die Lehren Epikurs befolgt, arbeitet er gelegentlich an dem, was er im stillen sein ›bestes Geheimnis‹ nennt.

Vorbei.

Damals und heute — ein Unterschied wie ein Dolchstoß.

Der Blick damals vom vornehmen Brucheionhügel, auf dem die Bibliothek lag, die größte des Erdrunds — der Blick öffnete sich aus einem Fächer von Regierungs-Prachtgebäuden hervor auf das blaue Meer hin, zum Hafen der ›guten Heimkehr‹, dem Eunostos. Dort sah man den langen Damm bis zur Pharosinsel, die den Leuchtturm riesenhaft, grau, drohend, wie einen die Wellen abschüttelnden Meergott gegen den Himmel ansteigen ließ. Auf dreihundert Stadien ist sein Licht den Schiffen auf See sichtbar.

Hier dagegen und heute — wenn Meleagros heute den Blick von den Akten aufschlägt und zum Fenster hinausschickt,

findet er eine wilde, immer unruhige, immer lärmende Barbarenstadt, deren Lehmhütten und rohe niedrige Steinhäuser, deren Mauern, Höfe, Stiegen, übervölkert, stark riechend, an steilen Kalkbergen aufwärtsdrängen – ein Chaos in Gelb und Schmutzigweiß. Ja, und da ist dann noch dieser ungefüge Block oder Pylon aus weißem Marmor mit dem goldenen Dach – sie nennen ihn den ›Tempel des Höchsten Gottes‹ und treiben viel Wesens mit der Unform, die ihrem mißgebildeten Sinn gefällt. – Des ›Höchsten Gottes‹? Also haben sie doch mehrere Götter? Ein absurder Einfall überdies, der an die Träumereien unseres guten, törichten Platon erinnert: daß es nur einen einzigen Gott geben soll. Wogegen der Meister gesagt hat, unser Herr, Epikuros selbst: »Wie die Menschen sind auch die Götter gesellig.« – Und in der Tat, ein einziger Gott könnte nie glückselig sein. Er würde sich ja zu Tode langweilen. Da sich die Götter bekanntlich um uns Menschen nicht kümmern (wie könnten sie sonst frei von Sorgen und glücklich sein?), hätte solch eine seltsame Rarität von einem Solo-Gott niemand als sich selbst zur Gesellschaft. Auch wäre die größte Lust, die der Freundschaft, ihm unbekannt. – Dem sei wie immer, schließt Meleagros ab – jedenfalls erfreut als architektonisches Gebilde die plumpe Masse drüben das an Proportion und Gliederung gewöhnte hellenische Auge nur sehr mäßig. Und so bleibt es dabei: das Land, in das ihn ein Machtspruch verbannt hat, ist pestilenzialisch häßlich und verflucht.
»Diese Provinz – so hat er seinem Herzensfreund Jason nach Alexandrien geschrieben, bald nachdem er hier angelangt war – diese Provinz bietet als einzige Sehenswürdigkeit Erdbeben.«
Im Winter außerdem noch furchtbare Wolkenbrüche und Überschwemmungen, da die Einwohner des in jeder Hinsicht zurückgebliebenen Landes nichts von dem uralten geistreichen System der Kanalanlagen Ägyptens gelernt haben. Den Winter hofft er allerdings nicht mehr in dieser Einöde zu verbringen. Irgendwie ausbrechen – das ist sein einziger Wunsch und Vorsatz. Möge er gelingen!

Ausbrechen! So wie er hier im Hochsommer ausgebrochen ist, als man ihn an irgendeinen galiläischen See geschickt hatte. Unmöglich dort auszuhalten, in einer Höllenlandschaft, einem glühenden Kessel zwischen kahlen Bergen, versengten Abhängen, die nichts als Sonne, Staub, Mist, übelkeiterregende Schwefeldämpfe ausstrahlen. Nun, das war damals gelungen. Den amtlichen Auftrag hatte er rasch einem Unterbeamten, dem Marktaufseher Metilius, weitergegeben und war in die Hauptstadt zurückgekehrt, die zwar auch unwohnlich, aber immerhin eine Stadt ist. So wie er glücklich aus dem Glutkessel ausgebrochen ist, wird er vielleicht einmal auch dem ganzen Land entrinnen.

Er überdenkt es nochmals und erschrickt. Den Römern ausbrechen? Vergebliche Anstrengung. Er weiß es: Wen die eiserne Faust des Imperiums gepackt hat – und sei es auch nur, weil sie zufällig einmal, wie im Traum, danebengepackt hat –, der entrinnt ihr nie wieder. Und sei es der mächtigste König des noch uneroberten Teils der Welt: gegen den Willen Roms gibt es keine Auflehnung. Wer sich auflehnt, wird zerdrückt. ›Rom hat gesprochen‹ – damit ist die Entscheidung gefallen.

Wäre es eines Weisen nicht unwürdig, zu hassen oder sonst einem überflutenden Affekt nachzugeben: Meleagros könnte die unmenschlichen Römer mit glühender Wut verdammen, bis in den tiefsten Abgrund hinein – die Römer, die seine Heimatstadt Antikyra in Phokis vernichtet haben. Ein spät aufflackernder, örtlich geringer Aufstand des längst in die Knie gezwungenen Griechenland war es. Die ganze Einwohnerschaft Antikyras wurde in die Sklaverei verkauft. Die Stadt verfiel der Zerstörung. In Ephesus, auf Kreta, auf allen Sklavenmärkten des Mittelmeeres konnte man damals Phokier sehr billig erwerben. Die Familien wurden selbstverständlich auseinandergerissen. Lebt die Mutter noch? Aristobulos, des Meleagros Bruder, war gefangen worden und aus der Sklavenschaft entwichen, tags darauf wurde er ans Kreuz geschlagen. Die Schwester verschwand in einem Bordell. Meleagros selbst konnte sich retten, indem er nachts

von dem Sklavenschiff, das im Hafen von Delos lag, auf einen Kornfrachter hinüberschwamm. Der kam aus Ägypten, ging nach Athen. Hier hatte der Flüchtling Bekannte, fand zunächst Unterschlupf. In der Philosophenschule des Philodemos, der nach den Vorschriften des göttlichen Epikur lehrte, konnte er sich ausbilden, im schattigen Garten – denn das gebot die Lehre des Gründers: der Unterricht finde in schönen Gärten statt. An diesem anmutsvollen Ort erfuhr er, daß man sich nicht zu benehmen habe wie die Anhänger der kynischen Verirrung, jene absurden Rüpel, die es für angezeigt halten, sowohl die Angelegenheiten der Demeter wie die der Aphrodite auf offenem Markt zu verrichten. Aber auch überheblich, heuchlermäßig-statuenhaft und immer gefaßt wie die Stoiker habe man nicht im Leben dazustehen wie sein eigenes Grabmal. Den Stimmen der Natur folgen, das hieß ihn Philodemus, der gern lächelnd, spitznasig, kalkweiß, mit glattgestrichenem Grauhaar überraschend hinter einer Säule hervortrat und mit einem Scherz seinen Lehrvortrag begann – aber man gehorche einer geläuterten und sozusagen stubenreinen Natur, einer sanften Bewegung der Lust. Schmerzlosigkeit ist noch wichtiger als Lust. Und vor allem keine Angst! Angstlos sieht der Weise auch dem Tode entgegen. Denn der Tod geht uns nichts an. Wo wir sind, ist der Tod nicht; und wo der Tod ist, sind wir nicht.
Dem jungen, munteren Meleagros gefielen solche Sätze nicht übel. Bald war er ein eifriger Jünger. Es ergab sich ja alles so einfach, man brauchte nur die Sätze, die Kernsprüche auswendig zu lernen, die schon vor Jahrhunderten der gefällige Meister, ein wahrer Freund seiner Schüler, in die knappste Form gebracht hatte, so daß man sie sich leicht merken konnte. In jeder Lebenslage steht einem dann sofort der rechte Spruch zur Hand, wie Arznei in einem Fläschchen. Philosophie soll ja auch nichts anderes sein als eine Arznei der Seele – sogenannte Wahrheit, Erkenntnis, was geht sie einen an! Vor allem eins: Fühle dich wohl, seelenbehaglich, mein Freund, kümmere dich um all das nicht, womit die Unweisen, die keine Philosophie studieren, in nichtiger Art ihre Tage verbringen.

Kümmere dich nicht um Sonnenfinsternisse, um die Mondphasen, Planeten, um die Entstehung der Wolken oder des Hagels und anderer Himmelserscheinungen. Man kann diesen oder jenen Grund für sie finden, und alle Gründe sind gleich richtig oder auch unrichtig, ganz wie du willst. Die Sonne ist ungefähr so groß, wie sie dir erscheint. Also etwa zwei Fuß breit, oder etwas mehr. Nimm das nach Belieben an, es ist gänzlich einerlei. Was gehen diese Dinge dich an! Sie haben keinen Bezug auf dich. Es gibt weder böse noch gute Vorzeichen. Sei aufgeklärt, Liebster. Die Götter schlafen. Oder sie befassen sich nur mit sich selbst, haben Besseres zu tun, als uns zu warnen oder den Kosmos zu bauen. Sind sie denn Handwerker? Nein, selige Nichtstuer sind sie. Was aber nicht ausschließt, daß man sie als uns überlegene Wesen anbeten soll, dem landesüblichen und hergebrachten Kult gemäß. Nicht als ob etwa die Götter zürnten, wenn wir diese Gebete und Opfer unterlassen. Aber warum soll man sich bei den Menschen unbeliebt machen, ihnen ihre Freude an den Festen und Prozessionen verderben? Der Weise wird sich fügen, im Verborgenen leben, nicht durch Widerspruch überflüssiges Aufsehen erregen.

»Ihr macht es euch etwas zu bequem«, sagte Philodemos, plötzlich hinter einer Säule auftauchend, einige Schüler bei ihrem Gespräch überraschend. »Du, mein Meleagros, bist von leichtbeweglicher Natur, du nimmst das Leben ohnehin nicht schwer. Nun kommt dir eine Lehre sehr gelegen, die scheinbar dasselbe empfiehlt, was dir eingeboren ist. Prüfe dich aber doch etwas genauer. Der Meister, so sagt man, soll sehr eigensinnig gewesen sein, und nicht immer war es leicht, seinen Worten zu folgen. Aber man erzählt Wunder von seiner Freundlichkeit, seinem höflichen und bescheidenen Wesen. Es ist uns das Wort eines seiner unmittelbaren Schüler überliefert: ›Wenn man das Leben Epikurs mit demjenigen der anderen Philosophen vergleicht, so könnte man es um seiner Milde und Selbstgenügsamkeit willen einen Mythos nennen.‹ – Das klingt doch ein wenig anders als euer schallender Leicht-

sinn, ihr Knaben. Mit Recht heißt es daher bei uns: Handle immer so, als ob Epikuros dir zusähe.«
Und mit noch längerer Nase als sonst wandelte der schwächlich-schlanke, alte Erzieher durch die schattige Allee davon. Die Erstaunten sahen ihm lange nach.
Meleagros war ein guter Junge, an seiner Seele hatten Gewissenhaftigkeit, redliche Bemühung immer einen mindestens ebenso starken Anteil gehabt wie das heitere, unbekümmerte Blut. Er lernte gern. Er vertiefte sich von neuem in die weniger gangbaren Folgerungen und Ausläufer der Lehre, die ihm freilich bei all ihrer menschenfreundlichen Sorge um die Ruhe des Gemüts schon ein wenig spitzfindig vorkamen. Was da vom stillen, wellenlosen Hafen der Schmerzlosigkeit geschrieben stand, der besser sei als brausende Freude: darauf schwor er willig. Schmerzlosigkeit, das höchste Gut, zu dem der Weise gelangt! Wenn man Wasser und Brot hat, darf man sogar mit Zeus an Glückseligkeit wetteifern! Leider fehlte es dem Meleagros, den auf die Dauer zu unterstützen seine Bekannten durchaus abgeneigt waren, bald öfters sogar an Brot zu dem immerhin von den Göttern bereitgestellten Wasser. Unbesorgt! auch für derartige Fälle hatte der Meister Sprüche weislich vorbereitet. Und der Jünger wurde dahin belehrt, daß dem Weisen das Leben unter allen, auch den ungünstigsten Umständen lebenswert erscheine; denn in jedem Falle enthalte es mehr von dem, was wir wollen, als von dem, was wir nicht wollen. Daher sei der von den Stoikern gelegentlich empfohlene Selbstmord durchaus nur als logischer Schnitzer oder als eine Art von grammatikalischem Schreibfehler anzusehen, kurz als ein häßlicher Unsinn. Arme, unbelehrte Stoa! Der Weise wird glückselig sein, auch wenn er gefoltert wird. Allerdings wird er dann stöhnen und jammern, sich also nicht zurückhalten, wie es gewisse Leute wollen, wieder diese Leisetreter, die Herren von der Stoa! – Eigenwillig und mit nachsichtiger Milde schnaufte die Philodemische Spitznase im kalkweißen Gesicht, und die Schüler gestanden sich ganz im stillen, mit ehrfurchtsvollem Schauder ein, daß es in der Tat schwer sei, ihm zu folgen; aber dazu gehe man ja schließlich an die Hoch-

schule, auf das Leichtverständliche wäre man vermutlich ganz von selbst gekommen.

Der Weise wird sich immer freuen – so bemerkte Philodemos rätselhaft verschlossen, aber mit gütigem Kopfnicken zur Gemeinschaft einladend, sei es nun, daß dies obenhin geschah, der Schulkonvenienz gemäß, oder aus wirklich hilfreichem Herzen, oder gar ein wenig müde und boshaft, wer konnte das wissen –, der Weise wird, selbst wenn er im Stier des Phalaris geröstet wird, zum Schlusse kommen: Das Leben ist eine Wollust und der Schmerz geht mich nichts an.

Mit solchen und mancherlei ähnlichen Kenntnissen ausgerüstet, hätte Meleagros als ein bereits höheres Semester an Philodems erbaulichem Gedanken- und Weisheitsinstitut leicht einen Posten als Sekretär oder stilistischer Hausgeist bei einem der vielen vornehmen jungen römischen Herren und reichen Rittersöhnchen finden können, die in Athens Säulenhallen herumlungerten, um nach ein oder zwei recht vergnüglich zugebrachten Jahren daheim sagen zu können, sie hätten sich jenseits des Jonischen Meeres den letzten Schliff geholt, in Griechenland – oder vielmehr in der ›Provinz Achäa‹, denn ein freies Griechenland gab es ja seit bald zweihundert Jahren nicht mehr. Aber solch ein Dienst widerstrebte dem jungen Meleagros aufs peinlichste, obwohl er ihm vermutlich Ruhm und jedenfalls einen vollen Beutel eingetragen hätte. Alle diese nichtsnutzigen Wolfsrömer, die nach Athen kamen, um sich mehr oder weniger oberflächlich das Handwerkszeug der Weltbildung zu kaufen, oder, noch praktischer, um als angehende Staatsmänner und Heerführer nur etwas Grammatik, Deklamieren, Geschichte oder Rhetorik, gute Aussprache sowie die üblichen Tricks der Beredsamkeit zu lernen – alle pflegten sich einen literarischen Hausgriechen, einen Graeculus, oder ein paar von dieser Sorte mit nach Hause zu bringen. So wie man griechische Friseure, griechische Steinschneider, Maler, Vorleser, Tänzer nach Rom importierte, so hatte man als Kavalier von Rang auch eine Zunft von ›Griechlein‹ in seiner Villa unter dem Gesinde sitzen, die einem Briefe und öffentliche Reden korrigierten, womöglich auch noch die

›Denkwürdigkeiten‹ des Herrn, sofern es solche gab, aufzeichneten und ihm zu verfasserschaftlichen Ehren verhalfen. Man sah auf solche Hilfspersonen von oben herab, aber man brauchte sie und bezahlte sie reichlich. – Natürlich gab es unter dem Wolfsgeschlecht der Römer auch einige, die ihre Epistel, Gesetzesanträge, Amtsberichte und Gedichte allein schrieben. Doch die Hauptmasse der Romulusenkel begnügte sich jedenfalls damit, den edlen Honigseim der griechischen Bienen bereits zubereitet aus Attika zu beziehen, nicht selbst aus den Blüten des Hymettos zu saugen. Die Protzen aus den großen römischen Familien rühmten sich, die besten griechischen Ratgeber und Seelentröster zu besitzen – so wie sie zu ihren Gastereien den besten Wein aus Chios, die geschicktesten Nymphen Thraziens und für ihre Pasteten die teuersten Pfauen aus Tyrus bezogen. Die Kastanien mußten vom Ufer des Tagus, die Datteln aus Ägypten, das Haselhuhn aus Phrygien, das Hammelfleisch aus Ambrakia, die Austern aus Tarent, die Nüsse aus Thasos sein – und der Lehrer weltweiser und künstlerischer Eleganzen aus Athen. Solch ein Lehrertum wäre des jungen Meleagros natürliche Laufbahn gewesen. Er zog es vor, arm und frei zu bleiben.
Es ging, solang es ging. Schließlich duckte ihn das Schicksal, das ihn heimatlos gemacht hatte, dann doch unter seine eherne Sohle. Er hatte sich jahrelang ehrlich gewehrt. Und jetzt – in Jerusalem – was war er jetzt? Ein Gegenstand. Ein Nichts. Ein Geschenk. Das Geschenk, das ein Statthalter dem andern schickt, wie man ein Grußtäfelchen aus Elfenbein mit den Alltagsworten schickt: ›Wenn es dir gut geht, ist es recht. Mir geht es gut.‹
Ein Mensch wird eines Tages verschenkt. Es gab eben kein Entrinnen und kein gesundes Glück, wenn man es mit den grausamen Kindern der Wölfin Rom zu tun bekam.
Sollte er klagen? Zumindest den Bauch konnte er jetzt füllen. Hatte ja auch genügend Zeit; die er freilich, traurigen Herzens, weniger den Musen als der bekümmerten Untätigkeit weihte, dem erst jetzt erwachten Hang, die mannigfachen Stufen seines abgeglittenen Lebens zu überdenken, während

der Schatten des klobigen Turmes Phasael in sein Amtszimmer zu fallen begann – ein Zeichen immerhin, daß der verhaßte Vormittag zur Hälfte abgelaufen war.
Seine Schreibstube lag in einem der vielen unfreundlichen Zimmer des ehemaligen Königspalastes. Herodes der Große – den Beinamen hatten ihm die gewissen schmeichlerischen Graeculi gegeben – war der Bauherr dieser Residenz gewesen, eines Riesenkomplexes von Hallen, Häusern, Palmenalleen, kunstvoll bewässerten Gärten, in denen es die herrlichsten Rosen gab. Die Faust des Imperiums packt das Haus wie nichts; zu Ende mit dem königlichen Prunk.
Vor Meleagros lag ein Akt über die Besteuerung der Stadt Sepphoris oder Zippori im Galil, das dem Tetrarchen Herodes Antipas, dem Sohne jenes ›Großen‹, gehört, doch von römischer Oberhoheit streng überwacht wird. Vollendete Narrheit, überlegt Meleagros, nun bin ich ein Teil der Gewalt, die ich hasse, der widerlichen Römergewalt. Ein Teilchen nur, aber doch mit ihnen. Mittyrann unter Tyrannen. Konnte ich tiefer fallen?
Seufzend dreht er am kleinen Finger einen Kameenring. Die liktorischen Beile und Rutenbündel sind eingraviert. Mit denen siegelt er also jetzt, Meleagros. Für den lächerlichsten aller Statthalter wird er auch heute seinen unlustigen Bericht siegeln, im Namen des Senats und des Volkes von Rom; so hieß es immer noch auf dem Ring, obwohl jedermann wußte, daß Seine Gottheit, Kaiser Tiberius, gemeint war.
In Athen war ihm trotz der schlimmen Hungerzeit nie so lächerlich zumute gewesen. Oft hatte er freilich doch so gelitten, daß er an einigen der wichtigsten ›Meinungen des Herrn‹ den unehrerbietigsten und unerlaubtesten Zweifel kaum niederzuzwingen vermochte. Die ›Meinungen des Herrn‹ prangten in Goldbuchstaben an der Wand eines Landhauses, das einem der dankbaren Schüler gehörte. Was nützte es, daß sie so hell in der Morgensonne durch das Gartengrün schimmerten. Man wußte sie ja auswendig, gewiß, immer wieder sagte man sich etwa den Spruch vor, daß ›heftiger Schmerz kurz, langdauernder Schmerz aber wieder nicht heftig sei‹ –

oder jenen andern: ›Die naturgemäßen Begierden sind leicht zu erfüllen, die schwer zu erfüllenden Begierden sind nicht naturgemäß.‹ Nun wohl, war der Wunsch etwa nicht naturgemäß, zu essen, zu trinken, einen sauberen und unzerrissenen Mantel zu tragen? Aber dieser Wunsch oder diese Begierde war nur sehr unvollständig und, was den Mantel anlangt, überhaupt nicht zu erfüllen. Und der Schmerz, der entstand, als ihm die schönlockige Zenophila die Türe versperrte, eben jenes bereits wirklich in Lumpen zerfallenden Mantels wegen – dieser Schmerz war heftig und machte doch nicht die geringste Anstalt, spruchgemäß und herrenmeinungsgemäß kurz zu dauern.
Ein Mitstudent, Jason aus Gadara, schenkte ihm einen Mantel. Dann kehrte Meleagros aber nicht mehr zur Zenophila zurück, sein Stolz war verletzt. Auch war er so hübsch, daß alle jungen Hetären und Tänzerinnen ihm bei der Begegnung starr ins Gesicht blickten, dann die Köpfe hinter ihm herdrehten, wenn er vorbeifederte. Zunächst hatte er von ihnen genug, von ihnen und ihrer Dummheit; er zog einen Knaben vor, den entzückenden Leontokles. Doch um den gab es immer Streit, es kam zu lärmenden Überfällen, es setzte Prügel oder man mußte wohl gar gegen einen Nebenbuhler nächtlicherweise das blanke Schwert ziehen und ihn des Wegs verweisen. Das wurde mit der Zeit lästig. Seine nächste Geliebte war Demó, deren ›myrrhenduftende, schlafverscheuchende Haut‹ er in einem sechszeiligen Epigramm lobpries. Unversehens machte es ihn bekannt. Jedermann in dem leichtlebigen Athen wußte es auswendig, vor allem die beiden Schlußzeilen, die von den Küssen der Demó:

›Nur gering ist der Hauch, den sie mir zum Atmen gelassen.
Willst du, Eros, auch den, gern verström' ich mich ganz.‹

Zwar teilte er dieses begehrenswerte Mädchen mit vielen. Jeden Abend wurde sie zu einem Gastmahl gerufen, hierhin, dorthin. Die angehenden Herren Quästoren und Ädilen schickten ihr die kostbarsten Geschenke. Sie bestellten auch Liebesgedichte bei ihm – ein ›Gedicht für Demó‹, jeder der latinischen Bauernlümmel wollte jetzt eines geschrieben haben.

Meleagros war sorglos genug, solche groben Anbiederungen nicht übelzunehmen. Ihn allein liebte sie wirklich – das war ihm genug. Alles andere kümmerte ihn herzlich wenig. Er lachte mit ihr, wenn sie allein waren. Wenn sie die Türe hinter sich geschlossen hatten, las er ihr die gleichen Gedichte vor, die sie eben zusammen mit einem Smaragd an zarter Halskette oder mit einer schweren Goldspange von auswärts erhalten hatte – doch las er sie jetzt ohne die Fehler, die er absichtlich eingeschmuggelt hatte, um die Wölflinge ihrer Unbildung zu überführen und nebenbei seine eigene Verfasserschaft außer Frage zu stellen.
Ein betrunkener Magistratsherr aus der Hauptstadt – er war nur für einige Tage nach Athen gekommen, auf der Durchreise zu seinem Amt im Pontus – speiste eines Abends mit Demó. Am Morgen wurde Meleagros gerufen. Er solle Demó wegbringen. Sie lag tot auf den roten Kissen im Triclinium, den Kranz vollerblühter weißer Rosen in den Locken, das Gesicht zerkratzt, eine gräßliche offene blutige Wunde im Busen. Der syrische Unternehmer, der Gastunterhaltungen besonderer Art für reiche Fremde zu vermitteln pflegte, zupfte seinen schütteren graubraunen Bart, behauptete in einer seltsamen Mischung von Verlegenheit und Unverfrorenheit: die kleine Demó sei bloß berauscht, sie werde schon wieder zu sich kommen. – Der Körper war kalt, das Gesicht grünlichblaß wie der fahle Himmel des Frühmorgens, der über der offenen Halle heraufzog.
Als Meleagros wieder aufschaute, zeigte es sich, daß der syrische Biedermann verschwunden war. Die Sklaven flüsterten. Es sei bekannt, daß dieser bestimmte durchreisende Römer seine Triebgelüste nicht anders als mit dem Messer in der Faust zu befriedigen pflege. Er könne nicht anders. »Vorher habt ihr das aber niemandem gesagt«, fuhr Meleagros sie an, von Sinnen. Sie darauf, stumpf: »Wir dürfen nicht.«
Auf unbekanntem Weg mußte die Nachricht von dem Geschehnis rasch zu Jason gedrungen sein. Denn der Freund erschien bald nach Meleagros in der Halle, half ihm die Leiche den Beamten der Verbrennungsstätte übergeben. Auf dem

Heimweg suchte er ihn zu trösten. Doch was für ein Trost! Dieser Jason erwies sich denn doch als unleidlich. Schon bei früheren Anlässen hatte Meleagros immer wieder einigen Widerwillen gegen ihn unterdrücken müssen. Im Grunde hatte sich ja der Schulgenosse stets willig, klug, gutartig benommen. Er schenkte gern alles weg, nicht bloß den neuen Mantel damals — dabei war er selbst eher bedürftig als reich. Und dennoch, bei all seinen Vorzügen: er stieß ab, die Luft um ihn verletzte, als zerfiele sie bei seinen Reden in spitze Eissplitter. Dabei hatte er ein schönes, wehmütiges Gesicht, breitflächig, mit hoher Stirn edel aufgebaut — doch was er sagte, stand meist in schroffem Gegensatz zu diesem Gesicht wie zu der leisen, sanften, gelegentlich ins Unhörbare sich verlierenden Stimme. Hatte ihn nicht das Schulhaupt, Philodem selbst, aus den Gärten verwiesen? — »Er hat einen zersägenden Verstand«, hatte der Lehrer damals gesagt. Nun kam dieser zersägende Verstand mit einer langen und schmerzhaften Untersuchung angerückt: »Es gibt keine Liebe, du hast die arme kleine Demó nie geliebt, mein Meleagros, Liebe unter uns brüchigen Erdenkindern ist nichts als sinnlicher Dunst, Einbildung.« — Meleagros schrie weinend laut auf.

»Man redet sich Gefühle meist nur ein«, fuhr Jason in weichem Flüstern unaufhaltsam fort. »Das ist des Weisen unwürdig. Du hast, um es ganz offen zu sagen, von Demó gelebt. Reden wir doch die schlichte Wahrheit, auch wenn sie im ersten Augenblick weh tut.«

Meleagros bückte sich, warf einen Stein auf Jason, der rasch zur Seite sprang. Ein verlegenes Lächeln erschien auf seinem schönen Gesicht, die großen graublauen schweren Augen blickten befangen an Meleagros vorbei. Er redete aber ruhig weiter. »Sie war hübsch. Andere Vorzüge hatte sie nicht, aufrichtig gesagt. Du hast von ihr nicht unbeträchtliche Vorteile gezogen, hast sorglos gelebt. Kannst du das leugnen? Ich sage ja nicht, daß es unrecht oder verwerflich war. Wer wollte uns schwache Sterbliche aburteilen! Aber die Tatsache gib zu! Dann wirst du auch verstehen, warum du jetzt mit besonderem Schmerz um sie trauerst, der nur zum Teil ihrer Person gilt. Sie zu überschätzen liegt kein Grund vor, obwohl ich auch durchaus nichts gegen sie einwenden will. Aber wozu sie jetzt plötzlich in einschmeichelndem Goldlicht sehen? Wenn du damit nicht so schnell wie irgend möglich aufhörst, so müßte ich dich zu den unphilosophischen Toren zählen.«

Das Übermaß von Taktlosigkeit, eine geradezu rückhaltlose Entblößung völliger Gefühlsleere machten den jungen Meleagros aufhorchen. »Aber sie war doch ein Mensch!«, sagte er kleinlaut, fast wimmernd, streckte wie flehend die Hände aus. Ein Mensch – und man sollte um sie nicht trauern dürfen? dachte er.

»Nun, ein Mensch. Nun ja, ein Mensch«, wiederholte Jason traurig, wie verloren, an Meleagros vorbeiblickend. Die Stimme blieb warm und angenehm, während der Inhalt der Worte kahl, erbarmungslos hervorkam. »Kann man jemanden mehr beschimpfen, als wenn man feststellt, daß er ein Mensch ist?«

Meleagros tat gewiß das Richtige, als er die Unterredung abbrach und wortlos heimging. Dennoch wurde gerade dieses Gespräch (nach Wochen einsamen Leids, dem er sich um Demós willen hingegeben) zu einem Wendepunkt in seiner Beziehung zu dem Kauz Jason, dem schrulligen Rohling mit dem süßen Ton in der Kehle. Meleagros konnte nicht verhindern, daß diese Beziehung zwischen ihnen beiden sich vertiefte.

Heute ist er mein einziger Freund, mein Licht – überlegte der Staatsschreiber, indem er die Akten wegschob, die der dunkelhäutige peräische Sklave in Stößen hereinbrachte. Und im Schatten des Turmes Phasael begann er wieder einmal einen Brief nach Alexandria, ohne zu wissen, wann ein Kaufmannsschiff von Gaza oder von Caesarea aus das Schreiben mitnehmen würde. – Zank mit Jason hatte es seit jenem Heimweg von der Leichenstätte noch oft gegeben; doch seltsam genug, jeder Zank hatte das Bedürfnis nach streng unumwundenem Gespräch in beiden nur verstärkt, hatte sie immer nur enger zusammengebracht.

Jetzt war es sozusagen des Meleagros einziger Trost, sich durch briefliche Klagen an Jason zu erleichtern, sich mit ihm, der so ganz anders empfand, auseinanderzusetzen. Wer hätte das damals vorausgesehen – damals, als die kleine liebliche Demó starb?

In Athen hatte Jason noch Gelegenheit gehabt, ihm einen entscheidenden Dienst zu erweisen.
»Kennst du den Kreophylos?«
»Nicht daß ich wüßte.«
»Wohl aber behauptet er, dich zu kennen. Seine Nüstern blähen sich wie die eines Jagdpferdes, wenn dein Name fällt, mein Meleagros.«
»Was will er von mir? Ich habe nie . . .«
»Er stammt wie du aus Antikyra, so scheint es. Jedenfalls aber ist er ein Angeber im römischen Dienst. Sein Amt sieht er darin, die Letzten aufzuspüren, die dem Blutbad des phokischen Aufstandes entronnen sind.«
»Er hat mich erkannt?«
»Noch suche ich es ihm auszureden. Für ein Weilchen habe ich ihn irregeführt, deinen Namen in Menalkas verwandelt. Aber Rom vergißt nicht so leicht. Hat Blutwitterung, der folgt es unabweichlich. Übrigens sind alle Menschen grausam, einer verschlingt den andern. Alle sind wir Sünder. Es ist das Gesetz des Fleisches, unter dem wir stehen. Ohne Unterschied.«
»Ohne Unterschied? Meinst du das im Ernst? Aber er ist doch ein Verräter. Ein Grieche – und spioniert für Rom! Jetzt sehe ich erst, was für ein heruntergekommenes Volk wir sind. Sag, schämst du dich nicht, ein Grieche zu sein, Jason?«
»Der Weise wird sich nicht damit befassen, die Griechen zu retten – ein Satz des Epikur, mein Lieber. Ich erinnere dich an die Schule! Und an das Schulgeld, das deine Gönner für dich aufgebracht haben. Soll es ihnen leid darum tun?«
»Es geschieht uns also recht, daß Fremde uns regieren. Daß sie mit uns tun, was sie wollen.« Meleagros senkte die geballte Faust.
»Reden wir nicht lang«, meinte Jason mit leiser, sich ins Unhörbare verlierender Entschiedenheit. »Kreophylos kommt heute wieder in eure Gärten. Er darf dich nicht mehr an-

treffen. Du übernachtest bei mir. Morgen mußt du fliehen. Dein Name in den Proskriptionslisten ist noch nicht gelöscht.«
Wieder versteckt sich Meleagros auf einem der plumpen großen schwarzen Kornschiffe, fährt wieder als blinder Passagier. Vor zwei Jahren war er mit dem goldenen Kornsegen nach Athen gereist, jetzt legt er zwischen leeren Holzwänden und Gestellen die gleiche Strecke in umgekehrter Richtung zurück. Es geht nach Delos, schließlich nach Alexandria.
Er denkt heute nicht gern daran, wie er sich in der fremden Stadt durchgeschlagen hat. Es war anfangs eine hundemäßig unsaubere Zeit. Viel von dem leichtlebigen jonischen Blut, das er ja glücklicherweise besaß, gehörte dazu, um überhaupt nur irgendwie durchzurutschen. Und auch so kostbar jungwarmes Blut erinnert sich später der einzelnen Erniedrigungen nicht gern. Weltstadt Alexandria, Kosmopolis, wie sie sich gern nannte, der ›Knoten der Welt‹ – als Flüchtling konnte man da gut untertauchen, aber ganz unbemerkt von irgend jemandem konnte man auch krepieren in dem erbarmungslosen Menschengewimmel. Es gab keinen Kreophylos hier, keinen Katalog der Verfolgten, das war ja entschieden ein Vorteil – es gab aber auch keinen Jason, keinen Freund. Eine Zeitlang fristete Meleagros als verlauster Obstverkäufer im Bazar sein Leben – oder einen Schatten seines Lebens, besser gesagt; dann arbeitete er als Wasserhändler, der seine rasselnden Metallbecken gegeneinander schlug, später als Ruderer im Hafen Eunostos, noch weiter in der Folge als Jongleur, auch als Schalmeibläser mit einer tanzenden Schlange, die aus einem Korb hervorkam, dann ganz einfach nur als Bettler, endlich als Gesellschafter eines Schwindlers, der auf dem Markt Lotterien veranstaltete und vor der Ziehung durchging; worauf auch Meleagros entrüstet ihn verließ. Er hatte es in all den mannigfachen Gewerben seinen Herren nicht zu Gefallen getan, und sie ihm ebensowenig. Das Schlimmste aber kam, als er, um alle Schulden loszuwerden, Handgeld für ein Jahr vorausnahm. Nicht nur, daß der Vermittler ihm den größten Teil dieses Handgelds als Gebühr für den verschafften Posten sofort wieder abnahm: der Dienst selbst, bei einer Kurtisane,

der er die Besuche anzumelden hatte, dünkte ihn wenig appetitlich. Nun war er also am Ende Türsteher in einem schlechten Hause geworden. Und Epikur, der göttliche Meister, sieht ihm zu. Er war sich eine Weile lang nicht klar darüber, ob es eine Verbesserung bedeutete, als er der gereiften Frau gefiel, als sie ihn zu ihrem Freund machte. Bald genug wurde es ihm dann aber durchaus klar. Mit der blauäugigen, sanft begehrlichen Demó konnte die neue Herrin, eine keifend geizige Äthiopierin, keineswegs verglichen werden. Er lief weg, zu einem Lanista, einem Fechtmeister, der ihn anwarb. Dieser Mann veranstaltete Gladiatorenspiele so großen Stils, wie sie der stolzen Weltstadt Alexandria angemessen waren. Unter eine Rotte von Verzweifelten, von entkommenen Sträflingen, flüchtigen Sklaven war Meleagros somit geraten, die ein für allemal ihr Leben verkauft hatten, um an passenden Festtagen einander abzuschlachten, dem Volk zum Ergötzen und dem ›zweiten Athen‹, dem ›Athen des Ostens‹ zum Ruhme, wie die reichen Krämer und Reeder ihre Heimat mit Vorliebe titulierten.

Die Aussicht, am Leben zu bleiben, war gering – aber ein schmaler Spalt ins Licht (so will es nun einmal die menschliche Natur, und anders hätte sie den für das Fortbestehen des Unternehmens nötigen Antrieb versagt), ein schmaler Spalt ins Licht blieb dennoch unverschlossen, selbst in dieser schwarzen Kerker- und Untergangswelt. Wer sich nämlich im Kampfspiel auszeichnete, konnte hie und da vom Pöbel begnadigt werden. Es kam selten genug vor. Wehe nur, wenn die Marionetten des Todes nicht fanatisch aufeinander losgingen – ›die ganze Arena – eine einzige Flucht‹ hieß es dann unter den feinsinnig erfahrenen Zuschauern, und alle Klopffechter mußten einander zusammenhauen oder wurden von den Aufsehern abgetan. Focht einer aber brillant, so konnte er sogar berühmt und reich werden – dann las man wohl auch seinen Namen an die Straßenwände geschmiert und ›medicus puparum‹ dazu, Arzt der Zuckerpüppchen, denn die Frauen schwärmten nicht einmal einen Schauspieler oder Tenor so hingebend an wie den Schwertvirtuosen des Amphitheaters, und für eine Art Ausgleich gegenüber den Gefahren des Handwerks war demnach auch noch in diesem Beruf am Rande der Menschheit einigermaßen gesorgt. Überdies gab es nichts zu überlegen, ein anderer Unterschlupf war eben dem jungen Meleagros nicht mehr geblieben. Nur in die Fechtschule folgte ihm der Rechtsanspruch der Herrin nicht, die von dem völlig Verarmten das Handgeld zurückverlangte. Hier endlich war er sicher. Denn wer hier diente, galt ohnehin als gleichsam zum Tode verurteilt; billigerweise ließ ihn also bis zum faktischen Eintritt des Todes die strafende Gerechtigkeit ungeschoren, bot ihm etwas wie eine Tempelfreistatt, wenn es auch nur ein Tempel der unteren Götter und der Gespenster war, der hier schützte.

Auch an solchem Ort die Sprüche des Meisters sich so oft als möglich ins Gedächtnis zu rufen, ließ der Jünger sich natürlich angelegen sein. Seine Überzeugung war nicht erkaltet. Es war ihm selbstverständlich, daß der Weise die Sitten des Landes achtet und mitmacht, in diesem Falle also auch die in die Provinz verpflanzte Römersitte, welche tragische Theaterunterhaltung in lebendigem Fleisch und Blut auch dem weniger kunstempfänglichen Teil des Publikums spürbar machte. Kam es doch vor, daß man einen Gladiator als Orpheus auftreten ließ, dessen Gesang die wilden Tiere zähmt – aber plötzlich erwiesen sich Löwe und Tiger als durchaus ungezähmte und unmythologische Bestien und ließen sich den zerfetzten Halbgott ausgezeichnet schmecken. Der Weise kritisiert Volksbräuche nicht. Der Weise strebt immer nur die Gelöstheit des Geistes an, der sich an der Betrachtung geistiger Güter freut; und wenn dies nicht möglich, so gibt er sich der Erinnerung an das hin, was er in vergangenen Zeitspannen seines Lebens genossen hat. Das Vergangene ist ja unverlierbar, niemand kann es uns nehmen.

Es war immerhin nicht leicht, in Gedächtniswonnen zu schwelgen, da das Training für den herannahenden Fest- und Abschlachtungstag sehr hart war. Die sogenannte Fechtschule erwies sich als eine von Moder, Seewasser, Schweiß und verfaulten Fischen stinkende, alte Kaserne. Ehe er aufgenommen wurde, hatte er einen fürchterlichen Eid zu schwören, in dem er sozusagen von Berufs wegen versprach, sich ›mit Ruten hauen, mit Feuer brennen und mit Eisen töten zu lassen‹. Es hätte also lächerlich geklungen, sich über schlechte Luft und ein verwanztes Bett zu beschweren. All die Mühsal gehörte wahrscheinlich zur mutweckenden Disziplin, zur besonderen Manneszucht eines Klopffechters. Sollte man daraufhin erzogen werden, aus dem Leben zu scheiden, so durfte einem dieses Leben nicht gerade blühend angenehm gemacht werden. »Wir Todeshuren, was wollen wir reden«, erklärte einer, Pylades, der aufhorchenden Schar der Mitgefangenen, und alle grölten befriedigt, »wie Dirnen ihre Liebe verkaufen, so haben wir unser Sterben verkauft.« Und Meleagros sagte sich ruhig: Deine Sorge sei, fachmännisch mit dem sechsekkigen gallischen Schild, mit dem Dreizack, dem kurzen Dolch, mit dem Fangnetz umgehen zu lernen. Was unerreichbar ist, danach trachtet der Weise nicht. Andern also überlasse ohne Neid die vom Meister gerühmten Genüsse, die dir jetzt, vielleicht nur vorübergehend, versagt sind, von den Freuden des heiteren Gesprächs angefangen bis hinab zu jenen ›glatten und angenehmen Bewegungen des Fleisches, die ohne Lehrer selbst auch jenen zu sich rufen, der Derartiges ablehnt‹. Und während er so überlegte, empfand er, ganz den Vorhersagungen des göttlichen Wegbahners gemäß, eine gewisse Überlegenheit über die, welche nichts wissen, genoß eine Art schwachen träumerischen Trosts.

»Beim Hund, wie kommst du hierher?« ruft eine lyrazarte Stimme von der Galerie des Fechtsaals herunter.

»Jason? Und du? Was treibst du hier?«

»Bei mir ist ein Trauerspiel, was bei dir vermutlich nur Posse ist.«

»Wenn nicht gerade umgekehrt.« –

Der schwarzbärtige Fechtlehrer wollte das Gespräch zwischen erstem Stock und Paukboden verbieten. – Zwei Stunden später lag Meleagros, losgekauft, gebadet, mit halbflüßigen nubischen Salben eingerieben, in ein zartes Gewand aus frischem weißem Byssus gehüllt, lag zu Tisch in Jasons hübschem, sauberem Zimmer, das eine Ecke im obersten Stockwerk der großen Bibliothek, des ›Museions‹, einnahm. Zur Feier des Wiedersehens tranken sie den ›ákreton‹, ungemischten Wein. Der Küchendiener des Instituts hatte gespickte Drosseln, kalte Schnitten von Hasenbraten, Mayonnaisen, duftendes Gemüse aufgetragen. Das Zimmer öffnete sich gegen einen breiten Söller hin, von dem aus man das offene Meer in der Ferne funkeln sah. Der Pharosturm teilte die Aussicht in zwei Teile. »Auf die goldene Freiheit« hob Meleagros den ersten Becher, »auf die befreiende Freundschaft« den zweiten. Und Jason erwiderte: »Auf ein Mittel gegen Glatzen – wenn es eines gibt.«

Er war frischweg von der atheniensischen Philosophenschule in einen Gehilfenposten an der Bibliothek eingerückt. »Verbindungen, mein Lieber«, höhnte die sanfte Stimme. »Da gibt es einen alten Pedanten, Diokles mit Namen. Wo es etwas zu sammeln gibt, da gerät er sofort aus dem Häuschen. Ich habe ihm in Athen unbekannte Fragmente eines unbekannten Jambikers aufgetrieben, dessen größter Vorzug es ist, seit fünfhundert Jahren tot zu sein. Mit diesem Fund habe ich mich dem Diokles ins Herz geschlichen. Und er leitet hier eine der wichtigsten Abteilungen. – Auf die Dummheit!« schenkte er nun ein, »und auf das Nichts, wenn du willst.«

Es zeigte sich, daß er seine Umgebung haßte, über seine leer verbrachten Tage seufzte. Genau so hatte er in Athen gegen die Schulhäupter, den Schulbetrieb gestichelt. Hörte man ihn, so gab es ja überhaupt nichts ringsum auf Erden als Einfaltspinsel oder Gauner. Er konnte nicht leben, ohne das ganze Dasein mit einer dicken Schicht von Verachtung zu überziehen, sich selbst miteingeschlossen – und gerade diese Selbstmißachtung, beinahe als Bescheidenheit deutbar (doch vielleicht verbarg sich ein unbändiger Stolz hinter ihr), machte seine Haltung schwer angreifbar, die auch infolge seiner ruhigen, einschmeichelnden Sprechweise, seines wehmütigen großflächig-ebenmäßigen Gesichts mit der hohen Stirn etwas an sich hatte, was sich dem Hörer als vertrauenswürdig empfahl. Man hatte mehr Mitleid mit ihm, als man sich über ihn

ärgerte. Das schien er zu wissen und auszunützen, daraufhin wagte er seine Angriffe, die frechen Redensarten, offenkundige Beleidigungen, die er immer höflich, leise, fast zärtlich aussprach, dabei ganz ohne Rückhalt, gleichsam hilflos vor der eigenen boshaften Erkenntnis. Was ihm auch noch das Lob der Aufrichtigkeit und eines manchmal zwar lästigen, oft aber auch, wenn er bei Laune war, amüsanten und jedenfalls immer originellen Gesellschafters eintrug. Auch kamen seine Urteile, wiewohl immer in mildem Timbre, so von Grund aus aggressiv hervor, daß man einen geheimen Sinn hinter ihnen verborgen glaubte, der sich bei genauer Enträtselung vielleicht doch, wenn man selbst der Gemeinte war, als etwas Schmeichelhaftes entpuppen würde.
»Lauter Idioten, lauter schäbig gewordene Mumienfutterale, du wirst sie noch kennenlernen und, wenn die Götter wollen, selbst werden wie sie. Das einzige, was zu tun wäre, sehen sie nicht oder wollen sie nicht sehen. Übrigens sehen es auch die andern Menschen nicht.«
»Und was ist dieses einzige?«, fragte Meleagros in seiner einfachen Art, geradeaus und glaubenswillig.
Jason zwinkerte, schloß die Augen. »Später, später. Erst erzähle, wie es dir gegangen ist.«
Meleagros legte begreiflicherweise wenig Wert darauf, die Irrwege im einzelnen zu entrollen, die ihn bis in die Gladiatorenschule geführt hatten. Eine knappe Übersicht genügte. Übrigens war Jason viel zu sehr mit sich selbst beschäftigt, um nähere Aufschlüsse zu verlangen. Nach wenigen Sätzen stellten sie fest, daß das Schicksal seltsam sei, und wie immer, wenn man aus erwartungsvollem Anlauf vor die Wand einer Selbstverständlichkeit gerät, wurden beide von einer recht trübseligen Betroffenheit angerührt. Jason strich über seine hohe Stirn, über der sich die hellbraunen Haare lichteten. »Meine Glatze macht mir Angst.«
»Du hast aber doch gar keine Glatze.«
»Aber sie kommt, sie entwickelt sich schon. Meine Glatze ist meine zweitgrößte Sorge.«
»Und die erste, wenn ich fragen darf?«

»Auf diese Frage wirst du nie eine Antwort erhalten. – Geheimnis. – Doch was die Glatze anlangt: ich habe nun von einem Isispriester ein gutes Rezept erhalten. Das Öl, in dem ein Salamander aufbewahrt wird, läßt die Haare ausfallen. Ein Mittel, das die Haare wachsen läßt, konnte er mir allerdings nicht angeben. Man muß die Flüssigkeit suchen, so meint er, in der der aufbewahrte Salamander entgegengesetzte Kräfte entwickelt. Vielleicht Essig, vielleicht Rinderharn. Oder eine Kräuteressenz. Ich stelle nun einen Versuch nach dem andern an – glaube mir, man vertreibt sich die Zeit damit nicht schlechter als mit jeder andern Beschäftigung. Vielleicht kann ich dich zur Hilfe andingen?«
Meleagros rückte verlegen auf seinem Stuhl hin und her. Derartig bodenlose Scherze waren ihm unbehaglich.
»Und du – immer noch bei deinen großspurigen Gesinnungen? Ein Becher auf die Freundschaft – die Liebe womöglich?« Jason wurde dringlicher, doch sein Lächeln blieb dabei behutsam und von verführerischer Anmut, gleichsam schutzsuchend, um Verzeihung bittend für die harten Worte. »Du merkst wohl gar nicht, daß ein großes Sterben durch die Welt geht? Und die Gefühle sind es, die zuerst sterben. All das, was du hier siehst«, er zeigte auf die Säulenhallen unten, die Höfe, die hohen Galerien ringsum, »all das sieht ja recht schön aus. Aber der Tod steht dahinter. Merkst du es noch nicht? Unsere ganze Welt ist an den Rand gelangt, von hier an gibt es nur noch Vernichtung. Vielleicht übermorgen, vielleicht schon morgen. Ich habe solch eine Angst vor dem Tod. Du nicht?« Er ergriff Meleagros bei der Hand, ließ sie aber sofort wieder los. »Angst ist das einzige aufrichtige Gefühl. Weißt du das noch nicht? Alle andern Gefühle werden früher oder später durch die Erfahrung als Illusion widerlegt, nur die Angst niemals. Nachts lasse ich die Kerze in meinem Schlafzimmer immer brennen. Öfters gehe ich zu Hinrichtungen, dort studiere ich, wie sich Sterbende benehmen.«
Meleagros gestand, noch nie eine Hinrichtung gesehen zu haben, außer einem einzigen Mal, gezwungenermaßen.
»Das solltest du nicht versäumen. Es ist wichtig zu wissen,

was mit einem geschieht, wenn man an der letzten Schwelle steht. Deshalb trifft man mich auch öfters am Hafen, bei stürmischem Wetter, ich beobachte da die landenden Fischer, die eben der Lebensgefahr entronnen sind. Übrigens hat mich diese meine Leidenschaft des Sterbenlernens auch in die Schule der Berufskämpfer geführt. Ich sagte dir ja: es ist eine Tragödie mit mir.«

»Ihr also verdanke ich meine Rettung«, meinte Meleagros höflich beklommen, und nach einer Pause: »Doch freut mich der Zufall fast weniger, als dein Abfall von der Lehre Epikurs mich schmerzt. Ein Weiser – und Todesfurcht?«

»Ich bin mündig geworden. Ich habe jetzt meine eigene Lehre«, war die ironisch seufzende Antwort.

Darauf bekam er zu hören, daß er immer ein unruhiger Kopf gewesen sei.

»Ja, und ein zersägender Verstand«, fiel Jason rasch ein, »ich kenne das alte Lied.« Doch wolle er zu bedenken geben, daß seine Todesangst mehr sei als die private Empfindung eines einzelnen. Von Rechts wegen müßten alle diese Krankheit spüren. Denn für alle laure der gänzliche Untergang vor der Türe. Ein ewiges Schweigen werde dann folgen, über den ganzen Erdkreis hin, als sei nie etwas gewesen. Das Gedächtnis erlischt, die Zeit selbst steht still.

»Das ist also deine erstgrößte Sorge, wenn die Glatze die zweitgrößte ist?« fiel ihm Meleagros munter ins Wort – was sehr leicht war, denn Jasons Stimme hatte sich ohnehin fast bis zur Unhörbarkeit verflüchtigt.

Unerwarteterweise leistete er Widerstand, wurde fast grob. »Nein, das hat damit gar nichts zu tun. Meine erste Sorge geht niemanden etwas an, sie ist eine Sache ganz für sich. Dies da aber, Vernichtung, spürt ja jeder schon in seinen Knochen – es ist die allgemeine Angst, auch wenn vorläufig nur wenige sich sie eingestehen. Früher gab es Helden. Oder der friedliche Bauer verließ sich auf die unermüdliche Erde, auf seine Kinder und Enkel. Heute ist so etwas lächerlich sinnlos geworden, mit uns löscht alles aus. Und das ist vielleicht noch das Beste dabei: alles, spurlos alles wird ver-

schwinden. Das Menschengeschlecht hat ja auch wirklich, wenn man aufrichtig sein will, kein besseres Schicksal verdient.«
Meleagros gab zu, daß er solche Erwägungen noch nie angestellt habe.
»Glücklich die Leichtsinnigen!« seufzte Jason.
»Mag sein, daß ich diesen versteckten Tadel auf mich nehmen muß.« Immerhin würde er gern wissen, der artige Meleagros, worauf der Freund seine trübe Voraussage gründe.
Das sei sehr einfach, erklärte Jason, etwas müde, als wolle er schon durch seine lässige Sprechweise andeuten, daß er dies alles allzuoft durchüberlegt habe, daß es ihm allzu klar sei. Der Hauptunterschied gegen früher liege in der Allmacht Roms, in der Allmacht der Gewalt überhaupt, gegen die es keine Berufung an eine höhere Stelle gebe. Die römische Kriegsmaschine, das sei jetzt die höchste Instanz, der Gott der Götter – und damit habe jede Freiheit bedingungslos ihr Ende erreicht, ja sogar der geheime Wunsch nach Freiheit werde bald verboten und bestraft werden. Einer Gruppe römischer Legionen, die auf den vorzüglich organisierten Flotten in jedes beliebige Land geworfen werden können, sei schlechterdings nichts mehr unmöglich. »Es ist eine menschliche Willkür in die Welt gekommen, die jeden Widerstand brechen kann. In der Person des römischen Cäsar ist sie Gott geworden und regiert mit wirklichen Mitteln, während unsere früheren Götter ihr Regierungsamt nur in unseren Gedanken, oder, wie dein Epikur meint, klugerweise überhaupt nicht ausgeübt haben. Heute erst ist es richtig ernst mit der Gewalt. Heute kann der Cäsar, wenn er die Absicht hat, binnen Tagen ganze Länder zerstören. Truppen hinein, und frisch kommandiert. Niemand hindert.«
»Das ist wahr«, rief Meleagros, »unser Theben liegt in Trümmern. Ganze Landstriche in Griechenland, einst blühend, sind menschenleer, verödet.«
»Ach du mit deinem Patriotismus! Das ist doch erst der Anfang. Willst du wieder die Hellenen retten? Hat es dein Epikur nicht verboten? – Ekeln sie dich noch immer nicht

an, die kleinen Mittelchen, die Quacksalbereien, wenn das ganz Große vor der Tür steht, das gestaltlose Nichts?«
»Dann können wir füglich auf den Untergang Roms trinken«, schlug Meleagros vor. »Aber warum den Tod fürchten? Warum nicht lieber um das Leben kämpfen?«
»Wenn einer mich nicht versteht, bist du es«, bedauerte Jason und ließ die großen graublauen Augen gleichsam staunend auf ihm ruhen, ehe er den Blick, seiner Gewohnheit gemäß, seitwärts wandte, ins Grenzenlose. Die untergehende Sonne berührte das Meer. Der Leuchtturm, der wie ein Schwert neben dem roten Ball stand, näherte sich jetzt, hieb die Sonne entzwei. Meleagros mußte an die kleine Demó in Athen denken. Er fand es im Grunde ungerecht, daß ihm Jason, nach all dem Bösen, das er erlitten hatte, selbst im Augenblick der Rettung eine kurze Freude, einen Anhauch von Erleichterung zu mißgönnen schien.

Mit planem Verstand ließ sich nicht einsehen, wie Jason mit so viel Hoffnungslosigkeit eine beträchtliche Energie und Hilfsbereitschaft vereinen konnte. Und doch bestand diese Koppelung scheinbar entgegengesetzter Eigenschaften. Sie verschaffte dem Meleagros bald eine Anstellung in der Bibliothek, den gleichen Rang eines ›Gehilfen der gelehrten Dichter‹, den Jason selbst innehatte. – Mit dem Unterschied, daß Jason diese Arbeit einfach erbärmlich fand, während für den heiter veranlagten Meleagros nun das glücklichste Jahr seines Lebens begann.
Leicht ordnete er sich in den Geist ein, der im ›Museion‹ herrschte. Einsichtsvoll ehrgeizige Herrscher, die Nachkommen des Feldherrn und späteren Königs Ptolemaios, hatten es nach Alexanders Tod gegründet, dem griechischen Wesen ein Heim an der afrikanischen Küste bereitet, ein neues Zentrum der Weltkultur. In der bescheiden-ernsten Form eines Internats, einer Lebens- und Lerngemeinschaft baute sich nach dem Muster der Platonischen Akademie der neue Musensitz auf – als heilige, in sich abgeschlossene Körperschaft, allen Äußerlichkeiten abhold. Julius Cäsar hatte in

seiner rücksichtslosen Kriegsmanier die unschätzbare Bibliothek angezündet, doch in den folgenden Generationen waren die Sammlungen wieder auf einen ansehnlichen Stand gekommen.
Die Gründung lag nun schon ungefähr dreihundert Jahre zurück. Damals war hier der helle Stern Kallimachos aufgeleuchtet, der jetzt als Urdichter und Ahnherr vieler Künstlergenerationen fast göttlicher Ehren gewürdigt wurde. Einen großen, dabei einfachen Gedanken hatte Kallimachos gebracht, den dann Hunderte nachschrieben, eine ganze Schule von Alexandrinern. In seiner Schlichtheit war der Gedanke ergreifend, wie jede wirkliche Wahrheit. Verehret den Homer, lehrte Kallimachos, aber ahmet ihn nicht nach! Was Homer getan hat, können wir nicht noch einmal tun. Die Zeiten sind vorbei, die Welt hat sich längst verändert. Keine Heldenepen mehr! »Ein großes Buch – ein großes Unglück«, pflegte er zu sagen. Er liebte die Episode, zog die kleine Form vor. Einen winzigen Ausschnitt aus der alten Sagenwelt wählen, den bisher niemand beachtet hatte, nicht die Taten des Theseus erzählen, sondern die gute alte Bäuerin schildern, bei der Theseus einmal übernachtet hatte, als er zu einer dieser Taten auszog – das war der Griff, mit dem er eine halb erstorbene Welt der Dichtung neu belebte. Jedermann freute sich, den großen Gestalten der Vorzeit wieder zu begegnen – doch so, daß sie wachten und atmeten, nicht sich und andere langweilten im bleiernen Halbschlaf der Tradition. Auch neue Worte blühten plötzlich aus dem Grund der vielvernutzten Sprache auf und alte, halbvergessene kamen ans Licht – mit Leichtigkeit und ohne Lärm mußten sie kommen, die mühevolle Forschung durfte man ihnen nicht anmerken. Es mußte überhaupt alles – so wollte es die Schule – in zarten Farben gehalten sein. Ein Wink, ein leiser Hinweis genügte. Das Unterstrichene blieb ebenso verpönt wie das Gewöhnliche. »Die vielumworbenen Knaben liebe ich nicht«, hatte Kallimachos gesagt, »und auf den von Marktkarren befahrenen Wegen wird man mich nicht finden.« Des Meleagros leichtentzündliche Seele brannte bald für Kallimachos, dessen An-

denken hier im Museion lebendiger war als draußen in der immerhin mit andern Dingen befaßten Welt. Unvergleichlicher Dichter! sang es in Meleagros' begeisterungsfroher Brust. Neben des Kallimach erzener Kolossalbüste sitzen, in der ›Kleinen Halle‹, deren Estrich mäandrisch glänzte, das machte den Schüler geradezu kindlich froh; er nahm es, wiewohl nicht ganz im Einklang mit Vater Epikurs Wort, ausnahmsweise als günstiges Vorzeichen an.

Bei seinen Empfehlungen hatte Jason den Freund einen Landsmann genannt: Meleagros aus Gadara. »Wo liegt denn eigentlich dieses Gadara?« wollte Meleagros dann wissen, da er beim Eintritt darauf gefaßt sein mußte, auf die gleiche Frage in gleichem Sinn zu antworten wie sein Beschützer.

»Du magst beruhigt sein, es ist eine gut hellenische Stadt«, fuhr Jason auf, kaum wiederzuerkennen in seiner plötzlichen Heftigkeit.

»Warum du nur so aufgebracht bist!«

»Weil du vielleicht den Verdacht hast, daß ich aus einer Barbarenstadt stamme.«

»Ich sage dir doch, daß ich nicht einmal weiß, wo dein Gadara liegt.«

»Es liegt in der Dekapolis. Nun weißt du wieder nicht, wo das ist, he? – Nicht weit von einem Fluß namens Jordan und einem See, der nach einer neu gegründeten Stadt Tiberias den Namen trägt. Nach Seiner Gottheit, Kaiser Tiberius, heißt sie so. Die Landschaft grenzt an Syrien. Zehn griechische Städte liegen da, die Dekapolis. Und sie leben unabhängig, weder Arabia noch die Herodessöhne haben sich einzumischen – so hat es Pompejus geboten, vornehm, wie die Römer immer sind. Sie schenken gern weg, was ihnen nie gehört hat. Sie schenken sogar den früheren Eigentümer an sich selbst zurück. Und unsere geliebten göttlichen Kaiser, erst Augustus, dann Tiberius, haben uns das Geschenk der Freiheit bestätigt.« Selten hatte Jason so erregt gesprochen. Einmal kippte ihm sogar die Stimme um.

Meleagros fand, daß es sehr klug von dem Fürsprecher gewesen war, einen Ort anzugeben, der möglichst weit von

Phokis, vom griechischen Mutterboden entfernt lag. Nun war er also ein Kolonist oder syrischer Neuhellene geworden. Gut so: kein Kreophylos wird ihn unter dieser Verkleidung aufstöbern. — Er konnte nicht ahnen, welches Verhängnis ihm später gerade aus diesem scheinbar wohlgelungenen Versteckspiel erwachsen würde.

Im übrigen war er mit ganz anderen Dingen als mit Erwägungen über seine Herkunft beschäftigt. Er hatte sich in die prachtvolle Heliodora verliebt, die Flötenspielerin. Sie war ebenso schön wie witzig und freiheitsliebend, sie glänzte boshaft und gebildet in jeder Konversation — und wenn sie schwieg, so war es, um einen mit ihren plötzlich überfallenden, wild aufflackernden Blicken zu bezaubern.

Man fand keine Ruhe bei ihr. Immer kam sie mit neuen Plänen, Ansprüchen, überraschenden Einfällen. Sie lachte über die Eitelkeit der Schriftsteller, schrieb aber selbst sehr eigenartige Gedichte, deren einziger Fehler — wenn man so wollte — ihre Unverhülltheit und eine mit dieser fast unausweichlich gegebene Roheit war. Tadelte Meleagros solch fleischliche Offenheit, so erwiderte sie, ob sie selbst, Heliodora, ihm in ihrer Unverhülltheit deshalb weniger gefalle. Sie nannte ihn ihren kleinen Dummkopf und legte in diesen Schimpf eine unbegreiflich zart eingeschmuggelte Schmeichelei. Das bewog ihn, in Versen — aber auf seine eigene Art, voll von unbefangener Begeisterung — mit der erfahrenen Liebeskünstlerin zu wetteifern.

›Die mir beides zugleich, die allüberzeugende Peitho
Wie Aphrodite, mir ist, Heliodoren zum Wohl
Schenke den Becher ein! Und wisse, daß noch ein Drittes
Sie, mit süßestem Schwatz, Gaben der Charis, mir bringt.‹

Heliodora nahm ihn ganz in Anspruch. Vom Wohlgeruch ihrer schwarzen Haare eingehüllt, vergaß er alles Leid, das einst über ihn weggeströmt war; er hatte sogar das Gefühl, daß all die Erniedrigung mit der tanzenden Schlange, der peitschenden äthiopischen Dame und der Fechtschule eine notwendige Vorbedingung gewesen war, um ihn einer Entschädigung durch so unbegrenztes Glück würdig zu machen — er sah nichts als Heliodoras holdgemeißelten Körper von der Farbe zarten blassen Sandes am Meer und ebenso frisch und elastisch wie dieser Sand, hörte nichts als das Klirren der feinen Kettchen an ihren Fußknöcheln. Epikur sieht zu! Mag er doch zusehn. Es würde ihm Spaß machen.

Aber die Künstlerin, die durch ihr Spiel auf der Doppelflöte wie auf der Syrinx gleicherweise berühmt war, hatte nicht immer Zeit für ihn. Sie unternahm Reisen in all die berühmten großen Städte Ägyptens, jedermann wollte sie hören. Und jedermann sollte die Möglichkeit haben, sie in ihrem durchsichtigen gläsernen Kleidchen aus feinem koischen Linnen tanzen zu sehen, für die ein Dichter (leider nicht er, Meleagros) die Ausdrücke ›gewebte Luft‹ und ›Leinwand-Nebel‹ gefunden hatte. – Allein gelassen, rief Meleagros den grausamen Eros an und schwor ihm wütend zu, er werde auf sein Grabmal die Worte setzen lassen: ›Ermordet vom Verbrecher Eros.‹ Ein anderes Epigramm war der Göttin der Liebe gewidmet: Das bittere Lachen, die Feuerblicke habe Eros von seiner Mutter Aphrodite geerbt, die dem Hephaistos vermählt, aber des Kriegsgottes Ares buhlerische Freundin sei. Von Ares habe sie das Schwert, von ihrem Mann das Feuer zur Verfügung. Wie mag man sich dann wundern, daß die Pfeile des Söhnchens tödlich treffen? Und überdies, wer sei die Mutter dieser Mutter? Thalassa selbst, das Meer, dem Aphrodite entstiegen ist, das dunkle, zornig heulende Meer, Urstätte aller Wut! ›In mir aber stöhnt das zitternde Herz.‹

Es kam heraus, daß die prachtvolle Heliodora log. Meleagros hatte es längst geahnt, daß die Kunstreisen sie gar nicht so weit weg von ihm, in ferne Orte vor große Zuhörerschaften führten, wie sie angab, vielmehr in diese oder jene Villa am Stadtrand Alexandrias, wo einer der reichen Gönner wohnte. Einer von diesen Reichen war gar ein Sabbatanhänger, ein Sabbatikos, ein Jude. ›Am Sabbat ist die Stube kalt‹, schrieb Meleagros, ›doch wenn man auch kein Feuer anzünden darf: die Liebe wärmt.‹ Er wußte nicht, ob er mit diesen Versen den Nebenbuhler oder sich selbst verspottete. Die Tränen liefen ihm über die Wangen.

»Meine Leiden lieben die Wiederholung, das Schicksal spielt mir immer den gleichen Streich«, klagte er dem Herzensfreund. »Wieder bin ich nicht der einzige. Aber bei der zarten Demó war mir das nicht sehr wichtig. Heliodora kann ich nicht teilen. Es ist die göttliche Seele dieser Peitho, die mich genau so festhält wie die Künste ihres geschmeidigen Körpers. Hier kann ich nicht der zweite sein.«
»Du mußt. Denn im Grunde willst du es. Unser Schicksal wiederholt sich, weil wir es sind, die unser Schicksal machen.«
»Unsinn! Es ist ein bloßer Zufall, daß mir diesmal wieder das gleiche geschieht.«
»Wird dir nicht ein wenig unheimlich, wenn du das nur aussprichst? Zufall! Spürst du nicht, wie unwahr das klingt? Warum nicht eingestehen, daß deine Liebe etwas von Kupplerfreude an sich hat? Es ist der Schmutz in der Wunde, der dich reizt. Und diesen Kitzel, dieses nicht sehr vornehme, besondere Gewürz, das liebst du. Warum sollen wir denn eigentlich gerade in der Liebe vollkommen und makellos sein, wo wir doch unser ganzes Leben lang uns mit allen Unreinlichkeiten der Erde besudeln? Aus der Art, in der wir zu lieben unfähig sind, redet unsere verderbte Natur.«
»Soll ich wieder Steine nach dir werfen?«
»Auch aus mir – redest nur du selbst, deine eigene Unsauberkeit. Hör nur genau hin.« –
Meleagros beschloß, sich den unordentlichen Lebensumständen seiner Freundin nicht zu unterwerfen. In Athen war ihm das vielleicht zu leicht gefallen. Er war belehrt, oder er liebte Heliodora heftiger. Kurz, er wollte bei dem, was sie ihr Unabhängigkeitsbedürfnis nannte, nicht mitspielen. Er blieb weg. Sie rief ihn, stürmte sein Zimmer, holte ihn. Unterlag er, so nahm sie bald ihre wirre Ungebühr wieder auf, deren Vorteile ihr vermutlich unentbehrlich schienen. – Es war nun nicht so, daß er in die Stille des Museions, zu den Schriftrollen, zum Schatten des Kallimachos floh. Er war zu stolz, auch zu klarsichtig, um seinen Schmerz auf solche Art abzubiegen, die vielleicht kleineren Seelen Genüge getan hätte. Es kommt ja manchmal vor, so heißt es, daß man nach Geist

schnappt, sich an ihm tröstet, weil die Materie sich versagt. Weder der Materie noch dem Geist tut man auf diese Art Ehre an. ›Geist als Notbehelf‹ – das wäre ihm als Erniedrigung sowohl seiner selbst wie des Geistes erschienen. Nein, die Wut, die Entrüstung und das Leid fanden keine Besänftigung in geistiger Tätigkeit, sie folgten ihm jetzt vielmehr auch in den Glanz der ›Kleinen Halle‹ nach, störten ihn bei den Büchern auf, machten jede Arbeit unmöglich, warfen ihn in dumpfes Brüten, dem immer wieder die gleiche Bewegung ihres Nackens, ihrer schlanken Hand erschien – bis der Kopf solch trostloser Einförmigkeit gegenüber zu bersten begann. Aus diesem nie zuvor erlebten Aufgewühltsein blies plötzlich etwas wie ein laues Lüftchen hervor. Ganz unerwartet. Mitten in Schrecknissen der Hoffnungslosigkeit trat das hervor, was er später sein ›bestes Geheimnis‹, seinen ›nicht unbedeutenden Plan‹ zu nennen liebte – oder einfacher: den ›Kranz‹. Er sah diesen Kranz unvermittelt in Jugendglanz und Frische vor sich, zum Greifen dargeboten – eine Schriftrolle, wie es bisher noch keine gegeben hatte, ein Buch, das nicht die Gedichte eines einzelnen umfaßte, nein, die besten Gedichte aller griechischen Dichter, die er liebte. Diese Gesamtheit sollte ihn stützen, sie allein konnte seiner Schwachheit Hilfe bringen. Zum erstenmal würde eine Gemeinschaft von Dichtern sprechen. War es nicht etwa die Gemeinschaft der hellenischen Welt, die sich körperlich auflöste und daher nach einem neuen Leib schrie? In dieser Schriftrolle, im ›Stephanos‹, dem ›Kranz des Meleagros‹, würde die Schönheit der Welt erhalten bleiben – die verlorene Heimat der edelsten Stämme, hier lebte sie ihr ewiges Leben, ein in die Lüfte erhobener Tempelbezirk, über allen Bergen der Erde schwebend, hellenisches Vaterland, den Römern entrückt für alle Zeit. Im Augenblick stand die Aufgabe in jeder ihrer Linien klar gezeichnet vor ihm. Und wenn es Linderung des brennenden Leids gab, das Heliodora ihm zufügte: in seinem Plan bot sie sich an. Hier war ein Halt, ein ewiger Chor, dem zu dienen Glück bedeutete. Er hatte diesen Ausweg nicht gesucht, hatte sich nicht feig vor den Schmerzen verkrochen. Doch der

Linderung geradezu ausweichen – wer konnte ihm das gebieten? Freut sich der schiffbrüchige Odysseus nicht der sanften Wiesenküste, an die er geworfen wird?
Mit einer Leidenschaft, die ihn selbst von Tag zu Tag neu überraschte, ging er ans Werk, nahm Einsicht in die besten Abschriften, kopierte, was ihm als das Schönste, Unersetzlichste erschien. Beseligt erkannte er eines Tages, daß er eigentlich ganz im Sinne des Kallimachos arbeitete. Hatte der Urdichter vor vielen Generationen nicht die kleine Form gegen die große ausgespielt, die Episode gegen das Epos! Ich aber wähle die kleinste aller Formen, die kleinste, die möglich ist, das Epigramm, den Zweizeiler – oder eine knappe Reihe, aus Zweizeilern zusammengesetzt wie aus Atomen. Ja eine Weile lang spielte er mit dem Einfall, daß er die Atome der Dichtkunst gefunden habe, die kleinsten, nicht mehr weiter teilbaren Bestandstücke, wie Demokrit und Epikur diese Atome als überall waltendes Gesetz der Körperwelt entdeckt hatten. Doch rasch verwarf er diese Analogie – wie alle Analogien trug sie die Gefahr in sich, zu Künstlichkeiten zu verleiten. An dem Vorsatz, nur epigrammatisch gefeilte Dichtungen in seine Blumenlese oder Anthologie, die erste ihrer Art, aufzunehmen, hielt er nichtsdestoweniger fest.
»Kein Wunder«, sagte Jason, dem er den Plan zu entwickeln das Bedürfnis hatte, »du schreibst ja selbst nur Epigramme. In ihnen zeigst du eine gewisse Begabung, die ich dir nicht abstreite.«
Oh, die lau lobenden Freunde, manchmal würde man ihnen einen herzhaft schmähenden Feind vorziehen! – Meleagros biß sich auf die Lippen, sagte aber nichts.
Seiner Art gemäß war Jason, einmal im Angriff, nicht abzuschrecken. »Eine herrliche Idee, dein Kranz. Auf diese Art kannst du am leichtesten deine Erzeugnisse auf die Nachwelt hinüberschmuggeln. In Gesellschaft mit Erinna, Theokrit, Aratos – gar nicht ungeschickt.«
An eine Gemeinschaft hatte Meleagros allerdings gedacht, an eine heilige, in den Lüften schwebende, an eine ewige Heimat, nicht an den nüchternen Krämerkniff, den Jason sah oder zu

sehen vorgab. So hatte denn alles auf dieser Erde zwei Deutungen – auch das Erhabenste ist nicht frei davon? – Jetzt ereiferte er sich, rückte mit seinen letzten Waffen heraus. »Ich will wirklich die Hellenen retten. Vielleicht hat man gerade in diesem Punkt den Meister mißverstanden.«

»Du bist schon genau so ein Tropf wie dieser Diokles«, belehrte ihn Jason; »da, nimm lieber von diesem knusprigen Schweinsbraten«. Das Abendessen, zu dem er ihn in seine Söllerstube geladen hatte, war wie immer sorgfältig zusammengestellt. »Unser Diokles, den ich ja schon öfters hereingelegt habe, wie dir bekannt, glaubt auch, wer weiß was geleistet zu haben, weil es ihm endlich gelungen ist, Abschriften aller hundertzwanzig Dramen des Sophokles zusammenzubringen.«

»Und wer weiß, ob es nicht wirklich etwas Großes ist, alle hundertzwanzig Dramen des Sophokles zu besitzen«, sagte Meleagros nachdenklich. »Vielleicht wird uns einmal ein künftiges Geschlecht darum beneiden.«

»Wahrlich, eine hochwichtige Sache«, mahnte Jason mit milder Stimme, deren abgeklärte Wehmut etwas leise Betäubendes hatte. »Hochwichtig, wenn im nächsten Moment der Erdkreis von römischen Sturmwiddern gerammt wird und wie eine Krachmandel zerspringt. – Nun was, einerlei, trinken wir auf Heliodora! Ihr Wohl!« – Meleagros hatte gewußt, daß vor Jasons Augen kein irgendwie behaglich umgrenztes Vorhaben Gnade fand, daß er einfach alles ablehnte, was nach einem Sinn strebte. Schon bedauerte er, ihm die heilige Sache eröffnet zu haben. Übrigens schien Jason diesmal einen besonders kämpferischen Abend zu haben. Fast machte es den Eindruck, als ärgere es ihn oder kränke ihn gar, daß der Freund etwas vor sich sah, was Zufriedenheit, eine feste Linie des Lebens versprach. Er war sichtlich enttäuscht. »Eine Vertierung ist das«, rief er, ohne sich näher zu erklären. Dann trug er dem Küchendiener Ohrfeigen an, weil der Falerner einen Stich hatte. Auf Kallimachos und die ganze alexandrinische Richtung war er besonders schlecht zu sprechen. »Er

hat erreicht, was er gewollt hat. Man vergißt über ihn die Klassiker, den Homer, den Pindar.«
»Das hat er nie gewollt.«
»Hast du Briefe von ihm aus dem Jenseits? Lehr du mich die Menschen kennen! Mit seinem Leisetreten hat er's durchgesetzt. Es gibt einen Schleichweg zu Homer, den hat er entdeckt. Es gibt eine Kleintuerei, wie es eine Großtuerei gibt.« Plötzlich schien er zu merken, erst jetzt, wie sehr er den Gast verletzte. In solchen Fällen konnte er seine Augen mit einem gütigen, warmen Licht aufleuchten lassen. »Verzeih.« Er blickte dann auch nicht so schnell zur Seite, wie es sonst seine Gewohnheit war, schaute einem ins Auge, ließ den Blick haften. Ein anderer Jason kam zum Vorschein als sonst. Um solcher Momente willen liebte ihn Meleagros recht eigentlich, er glaubte sich dann fähig, die lastende Wehmut von den schönen Zügen des Freundes durch ein grundlegendes Wort für immer wegscheuchen zu können. Aber wo fand sich dieses Wort? Man mußte sich vorsehen. Lag vielleicht nur eine Verlockung mehr darin, eine Angel, die Jason auswarf, wenn er sich als leicht heilbar hinstellte? Es war jedenfalls verführerisch, es lud ein, sich mit ihm immer aufs neue zu befassen, ihn nicht aufgeben. »Ich meine es ist nicht so arg, mein Lieber«, sagte der Bekümmerte jetzt, »du kennst mich ja wohl endlich. Habe ich dir nie meinen Grundsatz verraten? Immer die schärfste Meinung haben — die aber unverbindlich!« Das zweideutige Kichern, mit dem er schloß, hatte für den empfindlichen Sinn des Meleagros etwas Verletzendes.
Es war klar: nicht nur für andere, auch für sich selbst war dieser Jason ein unbequemer Partner.
Er legte nun dar, etwas ernster werdend, mit gewollter Sachlichkeit sogar, daß und warum er auch diesen von Kallimachos unternommenen Versuch einer Kulturreform ins Kapitel der kleinen untauglichen Mittelchen warf.
Müde, immer wieder die kleinen Mittel verspottet zu finden, fragte Meleagros, wo denn die großen seien.
»Das weiß ich nicht.«

»Aber es muß doch auch solche großen Mittel geben.«
»Nicht meine Sache.«
»Also alles, was geschieht und gedacht wird, nennst du schlecht. So sag doch endlich, was ist das andere, das gut ist? Und was soll an Stelle des Schlechten kommen?«
Der Glanz in Jasons Augen war erloschen. Sein Gesicht, sein ganzer Leib zog sich zusammen, hochmütig abgeschlossen. Nur die Stimme blieb ruhig und auch jetzt wärmer, als es zu dem Inhalt seiner Worte paßte. »Es ist ein Unrecht, mich so zu fragen«, sagte er und zitterte leise dabei. »Bin ich denn verpflichtet, zu wissen, was kommt? Vielleicht ist es schlechtweg – das Andere. Das Unbekannte. Dann kann niemand es wissen, niemand. Nur eines ist mir klar: Alles, was heute geschieht, ist das Falsche. Etwas Neues steht vor der Tür. Vielleicht der Tod. Oder irgend etwas Traumhaftes, von dem wir gar keine Vorstellung haben, wenn wir keine Schwätzer sein wollen. Nur Sehnsucht nach diesem Traum . . .« – er breitete die Hände aus, ließ sie aber sofort sinken, wie beschämt – ». . . das ist vielleicht erlaubt. Ich weiß nicht. Vielleicht kommt auch nachher gar nichts Schönes, gar nichts Besseres. Ich übernehme keine Verantwortung, ich nicht.« Bei diesen Worten klopfte er mehrmals auf die Tischplatte. »Ich habe Angst, nichts als Angst. Das habe ich dir ja schon damals gesagt, als wir aus der Fechtschule kamen und hier lagen. Und du hast deinen Epikur dagegen ausgespielt. Du hast seither wohl schon gemerkt, wie schwach deine Gründe sind. Man müßte schon ganz andere Dinge versuchen; ein Isispriester hat mir neulich einiges davon verraten: Man muß die Lichter vertauschen. Was Tag ist, muß Nacht werden. Aus rechts muß man links machen, aus dem Oberen das Untere, aus vorn hinten und aus hinten vorn. Aus Leben Tod und aus dem Tod das Leben.«
»Jetzt hab ich's: das also ist deine größte Sorge«, lehnte sich Meleagros gegen den plötzlich ganz Ernstgewordenen auf. Er wollte sich in der Kunst der Spöttelei von ihm nicht überflügeln lassen.
Jason sah ihn mitleidig an, wie man einen unbegabten Schü-

ler anschaut, einen schlechten Nachahmer. »Meine erstgrößte Sorge ist etwas ganz anderes, und ich gestatte mir, sie stillschweigend für mich zu behalten. Die persönlichen Sorgen eines so kleinen Menschen wie ich sind seine Glatze – und andere skandalöse Dinge von ähnlich gemeinem Wuchs, nicht der Weltuntergang, nicht das gloriose, riesenhafte Maß. Das muß ich schon den hohen Geistern von deiner Art überlassen.«

Es klang, trotz der einschmeichelnden Stimme, sehr böse. Das Gespräch kam an diesem Abend nicht mehr recht in Gang.

Er demütigt mich immer, sooft ich mit ihm rede, sann Meleagros. Und trotzdem habe ich ihm in Gedanken meinen ›Kranz‹ gewidmet. Dabei gibt es andere, die meinen Umgang suchen. Dieser Diokles ... Zu Jason aber zieht es mich. Er heilt mich von meiner Naivität. Eine schmerzhafte Kur allerdings, aber gesund.

Er wußte nicht, der gute, anständige Junge Meleagros, wie aussichtslos diese Kur war. Nach Art der wirklich naiven Menschen glaubte er, täglich einen Gewichtsteil seiner Naivität abzuwerfen, die ihn drückte, die ihn beim Fortkommen in der Welt behinderte. Sein Vertrauen zu den Menschen blieb aber, allen Erfahrungen und Lebensbemühungen zum Trotz, im Grunde unerschüttert.

Diokles langweilte ihn. Der Alte hatte nichts als Bewunderung für die neu entstehenden Verse an Heliodora. Er wollte sie nicht gerade neben die Hymne des Sophokles an Eros, den ›Unbesiegten im Kampf‹, stellen, das nicht – aber sie kamen diesem Meisterwerk doch nahe. Nicht ohne Pedanterie erklärte er und spitzte dabei den Mund, daß er namentlich das Mückengedicht einzigartig fände. »Wie Catull durch den Sperling der Lesbia so wirst du durch die Mücke der Heliodora berühmt werden.«

Dieser Diokles stammte aus altägyptischem Priestergeschlecht, sein Vater war einer der höchsten Hofbeamten bei der Königin Kleopatra gewesen, der letzten Makedonierin. Heute wurde Ägypten längst als römische Domäne verwaltet, ein Großbauer aus Süditalien saß auf dem Thron der Pharaonen. Hoch und mager, vom Alter ungebeugt, glitt Diokles schattenhaft bei dem allvermögenden Hochkommissär Avillius Flaccus in Geschäften aus und ein, immer gravitätisch, unangreifbar, wortkarg. Es war, als habe ihm sein Vater aus seinem Felsengrab einen besonderen Auftrag hinterlassen. Man wußte, daß ihm gleichsam von seiner Geschlechtstradition aus nur eines am Herzen lag: das wissenschaftliche Erbe der Bibliothek gegen die Eindringlinge zu wahren, gegen die Wolfsrömer das Kleinod griechisch-ägyptischer Kultur. Kein Wunder, daß sich seine Gedanken mit denen des jungen Griechen berührten. Ein Tempelbezirk war zu verteidigen. Seltsam und im Grunde rührend dieser Eifer des Nicht-Griechen für die griechischen Schriftdenkmäler. »Das unterworfene Griechenland beherrscht die Geister im Osten wie im Westen«, sagte Diokles, »wir müssen dafür sorgen, daß die Seelenkraft, die den riesigen Organismus speist, rein bleibt. Und den Nilschlüssel zu dieser Kraft verwalten wir im Museion.« Meleagros erwiderte wohl traurig: »Ja, die ganze Welt ist heute griechisch — außer Griechenland selbst.« Sein Vaterland schwebte über den Bergen. So kamen sie einander nahe, der Flüchtling und der fremdartige, eigentlich unzugängliche Gastsasse.

Es war aber doch beinahe schreckenerregend, den fanatischen Greis mit welken, zitternden Lippen die Zeilen des Mückengedichts sprechen zu hören; er wußte sie auswendig wie alles, was Meleagros ihm vorgelegt hatte — ein überzeugter Verehrer. Katalogisierte er bloß oder ging etwas von der Leidenschaft, deren Kunstausdruck ihn als Kenner bezauberte, in seine Seele ein? Er blieb undurchdringlich, rätselhaft, so, als sei er aus Leder, nicht aus Fleisch und Blut aufgebaut — etwas Totes haftete ihm an, auch wenn er sich erregte. Auch jetzt, während seine spinnenhaft dünnen Finger den Verstakt schlugen.

›Mücken mit scharfem Gesang, schamlose, die ihr der
Menschen Blut in der warmen Nacht, Flügelbestien, saugt,

laßt doch den leichten Schlaf, ich bitt euch herzlich, der
zarten Heliodora in Ruh, weidet statt des euch an mir.
Aber vergebens sprach ich. Die ungerührten, die Tiere,
schwingen sich alle zu ihr, stechen die schwellende Haut.
Böse Brut, jetzt ist es genug, zu Ende die Frechheit! Oder
ihr fühlt meiner Hand eifersüchtigen Schlag.‹

»Nun, man kann dich beglückwünschen«, begrüßte ihn einige Tage später Jason. Sein allwissendes Lächeln hatte etwas Stechendes. Die sanften, schweren Augen waren halb geschlossen.
»Was ist denn los? Du nimmst ja einen Anlauf, als hättest du vom Fall Karthagos zu berichten.«
»Das Haupt der Wölfe will dich kennenlernen, der Oberwolf. Du weißt noch nicht, daß Diokles ihm Verse von dir vorgelesen hat? Da ist er neugierig geworden.«
»Ich habe Diokles nicht ermächtigt, noch weniger ihn darum gebeten.«
»Gewiß nicht.« Jasons Mundwinkel arbeiteten sich tief in die weichen, glatten Wangen hinab. »Jedenfalls viel Glück auf den Weg!«
Avillius Flaccus, der allmächtige Stellvertreter und Statthalter des Cäsar Tiberius, Hochkommissär in Alexandria, war ein kräftiger Mann in mittleren Jahren, nicht groß, stämmig, von braunrot-gebranntem Teint. Das Auffallendste an ihm war der spitz zulaufende Schädel, den man auf solch breitem Körper nicht vermutet hätte. Dieser Schädel hatte entschieden etwas Abnormes. Doch bei der bekannten nüchternen Intelligenz des Avillius konnte man nicht etwa auf Zurückgebliebenheit schließen, auf die der Anschein wies, nur auf irgend etwas Tückisch-Gefährliches, Hinterhältiges, Engbegrenztes, Eigensinniges. Die Stirn, hoch und nach oben hin eng, wurde durch drei tiefe waagerechte Faltenrinnen von der starken fleischigen Nase abgehoben. Wie Felsklippen überwölbten die Brauenknochen große, immer weit offene, farblose Augen – mitten in das etwas einfältig wirkende Gesicht setzten sie das Zeichen des gespannten Beobachtens, ja des Lauerns. Es war das

schlaue Mißtrauen, das den Bauern bis in seine höchste Stellung hinaufbegleitete. Zwar gehörte der Präfekt Ägyptens familienmäßig dem reichen Stand der Ritterschaft an, doch im Innersten hatte er alle Merkmale seiner Abkunft, des zähen süditalienischen Dörflers bewahrt.
Obwohl ›Flaccus‹ nichts als ›der Schlotterer‹ hieß, war er auf den Beinamen stolz, weil auch der Apulier Horaz ihn getragen hatte – Quintus Horatius Flaccus. – Mit dieser Bemerkung, die er sich zur Begrüßung des Meleagros als eines Dichters herablassend zurechtgelegt hatte, schien freilich sein literarisches Interesse erschöpft. Er galt als tüchtiger Verwaltungsbeamter. Mit seinem Organisationstalent hätte er nicht bloß den göttlichen Tiberius, seinen Auftraggeber, hätte er auch die ihm persönlich unterstellte Provinz zufriedenstellen können, wären seine Hände nicht mit Erpressungen und Bestechungsannahmen großen Stils befleckt gewesen, wie die fast aller römischen Statthalter.
Die Unterredung fand inmitten des Dachgartens auf dem Regierungspalast statt, dem einstigen Ptolemäersitz. Ein Springbrunnen kämpfte sprühend gegen die Abendhitze. Aus seinen feinen Strahlen duftete ein Beisatz aromatischer Kräuter. Rings um die Tafel waren die Kissen der Lagerstätten im Augenblick leer. Avillius ließ mit einigen Freunden kleine und große Bälle über ein Netz springen. Dann wurde der Nachtisch serviert. Zuerst reichte eine Schar von Dienern künstlichen Schnee, den man im Palast mittels eines Geheimverfahrens erzeugte. Jeder bekam eine Silberschale voll dieses Labsals, tauchte die Hände hinein und wandte sich sodann dem Konfekt und den Früchten zu. An Meleagros dachte niemand. Den Diokles hatte man anscheinend zu laden vergessen; wovon sollte also geredet werden? Einige der römischen Beamten traten nahe an den Eindringling heran, als wollten sie ihn beschnuppern, wandten sich dann mißgelaunt ab. Ihm war peinlich zumute. Was hatte er hier eigentlich zu suchen?
Endlich machte sich ein Spaßmacher oder scurra des gewaltigen Mannes bemerkbar, ein junger Mensch mit auffallend glattem, gepflegtem, seidenglänzendem Haar. Man rief ihn

Bathyllus. Offiziell galt er als Privatsekretär des Statthalters. »Da kommt ja unser Mückendichter«, begann mit sehr hoher Stimme der etwas verfettete, weißhäutige Knabe und winkte den Meleagros an den Tisch heran. Nahetretend spürte man den Moschusduft, der von dem unangenehm eifrigen Menschen ausging. »Den Mücken fluchen«, fuhr Bathyll fort, »fluchen und schimpfen, ja, das kann jeder von uns, das kann auch ein Schifferknecht, der über den Nil rudert. Alle verwünschen die kleinen Blutsauger. Daran also finde ich nichts Besonderes. Aber wenn Meleagros ein Gedicht zustande brächte, das die Mücken lobpreist, dann würde ich ihm den Lorbeerkranz seines Schutzgottes Apollon überreichen, der die Dichter zu ihrem Geblöke antreibt.«

»Warum Geblöke?«, lachte Avillius überlaut und fiel auf sein Ruhelager am Tisch zurück, »warum Geblöke, kleiner Liebling? Möchtest du uns das nicht erklären?«

»Er treibt die Dichter und Seher mit einem Ochsenstachel, heißt es — wenn sie sich nicht von seinem Plektron, dem Elfenbeinstäbchen, zum Tönen bringen lassen wie seine Lyra.« Im Reden schnappte Bathyll nach einem verzuckerten Kuchen, den ihm der Gouverneur wie einem Kinde vor den Mund hielt. Der schöne junge Gott — oder vielmehr der Junge, der deutlich so hergerichtet war, daß er wie ein Götterknabe ausschauen sollte — Ganymed wurde verwöhnt, aber die Art, in der das vor all den kühl zuschauenden Ehrengästen geschah, hatte doch auch etwas unverkennbar Herabsetzendes.

»Mit meiner Mythologie hapert's«, erklärte Avillius gutmütig, worauf der Sekretär wohlgemut und unverschämt hinschmiß: »Das merkt man, Brüderchen.« Er machte von der Narrenfreiheit Gebrauch. Doch man fühlte beklommen: Mit einem Blick kann er zum Schweigen gebracht werden. Unter anderem war das an der hastigen Art merkbar, mit der er sein törichtes Geplapper an den Mann brachte. So, als müsse er die ihm gewährte Zeit tüchtig ausnützen. Begann aber sein Herr zu reden, so erstarb im Augenblick das Wort auf den geschminkten Lippen des unnatürlich kleinen Mundes.

»Nun, du hörst«, gebot der Statthalter, »kannst du das aus-

führen, was unser ›Schiedsrichter der Eleganzen‹ von dir verlangt, mein Meleager?«
Die romanisierte Form seines Namens gab dem Dichter einen neuen Stich. Er konnte nicht antworten. Das Gefühl, daß man ihn beleidigen wolle, griff ihm in die Kehle.
»Und noch eine Bedingung stellen wir«, krähte Bathyll mit kokett vorlautem Aufwerfen seines Köpfchens. »Auch das neue Gedicht soll ein Liebesgedicht sein. An die berühmte Heliodora. Wer denn sonst wäre in unseren Tagen solcher Verse würdig! Aber die Mücken sollen darin unbedingt vorkommen. Und in lobendem Sinn. Auf keine Weise sollen sie getadelt werden.«
»Stell ihm einen Tisch hin«, befahl der Statthalter, ohne viel Umstände zu machen. »Dort in die Ecke, an den Dachrand. Wir wollen inzwischen den Nachtisch wegfuttern. So lange hat er Zeit. Mag er's versuchen. Und wenn's ihm nicht gelingt«, setzte er mit Wohlwollen hinzu, im Behagen der reichlichen Mahlzeit, »so wollen wir es ihm nicht weiter übelnehmen.«
Was für Dummköpfe, dachte Meleagros, der bisher den Mund nicht geöffnet hatte. Trotz stieg in ihm hoch. Ich werde es ihnen zeigen. Sie sollen nicht lachen. Uns Griechen sollte irgend etwas unmöglich sein? — So also sahen sie aus der Nähe betrachtet aus, diese Wolfsrömer, die höchsten unter ihnen, die Kohorte des Oberwolfes. Er setzte sich an den kleinen Tisch, den man an den Saum des Gartens geschoben hatte — man konnte von da aus all die flachen Dächer übersehen, die Stadt im Abenddunst, das Meer. Zunächst richtete sich mit frommem Gebet sein Herz an die Musen. Dann gedachte er der vielen Nächte, die er eifersüchtig durchwacht hatte, angstvoll weinend, von der Geliebten verlassen. Die Lampe, die sie ihm geschenkt hatte, brannte still neben seinem einsamen Bett — und er sah eine andere Lampe vor sich, in einem fernen Zimmer, die Lampe, vor der sie ihre Schönheit einem Fremden entschleierte ... Doch nein, nicht die Erregung zeigen, die in ihm schwelte — sich festhalten, das Herz bezwingen, über sich selbst lachen, das Seltsame der Situation

höhnisch ausgenießen. Und konnte diese Situation nicht auch einmal ihre erfreuliche Seite hervorkehren? Hatte Heliodora nicht einmal das Lager eines andern, der eingeschlafen war, verlassen und war zurückgeeilt, zu ihrem Dichter zurück? »Ich habe gefühlt, daß du mich begehrst, heranwünschest mit aller Kraft — so bin ich gekommen!« Nie waren ihm ihre Küsse so süßwild erschienen wie in jener Nacht. — Ja, jetzt hatte er den Anfang. Die Verse brachen rasch hervor. Er fühlte: das ist eines meiner besten Gedichte! Oder vielleicht wirklich das Äußerste, dessen ich fähig bin? Er erschrak. Sollte ihm von oben gezeigt werden, wie launenhaft die Gabe der Dichtung war, wie fragwürdig — wie sie auch in unwürdigster Situation sich einfand, gleichsam vom Satrapen bestellt —, und wenn man geläutert die Hände hob, zögerte sie oft, die Unzuverlässige! Kann ich auf so lockerem Grund meine Tempelstadt bauen, das verlorene Vaterland, den Chor der Großen? — Er bat die Musen um Verzeihung, daß er sie in solch würdeloser Verfassung gerufen. Und dieses Gebet kam inniger hervor als das zu Beginn, dem er nunmehr, nachträglich etwas Falsches abzuspüren glaubte, einen üblen Nachgeschmack. Doch sein Dank jetzt war echt. Die Musen hatten ihm geholfen, hatten ihm Beschämung erspart.
Nur eine kurze Zeit des Nachdenkens war verstrichen, schon trat er an den immer noch mit Schüsseln überladenen Tisch. Der Statthalter gebot Schweigen.

Meleagros begann:

»Mücke, fliege mir, schnelle Botin, den äußersten Ohrsaum
Heliodorens berühr, flüstre dies ihr ins Ohr:
›Schlaflos liegt, der dich liebt, du aber gibst dich dem Schlafe
träge dahin.‹ Zu ihr, Mücke, du Musengenoß!
Leise sag ihr die Botschaft. Der andre darf nicht erwachen,
der bei der Holden liegt. Groß wär die eifernde Wut.
Bringst du mir nun das Mädchen, so schenk ich das Fell dir des Löwen,
Mücklein, für deinen Krieg, schenk dir die Keule dazu.«

Die Mücke als Herakles, mit Keule und Löwenfell. Herakles bei Omphale. Alle verstanden die Anspielung und lachten. Alle waren plötzlich etwas weicher gestimmt, geschmeichelt, als hätten sie einen Anteil an dem neuen Gebilde, das eben vor aller Augen überraschend ans Licht gekommen war. – Natürlich war es nicht ganz die rechte Art von Beifall. Diokles, auch Jason, hätte den Zauber der Wortfügungen ganz anders zu würdigen gewußt. Immerhin war der Augenblick, in dem eine denkwürdige Eingebung in die Welt trat, nicht unansehnlich markiert. Die Römer schauten zumindest einigermaßen betroffen drein. Einen Moment lang schien Avillius an ein Geldgeschenk zu denken. Doch in den tiefblauen Augen des Meleagros flammte etwas auf, was solche Art von Entlohnung verbot. Auch besann sich der knausrige Bauer rasch genug. »Ich mache dich zu meinem Sekretär«, sagte er — »zu meinem wirklichen Sekretär«, wandte er sich gleichsam begütigend an Bathyllus, der das aufgeworfene Mündchen beleidigt kräuselte. Alle nahmen diese deutliche Anspielung mit anzüglichem Lachen zur Kenntnis. »Diokles hat recht gehabt«, schloß der Gewalthaber, »das Museion verdient höhere Geldzuflüsse aus der kaiserlichen Kasse. Wenn er uns so allerliebste Wortverdreher erzieht, wende ich gegen reichere Speisung seiner Einkünfte nichts mehr ein. Und du, Meleager« – Zusammenzucken –, »du wirst von nun an einmal in der Zeit zwei Stunden weniger die alten Rollen drehen und mir statt dessen bei meinen Erlässen helfen.«
Damit war der Empfang beendet.

»Lebe im Verborgenen!«, hatte nun allerdings der milde Lehrer empfohlen, und: »Der Weise wird sich nicht an der Politik beteiligen und nicht Herrscher sein wollen.« Es hieß weiter in den ›Meinungen des Herrn‹: »Die politische Tätigkeit soll man fliehen als eine Schädigung, als Ruin der Seligkeit.« Ferner: »Man muß dem Schüler darlegen, wie man sich von Anfang an, planmäßig, vor der Übernahme von Regierungsämtern zu hüten hat.«
Es war also falsch, daß er jetzt den Römern nahekam, sich

mit dem Oberwolf einließ. Freilich hatte er keine Wahl, war ja nicht gefragt worden, auch ergab sich ja bei weitem keine eigentliche Teilhabe an der Herrschaft. Aber als ein Abweichen von seinen geraden Wegen empfand er es doch. Da aber kam ihm sein leichtblütiges Wesen zu Hilfe und ließ ihn an andere Sprüche des guten Meisters denken: »Der Weise wird für seinen Besitz und für die Zukunft vorsorgen, er wird auf Mehrung seines Rufes zumindest so weit bedacht sein, daß er nicht verachtet wird – wiewohl er auch Beleidigungen leicht zu ertragen weiß.« –

»Wie schmeckt der römische Sold?«, höhnte ihn Jason. Aber wann tadelte Jason nicht?

»Unsere Gehälter in der Bibliothek – fließen sie vielleicht aus andern als römischen Quellen?«

»Diese Art von Gerede kann ich am wenigsten leiden. Wenn ich jemand so gescheit reden höre wie dich jetzt, so könnte ich ihm mit einem Dolch an die Kehle fahren.« Seine Hände zitterten. »Es ist eine Vertierung, diese Klugschwätzerei.« Und es sah wirklich einen Augenblick so aus, als wolle er sich auf ihn stürzen. Den Dolch hatte er schon gezückt. Meleagros wich erschrocken zurück. Er wußte aber schon, daß man in solchen Fällen Jason nur mit einem starken Blick anzusehen brauchte, um ihn abzukühlen und zur Ruhe zu bringen. Etwas brauste dauernd in diesem Menschen, brachte es aber über ein tatenloses Wüten nicht hinaus – dieses Nicht-tätig-Werden mochte seiner Überzeugung von der Wertlosigkeit der ›kleinen Mittelchen‹ entsprechen, war aber vielleicht doch der tiefere Grund seiner Unzufriedenheit mit sich und der Welt. Es blieb auch diesmal bei einem traurigen Zucken der tief eingehackten Mundwinkel. Wann werden sie das weiche, breite, schön-wehmütige Gesicht Jasons zerstört, förmlich von innen her aufgefressen haben? Es konnte nur eine Frage der Zeit sein. – »Bist also doch nach langen Umwegen das geworden, was du in Athen nicht sein wolltest! Hausgrieche, Graeculus!«

»Da du immer schimpfst, tut dein Schimpfen nicht mehr weh«, sagte Meleagros und ging – nicht ohne den inneren Vorbehalt, bei nächstem Anlaß die Auseinandersetzung zu erneuern. Eine fürchterliche Pflanze, dieser Jason! Gewaltsam mußte man sich von Zeit zu Zeit vorhalten, daß er einen aus der Dreckhöhle der Gladiatoren gerettet hatte. – Nie werde ich ihn los, seufzte Meleagros. Doch auch mitten im ärgsten Streit, sogar dem Dolch gegenüber, blieb er in seiner Gutmütigkeit, in seinem Drang, den Dingen ehrlich auf den Grund zu gehen, weit entfernt davon, den Freund und hartnäckigen Widersacher aufzugeben.

Derselbe Zug gedanklicher Redlichkeit ließ ihn über seine Beziehung zu den Wolfsrömern nicht zur Ruhe kommen. Viel lieber wäre er weiterhin bloßer ›Gehilfe der gelehrten Dichter‹ geblieben. Wie richtig, wie anständig und still war es, hinter der Erzbüste des Kallimachos in der ›Kleinen Halle‹ zu sitzen – wieviel richtiger als in dem bunten, grellen Betrieb des römischen Landpflegers hinzutreiben, mit seiner tyrannischen Freundlichkeit, mit seinen Launen. Jasons Wort traf daneben, schreckte nicht. Aber eine alte Erinnerung tauchte auf, die würdige Spitznase des Erziehers Philodem, hinter einer weißen Säule im Garten Epikurs hervor. Seine Stimme klang schulmeisterlich schnarrend, doch ein erhabener Beiklang war unverkennbar, wenn er die Worte des Meisters anführte: »Ich habe mich niemals darum bemüht, den Leuten zu gefallen. Denn was jenen gefiel, habe ich nicht gelernt, und was ich mir angeeignet habe, das lag weit ab vom Begreifen der Leute.« Und dann schnarrte Philodem weiter: »Verwechsle nicht deine Art, mein Sohn, gern angenehm und leicht zu leben, mit jener gleichmäßigen Ruhe des Gemüts, die der göttliche Meister als höchstes Gut anrät. Er hat auch zuweilen gesagt, es sei gut, ›kräftig auf das Leben zu spucken‹. Hast du das je versucht? Hast du gespuckt? Hast du dich wirklich einmal angestrengt, im Innern von der Welt unabhängig zu werden?«

Solche Anfechtungen wies er gleichwohl in die Schranken. Nicht ungern und mit dem Leichtsinn seiner Jahre gab er sich dem Bewußtsein hin, daß sein Ansehen stieg und daß sich dies auch bei Heliodora fühlbar machte. Seltener gestattete sie sich, ihn allein zu lassen. Vielleicht habe ich die Beförde-

rung nur deshalb angenommen — sagte er sich —, um Heliodora stärker an mich zu binden. Die Ursache mochte dahingestellt bleiben, sie war die lauterste nicht, einerlei, die Tatsache selbst genügte ihm. Heliodora war nun wieder sein; die unzerstörbare Frische und samtartige Weichheit des Sandes am Meer, des feinen ewigen blassen Sandes, er fand sie nun wieder in der Berührung ihres balsamischen Leibes, der sich ihm feurig näherte. — Liebte sie ihn jetzt mehr als früher, beständiger, aus tieferen Quellen ihres Wesens? Sie wußte es vermutlich zu schätzen, daß die Mückengedichte ihren Ruhm nährten. Sie war mehr denn je in Mode gekommen. Doch vielleicht hatte sie gerade deshalb jetzt nur einige wenige der Allerreichsten als Anbeter. Und aus diesem Grund die selteneren ›Reisen‹? — Der unlauteren Ursache, so lernte er sich bescheiden, kann keine ganz saubere Frucht entsprechen, das wäre zu viel verlangt — kein völliges Verschwinden des Mißtrauens wächst aus solcher Wurzel.
Der Statthalter unterhielt sich mehr mit ihm, als er ihm zu arbeiten gab. — Worauf läuft das hinaus? Ohne einen greifbaren Zweck wird sich der listige Bauer wohl nicht mit mir abgeben. — Indes trat vorläufig nichts aus dem Nebel hervor — es sei denn das deutliche Mißvergnügen des Bathyllus, der jede Minderung seines Einflusses, die sich auch nur von ferne abzuzeichnen schien, eifersüchtig überwachte. Das süßsaure Lächeln, mit dem er den Meleagros zu empfangen pflegte, war deutlich genug. Der Statthalter kümmerte sich wenig um seinen Ärger, schickte ihn hinaus, wenn Meleagros kam. Mit ihm sprach er von seinen Athener Erinnerungen, menschlich, allem Anschein nach unbeschwert, wie zur Erholung. Ja, auch er hatte in Athen ›studiert‹, wie man das nannte; außer einigem Klatsch und ein paar Schulanekdoten, die Meleagros auffrischen mußte, hatte er freilich alles vergessen. Meleagros hielt sich immer vor: Dem Wolf stehst du gegenüber! Aber in seiner griechischen Freude am flüssigen Reden, die er mißbilligte und der er doch unterlag, sagte er bald mehr, als er wollte. Es war die besondere Mischung von Leichtsinn und Geradheit, die ihn trieb. So erzählte er von seinem Plan, dem

›Kranz‹, und erwähnte, was jedenfalls noch unvorsichtiger war, daß diese Sammlung der besten Blüten hellenischer Poesie auf ihre Weise gegen die Knebelung und Niederknüpplung Griechenlands Einspruch erheben wollte. Geschwätziger Bursch, weißt du noch immer nicht, wie es in der Welt zugeht?

»Wer knebelt denn Griechenland?«

»Rom.« Blitzenden Auges fuhr Meleagros vom Sitz auf.

»Ein kühnes Wort!« Doch es war, als erinnere sich das Bauernblut irgendeiner Rauferei in der Dorfschenke seines kleinen apulischen Dorfes. Der Mut des jungen Mannes schien ihm zu gefallen. Es erfolgte kein Verweis, und es gab, zumindest im Augenblick, keine unangenehmen Folgen. –

Die Regatta der Segelboote fand wie alljährlich auf dem breiten Nilarm bei Canobus statt.

Als Höhepunkt der alexandrinischen Saison versammelte sie die einflußreichen und begüterten Leute der ›Weltstadt‹ unter dem glühenden Himmel des Nachfrühlings, den der Seewind mit ein paar weißlichen dünnen Wolken überhauchte. Das riesige blaugestreifte Zeltdach auf der Estrade am Flußufer gab den Vornehmsten, die der Statthalter eingeladen hatte, einigen Schutz. Die weniger Vornehmen schwitzten sich draußen halbtot. Im Zelt sah man die ganze römische Regierungsclique, Beamte mit ihren Frauen, Offiziere in ihren rasselnden Erzrüstungen, einzelne Ägypter, die Haupt und Nacken mit hinabwallenden blühweißen Tüchern geschützt hatten und breite Ketten aus bunten geschliffenen Steinen um den Hals trugen, ferner viele griechische und jüdische Kaufleute. Jede Gruppe hielt sich gesondert, vermied es, den gleichen Keil der Bänke mit andern Gruppen zu teilen, so wie sie auch in der Stadt nach Quartieren getrennt wohnten. Eine Ansammlung schwerbewaffneter Legionäre war in der Nähe des erhöhten Thrones postiert, den Avillius Flaccus einnahm. In der ersten Reihe unter der Thronbühne hatte neben einigen Hofleuten auch der schöne Bathyllus seinen Platz, daneben saß Meleagros, den die Nähe des andern ›Sekretärs‹ nicht eben freute, zumal der Verwöhnte immer wieder wie beleidigt sein Münd-

chen schürzte, wenn Avillius das Wort an den Dichter richtete. – Die Pausen zwischen den einzelnen Rennen dauerten recht lang. Die Segelboote mußten in der Ferne, beim altberühmten Heiligtum des Serapis, das man zwischen den hohen Palmen sah, umständlich zum Start geordnet werden, was immer wieder viel Zeit beanspruchte. In den Pausen gab es Belustigungen für die vom Prokurator bevorzugten Gäste im Ehrenzelt – die Tanzgruppen, die Pfeifer, pantomimische Spiele auf einem vorbeigleitenden Boot, Übungen geschickter Taucher. All das erinnerte manchen an die glanzvolle Zeit der letzten Königin, dieser schlauen und gar nicht einwandfreien Kleopatra, in der sich das Land gleichwohl eines fülligen Wohlstands erfreut hatte. Die Steuern waren drückend gewesen, gewiß, Eltern und Großeltern der jetzt Anwesenden hatten das überliefert, doch zugleich das lustige Stücklein, wie die Königin dem verliebten Antonius, der auf sein Jägerglück eingebildet war, eingesalzene Heringe durch Taucher hatte an die Angel hängen lassen, die er stolz aufzog. Wie hatte man damals gelacht! Anders als unter diesen langweiligen, nur auf Nutzen, auf ihre unmittelbare grobe Bereicherung ausgehenden, humorlosen Römern war man des Lebens froh geworden.
In der dritten Pause flüsterte der als Göttermundschenk herausgeputzte Bathyll dem Statthalter etwas ins Ohr. Dieser nickte. »Ich werde zur Erfrischung unserer Gäste einiges von unserem verehrten Meleagros vortragen«, begann der Knabe. Es war eine Überraschung für den Dichter, und keine gute. Niemand hatte ihn um Erlaubnis gebeten. Im gebildeten Freundeskreis hätte man sich so etwas nie gestattet. Aber durfte er jetzt ›Nein!‹ sagen, unterbrechen? Was will man mit mir, dachte er ängstlich, in ungewissem Verdacht. – Anfangs ging alles gut. Avillius bat um die beiden berühmten Mückengedichte, dann um das Epitaph vom ›Mörder Eros‹. Höflicher Applaus folgte. Am Beifall solch schwungloser Menschen, die keine Ahnung von den Gesetzen und Feinheiten der Verskunst hatten, konnte Meleagros nichts gelegen sein, er empfand gewaltiges Mißbehagen. Zudem schien ihm der Triumph anrüchig. Wen gingen die Heimlichkeiten seines

Hauses etwas an? Für sehr wenige hatte er das niedergeschrieben, die ihn vielleicht verstanden – nicht für die Menge. Man konnte sich ja wohl einmal, aus übermütiger Laune, am Dachrand, allen natürlichen Bedingungen dichterischer Stimmung zum Trotz, solch einen sublimen Versspaß wie den von der Mücke mit Löwenfell und Keule erlauben (nicht ohne nachher die Musen wegen Mißbrauchs ihrer Gaben innig um Verzeihung zu bitten) – viel ärger aber war es, einer herzensgleichgültigen Versammlung, der die Sache nicht einmal Freude machte, die nur pflichtgemäß an der Darbietung teilnahm, seine Schande sozusagen von Regierungs wegen vordeklamiert zu hören. Das war Entweihung des letzten göttlichen Besitzes. Er schämte sich. War er je ehrgeizig gewesen (er war es nie in besonders hohem Grade), so schwor er jetzt diesem Laster ein für allemal ab, fühlte sich mit einem Schlag geheilt.

Doch der Statthalter war nicht zu Ende. »Jetzt gewähre uns noch die Freude, bester Bathyllus, und sprich das Gedicht von den kalten Zimmern.«

Meleagros wußte erst gar nicht, was gemeint war.

Hämisch beeilte sich der Mundschenk mit seiner Hilfeleistung. »Das von dem Sabbatverehrer?« fragte er mit unschuldigem Augenaufschlag gegen seinen Gebieter hin. Avillius nickte. Der Rezitator hob ruheheischend den Arm, den Moschusduft fühlte Meleagros bis zu sich hinwehen. Peinlich stieg er ihm in die Nase. Ihm war sterbenselend zumute, als müsse er sich übergeben. Hatten die beiden sich verabredet, ihn zu demütigen, noch mehr von der Schmach seiner Nächte zu enthüllen? »Mädchen mit den weißen Wangen«, begann der Knabe, »irgendeiner hält dich heute, deinen duftenden Leib an dem seinen fest.« Man lachte da und dort. Diese tückische Veranstaltung! tobte es in Meleagros – nicht nur daß sie allem guten Geschmack ins Gesicht schlägt, sie erzeugt auch noch ein Schuldgefühl in mir. Irgend etwas muß ich verbrochen haben. Was ist es nur? – Der Knabe, der auswendig sprach, war steckengeblieben. Vielleicht mit Absicht. Durch große Handbewegungen gegen alle hin machte Avillius klar, man solle einen Moment warten – jetzt erst komme das Eigentliche. »Geht deine Sehnsucht . . .« Bathyllus hatte endlich den Zusammenhang gefunden. »Geht deine Sehnsucht auf einen Mann, der den Sabbat einhält, so würde ich zwar staunen; doch sogar dies würde ich begreiflich finden. Denn kühlt auch das Zimmer am Sabbat aus, da man kein Feuer anzünden darf, so wärmt doch Eros heiß genug.«

Nun gab es ein Getöse. Die jüdischen Großkaufleute, die sich unter den Eingeladenen befanden, waren aufgesprungen, protestierten gegen die Verhöhnung; doch von den Bänken der Griechen und Ägypter erhoben sich lebhafte Rufe der Zustimmung. Man war mehr als einverstanden, dankte dem Statthalter, sah in der offenen Beleidigung, die den Festteilnehmern ins Gesicht geworfen war, etwas wie ein Vorspiel künftiger Judenjagd und Verfolgung. Denn man haßte die Fremden, die von den fünf Stadtteilen Alexandriens bereits zwei zur Gänze bevölkerten und sich weiter ausbreiteten, die im Handel ein Übergewicht zu erlangen drohten und die überdies auch durch eifriges Ausbieten ihrer seltsamen Weisheit, ihrer angeblich altberühmten Bücher, die sie neuerdings in griechischer Übersetzung verbreiteten, den andern Nationen ins Gehege kamen. Sogar eines Philosophen nach griechischer Art rühmten sie sich schon, des Jedidja, der sich griechisch Philon nannte. – Durch die Versrezitation aus dem schönen Munde Bathylls hatte der Statthalter nun öffentlich zu verstehen gegeben, daß er die allgemeine Abneigung gegen sie teilte, mit diesem wohlberechneten Zug hatte er sich bei den Einheimischen populär gemacht. Und es war hoch an der Zeit gewesen, denn die kurz zuvor dreifach gesteigerten Hafengebühren hatten alle gegen ihn aufgebracht. Schon munkelte man von Unruhen, die knapp vor dem Ausbruch standen. Plötzlich war die Unbill vergessen. Ein einziges Schmähwort genügte, die Volksgunst zu gewinnen. Der Jubel hielt bis zum Lärmsignal an, das den nächsten Gang des Segelrennens ankündigte.

Deshalb also zerfetze ich mir das Herz in der Brust – schalt sich Meleagros auf dem Heimwege nach diesem schmachvollen

Auftritt. Nun hab ich's, nun weiß ich wenigstens, wozu meine Leiden gut sind. All die Schmerzen um Heliodora. Und der andere Schmerz, da mir ein Dämon eingibt, meine Erniedrigungen und Ängste in eine Form zu gießen, die bei aller Fassungslosigkeit nicht ohne Anmut sein soll und das unverrückbare Ebenmaß wahrt, nach der Vorschrift des Meisters und getreu dem süßen Vorbild meines Theokrit, wenn er den Kyklopen Polyphem um seine nie sich gewährende Galatea seufzen läßt, die Nymphe des bläulichen Meeres. »Dich, o du Honigapfel, zugleich mich selber besingend — oft in der Stille der Nacht.« — »Und er schaffte sich Ruh', die vom Arzt er nimmer erhandelt.« Ich schaffe mir niemals Ruhe, das ist der Unterschied. Ich Flüchtling, ich Heimatloser auch im Reiche der Verse, ich werde nur mißbraucht! Zuerst von Diokles, der mich in seinem greisenhaften Eifer zur Mehrung der Geldsubvention an sein Museion herausstreicht. Und jetzt gar von dem Römer, der meine Wehklage politisch ausbeutet. Es ist wie ein Pesthauch, der mich in meinem innersten Schlupfwinkel aufspürt.

Seltsamerweise brachte ihm der Vorfall von Canobus Lob von einer Seite, bei der er es am wenigsten erwartet hatte — die sonst, was Lob anlangt, überhaupt sehr sparsam, wo nicht ganz unfruchtbar war. Jason begrüßte ihn im Arbeitszimmer freundlicher als sonst. »Gut hast du es den Juden gegeben! Das war verdienstlich. Dieses widerlichste Volk der Erde hält sich ja sonst vor der Wahrheit die Ohren zu. Das widerlichste Volk der Erde? Was sage ich? Ich lobe ja noch! Es ist in Wahrheit das e i n z i g e widerliche Volk. So muß man es ausdrücken.«

»Warum so scharf?«

»Weil sie um jeden Preis leben wollen. Das ist die ärgste aller Niedrigkeiten. Wir andern sehen ja längst ein, daß wir uns wie berauscht vor einem Abgrund drehen, todgeweiht, einige hat der Schwindel schon erfaßt, die andern stürzen nächstens in das finstere Loch. Nur die Juden wollen nicht. Sie wollen nicht in das Nichts hinein, sie klammern sich wie Würmer mit hunderttausend Füßen am Rand an, sie wollen

nicht sterben. Und hindern damit vielleicht die ganze Welt an einem schönen, anständigen Tod, halten das Natürliche auf. Deshalb war es gut, daß du es ihnen vor versammeltem Auditorium ins Gesicht gesagt hast.«
»So viel habe ich doch gar nicht gesagt.«
»Einerlei. Auf den Mut, daß du ihnen – wie soll man es wohl in unser gesittetes Griechisch übersetzen, das Horazische ›oppedere curtis Judaeis‹? –, daß du ihnen etwas Wahrheit zu riechen gegeben hast, auf diesen Mut kannst du stolz sein.«
»Ich bin es ganz und gar nicht«, meinte Meleagros betreten, »und was geschah, ist ohne mein Zutun geschehen. Ich bin da hineingeraten, und weiß nicht wie. Ich habe ja gar nichts gegen die Juden. Ich kenne sie kaum. Daß einer der vielen Freunde meiner Göttin zufällig ein Jude ist, soll mich gegen sie aufbringen? Und wenn er nun ein Perser oder ein Skythe gewesen wäre? Wäre ich dann gleich ein Perserfeind? Ich will unter allen Menschen nur einen einzigen Unterschied anerkennen: ob sie Weisheitsfreunde sind oder nicht.«
»Du hast die Juden beschimpft. Das genügt mir. Deine Tat war klüger als du.« –
Jasons diesmal unerwünschter Beifall erfüllte ihn mit neuen Selbstvorwürfen. Nach der öffentlichen Blamage am Nil, als die ihm sein ›Sieg‹ erschien, war überdies seine ganze Beziehung zu der Geliebten pure Qual geworden. Seine Unruhe, seine Unzufriedenheit mit sich selbst wandte sich plötzlich gegen sie, die sandfarbene, süße und geschmeidige Urheberin all der Unerquicklichkeiten. Ihren nächsten Verrat, der nicht lange auf sich warten ließ, sah er nicht mehr nach. Er schloß das Haus, in dem sie gemeinsam gewohnt hatten, erbat von Diokles ein Dienstzimmerchen in der Bibliothek. Den Schlüssel des Hauses übergab er einer Freundin der Flötistin mit dem Auftrag, ihr zu sagen, er werde sie nicht mehr sehen. Und diesmal war die Auflehnung ernst gemeint. All ihre Schönheit, alles Glück ihrer Liebkosungen wog schließlich die Unehre nicht auf, in die sie ihn zog.
»Oida« – mit diesem großen Wort begann er das Abschiedsgedicht. »Ich weiß.« Das eine Wort umfaßt alles, was ihre

Grausamkeit ihm angetan hat, alle Enttäuschungen, alle Qual. »Ich weiß. Was soll der leere Eidschwur, da die myrrhenduftende, frischbefeuchtete Haarflechte genug von deiner Verderbnis aussagt — und ebenso das vom Wachsein belastete Auge, das zerrupfte Gewebe der Kränze um dein Haar. Die Locke ist aufgelöst und besudelt. Der ungemischte Wein läßt deine Glieder wanken. Du allen gemeinsames Weib, pack dich, schon ruft dich aufs neue zum Gastmahl die Harfe. Und die handgeschlagenen Tamburine toben.«

In einer Flut von Tränen wusch er das Elend weg, das länger als zwei Jahre gedauert hatte. Wie hatte er gehofft, wie oft Umkehr von ihr erbettelt! — In den Sprüchen des Meisters hieß es: »Die Liebesleidenschaft löst sich auf, wenn der Anblick, das Miteinandersprechen und das Zusammensein aufhören.« Bisher hatte er diesen einigermaßen trockenen Lehrsatz durch seine Erfahrung nie bewahrheitet gefunden. Doch was blieb übrig, als ihn aufs neue einer Bewährungsprobe zu unterwerfen?

Das Lächeln des Götterknaben Bathyll ging bei der nächsten Begrüßung etwas weniger ins Saure, machte einen Versuch, freundlich zu sein. »Alles ganz richtig«, sagte Bathyll, »nur der Augenblick scheint mir schlecht gewählt.«

Meinte er das Gedicht? Es war ja gar nicht einmal niedergeschrieben. Nur in sein Gedächtnis hatte er es mit spitzem Stilett geritzt. Doch vor seinen glühheiß unsteten Blicken, die nun schon Tage und Nächte nicht zur Ruhe kamen, verwirrten sich die Erinnerungen. Alles war möglich.

Es zeigte sich, daß Bathyll nicht die Verse gemeint hatte. Die Tatsache der entschlossenen Verabschiedung genügte. Sie war nicht geheim geblieben, brachte der Dame keine Ehre. Und Heliodora war nicht die Frau, die Beleidigungen mit Stillschweigen überging. Es hieß, daß ihre Rachsucht schon mehr als einen ihrer Liebhaber das Leben gekostet hatte.

»Nun ja, es wird ihr nicht ganz gleichgültig sein, wenn ich sie verlasse«, warf Meleagros leicht hin und spielte lieber den Eitlen, als daß er dem Schrei über den frischen Schmerz nachgegeben hätte. Er zitierte den Catull: »Wem wirst du die Lippen beißen, wessen Mädchen wird man dich nennen?«

»Was die gebissene Lippe anlangt, so kann ich mit Auskünften dienen.« Bathyll verbeugte sich zierlich. »Eine Nacht nach deiner Schlüsseldemonstration, mit der du die schöne Frau öffentlich lächerlich gemacht hast, hat unser Gebieter Avillius sie holen lassen.«

»Daran liegt mir wenig – da ich mit ihr zu Ende bin.«

»Du solltest dich vielmehr geschmeichelt fühlen, daß du eine Zeitlang denselben Geschmack gehabt hast wie jetzt er selbst, der Abglanz Cäsars.«

Meleagros, immer leichtsinnig, ging vielleicht einen Schritt zu weit: »Bist du eifersüchtig?«

Der Knabe blinzelte ihn vieldeutig an, sein Blick wurde böse und hart: »Ich dachte, wir könnten gemeinsame Sache machen. Aber wie du willst.«

Einige Tage lang ließ ihn der Statthalter nicht rufen. Dann schickte er einen Boten. Höflich wie immer begann er die Plauderei mit dem Untergebenen. »Du beschäftigst dich«, sagte er recht unbetont, »mit Sammlung von Epigrammen, sowohl deiner eigenen wie der von anderen Autoren gedichteten. Ist es so?«

Das klang auf eine gezwungene, ja ungeschickte Art fremd. Ja, hatte denn der Erhabene an dieser Sammlung nicht den lebhaftesten Anteil genommen? Hatte er sich nicht des öfteren stundenlang über die Fortschritte des neuartigen literarischen Unternehmens berichten, Proben alter Dichtung vorlesen lassen? – Was Avillius eben gesagt hatte, konnte nicht ernst gemeint sein. Es diente wohl nur als wenig zweckmäßige Einleitung zu etwas anderem. Und siehe da, die Fortsetzung kam denn auch sofort zum Vorschein. »Mein Amtsbruder in Judäa«, fuhr der Statthalter fort, »der Prokurator in Jerusalem schrieb mir neulich, er habe beschlossen, die Gedichte des Catull und des Horaz ins Griechische zu übersetzen.«

»Eine höchst überflüssige Anstrengung, wie mir scheint.«

»Das wollen wir doch lieber ihm selbst zur Beurteilung überlassen, nicht wahr?«

»Ich verstehe nicht —«
»Nur langsam. Mein Amtsbruder meint, daß bei Sprachgleichheit die Überlegenheit der lateinischen über die griechische Dichtung zum Vorschein kommen wird. Wenn nur der Inhalt gilt, nicht das lockende Wortgewand. Möglich.«
»Ich glaube eher, daß man in der Übersetzung noch klarer als sonst merken wird, wieviel die beiden aus griechischen Quellen entlehnt haben.«
»Oder wie selbständig sie ihnen gegenüber geblieben sind. Einerlei, mein Kollege wagt den Vergleich. Übrigens ist das seine Sache, nicht die unsere. Oder meinst du etwa, man könne eine neue Knebelung und Niederknüpplung deines Griechenland in diesem kritischen Versuch sehen?« Das war anzüglich gesprochen, eine Gefahr flackerte auf. Der durchtriebene Bauer schirmte aber sofort das Licht ab, höflich erklärte er, es müsse den Meleagros doch interessieren, bei solch einer Bemühung zu helfen, sei es auch nur, um sie etwa zu widerlegen. »Die Arbeit ist nicht leicht, schreibt mein gereizter Amtsbruder. Ich glaube, er langweilt sich zu sehr. Daher die üble Laune.«
Es interessiert mich nicht im geringsten, wollte Meleagros entgegnen — besann sich aber rechtzeitig. Es ist ein Privileg der Großen, überlegte er, daß sie uns Kleine ganz undeutlich vor sich sehen, wie am Horizont in der Ferne — und daher nehmen sie unsere innigsten Wünsche und Absichten nur entsprechend ungenau zur Kenntnis. Sie verwechseln diese Wünsche, deuten sie um, lassen sie mit ihrem Gegensatz verschwimmen. Die verantwortliche Sammlung der besten alten Kurzgedichte — und das dilettantisch wertlose Unterfangen eines gelangweilten Schöngeistes: in den Augen eines Avillius war das vielleicht wirklich dasselbe oder unterschied sich nicht allzusehr. »Ich glaube nicht, daß ich dem Herrn Prokurator bei dieser Arbeit viel nützen könnte«, entschloß sich Meleagros zu antworten, nach kurzem Zögern.
Doch Avillius war hartnäckig. »Warum nicht?« Die immer weit offenen, wasserklaren Augen bekamen nun etwas Lauerndes. Man wußte nicht, ob er mit solcher Spannung ehr-

lich auf Auskunft wartete oder sich über einen lustig machte. »Und dann hätte es auch den Vorteil für dich, daß du wieder einmal deine Heimat siehst. Du stammst doch aus Gadara? Das dürfte nicht weit von deinem neuen Amtssitz Jerusalem gelegen sein.«

Verwünschtes Gadara! Er hatte es nie gesehen. Was für ein Einfall von Jason, ihn dort anzupflanzen, wo er nichts zu suchen hatte! Der Zufall erwies sich nun als schicksalhaft, brachte von neuem Flüchtlingslos, Fremde herauf. »Ich möchte meine Arbeit am Museion fortsetzen«, wandte er bittend ein, »sie ist jetzt in bestem Fluß. Ich glaube, hier meinen endgültigen Wirkungskreis gefunden zu haben.«

»Warum nur gerade hier?« geruhte Avillius zu scherzen. »Mücken gibt es auch in Jerusalem. Auch eine Heliodora wird sich finden.«

Er war entlassen.

Sollte er es nur mit jener selbstverständlichen Blindheit zu tun haben, die den Herrschenden gegenüber den Bedürfnissen der Untertanen eigen ist? Steckte mehr dahinter? Vielleicht eine Maßregelung? Hatte der Tyrann die Freiheitswünsche einer Gruppe von Wissenschaftlern, die am Museion arbeitete, aus dem unvorsichtigen jungen Griechen herauslocken wollen und ihn nur deshalb eine Zeitlang liebenswürdig behandelt? Diokles, der sich ins Mittel legte, der einen so begabten Mitforscher nicht verlieren wollte, wurde ungnädig abgewiesen. »Es sind Pläne ans Tageslicht gekommen«, hatte der Hochkommissär ihn angefahren, »Pläne, die mich berechtigen würden, dich und Meleagros und noch einige andere hinter Gefängnismauern verschwinden zu lassen.« Vielleicht war das nur eine Drohung. Vielleicht hatte sich Avillius gerade durch seine Gespräche, durch geheuchelte Intimität mit ›meinem Meleager‹ von der Harmlosigkeit der alexandrinischen Erneuerungsbewegung überzeugt. Denn eine strengere Maßnahme erfolgte nicht, so daß es eine Zeitlang aussah, als ob nur eine Intrige der beleidigten Heliodora oder etwa Bathylls oder vielleicht beider zugleich hinter der Versetzungsabsicht stünde. Und dann wurde der Wunsch ganz vergessen, kam gar nicht zur Rede. So undeutlich sind nun einmal, von nächster Nähe gesehen, die Ereignisse, die unser Leben bestimmen und ihm auf lange hinaus eine neue Richtung geben. Es blieb auch in der Folge völlig unentwirrbar, aus welchem Grund der Statthalter auf seine Verfügung, die er in mehreren Gesprächen gar nicht mehr erwähnt hatte, dann doch mit Entschiedenheit zurückkam. »Ich nehme an, daß du mir meine Bitte nicht abschlagen wirst, mein Meleager«, begann er einmal in aller Freundlichkeit, ganz unerwartet. »Bedenke auch, daß ich dem Amtsfreund ein Gegengeschenk schuldig bin. Er hat mir, zugleich mit dem letzten Brief drei Sklavinnen geschickt, schlanke nabatäische Mädchen, hübsche Kinder, Zwölfjährige, die es beinahe mit den Modellen eures Skopas aufnehmen könnten.« Noch konnte Meleagros hoffen, daß sich das Ansinnen als eine Laune erweise. Aber nach Pausen, die jedesmal kürzer wurden, kam es immer wieder zur Sprache. Bei der vierten oder fünften Unterredung hatte sich die freundliche Bitte unter der Hand bereits in ein höchst unfreundliches Diktat verwandelt. Meleagros widersprach noch mit einigen schüchtern geäußerten Bedenken. Da trat in die weitgeöffneten Augen des Herrschers unter die hohen Brauenbogen das gleichsam immer für sie bestimmte Staunen, das nur für eine Zeit beiseite gelegt worden war. Ich verstehe gar nicht, schien dieses Staunen zu sagen — du zögerst, wenn ich, einer der Weltbezwinger, der allmächtigen Wölfe, wenn ich es will? Muß es dir wirklich erst begreiflich gemacht werden, daß ich gebiete, daß ich nicht bloß so obenhin rede? Aus mir spricht das, was Macht und Gewalt hat. Muß das ausdrücklich hervorgehoben werden? Ich habe den Beschluß gefaßt. Genügt das nicht? Du, ein Graeculus, gestattest dir, anderer Ansicht zu sein? Was soll denn diese Absurdität eigentlich besagen? Es ist wohl nicht nötig, dich erst den Abstand zwischen dir und nicht etwa mir, nein, zwischen dir und einem, der tausendmal weniger ist als ich, fühlen zu lassen.

So wurde Meleagros verschenkt.
Im Schatten des Turmes Phasael hatte er die Steuerlisten der

Stadt Sepphoris oder Zippori und des übrigen westlichen Galil nachzurechnen. Der Schatten füllte nun schon völlig das mittagliche Zimmer, überdunkelte die gleichgültigen Akten. Über die Steuerrollen hatte der Grieche ein Schreiben an Jason, den Freund, gelegt – bereit, es unter den Rollen verschwinden zu lassen, wenn ein Aufsichtsbeamter eintrat. Mit der nächsten Karawane, die nach Gaza oder Caesarea ging, sollte der Brief mitgenommen und dort einem Schiffskapitän übergeben werden, der nach Alexandria segelte. Aber wie selten fand sich eine passende Gelegenheit! Und so wuchs jeder Brief zu einem langen Klagelied aus der Verbannung an, aus der Provinz, fern dem ›Knoten der Erde‹, der hochgepriesenen Alexanderstadt. Ovid in seinem Exil, im Gätulerland, hatte nicht schmerzlicher nach seinem Rom geschrien. Auch er vergebens, dachte Meleagros – es ist ein unheilverkündender Vergleich. Er erschrak – wiewohl der Meister solche Zeichen für nichts erachtet hatte. »Der judäische Prokurator«, schrieb er eifrig, um sich die trüben Anspielungen fernzuhalten, »hat anfangs gar keine Ahnung gehabt, was er mit mir anfangen soll. Er ist immer zerstreut, sein Blick geht ins Leere. Ich halte ihn für einen der unfähigsten und unintelligentesten Menschen, mit denen ich je zusammengetroffen bin. Avillius ist wenigstens ein derber Bauer, der weiß, was er will, lebenstüchtig, ein schlauer Faun. Dieser hier ist ein Schwächling, mit einem ewigen Reißen in den Beinen, zu keinem klaren Gedanken fähig, ein verweichlichter Patrizier, dünn, ein verlegenes Äffchen, das ausschaut, als ob es immer im nächsten Augenblick niesen müßte. – Als ich kam, hatte er seine Übersetzungsschrulle längst vergessen. Erst der Begleitbrief, der dem Geschenk, das heißt: mir, beigefügt war – oder vielmehr: ich dem Brief –, rief dem Herrn seine Laune in Erinnerung. Da hat er, gleichsam schandenhalber, mich zu sich geladen, mir seine jämmerlich ungeschickten Anläufe gezeigt, die ich nun ausbessern und zu irgend etwas Erklecklichem auswalzen soll. Ein schöner Unsinn das. Heute, in einer halben Stunde, muß ich wieder zu ihm, ins Praetorium, das er als seinen Herrschaftssitz, irgendeines nahenden Festes der Juden wegen, für eine gewisse Zeit in die Festung Antonia verlegt hat. Es gibt immer Unruhen bei diesen Festen. Und von der Antonia aus überblickt man den ganzen Tempelplatz, den Ort dieser Volksaufläufe und Revolten, beherrscht ihn soldatisch von oben her. So muß ich bald den Weg von hier machen, vom Palast des Herodes, der kein Palast mehr ist, sondern ein Ameisenhaufen kleiner Schreibstuben, bis ans Gartentor, durch den Holz- und Wollmarkt, an den Kupferschmieden vorbei, über die große Brücke, die die Straßenschlucht des Tyropäon überquert, zum Festungswall der Antonia, immer bergauf in Staub und Sonnendunst. Es ist kein Vergnügen. Noch dazu eines so lächerlichen Zweckes wegen. Den Horaz ins Griechische! Eulen nach Athen. Nur ein Narr kann so etwas aushecken. Nun, sollte der Name dieses Mannes je auf die Nachwelt gelangen, mein Jason – aber das halte ich für unwahrscheinlich, die Provinz ist zu entlegen und der Mann selbst zu unbedeutend, zu untätig, zu feig –, dann wird es höchstens um dieser Übersetzungsgrille willen sein, der kuriosen Horazparodie, die vielleicht gelegentlich ein Lachlustiger ans Licht ziehen wird. Sie ist immerhin ein Exempel großsprecherischer römischer Anmaßung und der mit ihr verbundenen unfreiwilligen Komik. Ich unterbreche jetzt meinen Schwatz, lieber Freund, ich muß trotz allem pünktlich sein – mitsamt seiner erstaunlich unbegabten Schülerarbeit, deren Rollen ich eben zusammenbinde, um sie zu ihm zu tragen, ist er eben doch nun mein Herr, dieser kindische Landpfleger Pontius Pilatus.«

2
Es begann während der Festfreude

Einige Tage später stieg Meleagros den bewaldeten Saumpfad hinab, der von der Westhöhe Jerusalems ins Tal bei Moza führt.

Der empfindliche Mückendichter war tief verärgert. Nirgends Stille zu finden. Welch ein unruhiges Volk, diese Einheimischen. Jerusalem war ja immer übervölkert. Aber nun langten in den letzten Tagen sozusagen Stunde um Stunde ganze Schwärme an, einzelne Männer wie auch Familien mit Weib und Kind. Sie lagerten auf dem »Berg der Ölbäume«, auch in der Senke zwischen diesem und dem Osttor der Tempelhöfe; ihre Zelt- und Hüttenstadt erstreckte sich von da bis zum ›Berg der Späher‹ und über ihn hin. Und viel mehr Menschen als außerhalb der Stadtmauern hatten drinnen Unterschlupf gefunden, bei Verwandten und Freunden. Man pflegte zu sagen, daß bei den Wallfahrtsfesten noch nie jemand ohne Obdach geblieben sei, mochte sich auch die Zahl der Einwohner Jerusalems durch die Pilger verdreifacht oder vervierfacht haben. Das konnte stimmen. Aber von der schier unglaublichen Gedrängtheit der Volksmassen, mit der diese

Gastfreundschaft erkauft war, von all dem Gezeter und den Mißgerüchen in den engen Gassen sagte das fromme Wort nichts. Zum Getümmel der Menschen kam das der Tiere, der Opferschafe und Rinder in ihren Pferchen, der Esel und Maultiere, auf denen die Neuankömmlinge einritten. Geblöke und Geschrei ohne Unterlaß. Und über allem der beizend süßliche Rauch, der als dunkle Säule vom Opferaltar vor dem Tempel aufstieg und sich mit der Glutluft des bleiernen Himmels vermischte.

Meleagros glaubte, über so viel Störung mit Recht erbittert sein zu dürfen. Was ging ihn die Freude des Erntefestes an! Es waren nicht die Früchte seines Heimatlandes, die hier zum Tempelberg hinaufgetragen wurden. Sogar die Spaziergänge, in denen er aus der Stadt ins Freie zu fliehen pflegte, waren ihm jetzt verleidet – alle Straßen mit ›Aufsteigenden‹ (so nannten sich die Wallfahrer) vollgepackt. Ein Waldweg den Berg hinab, zum Lager der römischen Truppen hin, das ›Kolonia‹ hieß – nur dieser Waldweg war gerade noch geblieben. Hier konnte er sich seinem Verbannungsleid hingeben. Auch hatte er seinen geliebten Plan nicht aufgegeben, er verbesserte die Ordnung und Auswahl der kleinen unschätzbaren Blüten für seinen ›Kranz‹; nebenher entwarf er scherzweise einen ›Dialog zwischen dem Linsenpüree und den Linsen‹ – in diesem beabsichtigte er dem Unfehlbarkeitsglauben der Kyniker einen entscheidenden Stoß zu versetzen. Sie schätzten keine Nahrung so hoch wie die Linsen. Nun aber trat das Linsenpüree auf und bewies, daß es noch wohlschmeckender sei, noch gesünder.

Als er eines Nachmittags, nach Dienstende, den einsamen, vertrauten Steg bis nahe an die Talsohle hinabgeklettert war – die mildere Herbstluft begann sich schon ein wenig fühlbar zu machen –, hörte er fröhliches Singen und das Schlagen von Handpauken. Von unten her zog eine Schar weißgekleideter Mädchen herauf, ihm entgegen. Übermütig schwangen sie belaubte Äste über ihren Köpfen, sprangen, jauchzten. Die Schleier flogen. So viel Lustigkeit hatte er in dem ernsten Judäa all die Zeit, seit er hier war, nicht gesehen. Einen

verzauberten Augenblick lang glaubte er, daß seine heimischen Priesterinnen des Dionysos mit ihren Thyrsosstäben von der Ferne auf ihn zustrebten, zuschwebten. Doch wie mit einem Blitz änderte sich das Bild. Aus dem aufgerissenen Tor des Militärlagers brach ein Trupp von Soldaten hervor. Schwarze Numidier und wilde, semmelblonde Briten, Kolonialtruppen, die Rom hier hielt, hatten in den Zelten hinter der Umwallung ihren Sitz. Der Mädchenzug, der gerade am Tor vorbeikam, verstummte. Dann, statt des Gesangs – ein greller Schrei. Nach allen Seiten stob die weiße Gruppe wie eine zerfallende Blüte auseinander. Aus dem Dickicht klangen verzweifelte Hilferufe.
Mit ein paar Sprüngen war Meleagros an der Unheilsstelle. Ein wüster Anblick. Die tobenden Soldaten – einige Mädchen lagen verwundet oder halbbetäubt auf der Erde, wehrten sich mit letzter Kraft, andere flohen stolpernd in das tiefer gelegene Kieselbett eines Baches, andere in die Sträucher, die den Pfad von der Höhe her umgaben – eines der Mädchen schien tot zu sein, die Freundin deckte den Körper mit ihrem Leib gegen einen neuen Schwertstreich, laut schreiend. Meleagros warf sich dazwischen, seine gladiatorische Fechtkunst kam ihm jetzt zustatten. Mit zwei Faustschlägen hatte er dem Soldaten sein Schwert entrissen, trieb nun den Haufen der angreifenden Mannsbestien in die Flucht. Die Schreie davoneilender Mädchen verhallten schon in der Ferne, gegen die Stadt hin. Einige der Wildlinge wollten ihnen nachsetzen, doch der junge Grieche vertrat ihnen mit der Waffe den Weg – dann hob er seinen Finger mit dem kaiserlichen Siegelring: »Tragbahren her!«
Wer da Befehle gebe, kam es trotzig zurück.
Ein Offizier schritt aus dem Tor hervor, prüfte kurz den Ring, das liktorische Zeichen, trat sofort auf die Seite des Meleagros: »Tragbahren!«
Den Soldaten fuhr die Zucht in die Glieder, sie gehorchten. Nun zeigte sich, daß nur eine einzige Tragbahre nötig war – für die Schwerverwundete, die blutete. Die andern Überfallenen hatten sich erhoben, hinkten eilig davon, den Pfad hinauf.

Das Mädchen, das die Freundin verteidigt hatte, verneigte sich tief vor Meleagros.
»Wir haben Bachweiden aus Moza geholt. Man braucht sie für das Fest.« Es klang wie eine Entschuldigung, war aber als Dank gemeint, und Meleagros fühlte die Fassungslosigkeit der jungen Seele, die das passende Wort wie in einem entlegenen Weltteil zu suchen schien.
»Ich bin zu deinem Schutz da, schöne Priesterin«, sagte er, halb gegen das Mädchen, halb gegen den borsthaarigen Offizier gewandt, der stumm und ernst nickte.
Die Tragbahre wurde aus der Lagerfestung gebracht, ein Wundarzt war höchst korrekterweise gleich mitgekommen, untersuchte die auf dem Boden Hingekrümmte, ließ sie auf die Bahre heben, legte einen Verband an: »Ein Schwerthieb im Oberarm, vielleicht auch ein Knochenbruch – wenn kein innerer Bluterguß dazukommt, dürfen wir hoffen.«
»Du wirst leben, Thirza, du wirst leben!« Die Verteidigerin warf sich mit Küssen auf das blasse, verschreckte Gesicht der Leidenden.
Dann hielt sie ein. Zu viel Freude? Sie blickte immer noch entsetzt. »Das haben wir diesem Helden zu verdanken« – nochmals beugte sie sich tief vor dem Griechen. »Dank, Dank« – endlich hatte sie das rechte Wort gefunden, die dunklen Augen strahlten auf, wie im Übermaß der Freude ergriff sie des Meleagros Hand und küßte sie. Jäh wandte sie sich dann um, abseits. Sie schämte sich.
Doch der Arzt hatte sie scharf ins Auge gefaßt. »Du selbst blutest.«
»Nein, es ist nichts.« Die zarte Stimme klang ganz heiser, von der unmenschlichen Anstrengung des Rufens wie beschädigt. An der Schläfe floß ein feiner Blutfaden herab, breitete sich schulterwärts auf dem weißen Gewand aus. Die kindliche Abwehr des Mädchens nützte nichts, es bekam seinen Verband, der das hellbraune Haar unter dem Kopfschleier für einen Augenblick freilegte, dann die Stirn umschloß wie ein Diadem.
Meleagros merkte, daß ihr Gesicht noch weißer war als das

der Schwerverwundeten. Nur mit halbem Ohr hörte er auf das, was der Centurio wie zur Entschuldigung seiner Leute vorbrachte: sie seien alle nervös, durch den verstärkten Dienst angespannt, den der Zustrom so vieler Menschen aus dem ganzen Land nun schon tagelang bedinge.
Die Verteidigerin stieß den Arzt zur Seite: »Man sollte uns zu unseren Festen Ruhe gönnen.« Plötzlich war sie sehr lebhaft, beredt. »Aber jedesmal läßt man die Legionen auf uns los. Heuer im Frühling wurden Hunderte aus meiner Landschaft getötet, während des Opfers vor dem Tempel. Ihr Blut mischte sich mit dem Blut ihrer Schlachttiere.«
Der Offizier würdigte die Jüdin keines Blicks. Zu Meleagros sagte er noch, sich verabschiedend: »Ein geordneter Staat kann diese Zusammenrottungen nicht dulden.«
»Dabei ist es ein so harmloser Brauch. Wir schmücken mit den Weidenblättern den Altar«, widersprach das Mädchen, während sich der kleine Zug in Bewegung setzte: die Freundin auf der Bahre, zwei zu diesem Dienst kommandierte Soldaten, Meleagros und die tapfere Verteidigerin selbst. Sie begannen den langsamen Aufstieg gegen das von hier aus nicht sichtbare Jerusalem. Die Stadt selbst lag hinter hohen Gipfeln auf einigen niedrigen Bergen, jenseits eines Rings von Tälern. – Klang die Bemerkung des Mädchens nicht abschließend, so, als wolle es sich entfernen? Doch Meleagros hielt geschickt das Gespräch fest: »Was für ein Brauch?« Überdies erklärte er sich für verpflichtet, die beiden Mädchen in die Stadt zu geleiten. Unterwegs konnte ihnen noch allerhand zustoßen. »Ich weiß auch noch gar nicht, wer du bist, wie du heißt.«
»Was zuerst? Der Brauch oder ich?« erwiderte die Tapfere mit natürlicher Schalkhaftigkeit. Feine, kaum sichtbare Grübchen zeigten sich in den blaß schimmernden Wangen. Die Verwandlung aus Entsetzen und dunkler Auflehnung ins Freundliche kam ganz überraschend. Bei allem Ernst mochte das Mädchen etwas Heiteres in seinem Wesen haben, eine Helligkeit, die still hervorstrahlte und die der eben erlebte Schrekken im Grunde nicht berührt zu haben schien. Diese Helligkeit war etwas Festliches. Mußte es nicht ein allzu großes Glück

sein, an dieser Helligkeit teilzunehmen – durch Anschaun etwa –, dachte Meleagros. Es müßte aber ein ungestörtes, ein ewiges Anschaun sein.
Das Mädchen sprach stockend. Man merkte, daß sie lieber geschwiegen hätte. Teils aus Höflichkeit zwang sie sich zum Reden, teils um nicht zu zeigen, wie sehr ihr der Schrecken in alle Glieder gefahren war. Gerade diesem Jüngling gegenüber unerschütterlich, maßvoll, beherrscht zu sein – das schien ihr auf geheimnisvolle Weise wichtig und geziemend. Sie bemühte sich auch, das heisere Kratzen aus ihrer überanstrengten Stimme herauszubringen, hustete manchmal – nun klangen die Worte schon weich und leicht. Bald wußte der junge Grieche, während sie mählich bergan stiegen, daß sie Schoschana heiße. Sie war die Ziehtochter eines Tischlers Josef, der in einem kleinen galiläischen Dorf sein Handwerk ausgeübt hatte. Nun lebte er nicht mehr.
»Und das Dorf?«
Er habe den Namen gewiß nie gehört, so klein sei es. Nicht weit von Zippori liege es, das die Römer Sepphoris nennen.
Ach, meine Steuerlisten! fuhr es Meleagros durch den Kopf – und die langweilige Arbeit hatte plötzlich ein neues Licht, einen Anhauch von tiefer Wichtigkeit. Es überraschte ihn.
»Schoschana also?« sagte er prüfend, als enthalte der Name einen Schlüssel, die Auflösung eines Rätsels, eines Geheimnisses. Er war gründlich, wollte die Übersetzung wissen, wenn es vielleicht eine gebe. Denn viele Namen seien ja sinnlos, vielmehr: man habe ihren Sinn seit langem vergessen.
»Das Wort bedeutet: Lilie. Ihr Fremden sprecht es ›Susanna‹ aus. Man nennt mich aber einfacher ›die Schwester des Meisters‹ oder ›die kleine Schwester‹. Dann weiß jeder, daß ich gemeint bin.«
»Von welchem Meister ist da die Rede?«
»Das liegt dir fern«, erwiderte sie keck. »Wozu Erklärungen? Ihr Fremden wißt so wenig von uns. – Du bist ein Heide?« Sie wandte sich ihm plötzlich voll zu.
«Was ist das – ein Heide?«

»Du verehrst viele Götter und bückst dich vor ihnen auf ihren Höhen.«
»Ich verehre die Götter des Landes, in das mich das Schicksal verschlagen hat.«
»Auch wenn diese Götter – ein Einziger sind, der Einzige, der allmächtige Herr des Himmels und der Erde?«
Nachsichtig beugte er sich zu ihr hinab. »Ein schöner Grund, dich aufzuregen! Deine Wunde blutet noch. – Ja, ich habe davon gehört, daß ihr hier an so etwas glaubt. Meine Duldsamkeit wird mich zwingen, auch diesen Glauben mitzuglauben, solange ich in dem Lande – wie nanntest du ihn? – des ›Einzigen‹ bin. Das gebietet mir die Lehre, der ich anhänge. Man rühmt sie als die Philosophie des Epikur.«
Es wurde ihm mit Bescheidenheit bedeutet, daß sie wisse, was Philosophie sei – wenn sie auch von der eines Epikur noch nichts gehört habe. Obwohl nur ein einfaches Bauernmädchen, habe sie in Zippori etwas Griechisch gelernt, sie sei dort bei Verwandten in Dienst gewesen. Der Dienst war mühsam. Die Folgen sind aber gut. »Sonst könnte ich dir ja jetzt nicht griechisch danken, mein Retter.« Sie lächelte nun wieder – in solchen Momenten der Heiterkeit strahlten die dunklen, ernsten Augen mit unbefangenem Zauber auf – »wiewohl es nur die Gemeinsprache ist, die ich spreche, und gewiß durch Fehler beinahe unkenntlich.«
»Ich habe sie noch nie so wohlklingend gehört wie von deinen Lippen.« Das war zu stark, er fühlte es sofort. Wie unsicher war er diesem Mädchen gegenüber! Und wußte doch sonst nicht übel mit Frauen umzugehen. Er war recht froh, etwas Gleichgültiges anführen zu können, indes das Mädchen, dunkel errötend, sich zur Seite wandte. »Ich weiß«, sagte er, »daß es im Galil bei euch viele Griechen gibt. Sepphoris ist fast zur Hälfte griechisch. Ja, da kann man wohl recht gut Griechisch lernen.«
Beide waren verlegen. Zudem bedrückte es ihn, daß es der hiesigen Sitte nicht entsprach, öffentlich außerhalb des Hauses ein Gespräch zwischen Mann und Frau zu führen. Erwünschterweise konnte Schoschana nun freilich die verwundete Freun-

din auf der Tragbahre nicht im Stich lassen. Das hat sich einmal gut getroffen, sann er dankbar – ziemlich vertrackt und häßlich hat es sich getroffen, aber doch gut. Er fühlte sich etwas benommen durch die Gunst des Zufalls, war aber doch recht zufrieden. Und mußte er denn überdies die beiden nicht beschützen? Die Soldaten zogen schiefe Gesichter, machten in ihrer unbekannten Sprache offensichtlich feindliche Bemerkungen.
»Wir müssen gar nichts reden«, bemerkte er freimütig.
Eine ihrer Bewegungen erschien ihm besonders lieblich. Sie legte manchmal den schlanken Zeigefinger an die Einsenkung zwischen Unterlippe und Kinn, strich dann leicht über diese Linie hin, als suche sie da die richtige Antwort, die Entscheidung, das Wahre. Unmöglich, es mit einer so schönen, nachdenklichen Geste zu verfehlen! Nachher pflegte sie die Hand zu senken, die halbgeöffnete Innenfläche nach außen. Das Ganze kam ihm, obwohl er es zum erstenmal sah, unsagbar vertraut vor, so, als habe er es schon oft an ihr bemerkt.
»Gut, wir müssen nichts reden«, sagte sie leicht. »Das ist aber kein Verbot.«
Diese Wendung machte ihn fröhlich.
Sie hatten die Kammhöhe erreicht. Von hier aus sah man mehrere Täler. Und im Gold des Spätnachmittags rollten sich wie Seidenbänder aus jeder der schattigen Senken lange Züge weißgekleideter Mädchen und Frauen hervor, alle singend, alle gegen die Stadt hinziehend, die jetzt in ihrem graugelben Mauerkranz auf dem nächsten Bergrücken hervortrat. Eine starke Festung. Der Blick in die Gebirge und Täler ringsum war weitumfassend, man hörte fast nichts als den sausenden Wind, das Singen klang nur ganz schwach und fern. »Was singen sie?« fragte Meleagros, der seine derbe Abneigung gegen alles, was ihn hier im Exil umgab, erstaunlich rasch wegschmelzen fühlte.
Schoschana erwiderte – und es lag etwas wie der selbstverständliche Dank für ihre Rettung in den Worten: »Auf, unser Herr, hilf uns doch! – das ist das Lied. In unserer Sprache: Ana, adonaj, hoschiana!«

»Hoschiana«, wiederholte er nachdenklich, »hilf uns doch! – Du glaubst also an Götter, die helfen? Oder vielmehr an einen einzigen solchen Gott?«
Sie schüttelte den Kopf, wie man unnütze Fragen eines Kindes abschüttelt. Etwas anderes schien ihr im Augenblick wichtiger: »Du hast mich Priesterin genannt, mein Fremder. Ich bin es nicht. Bei uns gibt es keine Priesterinnen. Freilich, wenn Gott einen Propheten in Israel erweckt, dann kann es geschehen, daß seine Wahl einmal auch auf ein Weib fällt. Selten einmal. Aber es ist glaubhaft berichtet, daß es geschehen ist. Was siehst du mich so seltsam an, mein Fremder? Nein, mich selbst meine ich nicht – nicht im geringsten – nicht im Traume –, das ist wirklich ein Mißverständnis. Bitte, suche nichts in meinen törichten Reden, nichts als das Einfache, was ich sage. Ich bin ein Dorfkind, sonst nichts. Und ich bin zufrieden, wenn ich in meinem Dorf bleiben und ruhig leben und arbeiten darf. Ich sage dir das, weil du mich so anschaust. Es ist nichts Besonderes an mir. Auch daß ich in die Stadt gekommen bin, um ein Handwerk zu lernen, ist nichts, was der Rede wert wäre. Wenn du alle näheren Umstände wüßtest, so würdest du es sogar selbstverständlich finden, daß ich nicht bloß um der Festfreude willen in die Stadt gekommen bin.«
Sie mochte achtzehn, höchstens zwanzig Jahre alt sein. Nur eben mittelgroß, sah sie doch hoch und aufrecht wie ein Königskind aus. Ihre Gestalt war zart. Meleagros bewunderte ihren jungen Wuchs, der sich unter dem Kleid fast gar nicht abzeichnete, nichts als Schlankheit und geschlechtlose Zierlichkeit verriet. Das Kleid war freilich nur aus grober Wolle, eckig in den Falten und steif.
»Was für ein Handwerk willst du denn lernen, Schoschana?«
»Das des Vaters. Tischlerei. Die Ochsenjoche, die der Vater schreinerte, waren im ganzen Galil berühmt. Ich eifre ihm nach, da mein Bruder das Handwerk nicht mehr ausüben kann. – Jetzt singen sie ein anderes Lied«, fügte sie gleich hinzu. »Es beginnt: Schönheit dir, Altar!«
»Schönheit?« fragte er, tonlos fast. Er schämte sich, in diesem

Augenblick zu entdecken, daß er Schönheit bisher für eine Angelegenheit gehalten hatte, die eigentlich nur die Griechen anging. Doch dieses blasse Gesicht, die schmalen Wangen, das durch lange Wimpern abgeschirmte Augenfeuer, die Feinarbeit des wie zu einer kleinen Halbkugel gedrechselten Kinns — sie schienen ihm nun seinen Eigendünkel für immer zu widerlegen. »Hoschiana, hoschiana« — hörte er den Bittgesang von allen Seiten die Täler aufwärts dringen. »Hilf uns doch!« In seinen Ohren summte es. Er fühlte sich von dem Eindruck, den das sanfte, ruhige, in seiner Ruhe würdevolle Mädchen auf ihn machte, wie umgeworfen. Mühsam bewahrte er seine Haltung, indem er nach dem Altar, der Bedeutung des Festes fragte.

Die Verletzte seufzte auf der Bahre.

»Gleich sind wir da, Thirza«, tröstete Schoschana, sprang hinzu und wich nun eine lange Weile nicht von der Seite der Leidenden.

Gleich? — überlegte Meleagros schmerzlich. Warum dauert dieser Weg nicht ewig? Und diese Seltsame, Tapfere, scheint sich auch noch zu freuen, daß sie mich nun bald los sein wird. War sie nicht eben noch freundlicher zu mir?

Es schien ihm nichts als Zwang und Sitte zu sein, daß sie noch ein paar Worte über das Fest hinzufügte. Dann verstummte sie. Nach einer halben Stunde etwa säumten schon kleine Häuser den Weg. Wann werde ich sie wiedersehen? — dachte er — vielleicht nie. »Wir wohnen in der westlichen Vorstadt hier, Thirza ist die Tochter meiner Gastfreunde, der Korbflickersleute. Wir haben dir nun nochmals zu danken. Ohne dich wären wir verloren gewesen. Diese Römer kennen keine Gnade.« Die Soldaten brachten die Bahre in die Hütte; Schoschana schickte sich an, durch die niedrige Türe einzutreten. »Noch ein Wort«, zuckte es schmerzlich erregt aus ihm hervor.

»Ich muß ihre Eltern beruhigen.«

»Nimm das«, sagte er, einem plötzlichen Einfall folgend, und zog seinen Siegelring vom Finger. »Diese Römer kennen keine Gnade. Das ist auch meine Meinung. Sie könnten wiederkommen. Sie wissen jetzt, wo du wohnst. Sie könnten sich Lügen ausdenken, eine böse Anschuldigung.« Er sprach sehr schnell – hielt aber mit einemmal ein, verlangsamte die Worte, da ihm der Gedanke kam, daß sie ihn vielleicht nicht genau verstehe. »Ich werde mir morgen früh den Ring bei dir abholen. Behalte ihn wenigstens über Nacht. Behalte ihn ganz und gar.«

»Du brauchst ihn doch gewiß?«

»Ich ließe dir ihn gern, zum Schutz, an meiner Statt."

»Und wenn dein Befehlshaber ihn von dir verlangt?«

In der niedrigen Hütte erhob sich jetzt laute Jammerklage.

»Wenn man ihn bei dir suchte ...? – Wie ist dein Name? – Du wärest in Gefahr, man könnte dich strafen.«

Nun war es an ihm zu erröten. »Ich habe dir nicht einmal gesagt, daß ich Meleagros bin, Sohn des Eukrates. Verzeih!«

»Sei in zwei oder drei Stunden wieder hier.« Es kam wie ein Hauch. Dann war sie, tief gebückt, durch die Türe der Lehmhütte verschwunden.

Menschengetümmel, brüllende Kinder, Wagengetöse, das sich durch die schreienden Haufen schob, umgeworfene Verkaufsstände, von ferne römische Militärsignale und dazu diesmal auch noch die vereinzelten langgezogenen Rufe des Widderhorns vom Tempelplatz her – es schien ihm mit einemmal nicht gar so schrecklich. War er plötzlich nicht mehr der feingebildete und hochkultivierte Mückendichter, nicht mehr empfindlich, wie sonst, der gute Junge Meleagros? Er freute sich maßlos, mehr wußte er nicht. Nach einer Stunde schon war er vor der Korbflickerhütte. Er ging in dem holprigen Nebengäßchen auf und ab, immer die Hütte beobachtend. Die Gasse war sehr still, und auch das erschien ihm, wie alles andere, was ihm an diesem Nachmittage zugestoßen war, merkwürdig, bis er darauf kam, daß eben jetzt der Strom der Menschen dem inneren Ring der Stadt zustrebte. Es war also nichts Besonderes an dieser Stille, doch vermochte die Erkenntnis hiervon den feierlichen Eindruck der Umgebung nicht aufzuheben. Er ging bis ans Ende des Gäßchens, das in ungeordnet stehende Einzelhütten auf Hügelgelände auslief. Dort kehrte er um. Jede der elenden Behausungen, so arm und baufällig alle waren, schien ihm ein anderes Gesicht in dem bröckligen Mauerwerk zu schneiden, eines lachte, eines schielte, eines hatte deutlich ein schiefes Maul — doch auch diese stummen Späße waren von einer gutartigen, gewissermaßen festlich getragenen Heiterkeit, und alle die Wände, an denen Schoschana wohl täglich vorbeiging, dünkten ihn durch und durch erstaunlich, wie aus einem ganz anderen Stoff gefertigt als die andern Häuser der Stadt. Er langweilte sich keinen Augenblick, sosehr er das Ende der Wartezeit herbeisehnte.

Nach geraumer Zeit erschien das Mädchen. — Der rasch einbrechenden und vorbeisausenden Dämmerung dieser Himmelsstriche war schon völlige Nacht und ein schwaches Mondlicht gefolgt.

Schoschana trug ein dunkelblaues Kleid an Stelle des weißen, aus feinerem, gefälligerem Stoff, doch nicht weniger dicht jeden Umriß verhüllend. »Es steht dir viel besser«, diese Bemerkung entschlüpfte dem jungen Mann, erschien ihm aber sofort als erste Begrüßung nicht angemessen.

»So weißt du auch das nicht, unglücklicher Grieche«, scherzte das Mädchen, nun viel freier, sorgloser als nachmittags, »daß die Töchter Israels beim Fest der Herbstlese ihre Kleider miteinander tauschen.«

»Was bedeutet das?«

»Wenn sie in den Weinbergen tanzten — so steht es in unseren Schriften —, dann trug die Königstochter das Kleid der Dienerin und die Dienerin das Kleid der Königstochter. Die Jünglinge sollten nicht nach Reichtum und Adel wählen, sondern nach Schönheit und Tugend. Könige haben wir nicht mehr. Aber etwas von der alten Sitte ist geblieben.«

»Ich habe es gleich gewußt, daß du zu den Adeligen gehörst.«

»Du irrst. In unsrem Dorf sind alle arm. Aber wenn man ein Stück Land und ein paar Ziegen oder Schafe hat, so kann man schon nie so arm werden wie meine lieben Korbflechter

hier. Dabei war der alte Adoniram einmal sehr reich. – Doch nun komm rasch, sonst versäumen wir das Wasserschöpfen.«
Es beglückte ihn, daß ihre Zunge jetzt gelöst war. Doch um nichts zu versäumen, fragte er, ob es nicht auffallen werde, daß ein Fremder sie geleite.
»Bis zur zweiten Umwallung steht auch Fremden der Tempelplatz offen. Wir Mädchen aus dem Bergland sind überhaupt nicht so zimperlich wie die Töchter der Stadt.«
»Die betrachten euch wohl als eine Art von Halbwilden?«
Sie lachte: »So arg steht es nicht. Nur über unsere rauhe galiläische Aussprache spotten sie.« Sie machte ihn darauf aufmerksam, daß viele der Juden Jerusalems in griechischer Tracht gingen.
»Du meinst also, daß ich das Bild nicht allzusehr störe?«
»Wenn du dir noch einen Hut mit breiter Krempe aufsteckst, gewiß nicht. Auch ihr tragt manchmal so etwas. Euer Götze Hermes scheint ja seinen Hut nie abzutun.«
»Ich könnte auch noch einen langen Stab nehmen. Dann sehe ich aus wie ein Arzt. Du trägst ja noch den Verband.«
Übermütig stimmte sie zu. Ihr Lachen war jung und hell, ein Lachen aus den Bergen, doppelt erquickend nach den gewaltsamen Vorfällen des Nachmittags. Es leitete ihn darauf, daß er in seiner Verehrung, in seinem Verstummen vor dieser unschuldigen Schönheit vielleicht zu weit gegangen war. Jede Schönheit sieht unschuldig aus! Hatte er diese Erfahrung nicht oft genug gemacht? Schönheit warf ihn immer um, in jeder Form, in der er ihr begegnete. Vernünftigerweise, so sagte er sich jetzt im Ton Epikurs, vernünftigerweise sollte Schönheit kein Grund sein, in einer Frau alle möglichen Geheimnisse zu sehen, nur nicht die Frau. Wie ein Knabe, wie ein Knabe. Seit ich hier bin, habe ich noch mit keinem Mädchen getrunken, keins geküßt. Mit den jüdischen Frauen ist nichts anzufangen, das sagen alle Mitbeamten. Vielleicht sind die Bauernmädchen anders, natürlicher. Es wäre zu wünschen.
»Ich werde in meiner Stube Hut und Stab holen.«
Sie stimmte fröhlich zu. So zog sie in raschem Schritt neben ihm her. Gleich wollte er ihre Hand ergreifen, was sie freilich

nicht zuließ. Nun, das ist oft so. Überstürzen darf man es nicht. Ein schönes Mädchen, dachte er behaglich, und da läuft sie mir in die Arme, eine leichte Beute, das ausgelassene Fest wird seinen Teil beitragen, wie es eben zu sein pflegt. Am Anfang hatte ihn ihr Ernst erschreckt. Aber das war wohl nur den besonderen Umständen des Zusammentreffens zuzuschreiben. Die feingezeichneten Lippen, die offene Stirn hatten ihn in Schranken gewiesen. Als hätte er nicht schon manche Hera, manche Pallas schwach werden sehen, von minderen Göttinnen wie einer gewissen ägyptischen Peitho gar nicht zu reden!

Er wohnte nicht weit von seiner Schreibstube, vom Turme Phasael. Sie wartete unten. Im letzten Moment hatte ihn der Mut verlassen, sie hinaufzubitten. »Wir haben heute zwar nicht das Fest der Verkleidungen«, sagte sie, als er zurückkam, »aber die Verwandlung ist dir ganz festgemäß gelungen, mein Herr Arzt.«

Sie schlugen den Weg durch immer menschenerfülltere Gassen bis zur Hauptstraße, dem Tyropöon, ein. »Ein griechischer Name. Sollte es früher hier Käsemacher gegeben haben?« fragte er. – »Erinnerung an alte ländliche Zeiten«, meinte Schoschana. – »Ihr könnt nichts vergessen.« – »Das ist unser Fehler wie unser Vorzug.« – Die Straße, die jetzt in der Landessprache ›Machtésch‹, das ist ›Mörser‹, genannt wurde, entsprach ihrem Namen, sie glich einem mit Häusern angefüllten Kessel. An den beiden Abhängen wohnten die reichen Kaufleute, die Talsohle diente den Goldverkäufern und Geldwechslern, deren Stände und Buden jetzt gesperrt waren. Der Weg, breit und mit großen Platten aus weißgrauem Kalkstein gepflastert – so hatte König Herodes es verordnet –, führte zwischen den beiden Haupthügeln der Stadt, zwischen Oberstadt und Unterstadt, zum Schiloateich hinab, der von gedeckten Arkaden umgeben war. Auf dieser Straße wollten sie dem Zug begegnen, an dessen Spitze ein Priester die goldene Kanne mit dem heiligen Wasser vom Schiloa zum Tempel emportrug. Um sicher zu sein, bogen sie zum Wassertor ab. Hier konnten sie die Heraufkommenden nicht verfehlen. Auf den Zinnen der unteren Tempelmauer leuchteten Hunderte von Fackeln. Immer froher wurde Schoschana. »Das habe ich sehen wollen, das habe ich mir so sehr gewünscht! All diese Pracht! Und nun ist es mir gelungen.« Seit Jahren freue sie sich nämlich auf das Fest des Wasserschöpfens. Es war ihr nicht leicht geworden, bei Mirjam, ihrer Pflegemutter, die Erlaubnis zur Wallfahrt durchzusetzen. Immer aufs neue habe sie darauf dringen müssen, und schließlich habe die Handwerksangelegenheit den Ausschlag gegeben. Obwohl die Mutter sie ja wohl durchschaut habe. Die Mutter durchschaue alles, sie sei die klügste Frau, sie sei geradezu die Weisheit selbst. Und gerade deshalb gebe sie nach, wenn sie einem wirklichen Willen begegne — den eisernen Willen erkenne sie an, nicht den flüchtigen Wunsch, an dem keine Notwendigkeit hängt. »Und mein Wille war diesmal eisern. Weißt du, mein Herr Arzt, was ich heute gedacht habe, als mir der Römer das Loch in den Kopf schlug? Jetzt erst recht! habe ich gedacht. Ich gebe nicht nach. Und wenn ich verbluten sollte, ich muß das Fest sehen. Man sagt ja: Wer die Freude des Wasserschöpfens nicht gesehen hat, hat nie eine Freude gesehen.«

Meleagros, an ihre Wunde erinnert, war besorgt. Sie sollten vielleicht lieber umkehren — ein Stoß im Gedränge, und die Wunde könnte wieder bluten.

Schoschana hörte ihn gar nicht. »Der Schofar!« rief sie. Es war das Widderhorn vom Tempel her, ein gedehnter Klang, dann eine rasche Folge von zwei wiederholten Tönen, dann der erste der beiden Töne vielmals rasch hintereinander gestoßen, zuletzt sehr lang ausgehalten die beiden Töne noch einmal. Aus dem Tal, im Nachtdunkel antwortete die gleiche Folge. Und schon nahte der Festzug. Harfen, Pauken, Saitenspiele, Schalmeien wogten auf — noch sah man nichts, doch die Musik griff um sich wie ein großes Licht. »Jetzt singen sie das Lied, das Lied des Propheten«, flüsterte Schoschana.

Meleagros, ganz erstaunt über ihre verzückte Miene, hätte sich ihr Zittern, ihre Hingabe an das Fest gern erklärt. »Sonst verbindet doch Freude die Menschen«, sagte er ihr, »dich macht sie mir fremd.« In der Erregung verstand sie ihn nicht. Nun kamen schon die rotprasselnden Fackeln rasch um den Straßenbug herum, der Priester hob im Schreiten das Goldgefäß ein wenig von der Schulter, setzte es taktmäßig wieder zurück, man sang, man spielte alle Instrumente, man schlug in die Hände. Schoschana faßte sich ans Herz, einer Ohnmacht nahe. »Was ist dir, was ist dir?« Ein Geheimnis umgab sie für seinen Blick, den Wolken des blauen Weihrauchs gleich, der jetzt kühl und doch berauschend alles überströmte. Aus dem Weihrauch tauchte sie dann gleich wieder hervor, und ihre Miene schien plötzlich ein tiefes Leid auszudrücken. »Aber die Worte, die Worte«, sie sah ihn wie verzweifelt an, »du verstehst sie nicht? ›Und ihr werdet mit Frohlocken Wasser schöpfen‹, heißt es — ›Wasser aus den Brunnen der Hilfe‹. Verstehst du es nicht, mein Grieche?« Er rief ihr im Lärm überlaut zu, daß er alles verstehe. Sie hob die Hände: »Nein, nein.« Fieberte sie etwa? Die Wunde? Mit einemmal entsann er sich, daß auch er einst mit einer Wunde im Kopf ein Fest mitgemacht hatte, als Kind nach einer wilden Prügelei. Damals hatte das Zucken der Wunde den Festschwall nicht vermindert, hatte die brausende Lust, das Jauchzen nur noch beflügelt. — Doch er durfte sich nicht in Träume verlieren. Wollte er neben dem Mädchen bleiben, so mußte er im schnellen Weihezug mit. Jetzt strömte die ganze Menge singend in den ›Vorhof der Völker‹. Eine helle Stimme rief von der Mauer: »Am heutigen Tag wird im Himmel über das Wasser gerichtet.« Und wiederum schmetterten die Posaunen. Das Gebet des ganzen Landes lag in ihnen, Gebet um Regen nach monatelanger Hitze. Der Segen des Regens, er allein rettet das Land, in diesem Jahr wie in allen Jahren vordem. Und wehe, wenn einmal der Regen sich zu sehr verspätet oder gar ausbleibt. Gottes Hand über uns, im Gedeihen wie im Untergang. Die Posaunen jagen Schrecken und Hoffnung durch das Herz.

Schoschana war neben ihm, etwas ruhiger jetzt. Die Hauptsache könnten sie nicht sehen, sagte sie. Das Gußopfer fand im innersten Bezirk des Tempels statt. — Diese riesigen Höfe,

fuhr es Meleagros durch den Kopf, ich habe zu sehr nur auf den Pylon geschaut, aber es gehört hier alles zusammen. – Dort im Innenreich, so stellte er sich vor, den Worten Schoschanas folgend, dort stieg jetzt der Priester auf die Altarrampe, zu den zwei silbernen Schalen links, in die eine füllte er Wein, in die andere das Wasser aus dem Schiloateich. Durch Röhren im Felsen stürzt es abwärts, zugleich mit dem Wein, ins Kidrontal hinab – Abbild des Regens, den man erflehte.
Es ist ein Regenzauber, dachte Meleagros, den nach griechischer Art hie und da unversehens Ernüchterung befiel, eine gründliche und gesunde Freude am Zweifel. Nichts Ungewöhnliches ist es, überlegte er – eine Beschwörung des Regens. In dürren Ländern greift man eben zu solch einfachen Mitteln, wenn man weder Ägyptens kunstvolle Bewässerungsanlagen noch Roms Aquädukte zu bauen versteht. Doch darüber schwieg er. Und meinte nur, scherzenderweise: »Man macht es dem Regen vor, wie er sich zu benehmen hat. Man nimmt ihn ein wenig in die Schule.«
Sie verwies es ihm mild. »Du spottest. Wir dagegen fühlen uns im Hoffen bekräftigt. Wenn du auch zankst – wir werden tanzen.«
»Wundervoll! So werden wir einander im Tanz begegnen.«
»Ein Irrtum, unwissender Arzt.«
»Weil ich ein Fremder bin, bin ich vom Tanz ausgeschlossen?«
»Wieder falsch. Aber bei uns tanzen Mädchen und Männer nicht zu gleicher Zeit. Tagsüber haben wir Mädchen getanzt. Jetzt in der Nacht tanzen nur die Männer, und vor allem die Alten, die Weisheitslehrer. Bis zum Morgengrauen tanzen sie im großen Tempelhof. Schon beginnt ihr Lied: Wohl dem, der nie gesündigt hat.«
»Ein seltsamer Text für ein Tanzlied«, meinte Meleagros. Er wußte gar nicht mehr, was er sagen sollte, ohne anzustoßen, ohne alte Bräuche zu verletzen. »Es klingt eher wie eine Drohung.«
»Du hast nicht auf den Schluß gewartet: Und wer gefehlt, der kehre um, und es wird ihm verziehen werden.«

»Das hört sich schon besser an«, brummte Meleagros, »denn wer könnte von sich sagen: Nie gesündigt.« Er bekam einen Stoß, Haufen drängten nach. Dann fand er das Mädchen wieder. »Es ist doch nur ein trauriges Tanzlied«, sagte er eigensinnig und lächelte zugleich über die seltsamen Umstände, unter denen eine Streitrede über die Sünde geführt werden konnte.

»Traurig nur für die, die sich gern an die Brust schlagen, um weiterzusündigen: Ach, wir elenden Menschen.«

»Kluges Mädchen«, rief er, »du wärst sogar meinem Freund Jason gewachsen, wie mir scheint.« Einen flüchtigen Augenblick lang hatte er das breite, wehmütig-schöne Gesicht Jasons vor sich gesehen, des Freundes, mit dem er sooft über Sünde und Untergang diskutiert hatte. Doch die Bewunderung für das weise Kind neben ihm schlug in aphrodisische Gier um, da das Menschendrängen die beiden aneinanderpreßte. »Wenn wir nicht miteinander tanzen«, sagte er ihr ins Ohr, »so dürfen wir doch wenigstens gemeinsam zusehen.«

Sie wandte sich zu ihm um. »Auch das nicht so, wie du meinst. Gemeinsam ja. Aber nun sind wir schon bei den Säulenhallen. Du siehst, die Frauen steigen zur oberen Galerie empor, die Männer strömen in den Hof. Leb wohl, mein Arzt!«

Ihm schien diese Absonderung mitten im Überschwang des Festes grausam und kleinlich. Doch was nützte es ihm, daß er grollte. Er durfte es nicht einmal zeigen. Ein Dionysosfest war es nun eben doch nicht, kein Aufbruch ins Reich der taumelnden Sinne, mit den Thyrsosstäben hoch in Händen. Schoschana hätte seine stürmischen Wünsche vielleicht gar nicht verstanden, so blieb ihm nichts übrig, als sich der barbarischen Zucht zu fügen. Später würde sie über die engen Sitten mit ihm lachen. Das sollte seine Rache sein ... Später? Doch wo sie wiederfinden? Vielleicht nie mehr. Unter den schiebenden, stoßenden Zehntausenden hier und heute nacht gewiß nicht.

Erriet sie seine Gedanken? »Ich hoffe, daß du morgen zu uns kommst. Ein Krankenbesuch bei Thirza – du hast allerdings

noch nicht nach ihr gefragt. Es geht ihr viel besser. Dies zur Beschwichtigung deines unerträglich aufgewühlten Mitgefühls, nicht wahr? Ja, es ist so, ihr Fremden habt viel vor uns voraus, und manches an feiner Bildung können wir von euch lernen; aber eines müßtet ihr uns abschauen, es ist nicht das Unwichtigste: daß man mit seinem Nächsten mitfühlt, daß man ihn lieben soll wie sich selbst. — Leb wohl!«
Wieder ergriff er ihre Hand. »Du bist nicht schuldlos an meinem Fehler.«
»Wie? Ich?«
»Ich habe zu viel an dich gedacht, um an etwas anderes denken zu können. Bist du mir deshalb böse?«
Erst jetzt entzog sie ihm die Hand. »Meinem Retter? Solch ein kurzes Gedächtnis mutest du mir zu? Höre lieber auf das Lied: ›Und wer gefehlt, der kehre um!‹ — Nun lebe wohl.«
»Und es wird ihm verziehen werden«, sagte er zu sich selbst. Unwillig wies er etwas wie eine leichte Ergriffenheit von sich. Warum betäubte ihn dies alles? Die Sanftheit des Mädchens, ihr zartes Scherzen — es war wie ein Druck in seinem Hals. Der Weihrauch vielleicht? Er versuchte, sich frei zu atmen, während Schoschana die Treppe zum Dach der Säulenhalle emporstieg, im Gewühl verschwand.
Dann blieb er stehen, konnte die Beine nicht regen, empfing Püffe rechts und links; endlich trat er durch ein mächtiges Tor in die Kolonnade, die dreifache Reihe von Riesensäulen, die an dieser Stelle den Hof umfing. Er blieb an der Wand innen stehen, in die eine vierte Säulenreihe eingelassen war, lehnte den Kopf an ein Steinrund, kümmerte sich nun stundenlang um nichts. Nur undeutlich hörte er Gesang und dröhnendes Stampfen, fern, im Hof. Geschwungene und geworfene Fackelbrände dazu — er nahm sie kaum wahr. Diese langen Augenwimpern, dachte er. Und Einzelheiten fielen ihm ein, etwa wie sie am Nachmittag die Heiserkeit ihrer überanstrengten Stimme bekämpft hatte — nachher hatte die Stimme dann so besonders weich geklungen. Oder die Worte, in denen Anmut und Frömmigkeit sich mischten. Oder der Finger, der unter der Lippe hinfuhr, die richtige Entscheidung

suchend. Von allem, was er sonst mit Frauen erlebt hatte, war das meilenfern. Und es beklemmte ihn. Erwartungsvolles Glück, doch Angst dabei. Er merkte, wie diese Verwirrung den aphrodisischen Glutstrom in ihm anfachte, der eine Weile nur scheu geflossen war.

Als das Volk aus dem Tempel strömte, die Frauen von der Galerie, die Männer durch die Südtore der Umfassung, stand er immer noch auf demselben Platz im Dunkel an der Wand. Man stieß ihn, so schloß er sich denen an, die langsam die Stufenstraße hinabzusteigen begannen. – Da war Schoschana neben ihm. Gerade weil er sich vom Platz ihres Abschieds kaum entfernt hatte, trafen sie jetzt unversehens nochmals zusammen. Vielleicht hatte sie ihn im Gedränge gesucht? Die kühlere Luft des Morgens flügelte an heiße Wangen heran, während sie gemeinsam heimwärts schritten.

Rings zitterte der Wind von Liedfetzen, die man summte. Ein ferner Trompetenschrei. Niemand schien müde, eine seltsam verträumte Zufriedenheit lag über der rückströmenden Menge. »Hast du alles gesehen?« fragte Schoschana freudig. »Wie sie die Fackeln geschleudert und wieder aufgefangen haben. Der eine der Ältesten, der mit den weißen Locken, der war besonders geschickt. Mit acht brennenden Fackeln gleichzeitig hat er jongliert, und wenn er sich zur Erde bückte, hat er sich nur auf seine beiden Daumen gestützt, den Boden geküßt und sich sofort wieder aufgerichtet.«

»Ich habe nicht hingesehen«, erwiderte Meleagros finster. »Ich konnte es nicht über mich bringen, Schoschana. Zu viel anderes im Kopf. Außerdem habe ich derartige Kunststücke oft genug bei fahrenden Gauklern gesehen, in ihren Jahrmarktzelten.«

»Das ist es eben. Bei Gauklern.« Schoschana war nicht verlegen. Alles schlug zu ihren Gunsten aus, so dünkte es ihm in seiner Bitternis. Und ich verstehe nichts von all dem, was hier vorgeht, bin von ihrer Seele abgetrennt, die ich liebe. Das brachte ihn auf, bis zu wirklichem Empörtsein. Sie indessen fuhr ruhig fort: »Bei Gauklern. Hier aber haben die Angesehensten des Volkes diese Spiele vorgeführt, heilige

Männer, unsere Lehrer im Gesetz. Sie bezeugen damit vor Gott, daß sie sich seines Festes freuen, genau so kindlich wie wir, das ganze Volk.«

Stumm ging er neben ihr, Gasse um Gasse. Immer weniger Menschen, immer ferner die Schritte. An einer Biegung des Weges sah man in Dämmerweite die blaudunklen Berge von Moab, sie steckten in milchigem Nebel wie in Schuhen, und über ihrer waagrechten messerscharfen Kammlinie begann sich der Himmel zu lichten. In der Nähe des Phasaelturmes verließ ihn plötzlich alle Besinnung. »Komm zu mir herauf!« – er umschlang das Mädchen heftig mit beiden Armen, zog sie an sich, spürte ihren Atem. Es war kein Schrei, keine Abwehr – es war das lodernde Entsetzen in ihren weit aufgerissenen Augen, was ihn zurückwarf. Weiß strahlten diese Augen in der verlöschenden Nacht, weiß und blendend scharf. Der Todesengel hat solche Augen – man möchte vor ihnen weit weg flüchten, steht aber wie angewurzelt fest. Nur daß es den Anschein hatte, als richte sie den tödlichen Glanz nach innen, gegen sich selbst. Sie starb – vor seinen wachen Sinnen schwand sie dahin, wie behext. Sie war gar nicht mehr da. Und damit hatte er seine Strafe erhalten, sofort, ohne Aufschub. Wohl stand noch etwas Dunkles zwei Schritte von ihm entfernt, aber das war nur ihr Umriß, leere Linien; Leben und Inhalt waren dahin. Er hatte in einem einzigen Augenblick alles verdorben, alles, für sie beide verdorben, für sich selbst wie für das Mädchen, auf immer. Unglückselige Erziehung – klagte es in ihm, doch wußte er gleichzeitig, daß das hinter der Erfassung des wahren Unheils weit zurückblieb – falscher Lebenslauf, alles falsch, voreilig, roh, pure Vernichtung! Die Tiefe, in die er sank, vermochte er nicht zu loten, sie öffnete sich weich und rasch wie eine bodenlose Schlucht.

Die Tote atmete nun doch wieder, ging still in der Richtung gegen ihre Wohnung, ging mit seltsam gefesseltem Gang, als schleppe sie eine unsichtbare Kette nach. Sie hatte nichts dagegen, daß er ihr im Abstand einiger Schritte folgte. Sie anzusprechen wagte er nicht.

Ein kleiner Trost wandelte ihn an. Sie hatte ja noch den Ring, seinen Ring. Er sah ihn an ihrer Hand glänzen, in seinen Augen glich er dem Morgenstern.
Es dämmerte. Kälte strich plötzlich heran. Da waren die bröckligen Mauern, das holprige Gelände, die kleinen Häuschen, da die Lehmhütte hinten. Gleich würde Schoschana dort eintreten. Doch sie blieb stehen und zog den Ring ab, den sie ihm stumm hinstreckte. Er konnte nicht hinlangen, der Ring schien ihm sehr weit entfernt und unendlich schwer – nun fiel das Gold klirrend zu Boden. Sie bückte sich. Es war etwas wie Demut in ihrer Bewegung – sie sah ihn an, während er den Ring aus ihrer Hand nahm. Bisher hatte sie vermieden, ihn anzuschauen. In ihren Augen, jetzt auf ihn gerichtet, immer noch dasselbe starre Entsetzen. Doch die schön geschwungenen Lippen bewegten sich. »Es wäre ungerecht«, sagte sie leise, »wenn ich dich glauben machen wollte, daß du jetzt etwas Großes zerstört hast. Zwischen uns konnte keine Liebe entstehen, wisse das! Und das ist nicht etwa deine Schuld. Es war schon entschieden, noch ehe das erste Wort zwischen uns gewechselt war. Von Anfang an. Nicht deshalb« – sie hob die Hand ein wenig, in der richtigen Empfindung, daß er etwas sagen wollte, was freilich seine wie zu Holz erstarrte Zunge nicht herausbrachte –, »nein, nicht deshalb, weil du ein Heide bist. Aus einem andern Grunde, der nur an mir liegt! Vielleicht kann dich das ein wenig trösten.« Sie blickte ihn nun mild und so traurig an, daß er sein Herz aussetzen fühlte. »Ich hätte aber gewünscht«, sagte sie, »daß uns eine stille Freundschaft erlaubt geblieben wäre.« Damit schlüpfte sie eilig in die Hütte.

Der gute Junge Meleagros war den ganzen Tag über sehr niedergeschlagen. Der letzte Blick auf Schoschana, ihr weißer Stirnverband, der durch das Morgengrauen leuchtete, zusammen mit ihrem Wort von der ›stillen Freundschaft‹, das doch auch Hoffnung gab – und wenn es noch so verneinend klang –, das alles flackerte ihm im Kopf. In wie anderer Stimmung war er mit ihr zum Fest aufgebrochen, wie anders zurückgekehrt! Doch inmitten drückender Reue erinnerte er sich, daß immerhin noch einer der Fäden nicht gerissen war. Hatte sie denn nicht ausdrücklich einen Besuch bei Thirza von ihm verlangt? Und geradezu zornig war sie ja wohl auch zum Schluß nicht gewesen.

Der Krankenbesuch am Abend verlief in freundlich-schmerzlicher Bedrücktheit. Er hatte Honigkuchen und andere dem Vernehmen nach erlaubte Speisen, schönes Obst, Datteln mitgebracht. Ja, Thirza würde bald vom Lager aufstehen können. Man sprach wieder Dankesworte, er fühlte sich beschämt. Auch befremdet, da man in einer winzigen Laube mit halbgedecktem Dach saß, die dem Häuschen angeklebt war. »Es ist eine Erinnerung«, wurde ihm von Thirzas Vater bedeutet, »die Wüstenwanderung des Volkes, das Wohnen in Nomadenzelten wird uns damit vor Augen gerückt. Bei jedem Haus ringsum siehst du jetzt solch eine Laubhütte. Das gehört zu diesem Fest.« Von Wüsten verstand er nichts, sie lagen außerhalb seines hellenischen Kreises – so neigte er schweigend den Kopf. »Wir beten um Wasser«, sagte Thirza, »zugleich aber denken wir daran, daß uns auch in der Wüste damals der Herr nicht verlassen hat.« Eine zweite Philosophin, stellte Meleagros mit einigem Unbehagen fest – sie glauben alle hier, daß nur ihre eigene Art zählt. Oh, wie verlassen ich bin!

Bei passendem Anlaß verabschiedete er sich unruhig. Es war wieder Nacht geworden. Als er ein paar Schritte gegangen war, fühlte er jemanden an seiner Seite, fast unhörbar leichte Tritte. »Du sollst mir den Ring nochmals leihen«, sagte Schoschana, er erschrak über den süßen Klang ihrer Stimme, »ich hätte dir ihn nicht mit solcher Unfreundlichkeit zurückgeben sollen.«

»Gib mir ihn überhaupt nicht zurück! Ich flehe dich darum. Vielleicht wird er dir einmal noch als Amulett Dienste leisten.«

»Das nicht. Aber eine Nacht lang will ich ihn noch tragen. Und dann ohne Streit zurückgeben.« Sie steckte den Ring an ihren Finger. »Er sieht fast wie ein Verlobungsring aus.«

Wenn man lang und heftig geweint hat, tritt manchmal eine solche Ruhe und Niedergeschlagenheit ein wie nun zwischen den beiden. »Ich habe deine Festfreude gestern mißdeutet, verzeih«, begann er unterwegs. »Verzeih, weil es unverzeihlich ist.« Sie nickte. Schien aber Eile zu haben, zu einem andern Gegenstand zu kommen. »Es wird jetzt nicht mehr viel Zeit für dich und die Festfreude sein«, sagte sie. »Ich muß Owadjah suchen.«

»Wer ist das?«

»Seinetwegen bin ich hier.«

Überglücklich, daß er irgendwie von Nutzen sein könne, erbot er sich, ihr zu helfen.

»Das habe ich nicht anders erwartet.« – Das Wort von der ›stillen Freundschaft‹, an das er sich trübe Stunden lang geklammert hatte, bekam ein frischeres Gesicht.

Schoschana war nicht abweisend, auch nicht eigentlich kühl. Offenbar bemühte sie sich so wie er um eine Unbefangenheit, die der gestrigen möglichst ähnlich gewesen wäre. Bald fühlte er auch wieder ihre helle Strahlung, die ihrer seelischen Festigkeit entsprang. Alles war da, nur das nicht, was gestern seine schnöde Phantasie hinzugefügt hatte. Die heutige Schoschana erschien ihm in dieser Hinsicht sogar wahrer als die gestrige – die eigentliche, die ganz und gar Verehrungswürdige schritt jetzt neben ihm. Und das machte ihn froh, verschaffte ihm eine gewisse Erleichterung. Diese Schoschana hier, die eigentliche, habe ich gar nicht beleidigt. Da war auch wieder der Finger, der die Entscheidung in der zarten Rinne unter der Unterlippe suchte und überraschend schnell fand – einmalig genau und richtig –, da waren zuweilen die kaum angedeuteten Grübchen, die die blassen, schmalen Wangen noch um ein Gran schmäler machten.

Schoschana sprach von Owadjah. Er war Geselle bei ihrem Vater gewesen – die Werkstätte war im ganzen Galil bekannt, wegen der vortrefflichen Pflüge und Ochsenjoche, die sie herstellte. Nun wollte das Mädchen bei Owadjah das Handwerk lernen. Nun ja, ist das so erstaunlich? Es war einfache Notwendigkeit. Owadjah, der tüchtige Arbeiter, befand sich schon ein Jahr lang in der Hauptstadt, man hatte nur unklare Nachricht über ihn. Und die Pflicht, die Familie zu ernähren, war deutlicherweise jetzt auf sie übergegangen.

»Du sprachst aber von einem Bruder, nicht?«

Sie wandte sich ab. Er sei eigentlich ihr Pflegebruder. Als Waisenkind sei sie ins Haus gekommen, als Tochter von Mirjams Schwester. Nein, dieser Pflegebruder – aus Gewohnheit nenne sie ihn einfach Bruder –, der komme für das Handwerk nicht mehr in Betracht. Er habe etwas anderes zu tun. Das sei von der Mutter allerdings nicht gebilligt. Die Mutter schwanke noch, vielleicht habe sie auch nur Angst. Sie selbst, Schoschana, habe keine Angst. Nicht um ihn und nicht um sich. Sie wünsche nichts, als daß der Bruder seine Arbeit tue. Ihr Wunsch sei da freilich ganz unwichtig.

»Was ist es denn?«

Schoschana sah den Griechen lange an, prüfend, dann schüttelte sie den Kopf. – Auch er betrachtete sie lange. Beide schwiegen. Es fiel ihm erst jetzt auf, im Mondlicht, wie das lockere hellbraune reiche Haar und die viel dunkleren Augen zusammenpaßten. So wie wenn eine Flötenspielerin dieselbe Melodie erst leise, dann stark vorträgt – doch was hatten alle Flötenspielereien der Welt mit dieser unschuldsvoll atmenden Lieblichkeit zu schaffen!

»Du würdest es nicht verstehn«, brachte Schoschana schließlich hervor. – Übrigens sei es dieser Pflegebruder, um dessentwillen man sie, die ›kleine Schwester‹, wohl auch die ›verzauberte Schwester‹ nenne. Ein Unsinn! Man glaube nämlich, daß sie ihm willenlos in allen Stücken folge. Wie dumm die Menschen seien! Als liege nicht die beste Verehrung für den Bruder darin, daß sie von ihm möglichst unabhängig sein wolle!

»Unabhängig? Will er dich denn etwa zu seiner Sklavin machen?« Sie lachte hellauf. Da sehe man, daß er es nicht verstehe, nie verstehen könne. »Im Gegenteil – möglichst selbständig möchte mich der Bruder sehen. Und das ist auch mit ein Grund, weshalb ich nach Jerusalem durchgebrannt bin.«

»Durchgebrannt? Das hast du bisher nicht gesagt.«

Nun ja, ganz und gar mit Wissen der Mutter sei es nicht geschehen. Obwohl ja manche Andeutung gefallen sei.
»So bist du vor deinem Bruder geflohen, wenn ich es richtig verstehe?«
»Ganz und gar nicht. Er ist mit mir gemeinsam aufgebrochen. Aber anderswohin. Die Priester in Jerusalem liebt er nicht, sie sind ihm zu hochmütig. Sie haben mit den ehrlichen Bescheiden-Frommen und Gelehrten wenig gemein. Was mich anlangt, so will er gewiß, daß ich meinen eigenen Weg finde. Ausgesprochen hat er es nicht, aber ich habe ihn verstanden. Das Königreich Gottes ist in uns – das habe ich ihn oft sagen hören.«
»Du machst dich also von seinem Willen frei, um seinen Willen zu erfüllen?«
Sie ließ sich nicht beirren. Sie wisse, daß die klugen Griechen mit derartigen Gedankenspielen ihre Zeit vertrödeln. Sophistische Künste – so nenne man das wohl? Ach ja, ein Zeitvertreib wie manches andere auch. »Doch mein Bruder sagt: Deine Rede sei: Ja, ja, nein, nein. Was darüber geht, ist von Übel.« – Und gegen eine Sache wie diese werde wohl auch der Herr Grieche und Arzt nichts vorbringen können, gegen die Sache nämlich, daß sie, um ihre Selbständigkeit zu erhärten, Griechisch gelernt, sogar einige griechische Schriften gelesen habe, wenn auch nicht viele – der Bruder nämlich wolle von griechischen Dingen nichts wissen und lese und lerne immer nur im Gesetz der Väter. Deshalb nenne man ihn auch den ›Meister‹ oder ›Rabbi‹ ...
»Meister – nennt man bei uns den Epikur.«
»Den Bruder nennt man aber: den guten Meister.«
»Den guten Meister – genau so haben wir in Athen den Vater Epikur nennen gelernt.«
»Du wirst nun am Ende auch noch sagen, daß ihr euren Epikur auch den ›Herrn‹ nennt?«
»Gewiß. Den ›Herrn‹, den Kyrios. Die Kyriai doxai, die ›Herrenmeinungen‹, hat einer der Schüler mit Goldbuchstaben an den Wänden seines Landhauses anbringen lassen.« Meleagros kam sich ja recht kindisch vor, als er so richtig eifervoll

nach Art der jüngsten Rekruten den Ruhm seines Schulhauptes sang.
Es schien das Mädchen zu verstimmen. »Goldbuchstaben haben wir allerdings nicht zur Verfügung.« Die Helligkeit auf ihrem Gesicht hatte zu kämpfen, ehe sie sich wieder frei machte. Dann aber strahlte sie in holder Güte verstärkt auf. Schoschana bat, über diese Sache nicht mehr zu reden. Auch von andern Dingen, die in den nächsten Tagen auftauchten, sagte sie: »Nein, das ist nichts, darüber kann ich nicht sprechen.« Warum sie es so eilig habe, den Ring zurückzustellen? Nein, nichts. Warum sie oft traurig sei? Was sie bedrücke? Nein, nichts. Meleagros fügte sich. Seinem Gefühl nach war er noch tief in ihrer Schuld, das machte ihn unfrei. Ihre Freundlichkeit kam ihm starr vor, versteinert – eines Tages wird sie wie aus einem Traum erwachen und mir zürnen, mich davonjagen. Er fürchtete sich.

Der Tischler Owadjah war nicht leicht zu finden.
In der Tyropöon-Straße sollte er wohnen. Doch die war lang und jedes Haus, besonders jetzt während der Festwoche, von unübersehbar vielen Menschen besetzt. Dann erfuhren sie – Meleagros immer eifrig zur Unterstützung seines Schützlings bereit –, daß Owadjah vor einiger Zeit geheiratet habe und in die nördliche Vorstadt Bezetha gezogen sei. Meleagros glaubte zu merken, daß Schoschana beim Empfang dieser Nachricht erschrak.
»Ich habe es gewußt«, sagte sie leise. Er hatte den Eindruck, als ob es ihr sehr schwerfalle, sich zu beherrschen. Sie fügte dann hinzu: »Es überrascht mich nicht.«
Während sie in der Vorstadt suchten, von Wohnung zu Wohnung sich durchfragten, bis zum Schaftor, dann in den Häusern rund um den Höhlenteich Beth-Chasda, der immer von Heilungsuchenden umlagert war, konnte Meleagros nicht unterlassen, das Gespräch darauf zu bringen, was es denn mit diesem Owadjah für eine Bewandtnis habe. Ein Schrecken hatte ihn gepackt. Vielleicht ist sie deshalb so zurückhaltend gegen mich, weil ihre Seele einem andern gehört? Wie natür-

lich dieser Gedanke, auf den er nur aus Selbstüberhebung bisher nicht geraten war! Es war ihm plötzlich klar: nicht des Handwerks, sondern des Gesellen wegen war sie nach Jerusalem entwichen – ja entwichen, denn die Mutter und der Bruder wußten wohl von der Reise und wußten doch auch wieder nichts, der Bruder war mit ihr aufgebrochen, aber ›anderswohin‹. Welche Verwirrung! – Schoschana sah ihm in die Augen: »Warum fragst du? Ich habe dir doch gesagt, daß ich über all diese Dinge nicht reden möchte. Sie sind nicht wichtig, nicht für mich und auch für keinen andern sonst. Doch da du es wissen willst, schöner Grieche«, sie blieb stehen, bescheiden, still, »ja, ich war mit Owadjah versprochen. Ohne viel Gerede, wie es eben bei uns auf dem Land Sitte ist. Wir sind als Nachbarskinder gemeinsam aufgewachsen, waren immer beisammen. Nun aber bin ich sehr froh, daß es vorbei ist, daß er ein Weib genommen hat. Das erspart uns beiden viel Schmerz.«

Meleagros fühlte sich erleichtert. Obwohl das, was er soeben erfahren hatte – dieses grundsätzliche ›nicht wichtig für mich‹ –, vielleicht noch schlimmer war als das, was er befürchtete. Seiner leichtblütigen Weise lag es eben nicht, künftiges, verhülltes Unheil als Drohung zu empfinden. Das fiel ihm gar nicht ein. Wichtiger als Zukunftsnebel war ihm die gegenwärtige Befreiung: Einem andern also gehört Schoschana nicht.

»Ich bin überzeugt, daß er mich trotzdem lehren wird, was er vom Vater erlernt hat. Und mit größter Sorgfalt wird er von allen Handwerksgeheimnissen keines zurückhalten. So ehrlich ist Owadjah.«

»Es tut dir doch leid, daß du ihn verlierst. Welchem Mädchen würde so etwas nicht leid tun?« sagte er gereizt.

Sie schritt die nächste Stiege hinan. Wieder ein Klopfen an einer Türe. Nein, auch hier wohnte kein Galiläer. »Es tut mir nicht leid«, sagte Schoschana, als sie wieder im Gäßchen standen, auf einer Plattform, über die der Wipfel eines wilden Feigenbaumes von der nächsten Hofmauer hereinfiel. »Es ist nicht nötig zu wiederholen, was ich schon gesagt habe. Ich bin

glücklich, wenn es Owadjah wohlgeht. Und glücklich, weil ich nun selbst nicht mehr gebunden bin. Alles ist zu gutem Ende geraten, wenigstens in dieser einen Hinsicht.« Sie sah zu Boden, hob plötzlich den Blick, wie sie es manchmal zu tun pflegte. Dann sagte sie sehr leise: »Wenn es mir freistünde zu lieben, so hätte ich dich geliebt, schöner Grieche.«
Damit huschte sie die Winkelstiege hinab und davon. Oft hatte sie solche überraschend geschwinde Bewegungen, wie Flügelschläge einer Schwalbe.
Er konnte den Fuß nicht regen. Im Gewirr der Häuser fand er sie dann nicht mehr.
Als er sie am nächsten Tag zu dem schon Regel gewordenen Suchgang abholte, hob sie schwach die Hände ihm entgegen: »Du wirst das nicht gegen mich ausnützen?«
Er schüttelte den Kopf, schweren Herzens. Nun schürzten wieder die zarten Grübchen ihre Wangen. »Nie! Versprich es mir.«
Unterwegs war Schoschana diesmal doch recht einsilbig, und auch er, mit all seiner jonischen Redelust, fand nicht viel zu bemerken. Sie sprachen nur von den Gassen, in denen sie noch Nachschau zu halten hätten. Dann rühmte sie nochmals Owadjahs Redlichkeit. Wenn sie ihn nun nicht fände, wäre sie ganz verloren.
Es überraschte ihn daher, daß sie zwei Tage später die Nachforschung nicht weiterführen wollte. »Heute nicht. Ich habe solche Schmerzen. Heute will ich es lieber lassen.«
»Was schmerzt denn?«
»Sieh nur meine Lippe an. Sie brennt.«
Ein weißes Fieberbläschen hatte sich gemeldet. Meleagros spielte nun ernsthaft den Arzt. »Die Aufregung von Kolonia.«
»Mag sein.«
Sie zeigte sich recht betrübt. »Komm erst nächste Woche wieder. Entstellt es mich sehr?«
»Man merkt es kaum.«
»Er hat mich ein Jahr lang nicht gesehen.«
Bei der ersten Wiederbegegnung wollte sie dem früheren Verlobten gefallen. Diesen kleinen Zug weiblicher Schwäche

fand der verliebte Meleagros besonders reizend. Es freute ihn geradezu, daß sie also doch ein wenig eitel war. Das steinerne Bild bekam plötzlich warmes Blut in die Adern. Eine Frau trotz allem! Als hätte ich auf diesen winzigen Tupfen irdischer Nähe gewartet, um vollends den Verstand zu verlieren, sagte er sich mit leichtem Selbstvorwurf.

Der elegante Weltmann, erfahrene Dichter, schlaue Herzensdeuter – wo waren sie hingekommen? Etwas Atem ließ sich nun schöpfen; am Ende wendet sich das Blatt? Sie hat mich also doch ein wenig angelogen, die makellose Schoschana. Vielleicht ohne es zu wollen; das gebe ich zu. Aber auch dann stimmt es eben nicht ganz, daß sie für Owadjah gar kein Gefühl mehr hat, daß alles so gründlich tugendhaft vergessen und erledigt ist. Und wer weiß, vielleicht ist es nicht ganz aussichtslos, das strenge Kind zart bei der Hand zu nehmen und ins frohe Leben zurückzuführen ... Ich könnte mir sogar denken, daß sie auch mir die Lippenblase in den nächsten Tagen nicht zeigen wollte.

Er fühlte sich nun vertrauter mit ihr, in sein bewunderndes Gefühl war eine Auflockerung gekommen. Im Kidrontal, auf dem steinigen Fußweg, der den steilen Tempelberg mit Mauern und Türmen zur Rechten hat und links den sanfteren Abhang des Ölbergs mit seinen alten Bäumen, hier im Schatten erwähnte er zum erstenmal sein ›Geheimnis‹, die Gedichtsammlung, das in die Wolken gehobene griechische Vaterland. »So hoch und unangreifbar wie die vielen Türme dort!« Er erzählte von dem Schicksal dieser Verse, seinem Bewunderer Diokles, während er auf die Darstellung der Fechtschule, des ägyptischen Statthalters und der Bootsregatta von Canobus keinen Wert legte. Doch auf seinen würdigen Vater Eukrates kam er zu sprechen, auf die Mutter – es war ihm, als bezöge er Schoschana in den Kreis seiner Familie ein, als habe er der eigenen Jugend schon lange nicht mit solcher Innigkeit gedacht. Das Glück der Heimat, bis zu dem Augenblick, da Rom einbrach, wurde geschildert, dann der Aufstand; das schmachvolle Schicksal seiner Schwester verbarg er nicht. Mit einer Frau, die er nun auch wie eine Schwester liebte, darüber zu klagen – das schloß den Kreis. Wild beschwor er jene Tage herauf, in denen sein Vater, sein Bruder Aristobul, er selbst zu den Waffen gegriffen hatten. Man hatte gehofft, daß viele Orte in Hellas gleichzeitig sich gegen Rom erheben würden. All das mißlang. Das zerstörte Antikyra büßte für den Irrtum der Führer, der Pflug wurde über die Trümmerstätte geführt und Salz in die Furchen gestreut, zum Zeichen ewigen Fluchs. Die Einwohner, aus der menschlichen Gesellschaft ausgestoßen, hatten nur noch für ihre Herren zu schuften, bis zum letzten Atemzug. Ärger noch als dieses Sklavenlos: das qualvolle Ende seines Bruders am Kreuz. Dieser von den Römern erfundene Schreckenstod, das Grausamste, was Menschenhirn in dunkelster Stunde je ausgesonnen hat! Dabei allgemein gebilligt in der Welt jener Wölfe. ›Eine Sache heilsamsten Beispiels‹ nennt einer ihrer großen Schriftsteller die Kreuzigung!

»Ich habe es gesehen«, schrie Schoschana plötzlich – da war nun die heisere Stimme aus dem Tale von Kolonia wieder. »Sprich nicht davon.«

Aber Meleagros ließ sich nicht zurückhalten. Der schaurige Tod Aristobuls war ihm eine Wunde, die nie vernarbte. Manchmal schmerzte sie nicht mehr; aber wehe, wenn sie wieder sprudelte! Nichts war dann vergessen. Aus seinem Versteck im Oberstock des väterlichen Hauses hatte er erst die Geißelung mitangesehen. Es wäre Feigheit gewesen, die Augen von dem Entsetzlichen zu wenden, das der Bruder litt. Die blutigen Fleischstücke flogen aus dem unglücklichen Körper, die eisernen Widerhaken der Peitschen rissen neue Furchen auf – von oben bis unten eine einzige Wunde, das war sein Bruder. Einen schon Zerbrochenen nagelte man an die Balken. Aber dann noch der Graus, daß das Ende lange nicht kommen wollte – die herausgewälzten Augen –, Mücken und Fliegen um die blutigen Fetzen, um die Eisennägel, um die Hautrisse und Blutrinnsale, um die verkrampften Muskeln, die das stechende Geschmeiß nicht abwehren können. Und das Auge von diesem Anblick nicht wenden dürfen, Ekel vor der ganzen Menschennatur – bis dann die

Häscher ins Haus, in den Oberstock kamen und auch ihn zum Sklaven machten. Dann hatte der Alltag das Ereignis mit seinen Salben bestrichen; gesunden konnte es niemals. »Eine Sache heilsamsten Beispiels!« Daher möglichst sichtbar die Kreuze am Rand der Landstraße, auf Hügeln aufgepflanzt. In aller Öffentlichkeit diese mitleidslose Verhöhnung. Wie erträgt man es? Wie wird man es jemals ertragen, daß etwas so Ungeheuerliches als Selbstverständlichkeit und immer wieder geschehen ist?

»Sprich nicht davon! Ich habe es gesehen!« klagte Schoschana.

»Und es kann gar nicht anders sein, das ist das Allerfurchtbarste dabei. Wenn Rom Millionen Unterworfener beherrschen will und seine Legionen nicht überall zugleich haben kann, dann muß es so ausgesucht grauenhaft strafen. Es kann seine Soldaten auf Flotten hin- und herwerfen — wirkliche Ordnung in den vielen besiegten Ländern des Imperiums stellt es nicht her. Wäre Cäsar stärker, so brauchte er nicht so entmenscht zu regieren. Aber das kann sich nicht ändern, nie. Und wie seltsam, daß selbst die besten Römer das himmelschreiende Unrecht nicht spüren, daß selbst ihre zarteste Seele, Vergilius, gutgläubig, wie es scheint, verkündet: ›Du, Römer, gedenke, daß du befehlend die Völker zu beherrschen hast, die Besiegten zu schonen und die Stolzen niederzukämpfen.‹ Welche Überhebung, Verworfenheit der Gesinnung! Wer hat sie denn gebeten, die Söhne der Wölfin, uns vorzuschreiben, wie wir zu leben haben, ihr Judäer und wir Hellenen und alle von den Säulen des Herkules bis zum Euphrat! Hatten wir nicht das Recht, unsere eigene Art von Gesittung ruhig auszubilden? Aber nie wird es dazu kommen, nie kehrt die Gesundheit früherer Zeiten zurück. Die Menschheit ist verflucht. Roms Gewalt und Übermut, das ist das letzte Wort.«

»Daß es nicht so ist, das eben ist die Erkenntnis, die mein erhabener Bruder bringt«, unterbrach Schoschana, die mit wachsender Ungeduld zugehört hatte. »Keine neue Erkenntnis unter uns Juden! Alle Propheten von unserem Lehrer Moses an haben gelehrt, daß Gott allein König der Erde ist und sein Recht stärker als alle Gewalt. In jedem Geschlecht sind Männer auferstanden und haben dieses Wort erneut. Mein Bruder ist es, der es heute erneut. Kehrt um, so ruft er, und tut Buße, glaubet die frohe Botschaft, das Königtum Gottes ist angebrochen.«

Ihre Augen leuchteten. »Was ist das: das Königtum Gottes?« fragte Meleagros zaghaft.

»Die Königsmacht des Himmels ist gekommen. Weißt du das nicht, mein Grieche? Weißt du nicht, daß die Zeit erfüllt ist und daß nun die Tage beginnen, in denen Gott allein regiert, nicht mehr Rom und nicht mehr der Satan? Weißt du nicht, daß ein heiliger Mann im Schilf des Jordans und in der Wüste als ein neuer Prophet Elijahu zur Umkehr aufruft – Jochanan sein Name? Auch das weißt du nicht? Die Unbildung bei euch Griechen ist grenzenlos, wie es scheint, und dabei habt ihr so viel Bücher im Kopf.« Nur für einen Augenblick war sie heiter, unbeschwert, dann runzelte sie die reine, weiße Stirn. »Von Jochanan, dem machtvollen Täufer, habt ihr aber nichts gehört, der nach Art unserer Essäer mit Tauchbädern Leib und Seele reinigt, der verlangt, daß alle aufhören zu sündigen, alle, alle! Die Essäer tun dasselbe in ihren kleinen Gemeinden, in der Einsamkeit, in der Wüste, sie führen ein Leben der Bauernarbeit und Heiligung, dulden keine Bedrückten in ihrer Mitte, keine Gefährten geringeren Rechts, keine Diener, keine Waffen, keine blutigen Opfer, keinen Handel, keine Kaufmannschaft, kein Geld. Jochanan aber wendet sich nicht an kleine Siedlungen, sondern an das ganze Volk. Keiner soll anders leben als jene Stillen im Lande. Dann erst, wenn man der Ungerechtigkeit entsagt, heißt Jochanan die Heranströmenden willkommen, die die Taufe von ihm verlangen. Er ist zornig, düster, immer unzufrieden. Niemand genügt ihm, alle schmäht er. Zu ihm ist nun mein Bruder aufgebrochen, er will seine Kraft mit der Jochanans vereinen, ob sich etwa ein Umschwung in der ganzen Weltweite vollziehen ließe. Alles soll neu beginnen. Man möge den neuen Wein nicht in alte Schläuche gießen, so habe ich ihn oft sagen hören, sonst zerreißt der Wein die Schläuche und man hat dann weder die Schläuche noch den Wein. Es gründet sich vielmehr ein neuer Mensch auf einer neuen Erde. Nicht das Gesetz soll geändert werden, im Gegenteil, eher würden Himmel und Erde untergehen, als daß nur ein Häkchen oder Jota des Gesetzes verginge – der Mensch aber, als Gefäß zur Aufnahme des Gesetzes, er muß ein anderer werden, reiner, größer, stärker, in sich selbst spürt er dann das Reich des Himmels. Und darauf allein kommt alles an. Das Königtum Gottes ist bereits da, wir müssen es nur spüren und fassen, wie in den Tagen der Wüste, in den Tagen der Brautzeit unseres Volkes mit Gott. Immer war das Reich Gottes da. Es muß nur immer wieder ein Lehrer kommen, der uns sagt: Ergreift es, das ewige Leben ist in euch, so lebt es denn auch wirklich!«

»Das werden die Römer nie zulassen«, meinte Meleagros und wurde blaß vor Erregung. »Das ist Aufruhr! Und vielleicht gefährlicher als unserer in Antikyra.«

»Wir werden uns um die Römer nicht kümmern. Wie das aber alles geschehen soll, das wird mein Bruder bestimmen. Deshalb hat er Nazaret verlassen, so heißt unser Dorf, und ist zum Jordan hinabgewandert, zum Täufer. Er hat mir nichts gesagt, nichts von dem, was er vorhat. Ich errate seine Gedanken. Freilich nicht immer, manchmal läßt er mich tief unter sich. Selten spricht er mit mir. Dann liegt es an mir, zu tun, was geschehen muß. Nun weißt du, warum ich hier versuche, die Last seines Handwerks und der Familie ihm von den Schultern zu nehmen. Nicht etwa, daß ihn das bekümmerte! Es ist nicht seine Arbeit. Er dieses und ich jenes – so geht es vor sich. Nichts hat er mir aufgetragen. Von selbst habe ich verspürt, daß dies nötig ist. Wird er der Zimmermann des Gottesreiches, so will ich daheim im Dorf für die Mutter zimmern, damit sie nicht Armut leidet. Das ist mein Teil. Er aber, Jeschua, mein Bruder – in eurer griechischen Sprache würdet ihr ihn Jesus nennen –, er hat ja gesagt: Wer seinen Vater und seine Mutter nicht verläßt, seinen Sohn und seine Tochter, Schwiegersohn und Braut, um mir zu folgen, der ist meiner nicht wert. Nun wohl, ich bin seiner nicht wert, und ich folge ihm nicht. Ich werde auch nie das erreichen, was er vorschreibt: ›Seid vollkommen, wie euer Vater im Himmel vollkommen ist.‹ Das nämlich verlangt er von allen. Ich kann nicht. Es ist zu viel für mich. Aber nun ist eben dies mein Weg – Sorge und Not auf mich zu nehmen, damit der Meister das ausführen kann, was ihm die Engel bestimmt haben. Meine Arbeit ist eine kleinwinzige Nebensache, und ich habe sie noch nicht einmal angefangen. Es scheint mir manchmal sogar diese Kleinigkeit unmöglich, sowenig sie bedeutet. Ich habe noch nicht einmal den Handwerkslehrer gefunden. Aber ›bei Gott ist alles möglich‹, pflegt mein Bruder zu sagen, wenn er die Kleingläubigen tröstet. Denn er ist nie zornig, wie man es von dem Propheten Jochanan erzählt. Um so schlimmer, wenn man auch sein sanftes Gebot nicht erfüllt. Vielleicht scheint es auch nur so sanft? Ich weiß es nicht. Vergebens denkt man darüber nach. Es ist zu tief. – Nun aber wirst du mich nicht mehr fragen, mein Grieche, warum ich traurig dreinschaue und manchmal sehr bedrückt bin, und warum ich an nichts anderes denken darf als an das, was mir vorgeschrieben ist. Verstehst du es nun? Dies habe ich dir noch sagen wollen, nun aber ist alles gesagt.«

Meleagros war durchaus nicht dieser Ansicht. Alles gesagt? Vor allem war ihm der Zusammenhang der neuartigen Dinge, die er zum erstenmal vernahm, mit der Obergewalt Roms nicht einleuchtend, mit der Brechung dieser Obergewalt. Denn hiervon waren sie doch im Gespräch ausgegangen.

»Darüber kann ich dir nichts sagen«, erwiderte Schoschana geduldig. Sie hatten sich im Schatten eines Grabmals mit seiner auf Säulen wie in den ersten Stock emporgehobenen und ein wenig lächerlichen, weil viel zu kleinen Pyramide niedergelassen. »Ich fühle es bloß. Erklären kann ich dir nichts davon. Schau einmal dieses Grabmal an, eine Nachahmung ägyptischer Sitte. So haben sie allmählich die Sitten aller Völker nachgeahmt, und darüber ist viel von innerer Kraft verlorengegangen. Manchmal aber ertönt noch das alte Lied in uns, du hast es beim Umzug gehört: ›Ihr werdet mit Frohlocken Wasser schöpfen aus dem Brunnen der Hilfe‹. Gemeint ist das Wasser der Gerechtigkeit. Und ›Hilfe‹ heißt ja — so hat es der Prophet Jeschajahu geschrieben — ›Hilfe‹ heißt ›jeschua‹.« — Die Tränen standen ihr nun in den Augen: »Jeschua — Hilfe. Verzeih! Gewiß ist das nur ein zufälliges Zusammentreffen. Man soll nicht abergläubisch sein. ›Jeschua‹ ist einer der häufigsten Namen bei uns im Lande. Wenn nun aber das Volk so hilflos ist ...« Sie weinte. — Meleagros erinnerte sich jetzt ihres Zitterns, ihrer leuchtenden Augen, die die langen Wimpern durchblitzten, im nächtlichen Festzug neulich, bei Fackellicht und Posaunenschall. Er hatte es mit der kleinen Wunde in Zusammenhang gebracht, mit einem leichten Fieber. Jetzt verstand er ihre ihm damals unheimliche Freude, das unrettbar Fremde in ihr. Die Schwester des Meisters war sie, des Jeschua — es war i h r Lied, das damals gesungen wurde. Das aber sagte sie nicht, das fügte er aus Eigenem hinzu. Mit ihrer besonderen freundlichen Bescheidenheit und Stille wiederholte sie vielmehr: »Erklären kann ich dir nichts davon. Aber erzählen kann ich dir vielleicht, wie es begonnen hat — ich meine dieses wortlose Einverständnis zwischen meinem Bruder und mir. Denn ein Einverständnis ist es ja wohl. Auch wenn er mich nicht bemerkt, mich gar nicht sieht — womit ich übrigens durchaus zufrieden bin, denn er hat Größeres zu tun, als mich zu beachten. Und manches Wort, das er spricht, ist ja doch an mich gerichtet, nicht etwa vorzugsweise an mich, aber doch auch an mich, an mich als eine der vielen Tausende. Und das genügt. Damals aber, als es begann, da war es wirklich für einen Augenblick, einen Spätabend lang, als sei ich aufgefordert, ihm auf ganz besondere Art zu helfen und mit meinem ganzen Leben, unter beglückender Gefahr. Er war damals noch ein Hirtenjunge, der Vater lebte noch und arbeitete, ich war ganz klein, ein Kind von wenigen Jahren. Du klagst über das Kreuz deines Bruders, ich klage über zweitausend Kreuze — zweitausend waren es, die ein römischer Feldherr für unsere Freiheitskämpfer aus dem Galil aufrichten ließ. Zweitausend Marterpfähle für unschuldige, großherzige Krieger, die nichts für sich gewollt hatten, alles aber für das Recht und die Treue zur Sitte der Väter und die einfache Lebensnotdurft ihrer Familien. Zweitausend Gottesstreiter am Kreuz – ich sehe den Wald der zuckenden Halbleichname immer vor mir, bei Beginn der Nacht. Sosehr ich mich dagegen wehre und es vergessen will: ich höre die Todesschreie, das Seufzen aus zweitausend verzerrten Gesichtern. Übelriechender Schweiß steigt auf, die Durstigen brüllen oder weinen oder verröcheln gerade. Zweitausend! Es war wie die Hölle, von der es heißt, daß Heulen und Zähneklappern in ihr ist – hier aber doppelt gräßlich, weil es ja eine Hölle war, in der nicht die Bösen litten, sondern die Gerechten, die Bewundernswerten. Eine Hölle hilflosen Verschmachtens und Untergangs. – Und daneben die von den Römern bis auf den Grund niedergebrannte Stadt. Flammen, Ruß und Asche und zweitausend Kreuze. Da und dort stand eine schläfrige römische Wache. Verrenkte Sterbende zu bewachen – keine schöne Aufgabe, selbst einem römischen Soldaten steigt dabei der Überdruß in den Hals. Bald schliefen alle Wachen, nur die Sterbenden an ihren Kreuzen schliefen nicht. Da schlich mein Bruder heran, ich hinter ihm. Mein Bruder konnte von frühester Kindheit an nicht ertragen, daß jemand Schmerzen litt. Ein Schaf, das sich verlaufen hatte, suchte er stundenlang in den dichten Stachelbüschen, bis er es fand. Ein anderes, das ein Wolf angefallen hatte, befreite er, er rang es dem Wolf ab. Denn Jeschua ist stark, stark ist die Hilfe, ein Held wie Schimschon ist Jeschua, ein Held wie König Schaul. Dem Nachbarsjungen ist er in den reißenden Frühlingsbach nachgesprungen, eben dem Owadjah, hat ihn herausgezogen und ist dabei beinahe selbst ertrunken. Jetzt also schlich er nachts über den Todeshügel von Sepphoris hin –«

»In Sepphoris war es?« Die Steuerlisten belebten sich in einem neuen Licht.

»Nazaret liegt in derselben Gegend, ein paar Täler weit entfernt, drei Meilen weit. Alle Dörfer in der Runde waren damals in Erregung, in stiller Empörung gegen das römische Heer. Aber nur einer hat sich herausgetraut. Oh, wie furchtlos und groß mein Bruder schon damals war! Du verstehst, man hätte ihn ans Kreuz geschlagen, ohne Gnade und Erbarmen, wenn man ihn entdeckt hätte.«

»Und auch du so furchtlos, ein Kind!«

»Sein Mut ging auf mich über. Ich brauchte mir gar keine Gedanken zu machen. Es war wie ein Spiel. Zwei Kinder spielten Kreuzabnehmen. Wo einer noch lispelte, lallte, kletterte mein Bruder flink am Kreuz empor, löste die durchbohrten Handflächen von den Nägeln los, während ich die Füße des Unglücklichen befreite und mit einem Tuche rieb. Werkzeug aus der Arbeitsstätte des Vaters hatten wir mitgebracht, ich außerdem auch noch einen Krug mit Wein, in dem Stücke von Weihrauchharz aufgelöst waren. Wo einer der müden Soldaten den Kopf hob, gab ich ihm zu trinken, und betäubt schlief er wieder ein. Es war eine mondlose Nacht, und wir befreiten zehn Männer, zwei starben unterwegs, der Rest lebt noch heute. Einer von ihnen, Schimon der Kanai — ›Kanai‹ heißt bei uns der Eiferer, der Empörer gegen Roms Gewalt —, der war später einer der ersten, die meinen Bruder als Meister anerkannt haben.«

»Er muß viel älter sein als dein Bruder.«

»Das eben hat seinem Wort Gewicht gegeben. Er war dann der erste in unserer Synagoge, der den Bruder als Meister ansprach.«

»So habt ihr damals die ganze Nacht die Gekreuzigten herabgenommen?«

»Bis Jeschua gegen Morgen erschöpft umfiel und ich den Ohnmächtigen heimbringen mußte. Der Eiferer, ein starker Mann, hatte sich zum Glück inzwischen ein wenig erholt, konnte mir helfen. Mühsam trugen wir den Knaben. Dann stießen wir bald auf ein paar Hirten. Der lebendige Gott war mit uns. Und so haben wir nach einigen Stunden — es ist doch ein recht weiter Weg — den blassen kindlichen Körper über Feldstege, durch Wälder, über Höhen nach Hause getragen, im Frührot des Tages. Der Feldherr aber, der die Erhebung unserer Edelsten in Blutströmen ersäuft hat, ist später selbst in einem fernen Land im Schlamm erstickt, er und sein ganzes Heer. So hat man es hier erzählt. Eine unglaubliche Begebenheit im Land Germanien. Ich weiß nicht, ob es nicht ein bloßes Gerücht ist. Fast möchte ich glauben, daß jemand es sich ausgedacht hat. Es klingt doch eigentlich recht erfunden. Das böse Gelüst nach Rache bringt solche Märchen hervor. Der Feldherr hat Varus geheißen.«

Meleagros wollte sie eines andern belehren, doch sie hörte ihn nicht, schien wie entrückt dem Gefühl für den Bruder hingegeben, der damals, so sagte sie, die Erfüllung seiner Rettungsaufgabe begonnen habe. »Als er die Augen wieder aufschlug, sagte er etwas, was ich nie vergessen werde: ›Es darf nicht länger gewartet werden, es ist nicht mehr erlaubt‹. – Und später ist er öfters mit verschiedenen Worten auf diesen Satz zurückgekommen. ›Drängt auf das Ende‹ – pflegte er zu sagen –, ›das ist die bessere Weisheit, obwohl unsere Vorsichtigen es nicht wahrhaben wollen. Fanget an, sofort! Man muß dem Gottesreich Gewalt antun. Und wer diese Gewalt übt, der reißt es an sich. Alles ist besser als warten. Kommt das Reich nicht bald, so ist das ein Zeichen, daß sein Kommen erzwungen werden soll. Und wenn nicht jetzt, wann denn?‹ – Damals hat ihm die kluge Mutter auch den Beinamen gegeben, der ihm unter den Vertrautesten geblieben ist. ›Heilige Ungeduld‹ hat sie ihn genannt. Und mit den Worten ›Meine liebe heilige Ungeduld‹ hat sie ihn weinend an sich gedrückt, als er aus dem Ohnmachtsschlaf erwachte, und hat ihn damals gar nicht mehr aus den Armen lassen wollen.«

3
Im Schatten des Meisters

Die Tischlerwerkstätte Owadjahs wurde schließlich ein paar Tage später doch aufgefunden, in einem ganz andern Quartier, südwestlich des Stadtkerns.

Der Empfang war freundlich, wenn auch zunächst etwas verlegen.

Ein Riese kam ihnen entgegen, er hatte Schoschana von fern erkannt. Owadjahs Wangen steckten in einem dicht gekräuselten schwarzen Bart. Es sah aus, als sei die untere Gesichtshälfte in eine Stoffmaske, eine Art Schutzfutteral getan. Die dichten Augenbrauen hatten etwas Bedrohliches, sie wucherten überhängend, schienen sich gleichsam zu kleineren Bärten auswachsen zu wollen. Doch der gutmütige Ausdruck der Wangen strafte die schreckeinflößende Umrahmung Lügen. Die etwas vortretenden Backenknochen, die breiten Lippen, das helle Lächeln, blanke große Zähne, das fast formlos zurücktretende Kinn — das alles war nicht gerade hübsch, aber man mußte zu einer so deutlich sich kundgebenden

Offenheit und freundlichen Gesinnung bald Zutrauen gewinnen. »Ein bärtiges gutes Kind«, sagte sich Meleagros, der überdies durch die herzlich klare Beziehung rasch gewonnen erschien, die zwischen Schoschana und ihrem früheren Verlobten zwanglos zu Tage trat, nachdem die erste Befangenheit überwunden war.

Schlomit, Owadjahs junge Frau, nahm nach kaum merklichem Zögern an diesem gegenseitigen Vertrauen teil. Mit gelassenen Bewegungen brachte sie Gerstenbrot und große schwarze Weintrauben. Ungefragt erzählte sie, wie sie Owadjah kennengelernt hatte. Beim Sturm auf den Palast des Hochkommissärs Pontius Pilatus war es geschehen, als man den Römer durch Steinwürfe und Brandpfeile zwang, den geraubten Tempelschatz zurückzugeben. Owadjah hatte die junge Aufrührerin aus der Kohorte herausgehauen, die einen Ausfall machte. – Das gab Gelegenheit zu berichten, wie Schoschana und der junge Grieche auch nicht viel anders zueinander gekommen waren.

»Also ein Bundesgenosse!« grinste Owadjah.

»Du kannst ihn als Freund betrachten«, bekräftigte Schoschana. »Er wird uns nicht verraten.«

Meleagros wurde schüchtern. Der Gedanke, daß man vor ihm über Angelegenheiten sprach, die ihm als Beamten Roms füglich verborgen bleiben sollten, war ihm noch gar nicht gekommen. Er legte seinen Liktorenring auf den Tisch. »Der Zufall hat es gewollt, daß ich das da trage.« Ein verhaßter Zufall, wie er kurz erläuterte. »Wenn ihr mir trotz dieser Ruten und Beile nicht mißtraut, werdet ihr bald sehen, wie ich sie gegen Rom wende.« Die Gegenwart Schoschanas, ihr dunkler Blick, der ihm ruhig zugekehrt blieb, entzündete Gedanken, die offenbar schon lange in ihm vorbereitet gelegen waren, jetzt aber, ihm selbst unerwartet, mit plötzlicher Reife hervorbrachen.

»Kein Wunder«, meinte Owadjah, der sich als ein in den Weltereignissen erstaunlich wohlunterrichteter junger Mann erwies, »wir sind im gleichen Fall. Griechen und Juden.« Owadjah sprach stoßweise, oft in kurzen Wortgruppen; nur wenn er in Schwung kam, waren die Zusammenhänge zu weiteren Bögen gespannt. »Schöne große Gemeinwesen. Von Rom aufgelöst, verderbt. Rom will jetzt uns auflösen, wie vordem euch. Vernichtet alles, was es anfaßt. Wir wehren uns. Mehr nicht.«

»Ob ihr es nur mit den richtigen Mitteln tut?« meinte Meleagros sorgenvoll. »Rom ist übergewaltig.«

»Wir wissen es.«

Einige Nachbarn waren an den Tisch getreten, der unter Ölbäumen, im Schatten, neben den Resten eines alten Torbogens vor Owadjahs Haus stand, auf einer breiteren Stufe, die die ansteigende Treppe unterbrach. Ein Maultiertreiber und sein zottiges Tierchen drängten sich längs der gegenüberliegenden Gartenmauer aufwärts. Das Tier wetzte den Rücken an den klotzigen Steinen der Wand, so eng war hier der Weg. Der Bauer hielt an, bestellte neue Holzkufen rechts und links für sein Lasttier. Auch die andern waren ihrer geschäftlichen Wünsche wegen gekommen. Owadjahs rotbackige Frau, flink und heiter, ein stattlich breites Geschöpf, sprach mit den Kunden, nahm Aufträge entgegen. Owadjah hielt den Hobel noch in der Hand, mit dem er aus der Werkstätte hervorgetreten war, zur Begrüßung der Gäste. Sein Handwerk blühte. Schlomit, wiewohl gesegneten Leibes, half nach Kräften mit. Bestes Einvernehmen war sichtbar. »Und doch habe ich mir ihn erst erobern müssen«, lachte die grauäugige Frau unbefangen. »Ich hatte lange zu trösten, ehe die schöne Schoschana vergessen war. Und der Selbstmord zumindest vertagt. Ich glaube, Owadjah hat das Prätorium damals nur deshalb mitgestürmt, damit man ihn erschlage.«

»Und du?« fuhr Owadjah auf. »Hast du denn überhaupt gewußt, worum es ging? Das habe ich dir erst viel später beigebracht.« Owadjah widersprach so derb, daß man gleich merkte, daß beide Gatten übertrieben und danebenhin redeten. Er gehörte zu den Menschen, die unbegrenzt ehrlich denken und daher auch im Scherz nicht lügen können. Er log durchsichtig. Auch wenn er nicht wollte, sagte er die

Wahrheit. Bärtiges Kind, guter Knabe, noch naiver als ich – so schätzte ihn Meleagros vergnügt ein. Schoschana kam dem alten Freund zu Hilfe; er stammte aus der berühmten Familie des Galiläers Jehuda ben Chiskia, des großen Freiheitskämpfers und Märtyrers aus Gamala. »An einem der zweitausend Kreuze von Sepphoris ist auch dieser wilde Jehuda gestorben.«

»Ich bin überzeugt«, sagte der höfliche Grieche, »daß Owadjah wie auch Schlomit genau gewußt haben, wofür sie kämpfen.«

»Alle aus dem Galil«, schnob Owadjah ungelenk hervor. »Alle wissen es. Galil – die letzte Festung. Rom wird sie nie erobern.«

»Und doch hast du die Festung verlassen«, neckte Schlomit angriffslustig weiter.

Owadjah streckte hilflos die Hände aus. »Schoschana.« Er brauchte nichts hinzuzufügen. Zum Überfluß stammelte er nach einer Weile: »Ihr Nein war hartnäckig. Und nicht zu ertragen. Außer durch Flucht.«

Jetzt aber sei sie ihm nachgelaufen, erklärte das Bauernmädchen mit plötzlich ernster Wendung. »Wie zur Sühne. Jetzt brauche ich deine Hilfe.« Sie brachte ihre Bitte vor.

Schlomit schien nicht ganz einverstanden zu sein. Wann hatte man je gehört, daß eine Frau das schwere Zimmermannshandwerk lerne.

»Du vergißt eins, Schlomit«, sagte der Riese überzeugungsfest, »– der Tischler Josef und seine Angehörigen, die denken immer anders als die andern.«

»Der Vater ist vor einem halben Jahr gestorben.«

Tiefes Schweigen trat ein. Nun hatte Schoschanas Entschluß keinen Widerstand mehr zu überwinden.

Nachher fragte das Ehepaar nach den Umständen des unerwarteten Todes. Schoschana gab still Auskunft. Im Eifer gerieten die drei ins Aramäische, die übliche Umgangssprache; mit einemmal war Meleagros ausgeschlossen. Das Mädchen merkte es bald, und das Gemeingriechische wurde wiederhergestellt. Meleagros dankte mit einem Kopfnicken. Der

Tischler entschuldigte sich. Selbst der leiseste Anschein, den Gast gekränkt zu haben, wäre ihm abstoßend häßlich erschienen. »Man sagt, wir Juden schließen uns ab«, erklärte er ungelenk. »Gegen die ganze übrige Welt. Aus Hochmut. Das ist falsch.«

Schoschana wußte Genaueres. »Den ›Haß des ganzen Menschengeschlechts‹ hat uns ein römischer Schriftsteller deswegen genannt. Mit kluger Benützung des Doppelsinns, daß wir von allen gehaßt werden, weil wir alle hassen. Eine geistreiche Wendung. Wir haben eine Schwäche für alles, was Geist ist, und so ist uns dieser Ausdruck nicht lange unbekannt geblieben.«

»Und er tut uns weh«, nahm Schlomit warm das Wort, die tätig geschäftskundige Frau, die sich aber überraschenderweise auch in die zartgeistigen Bezirke eingeweiht zeigte. – Sind hier alle so gelehrt? Nicht ganz ohne Mißbehagen wich Meleagros ein wenig zurück. Es wurde nicht bemerkt, Schlomit ereiferte sich. »Ja, es tut weh, weil es ein Mißverständnis ist. Glaube mir, mein Edler, nur aus Liebe schließen wir uns gegen viele ab. Beileibe nicht gegen alle Menschen.«

»Aus Liebe? Das verstehe ich nicht.«

»Wir haben etwas zu schützen. Es gibt etwas, was wir nicht preisgeben dürfen. Unsere vielleicht ein wenig seltsamen Gebräuche sind nur eine Schutzwehr.« In einer unwillkürlichen Bewegung legte sie ihre Hände an ihren hohen Leib. »Und was wir bewahren, das ist für alle Menschen da. Eine schöne Hoffnung für alle. Deshalb sagte ich: aus Liebe. Wenn wir nicht streng und genau das bleiben, was wir sind, was würde dann aus dieser Hoffnung!«

»Und was seid ihr denn?« fragte Meleagros hastig, immer der Sprecherin zugewendet. Doch es war ihm, als müsse er jetzt zu Schoschanas oft so fremdartigem Betragen den Schlüssel in die Hand gedrückt bekommen.

»Träger dieser Hoffnung, sonst nichts«, kam es ruhig aus dem schwarzen Halbmaskengesicht. »Und zwar die einzigen heute. Leider.«

»Die Hoffnung gegen Rom, gegen die Tyrannen?«
»Auch das, gewiß. Aber in der Zukunft liegt Größeres. Einer unserer alten Propheten sagt —«
»Ist es wieder Jeschajahu?«
»Du weißt schon von ihm. Um so besser, Gastfreund. Es ist derselbe. Vom Königtum des Himmels spricht er. Da wird der Richter unparteiisch über die Armen richten, und Gerechtigkeit wird der Gurt seiner Hüften sein. Der Wolf wird neben dem Lamm wohnen, Kalb und Junglöwe werden zusammen weiden, und ein kleiner Knabe wird sie leiten. Und der Löwe wird Gras fressen wie ein Rind. — Ein Schüler dieses Propheten hat dann noch einen Zusatz gemacht, und dieser ist die Hauptsache: die Völker werden ihre Schwerter zu Karsten für ihre Pflüge umschmieden, ihre Speere zu Winzermessern. Das Schwert erheben sie nicht mehr, Volk gegen Volk, und sie werden Kriegsarbeit nicht mehr lernen. Ein jeder unter seinem Weinstock und unter seinem Feigenbaum — keiner weiß, was Angst ist.«

Die ganze Nacht dachte Meleagros an diese Worte. Drei einfache Menschen, und alle wissen sie! Und über die wichtigsten Angelegenheiten der Seele, nicht über eitle Nebendinge — über das, was das Herz angeht, sind sie in einer Weise im klaren, die wohl die richtige ist. Meleagros mußte seines Vaters gedenken, der oft erzählt hatte, daß es einmal auch in Hellas eine Zeit gegeben habe — nicht in Rom, nicht in Alexandria, wohl aber in Hellas selbst, im Mutterland —, da konnte es geschehen, daß ein greiser Bettler oder ein Jäger im Wald oder ein Segelflicker am Strand an einen herantrat, in vertrautes Gespräch mit einem kam und wohlklingende Sätze, Verse einmischte, voll von Weisheit. Von der glückhaften Insel der Phaiaken mochte da die Rede sein, von ihrem gütigen König Alkinoos, von Frauen und Mädchen in diesem Wunderland, von einer zauberischen Landschaft wie der des Wolfs, der neben dem Lamm Gras frißt. Oder so etwas Ähnliches, wie eben Halbschlaf es durcheinanderbringt.

Allda ragen in freudigem Wuchs hochstämmige Bäume,
Saftige Birnen tragend, Granaten und prangende Äpfel,
Auch süßlabende Feigen und dunkelgrüne Oliven.
Nie welkt diesen die Frucht, nie werden sie müde zu tragen,
Sondern das ganze Jahr lang weht ein erquickender Westwind,
Läßt die Knospen erblühn und reift gleichzeitig die Früchte.

Ewiger Frühling, vereint mit ewigem Herbst. O Liebestraum! – Oder jene Verse:

Nicht im Faustkampf sind wir und nicht als Ringer gewaltig,
Doch im Wettlauf rasch und die Kundigsten wohl in der Seefahrt.
Immer mundet der Schmaus, wir lieben die Laute zu schlagen,
Lieben den Tanz und ein schönes Kleid, ein Bad und ein Ruhbett.

Nein, da klang doch nur ein entfernt ähnlicher Ton. Aber doch wohl ähnlich? Nur war in den harten Kalkbergen Judäas, im kargen Land, aus der schimmernden, fruchtbeladenen Insel der Phaiaken der ganze Erdkreis geworden, aus Behagen und Wohlleben: göttliche Gerechtigkeit, aus entschwindender Erinnerung einer Sage: der Blick in die Zukunft. Die Lichter sind vertauscht – wenn er dies nun an Jason schriebe, der von den Juden eine so schlechte Meinung hatte? Doch Jason war beinahe vergessen. Die schöne Lehrerin hier würde am nächsten Tag hören, was ihm die einsam erregte Nacht eingegeben hatte.

Seinen Amtspflichten hatte der Mückendichter immer weit mehr herzliche Gleichgültigkeit als Liebe entgegengebracht. Den Vorgesetzten gegenüber pflegte er sich darauf zu berufen, daß er doch eigentlich nur zu dem Zweck hergeschickt worden sei, den Horaz ins Griechische übersetzen zu helfen. Was er sonst in der Schreibstube mache, sei Füllsel. Und Füllsel-

arbeit pflege man eben nicht sehr ernst zu nehmen. Der breitschultrige Lollius hatte darauf immer nur die Antwort, er werde sich gelegentlich an höherer Stelle über den Verwendungszweck des Schreibers Meleagros denn doch einmal ausführlich erkundigen müssen; tat aber auch nichts. In letzter Zeit geschah es nun immer häufiger, daß sich Meleagros auf den guten Horaz und die gelehrte Liebhaberei des Landpflegers berief. Nur für die Steueraufbringung in Sepphoris und Umgebung zeigte er noch einiges Interesse; klugerweise behielt er im Auge, daß es vielleicht nützlich sein könne, einmal in diese Bezirkshauptstadt oder, sagen wir, in die Ortschaft Nazaret zur Inspektion entsandt zu werden. Die Möglichkeit sollte offenbleiben.
Was er im übrigen an freier Zeit zur Seite bringen konnte und für die Verbesserung der landvogtlichen Schmiererei verwenden zu müssen vorgab, das wurde nun seiner überstürzt einsetzenden Ausbildung im Tischlerhandwerk gewidmet. Zu allen Tageszeiten war er in Owadjahs Werkstätte zu finden. Die angeborene oder anerzogene Scheu gegen jegliche Handarbeit überwand er tapfer und erstaunlich rasch. In griechischen Landen galt es ja als eines freien Mannes unwürdig, Lasten zu heben oder den Hammer zu schwingen. In Judäa dagegen stand das ehrsame Handwerk hoch in allgemeiner Anerkennung. Dieser landesüblichen Denkart schloß er sich mit Vergnügen an. Übrigens hätte sich Meleagros selbstverständlich auch um eine mindere Bewertung seiner Tätigkeit, die ihn mit Schoschana denselben Raum teilen ließ, wenig gekümmert. Zu wichtigen Ausführungen wurde er freilich nicht herangezogen. Seit er den Topf mit dem heißen Leim umgestoßen hatte, galt er als bemerkenswert ungeschickt. Er träumte zu gern. Aber seiner zarten Schutzbefohlenen die schweren Bretter nachzutragen, ihr die grobe Arbeit mit dem Schropphobel abnehmen, Stemmeisen und Raspel darreichen, hier und dort die Säge in Bewegung setzen: das wurde ihm immerhin zuweilen als besondere Gunst zugestanden. — Owadjah schüttelte den Kopf, die Narrenpossen gefielen ihm nicht. Es war überdies ratsam, seine Geduld auf keine

allzu starke Probe zu stellen; er konnte auch recht grob werden.
Schoschana war nicht zufrieden mit ihren Fortschritten, die Owadjah dagegen lobte. Er hätte einem schwachen Mädchen nie so viel Ausdauer und Geschicklichkeit zugetraut. Schoschana sei eben in allem etwas Besonderes. Allzuviel durfte er nicht loben, Schlomit war gleich mit einem Witzangriff zur Stelle. Ob etwa Owadjah die ganze Erwerbslast auf die Frauen überwälzen wolle, auf sie selbst den Verkauf und nun die Herstellung auf die Gehilfin? Seine Begeisterung erwecke leicht diesen Verdacht.
Alle vier aßen oft gemeinsam, saßen abends noch lange beisammen, tranken den starken Rotwein der gesegneten Südhänge des Landes.
Doch es verging nur wenig Zeit, da trat einmal der Grieche erregt in die Stube ein. »Eine ernste Sache. Das Prätorium hat einen Geheimbericht erhalten. Man ist einer Waffenschmiede im Galil auf der Spur, in den Höhlen bei Gusch Chalaw. Noch weiß man den genauen Ort nicht. Aber die Gefahr weiterer Entdeckungen besteht. Und Verbindungen weisen in euer Viertel hier in Jerusalem.«
Es war erstaunlich, wie Owadjah sich im Augenblick verwandelte. Sein Gesicht sah jetzt gar nicht mehr behäbig aus, sogar das Kinn schien aus der fleischigen Weichheit, die es sonst umhüllte, scharf hervorzutreten. Die Augen schlossen sich fast ganz, nur unheimlich kleine Leuchtpunkte sahen hervor. – Eine Stafette wurde abgeordnet, glücklicherweise war man vorbereitet, Reiter und ihre Kamele standen auf dem vorbestimmten Platz, zu dem Meleagros den Tischler begleiten durfte, in einer Grotte zwischen ausgedehnten Ruinen am südlichen Felsenrand der Stadt. Er hörte die kurzen Befehle an zwei Jünglinge, verstand die Worte nicht, wartete abseits. Dann kehrten sie zu den Frauen zurück, die in der Wohnung zurückgeblieben waren. »Wir schulden dir großen Dank«, sagte Owadjah auf dem Heimweg. »Die Schmiede wird an den See von Tiberias verlegt. Du bist unser wahrer Freund. Um die Römer irrezuführen, bleiben einige unserer

Helfer an der früheren Schmiedestätte zurück.«
»Man wird sie gefangennehmen.«
»Sie werden zu sterben wissen, wenn Gefahr droht. Und selbst auf der Folter würden sie nichts verraten.«
»Statt ihre Lanzen zu Winzermessern umzuschmieden? Ist das der Stand der Dinge? – Owadjah, du machst mich sehr traurig.«
»Hast du an morgen oder übermorgen gedacht? Mit den Gleichnissen der Lehrer muß man Geduld haben. Sonst werden sie zu Fallstricken und Dolchen. Deshalb heißt es in den ›Sprüchen der Väter‹: ›Ihr Weisen, seid vorsichtig in euren Worten!‹ – Und ebenda sagt ein anderer: ›Alle meine Tage bin ich unter den Weisen aufgewachsen und habe nichts Besseres gefunden als das Schweigen‹.«
Am Tisch vor dem Haus sitzend, im liebgewordenen Kreis, klagte Meleagros, daß es vor ein paar Tagen doch ganz anders geklungen habe – so hoffnungsvoll groß. Und heute spreche man geplant, römisch umsichtig, Schritt für Schritt, ohne von dem Schicksal viel zu erwarten.
»Die Römer haben uns das beigebracht«, sagte Owadjah. »Es geht auf Leben und Tod. Und schon jahrzehntelang. Wir haben gelernt.«

Zwei Abende später hatten die Kamelreiter günstige Berichte heimgebracht, man redete wieder weniger erregt. Owadjah schien es für seine Pflicht zu halten, den Gastfreund für die Knappheit der Auskünfte neulich zu entschädigen: »Du wirst es vielleicht nicht auf den ersten Blick verstehen, obwohl die Papiere der Regierung vor dir ausgebreitet liegen – ein Glücksfall für uns, nebenbei bemerkt und immer wieder neu bedankt. Edelmütiger Grieche, du kannst trotz allem nicht wissen, was die Römer aus uns gemacht haben. Ein blühendes Land haben sie in Wüste verwandelt. Äußerlich sieht es ja ganz anders aus. Sie bauen Brücken, legen meisterhaft Straßen an, ausgezeichnete Wasserleitungen erheben sich auf unzählbaren Pfeilern. Doch all dies – für ihre Heere ist es ihnen wichtig, für ihre Hauptstadt an unserer Küste, das verruchte Cäsarea, von dem man sagt: Wenn du einmal hören solltest, daß Jerusalem und Cäsarea gleichzeitig blühen, dann glaube es nicht. Sondern wisse, wenn Cäsarea das Haupt erhebt, dann trauert Jerusalem. Und wenn Jerusalem an Ansehen gewinnt, liegt Cäsarea in Trümmern.«

»Aber hat nicht auch der einheimische Bürger seinen Nutzen von guten Straßen und frischem Bergwasser?« war der naheliegende Einwurf des Meleagros.

»Gewiß. Nur gibt es bald diesen jüdischen Bürger nicht mehr.«

Schoschana stimmte zu. – »Alles ist darauf angelegt, uns den Atem abzuschneiden.«

Owadjah erwähnte die Raubzüge, die den römischen Beamten keine Skrupel machten. Einer der früheren Prokuratoren, Sabinus, habe allein die ungeheure Summe von vierhundert Goldtalenten aus dem Staatsschatz im Tempel gestohlen. Seine Soldaten hätten die Decken aus Zedernholz rings um die Tempelhöfe in Brand gesteckt. Der Schaden sei noch heute nicht ganz ausgebessert. Noch früher sei der Bundesgenosse der Römer, der sogenannte ›große‹ Herodes, dem Volk zum Verderber geworden. Überall habe er seine Spitzel gehabt, hohe Steuern erpreßt, die Besten zu Tausenden hingeschlachtet. Nach seinem Tode habe Rom in seinen Spuren den Steuerdruck noch erhöht. Dem Volk werde einfach das Rückgrat gebrochen: Salzsteuer, Wassersteuer, Wegsteuer, Zölle an jeder Ortsgrenze – und dazu die Steuerpächter, die Kopfsteuer, Landtaxe, Akzise auf Getreide, Öl und Wein, Zöllner, mit ihrer sündhaften Willkür, von bestechlichen Beamten gehalten, von Urteilen aus purer Rachsucht unterstützt, ohne Verhör. »Man sagt immer, daß die Römer in Rom selbst wundervoll fein empfindende, gebildete Menschen sind, ganz anders als die Provinzbeamten. Die wenigen unter uns, die einmal in Rom waren, kehren entzückt aus der stolzen Hauptstadt zurück – was für freundliche Sitten dort, wieviel zarte Rücksicht auf den Gast, wenn er erst einmal, was nicht leicht geschieht, in den inneren Kreis einer Familie aufgenommen ist. Das mag wahr sein. Dann behalten die Römer eben ihre guten Leute in Rom, uns schicken sie nur ihren Menschenschund.«

Meleagros, der gute Junge, wollte auch gegen den Feind nicht unbillig sein. Einer ihrer Dichter war aus Bithynien völlig arm nach Hause zurückgekehrt. Er sagte selbst: mit einer Tasche voll Spinnweben. Dabei hatte er, Catull, diese reiche Provinz mitverwaltet.

»Gute alte Zeit«, erklärte Owadjah voll unbeirrbaren Grimms. »Heute schicken sie nur Blutsauger.«

Sie wurden unterbrochen. Eine seltsame Gestalt war an den Tisch herangetreten, hager, lang, rotblond, die Stirne breit und mächtig, aber auf eine unangenehme Art, da das Gesicht nach unten hin ganz schmal, spitz und verkümmert aussah. Zu diesem Mißverhältnis paßte es, daß der in einen braunen, dünnen Mantel gehüllte Mann beim Gehen, auch beim eifrigen Reden immer nach vorn hinüberklappte, fast umzufallen schien.

»Ah, Rasiermesser ist da!« rief Owadjah unbehaglich. Der Magere hieß eigentlich Bilhan, man nannte ihn aber seines vorkippenden Ganges wegen ›Rasiermesser‹ – nach dem Gerät, das die Heiden gebrauchen. Er wußte um den Spitznamen, hatte sich ihn aber in seiner Art, seinem Eigendünkel gemäß zurechtgelegt: »Man nennt mich Rasiermesser, weil meine Rede so scharf ist.« – Bemerkenswert an ihm war zunächst, daß er immerfort sprach. Auch jetzt war er mit den Worten an den Tisch getreten: »Ihr redet von den römischen Beamten, da kann ich euch ein Stückchen erzählen. Eine Parabel, die ihr Kaiser Tiberius selbst über die Diener seines Throns erfunden haben soll. Er kennt die Menschen, dieser Tiberius, seine italischen Untertanen vor allem, und dementsprechend haßt er sie. Wollt ihr die Parabel hören?«

Niemand brauchte ja zu sagen. Rasiermesser Bilhan war schon in seiner Fabel mittendrin. Owadjah sah weg, er mochte den Mann nicht. Bei einer späteren Gelegenheit erfuhr Meleagros den Grund: Der Tischler traute dem Freund Rasiermesser nicht über den Weg, obwohl dieser, seines Zeichens Gelehrtenschüler, mit Owadjah sehr leutselig tat und immer wieder hervorhob, daß er in vielem, wenn auch nicht in allem, mit dem einfachen Mann übereinstimme. »Wir erinnern uns allzu genau«, erklärte Schlomit, »daß Bilhan einmal ganz anders geredet hat. Damals war er Freigeist, wetterte gegen alle Riten und Opfer. Jetzt gehört er zu der strengsten Gruppe unter den Pharisäern, nichts ist ihm genau genug, nichts jüdisch genug. Meinen Owadjah schilt er einen Lauen. Früher aber hat er jeden, der sich gegen Rom erhob, einen Narren genannt.« Tatsächlich gehörte ›Rasiermesser‹ zu der nicht kleinen Gruppe zanksüchtiger, rechthaberischer Despoten, die im Gespräch nur sich selbst genießen. Sie hören den andern gar nicht, sie sind nichts als Aufgeblasenheit. Als hätte die Natur das bei Bilhan auch körperlich ausdrücken wollen, hatte sie ihn mit zunehmendem Alter etwas schwerhörig gemacht. Ob es nun darauf zurückzuführen war, daß er den, der mit ihm sprach, nicht deutlich genug verstand, ob auch ohne diese ärgerliche Mühe die Verschärfung seiner Eigenart eingetreten wäre: jedenfalls redete er sich immer rasch in Wut, blickte zornig drein, verdammte anwesende und etwa imaginierte Gegner in Grund und Boden. Dabei wechselte er seine Prinzipien ziemlich oft. Jetzt etwa, da man ihn in die Schule der Schriftgelehrten aufgenommen hatte, behauptete er nahezu das Gegenteil von all dem, wofür er in den langen Jahren vergeblichen Anklopfens an die Tore des Sanhedrin Feuer und Flamme gewesen war. Das aber störte ihn gar nicht, seine jedesmalige Meinung mit aller Überzeugungskraft zu vertreten und jeweils die, welche anders dachten, mit äußerster Emporfistelung seines Gekeifs dem Teufel zu übergeben. Da man ihm überdies gesagt hatte, daß Schwerhörige fast immer laut reden, bemühte er sich leise zu sein, sprach verschwommen, mit süßlichem Lispeln—und gerade diese knochenlos weiche, manchmal kaum hörbare, säuselnde Aussprache gab dem unaufhaltsamen Schwall seiner hervorstürzenden Sätze etwas Unheimliches. Unterbrechen ließ er sich nicht, so leise er sprach. Fiel man ihm mit Gewalt schließlich doch in die Rede, so setzte er sein Geplätscher genau da fort, wo er stehengeblieben war. Das zwischendurch vom andern Geäußerte wurde nicht zur Kenntnis genommen. Dabei sagte

er, genau genommen, immer dasselbe; man mußte es allerdings zwischen den Zeilen einfügen: »Auf mich müßt ihr hören, auf mich, auf mich. Hätte man damals und damals auf mich gehört, so hätte man alles ganz anders gemacht, und es wäre alles gutgegangen. Man hat nicht auf mich gehört, und deshalb ist alles mißglückt. Daher hört auf mich, das ist die Hauptsache, auf mich, auf mich!« Solche Menschen von einem unübertrefflich starken Vertrauen zur eigenen Urteilsfähigkeit, Streitsüchtige, die ihrem Wesen nach niemals zugeben, gar nicht zugeben *können*, daß sie einmal auch irren, gingen damals in Jerusalem zu Hunderten umher. Sie bewirkten, daß in kleinen und großen Dingen immer wieder Zwistigkeiten ausbrachen, daß in entscheidenden Augenblicken fast nie Einigkeit zu erzielen war. Alles löste sich in Fraktionen auf. Dabei gab es beträchtlich viele, die guten Willens und ehrlich an die Leitsätze solcher Fraktionen glaubten. Bei den meisten aber hieß die Fraktion immer wieder nur: Ich, Bilhan, ich, unwiderstehliches Rasiermesser... Das Ergebnis war, daß dauernd jeder alles besser wußte als alle andern. Man erzählte sich mit jener Neigung zur Selbstverspottung, die der allgemeinen Krittelsucht bessere, vielleicht versöhnende Seite war, daß Kaiser Augustus einmal mit Herodes von Judäa zusammengetroffen sei. Sie hätten sich über das Regieren unterhalten. Herodes habe es bitter schwer gefunden; Augustus sei überzeugt gewesen, daß es zu den leichteren Künsten gehöre. »Nun ja, mein Göttlicher«, habe Herodes erklärt, »dir fällt es leicht, du hast nur über fünfzig Millionen Römer zu herrschen, ich aber über eine Million Könige.«
Diesmal gab sich Bilhan überdies sehr ernsthaft, sehr bedacht. »Die Parabel des Tiberius Cäsar wollt ihr hören? Gut. — Es lag also ein verwundeter Mensch am Boden, und eine Menge von Fliegen saß in seinen Wunden. Ein Wanderer ging zufällig vorbei und hatte Mitleid mit ihm. Er trat heran, wollte die Fliegen vertreiben. Da sagte der Verwundete: Nein, das darfst du nicht tun. Du machst mir nur noch mehr Schmerz damit. Denn diese Fliegen sind von meinem Blut schon gesättigt, am Anfang haben sie mich furchtbar gequält, jetzt aber lassen sie

schon nach. Treibst du aber diese Fliegen hier weg, so kommen neue Fliegen, die noch hungrig sind. Und die fressen mich dann gänzlich auf.« – »Die gleiche Geschichte«, sagte Meleagros, »hat schon Äsop von einem Igel und seinen Flöhen berichtet, die der Fuchs verjagen wollte.« – Rasiermesser hörte ihn nicht oder überhörte ihn absichtlich. Er schloß schwungvoll: »Dies der Grund, so sagte die göttlich römische Majestät, weshalb ich meinen Untertanen keinen neuen Statthalter schicke, wenn sie sich über den alten noch so bitter beklagen. Würde ich allzu schnell wechseln, so würden sich die Aussauger ja noch gieriger auf die Beute stürzen, da sie glauben würden, daß der Spaß bald zu Ende sein könne. Deshalb lasse ich die Beschwerdeführer jahrelang warten. Es ist besser für sie.«

Man lachte, aus Gefälligkeit. Jedermann kannte die Fabel. Sie gehörte zu Bilhans eisernem Bestand. Es lag in seiner Art, immer wieder demselben Publikum dieselben Geschichten zu erzählen, rücksichtslos, und bei jeder Wiederholung den gleichen Beifall zu erwarten wie beim ersten Kredenzen.

Man schwieg ein Weilchen. Ein Chamsin, vielleicht der letzte des Jahres, der drückend schwüle Wüstenwind, legte sich heiß und schwer in die Abendluft – wie ein Nilpferd in den kochenden Uferschlamm, das alles niedertrampelt.

Endlich wagte Meleagros das schwere Wort, das ihm auf dem Herzen lag. »Und trotzdem ist euer Kleinkrieg gegen Rom nutzlos. Mit ein paar Überfällen, Schreckenstaten gegen eine einzeln marschierende Kolonne erzielt man nichts.«

»Man kann in der Wahl der Mittel nicht wählerisch sein«, zuckte Bilhan finster empor.

»Man muß es sein«, riefen Owadjah und seine junge Frau.

»Wir müssen immer Menschen bleiben. – Wir dürfen uns nur verteidigen, nie angreifen.«

»Nur im Angriff liegt unsere Stärke. Ich kümmere mich ja nicht um diese Dinge. Aber Zwi, der Sikarier, sagt...« Schon war der Zwist ausgebrochen. Schoschana suchte zu besänftigen, indem sie dem Rasiermesser Wein und Fladen anbot. Er lehnte es ab, an einem Tisch zu essen, an dem ein Heide saß. Außerdem war er auch sonst nicht überzeugt, daß Owadjah alle

Reinheitsgesetze streng einhalte, die neuesten miteingeschlossen, die von den Lehrern aus den heiligen Schriften deutenderweise herausgelesen wurden.
»Zum Haarspalten fehlt mir die Zeit.«
»Kein Unwissender fürchtet die Sünde.«
»Wenn Zwi schlafenden Römern den Hals durchschneidet – das ist Sünde!«
Sie wären bald handgemein geworden. »Der Gastfreund kann es nicht wissen«, lenkte Schlomit ein, »daß die Römer uns alle, die wir kämpfen, Dolchmänner nennen, Sikarier, Zeloten und wie die Schimpfworte alle lauten. Räuber sind wir ihnen, alle insgesamt, unterschiedslos.«
»Es gibt aber Unterschiede«, schnob der Tischler hervor. »Und es soll sie auch geben. Tollköpfe treiben sich herum wie überall. Wir aber sind nicht verrückt. Wir wollen keinen Krieg mit Rom. Das wäre heller Wahnsinn. Solang es nur zu ertragen ist, dulden wir die Bedrückung.«
»Ihr duldet«, höhnte Bilhan. »Wir aber dulden euch nicht länger.«
»Wir dulden kaltblütig. Und bereiten uns vor. Es könnte der Augenblick kommen, in dem es nicht länger auszuhalten ist.«
»In dem Geduld zum Frevel wird«, half Schlomit ihrem Mann vorwärts.
»Weil man unser Heiligstes anrührt. Dann werden wir kämpfen.«
»Ihr werdet gemäßigt kämpfen«, brach Bilhan bösartig ein. »Gemäßigt, wie ihr alles macht. Ihr nennt euch ja: die Gemäßigten.«
Das unerquickliche Gespräch wurde durch einen rasch heranspringenden Knaben unterbrochen: ein Gelehrter warte in dem Haus an der Krümmung der Töpfergasse vor dem Viehmarkt, ein Fremder, der dem berühmten Rabbi Bilhan eine Streitfrage zur Entscheidung vorlegen möchte. – Rasiermesser zog den braunen Mantel mittels des Gürtels enger um den hageren Leib, die rötlichen Schläfenlocken, die bis fast an die Schultern hinabhingen, schaukelten, während er bereitwillig aufbrach. »Ihr seht, man läßt mich keinen Augenblick in Ruhe«, seufzte

er und lächelte geschmeichelt in die Runde. »Nicht einmal unter den besten Freunden. Es ist mir nun einmal nicht gegönnt.« Damit begann er die enge Straßentreppe hinter dem halbzerfallenen Torbogen emporzusteigen. – Er war noch nicht darauf gekommen, daß Schlomit in besonders peinlichen Fällen einen solchen Boten von der nächsten Ecke her zu schicken pflegte, der den Gelehrten abberief. Demselben Weisen, der für jedes Wort sieben Bedeutungen, für jede Behauptung sieben Gründe wußte, war es noch nie aufgefallen, daß dieser fremde Gelehrte, der in einem fernen Stadtviertel eine Frage vorzubringen hatte, dann niemals aufzufinden war. »Bilhan ist so klug«, lachte Schlomit, die ihr Verfahren darlegte, »daß er hintenherum schon wieder ganz dumm ist.«

»Ein merkwürdiger Mann«, staunte Meleagros.

Owadjah grollte noch: »Ein Mann? Ein nationales Unglück!«

Schlomit wollte den Ausdruck »die Gemäßigten« nicht unerklärt lassen. »Wir sind nicht minder entschlossen als diese Tollköpfe. Wir rüsten für den Notfall. Wir werden nicht früher losschlagen, als bis es wirklich nötig wird. Möge es nie nötig sein! Für den Notfall aber haben wir nicht nur die eine Waffenschmiede, von der du durch Zufall erfahren hast. Es gibt mehr solcher Überraschungen in den Schluchten des Galil. Es gibt unterirdische Vorratskammern, Verbindungsstollen viele Meilen lang. Wir werden nicht angreifen, aber wehren werden wir uns gut.«

»Wie lange?« Meleagros war aufgestanden, ging erregt auf und ab.

»Ein verzweifeltes Auskunftsmittel auch das, meinst du? Mag sein. Vielleicht gibt es in unserer Lage überhaupt nichts anderes als Verzweiflung, was immer wir beginnen. Der Raum ist zu eng, wir kämpfen mit dem Rücken an der Wand.« Schlomit seufzte.

Meleagros blieb stehen, sah schmerzerfüllt auf Schoschanas traurige, langbewimperte Augen, die schmalen, blassen Wangen. »Schiffer erzählen von einem Magnetberg«, begann er. »Es ist ein riesiger schwarzer Kegel, der auf einer Halbinsel tot und kahl in den Himmel ragt. Alles Eisen, das in großer Entfernung an ihm vorbeikommt, zieht er unwiderstehlich an. Verirrt sich ein Schiff auf unglücklicher, gottgehaßter Fahrt ins Gebiet des fürchterlichen Berges, so ist das erste Zeichen seiner Herrschaft, daß alles auf dem Verdeck in eine geheimnisvolle Unruhe und Unordnung gerät. Jedes Werkzeug wendet sich gegen seinen Besitzer. Die Klammern und Nägel in den Segelstangen beginnen zu tanzen. Die Atome selbst, von denen mein Lehrer Epikur spricht, die kleinsten Teilchen des Schiffs sträuben sich wie im Aufruhr, sind dem fernen Berg schon dienstbar, der doch ihr Feind und ihr Untergang ist.«

Wieder schwiegen sie. – »Es ist nicht so hoffnungslos, wie du meinst«, nahm Owadjah mit fester Stimme das Wort. »Wenn wir nur so lange standhalten, bis andere Völker sich erheben.«

»Das haben wir in Antikyra auch gehofft.«

»Die Barbaren an den Grenzen, Skythen, Parther. – Und wenn du das nicht glaubst: bis das Tier in sich selbst zusammenstürzt, das trunken ist vom Blute der Heiligen. Bis seine sieben Hörner sich aufrichten, eines gegen das andere, und einander aufzehren. Gegenseitig. Denn so ist es vorhergesehen und aufgezeichnet in unseren Büchern.«

»Das Reich Belials zerfällt«, flüstert Schlomit in einer Art von Gesang. »Der Erzkoloß auf tönernen Füßen. Es dauert noch eine Zeit, zwei Zeiten und eine halbe Zeit. Wohl dem, der ausharrt und dreizehnhundert Tage und fünfunddreißig Tage erlebt! Michael, der Fürst der Engel, kommt herbei, zur Hilfe des heiligen Volkes. Bis dahin aber bleiben die Worte geheim und versiegelt. Zum Schluß erscheint der Bar-Enosch, der Menschensohn, er kommt mit den Wolken des Himmels und tritt vor den Alten der Tage. Zu dessen Rechten wird er dann seinen Platz erhalten, einen goldenen Thron – er, der Gesalbte, der König Israels. Und sein Reich, das Gottesreich, wird niemals zerstört werden. Über alle Völker und Zungen wird ihm Macht gegeben.«

»Was ist damit gemeint: das Gottesreich?« fragte der Grieche, präzis, mit einem gewissen Eigensinn. Er liebte saubere Logik. – In seinem leichtfertigen Sinn hätte er sich beinahe die

Antwort gegeben: das Gottesreich ist die Unordnung und Verzweiflung auf Deck, wenn das Schiff fernher vom Magnetberg erfaßt wird. Wäre er nicht von Jugend an zu Wohlverhalten und Artigkeit angehalten worden, so hätte er diese Schreckensmeinung offen herausgesagt.

Die Klarheit kam mit Schoschanas Worten. »Wir aus dem Galil sind alle Schwärmer. Wir streifen durch unsere Wälder, da hören wir Stimmen aus Felsenritzen, Lichterscheinungen suchen uns heim.« Und neckend fügte sie hinzu: »Schlomit, ich habe gar nicht gewußt, daß auch ihr Töchter Zions unsere Träume mit uns träumt. Auch Schaul unter den Verzückten?«

Owadjah liebte es nicht, wenn man auch nur das geringste gegen seine Frau vorbrachte. Nur ihm selbst gehörte dieses Vorrecht.

Schoschana beruhigte ihn rasch: »Ich meine ja im Grunde, daß ihr beide mit eurer Hoffnung nicht so weltfremd und unvernünftig seid, wie der Gastfreund etwa meinen könnte. Das Römerreich hat man nicht für die Ewigkeit gebaut. Die Leibgarde des Kaisers und die Provinzarmeen sind einander bitter feind. – Es gibt einen römischen Hauptmann in Kfar Nachum, am Kineretsee. Dieser Hauptmann gehört zu unseren Freunden, er hat uns vieles erzählt: Wie die Prätorianer, eben jene Leibgarde, die Kaiserwürde an den Meistbietenden versteigern wollten, wie darüber beinahe ein Bürgerkrieg ausgebrochen wäre. Edoms Sturz ist vielleicht näher, als man glaubt. Kann sich denn das Ende noch lang hinauszögern, wenn in jener Hauptstadt einige wenige unermeßlich reich sind und die andern in Massen verhungern, sobald man ihnen nicht geschenkweise Getreide austeilt? Ich habe es erst gar nicht glauben wollen, was der Hauptmann erzählt hat. Es gibt römische Senatoren, die zahlen dem Erfinder einer neuen Brühe das Gewicht von tausend Portionen dieser Brühe in Gold. Und ein anderer von den Schwelgern hält es nicht für vornehm, Seefische zu essen, außer wenn er sich mindestens fünfzig Meilen von der Küste entfernt befindet. – Eine solche Welt kann nicht bestehen.«

»Du sollst aber nicht meinen, Gastfreund, daß dieser Glaube

uns freut«, fügte der Tischler bedächtig hinzu. »Wir wünschen die Verwirrung der Welt nicht. Denn sooft eine solche Verwirrung eintritt, hat Israel mehr zu leiden als alle anderen Völker. – Das haben wir kürzlich beim Hüttenfest aus unseren Schriften vorgelesen bekommen.«

»Deshalb haben wir uns auch an diesem Fest ganz besonders vor jeder Sünde gehütet.« Schlomit blickte ängstlich in die dunklen Zimmerecken, in eine nach der andern rundum, als laure vielleicht in einer von ihnen ein Kobold. »Wir essen auch keine Nüsse am Hüttenfest. Denn ›egós‹ und ›chet‹, ›Nuß‹ und ›Sünde‹ sind dasselbe, man muß nur die Buchstaben als Ziffern betrachten.«

»Dann würde ich lieber vorschlagen, Nüsse zu essen, aber nicht zu sündigen«, lachte Schoschana. »Und nicht nur in Festzeiten nicht, auch wochentags nicht.«

»Ich kenne dich nun«, sagte Meleagros zu ihr, als Owadjah und seine Frau schlafen gegangen waren, während er ihr noch die Werkstätte auskehren und in Ordnung bringen half. »Du bist froh und ernst zugleich. In dir löst sich die Schwere des irdischen Staubes zu Lichtwolken auf. Du bist eine Dichterin, Schoschana, würdig, neben Sappho und Erinna zu stehen – ich spreche nicht von meinem Buch, ich spreche von meinem Herzen. Du bist eine Dichterin, auch wenn es dir nicht beschieden sein sollte, je auch nur eine Verszeile zu erfinden. Ich liebe dich, Schoschana. Und ich wollte dich schon lange bitten: sei meine Frau.«

War es wieder der Todesengel, der aus ihren Augen blickte, wie damals, als er sie nach dem Wasserschöpfen küssen wollte? Nicht so erzürnt, aber ebenso entsetzensvoll wie damals sah Schoschana ihn an.

Doch ihre Stimme klang sanft: »Fremdling, du hast nichts von meinem Wesen erkannt. Es ist dir gar nichts von dem klar, was ich eigentlich bin.«

»Wenn du dich auch verbergen willst, ich sehe dich in deiner wahren Gestalt. Verständig bist du und klug wie Nausikaa. Und gütig wie sie. Wisse, sie hat den Odysseus gerettet, einen

unserer Helden, sie hat ihn belehrt und ihm den Weg gezeigt, den er zu gehen hat. Ich vergleiche mich dem Odysseus nicht. Aber den Weg mir von dir zeigen lassen und dir dafür dankbar sein bis ans Ende meiner Tage, das darf ich doch wohl.«
Sie sah ihn gerührt an. Ihre schmalen Wangen mit den kaum sichtbaren Grübchen zuckten: »Sprich nicht so, mein Grieche! Ich habe Angst vor dir.«
»Angst?«
»Daß ich dich hören und dir folgen könnte.«
»Es wäre mein Glück. Vielleicht auch deines.«
»Wer spricht in Jerusalem von Glück? Es geht um andere Dinge.«
»Also doch nur, weil ich kein Jude bin? Ich könnte es werden, um deinetwillen, meine Schöne. Ein ›Verehrer des höchsten und namenlosen Gottes‹. So nennt ihr doch die, die sich euch anschließen – sei es auch nur in ehrfurchtsvoller Entfernung. Ich bin viele Irrwege gegangen, Schoschana. So viele Pfade des Mißgeschicks wie Odysseus. Noch nichts davon habe ich dir erzählt. Wirst du erst alles wissen, so wirst du vielleicht Mitleid mit mir haben. Wirst verstehen, daß ich Verzeihung verdiene. Denn nach vielen anderen Frauen bin ich erst in dir der Frau begegnet, die Menschenwürde hat.«
»Mitleid mit dir. Hättest du es nur auch mit mir! Was du willst, kann nie geschehen.«
»Es ist also doch das eine Hindernis, das verruchte. Die Volksverschiedenheit.«
»Mit diesem eingebildeten Grund habe ich nichts zu schaffen. Der Grund ist ...« Sie zögerte.
»Nun?«
»Das, was ich zu tun habe.«
Er hob einige Bretter, lachte. »Auch dabei kann ich mich, wie du siehst, nützlich erweisen.«
»Ich meine das, was ich für meinen erhabenen Bruder zu tun habe.« Sie blieb ernst und still, während er, um seine Beklommenheit zu überwinden, unbewußterweise die lärmende Sprechweise beizubehalten suchte.
»Und was ist es denn?« fragte er mit einem wütenden Blick.

»Vielleicht kann ich auch das für dich tun. Oder an deiner Seite. Mit dir gemeinsam.«
»Wahrscheinlich. Das ist sehr gut möglich, wie mir scheint.«
»Und was denn? Was denn?«
Verzweifelt hob sie den Blick. »Ich weiß es nicht.«
»Du mußt es doch wissen? Was verlangt er denn von dir?«
Er mühte sich wie die Welle, die an den Fels schlägt. Ebenso heftig und ebenso vergeblich. »Was verlangt er?«
Sie sann lange nach. Es war, als hätte sie nie darüber nachgedacht, als würde diese Frage zum erstenmal an sie gestellt. »Er hat nie etwas von mir verlangt. Das ist es eben. Ich muß es allein finden, was er von mir will. Ich muß ganz allein darauf kommen. Ich muß warten. Er spricht kaum je ein Wort zu mir. Und dieses Warten – es ist eine so schwere Arbeit. Ich habe gar keine Kraft daneben. Ich kann wirklich gar nichts anderes tun als warten. Es füllt mich vollständig aus.« Sie hatte Tränen in den Augen. »Und jetzt bitte ich dich, Meleagros, um deiner und meiner Liebe willen und um des ewigen Lebens willen bitte ich dich: geh, verlaß mich, sprich nie wieder zu mir. Wir müssen einander vergessen.«
Er schwieg. Die Bretter fielen ihm aus der Hand. »Das ist unmöglich«, sagte er dann, ganz sicher und fest. »Du weißt genau so wie ich, daß das unmöglich ist. Es kann nie geschehen.«
Unerwarteterweise nickte sie. Sie sprach wie unter einem Zwang, traumwandlerisch, ganz still: »Das ist wahr. Du hast ganz recht. Es ist unmöglich.« Nie war sie ihm entzückender erschienen als jetzt im Licht der Harzfackel, die leise im Nachtwind schwang; zugleich mit dem entfernten Klagelied eines Vogels aus dem Nachbargarten stiegen die Schatten auf, wogten hinab. Er sah, wie Schoschana mit dem Finger über die zarte Linie hinstrich, die zwischen ihrer Unterlippe und dem Kinn lag. »Es ist wirklich unmöglich«, hauchte sie, und die Tränen liefen ihr über die perlmutthaft blassen Wangen hinab.
»Du findest immer das Richtige.« Er atmete auf. »Es ist überhaupt etwas an dir, was ich schlechthin ›das Richtige‹ nennen möchte. Bei den Philosophen der Gärten habe ich es vergebens gesucht. Hier, wo ich es nicht gesucht habe, habe ich es ge-

funden. Das ist es vielleicht, was mich so heftig zu dir zieht, was mich nicht mehr losläßt. Du magst es auch anders nennen, mir gleich. Es bindet. Es ist unmöglich, daß wir auseinandergehen. Da, in dieser zarten Linie hast du es selbst gefunden wie einen Orakelspruch. Und er sagt die Wahrheit.«
Er wies auf ihr Gesicht, als sei es eine dem gemeinen Verstand unfaßbare Wundererscheinung. Er wußte aber, daß Schoschana solche grob körperhafte Bemerkungen nicht mochte. Daher staunte er auch nicht, daß sie ziemlich heftig seinen Finger zurückschlug, der sich ihrem Mund näherte. Dieser Schlag – es ist das erste, was ich von ihr körperlich zu spüren bekomme, seit jener verrückten Nacht, in der ich sie für einen Augenblick in den Armen gehalten habe. Wie karg das Leben war!
Schoschana aber hatte seinen Finger gefaßt, ließ ihn nicht los. Ihr Lächeln befreite ihn von seiner Bangigkeit wie das kühle Fächeln eines Mondstrahls. »Dann müssen wir eben etwas anderes suchen«, sagte sie, und die Erleichterung, die Helligkeit um ihn wuchs. »Da wir einander nicht angehören können und da wir doch auch nicht voneinander lassen wollen, so brauchen wir etwas anderes. Es muß etwas dasein – ich weiß nicht was – etwas, was uns im Ausharren hilft, etwas, was Stärkung im Leid gibt.«
»Was kann es sein?« Rasch wurde er wieder ratlos, traurig.
Sie hatte nochmals diesen forschenden, mit aller Ehrlichkeit nachsinnenden Gesichtsausdruck. »Du hast schon vorhin gesagt, daß du mir vieles verschwiegen hast. Warum hast du kein Vertrauen zu mir? Glaubst du, daß ich die Zukunft mit dir zu tragen fähig bin – und das Vergangene nicht? Das eine fällt von der Waagschale, das andere steigt mit beiden Füßen auf sie. Das gibt doch mehr Gewicht. Also gib mir auch das Geringere mitzutragen. Und wenn alles ausgesprochen wird, das Gewesene wie das Künftige, glaubst du nicht, daß dann nichts mehr uns trennt? Es gäbe im Geist keine Entfernung mehr zwischen uns. Auch wenn ich deinen Finger nicht festhalten darf und du meine Hand nicht, die du ergreifen willst – nein, nicht das –, im Geist wären wir ganz dicht bei-

sammen, hätten alles miteinander gemeinsam. Die äußerste Aufrichtigkeit, die zwischen zwei Menschen überhaupt nur möglich ist — meinst du nicht, mein Meleagros, daß wir es mit ihr versuchen sollten?«
Er sagte ja, doch so ungläubig, daß die Falschheit das kurze Wort zerrte und dehnte. Es klang, als sei es eine lange Lügenrede. Sie merkte es. »Du denkst etwas anderes.«
»Daß ich wieder teilen soll. Dieses Schicksal ist, wie es scheint, in meinen Sternen geschrieben. Es wiederholt sich, nur die Formen wechseln: Zenophila, Leontokles, Demó, Heliodora. Bei dir nun handelt es sich um etwas von Grund auf anderes; aber in diesem einen Punkt gleichen einander die Begebenheiten. Du gehörst mir nicht. Und nicht nur das: aus einem mir unbegreiflichen Grund willst du mir auch in aller Zukunft nicht gehören. Deinen erhabenen Bruder, wie du ihn nennst — ihn liebst du, nicht mich. Mit ihm soll ich dich teilen.«
Er erzählte ihr, was ihm in Athen, in Alexandria widerfahren war. Obwohl ihr die Welt, in der derartige Unterschleife der Herzen sich abspielten, völlig neu und im Grunde durchaus unzugänglich war, fand sie sich irgendwie zurecht, und er empfand die wenigen Worte, die sie seinem Bericht hinzusetzte, wie den milden Nachttau, der jetzt dabei war, die Chamsinglut des Tages auszulöschen.
Ihr letztes Wort aber war doch, daß er nicht mehr in die Werkstätte Owadjah kommen dürfe.
Mit ihm allein sein, das wolle sie nicht.
»Warum? So Schweres legst du mir auf?«
»Es ist keine Ehre für mich, daß ich dir den Grund gestehe. Ich könnte ja dies und das fackeln. Es wäre vielleicht sogar besser. Aber um der Aufrichtigkeit willen wisse es. Ich bin zu schwach, ich fürchte mich.«
»Mehr sagst du nicht? Gibst keine bessere Aussicht?«
»Vielleicht — wenn wir uns beide gefestigt fühlen.« Da er trostlos den Blick senkte, lebte sie nochmals auf. »Bei Thirza. An Thirzas Krankenbett. Das ist erlaubt. Dort sind wir Bruder und Schwester. Und da können wir einander alles sagen, was zu sagen ist.«

Das nicht! Nein, das nicht!

Vertrauen bot sie an, an Stelle der süßen Liebe. Sein ganzes heiteres Griechentum empörte sich in ihm gegen einen solchen Vorschlag, den er sogar ›niedrig‹ nannte. Den Körper mit dem Absud des Geistes betrügen – entwürdigte es nicht beide, die Seele wie das Fleisch? ›Geist als Notbehelf‹ – schon in der Zeit, da Heliodora ihn quälte, hatte er das abgelehnt. Es war dann allerdings noch der Plan der ›Anthologie‹ aus diesem Notbehelf entstanden. Aber das war Zufall – es durfte ihn jetzt in seinem Kampf nicht beirren. Ein Kampf nämlich war es, seiner Meinung nach.

Wie er in dieser Nacht von Schoschana weggestürzt war, über Treppen und Hügel der steinigen Stadt, von unguten Gedanken gepeitscht – so ließ er sich auch in den nächsten Tagen bei ihr nicht sehn, nicht in der Werkstätte und auch in Thirzas Krankenzimmer nicht. Sein Stolz war verletzt. Vielleicht ist es nur die Eitelkeit, der Mann in mir, der sich gekränkt fühlt? Einerlei! Da muß eben wieder einmal eines der Pülverchen herhalten, die Lehrmeister Epikur in sauberer Tüte bereitstellt. »Die Liebesleidenschaft verschwindet« – sagt er das nicht so oder ähnlich? –, »wenn der Anblick, das Miteinandersprechen und Zusammensein aufhören.« Ich versuche es. Einige Tage lang werde ich es ertragen. Das hat freilich etwas Lächerliches an sich, solch ein Duell. Ich hoffe nur, daß Schoschana ungeübter ist als ich. In derartigen Liebeskämpfen kenne ich mich immerhin aus, es kommt darauf an, wer länger aushält, ohne den andern zu leben. Sie wird mich ebenso vermissen wie ich sie. Da hilft alle Tapferkeit nicht. Und Weisheit nicht. Und das muntere Lächeln nicht. Das muß man ertragen wie Zahnschmerz. Lieben, das heißt kämpfen. O Unglück, o Einsamkeit im fremden Land! – Die Gedanken verwirrten sich ihm, durch lautes Reden mit sich selbst suchte er sie zu ordnen.

Er versuchte auch zu lesen, schlug die Rollen auf, die er besaß – nicht nur den Epikur, auch den Platon, den jener so belächelt und anfeindet. Am Platon gerade fand er jetzt mehr Geschmack als früher. Vielleicht begann er erst jetzt, ihn zu verstehen. Doch hatte er keine Geduld, sich in ihn zu ver-

tiefen. Am allerwenigsten jetzt, wenn jeden Tag Schoschanas blauer Mantel auftauchen konnte – und nicht auftauchte. Für ruhigere Tage wäre es vielleicht ein guter Plan, ein Gespräch der großen Philosophen untereinander zu verfassen, über ihre Lehrmeinungen, ein ›Symposion‹ als Gegenstück zum ›Stephanos‹, dem ›Kranz‹ der epigrammatischen Dichter. Jetzt aber – brannte er ja, wartete, äugte und brannte lichterloh. Ein schwaches Pülverchen, das des Epikur! Was Platon über die Liebe sagte, ähnelte dagegen dem ›vollen Vertrauen‹, wie Schoschana es vorgeschlagen hatte. Die Liebe als Priestertum; Seelenführerin Liebe ... Doch weg mit diesem Vorschlag! Der düstere Antrag, zu verzichten, fraß ihm in der Seele. Er schien ihm geradezu beleidigend.
So ging es eine gewisse Zeit. Bis er mit dem seltsamen Unterbeamten Tuscus zusammenstieß. Außeramtlich. Denn amtlich hatte er ohnehin fast täglich mit ihm zu tun, freilich ohne ihm irgendwelche Bedeutung zuzumessen.

Auf den ersten Blick machte der Unterbeamte Tuscus einen eher kümmerlichen Eindruck. Bei näherer Bekanntschaft mochte einem das immer sehr gepflegt aussehende Männchen mit dem kurzen hellbraunen Knebelbart, den eng an den Kopf gepreßten Lockenreihen recht gut gefallen. Wie sauber diese Locken mit den stets sorgfältig gelegten Falten seiner Toga in Entsprechung standen. Ein schwaches Herbstparfüm ging von ihm aus – sauber fallende, herbstliche Blätter. Er sah, dieser Tuscus, auf Würde, guten Anstand, auch in diesem sengenden Klima bewegte er sich nie in der bloßen Tunika, hatte immer die Falten zumindest eines Kurzmantels über sie hindrapiert. Sonst war er unauffällig, auch seine besondere Adrettheit unterstrich nichts, erstrebte eher eine Regel als einen Ausnahmefall. Das einzige, was einen in Erstaunen setzen mochte, wenn man im Büro als Kollege von ihm einen Akt übernahm oder sonst in Berührung mit ihm kam, das Einzig-Merkwürdige war seine besondere Kenntnis jüdischer Eigenheiten und Bräuche. Die aramäisch-syrische Sprache als die eigentliche Volkssprache hier hatte er bis zur vollen Geläufigkeit erlernt, beherrschte sogar einige ihrer Dialekte, ferner fand er sich auch im Hebräischen zurecht, der Sprache der Gebildeten und der überlieferten Schriften – es war mit dem Aramäischen sehr verwandt, hatte ihn aber doch ein eigenes Studium gekostet. Nicht zufrieden mit der Sprache, war er, soweit es ging, auch in die Anschauungen und Religionsgesetze der Umgebung eingedrungen, die dem übrigen Beamtenstab höchst gleichgültig und verschlossen blieben. Den Meleagros, der ja jetzt gleichfalls nicht mehr als Fremder unter Fremden herumging wie zu Anfang, überraschte er manchmal durch eine jener Witzwendungen und vertraulich scherzhaften Bezeichnungen, wie sie sonst nur in jüdischen Kreisen bekannt waren – Meleagros hatte sie am schattigen Tisch neben der Torbogenruine gerade kurz zuvor erklärt bekommen. – Die Anteilnahme des Tuscus schien übrigens ungewöhnlich in die Tiefe wie ins einzelne zu gehen. Ein Amtsdiener flüsterte dem Meleagros einmal zu – in dem Ton, in dem man seinem Ärger in Gestalt übler Nachrede freie Bahn gibt –, daß er nun schon einige Tage beobachte, wie jeden Tag ein jüdischer Lastträger in die Wohnung des Tuscus hinaufgehe, dort eine mitgebrachte weiße Umhüllung mit schwarzen Streifen anlege, einen Lederriemen mit einer schwarzen Kapsel vor die Stirn binde und dann, sich schüttelnd, in ein langes Murmeln und Schreien verfalle, während der Herr Unterbeamte, ein Römer, bitte, ein Gott beinahe, diesem schändlichen und wahrscheinlich zauberisch-verruchten Treiben wie gebannt zusehe. »Schon gut, mein Skeparnio«, sagte Meleagros dem besorgt tuenden Büttel, »ich merke es mir – für etwas Böses aber halte ich es nicht, das magst du wissen.«

»Ich wollte es nur gemeldet haben«, brummte der Sklave.

Ob Tuscus aus uneigennützigem wissenschaftlichen Trieb so viel Eifer auf die Erforschung der jüdischen Sitten verwandte, ob er vielleicht nur ein Streber war, der sich, um seine Position als Subalternbeamter gelegentlich zu verbessern, durch Expertentum für jüdische Fragen auszeichnen und der höchsten Behörde gehorsamst empfohlen halten wollte, das ließ sich nicht so leicht durchschauen. Am ehesten glich Tuscus einem kleinen, ältlichen Schulmeister, einem Pedanten von nicht unliebenswürdiger Verschrobenheit, doch dabei auch ein wenig komisch. Sein etwas tänzerischer Gang wirkte dahin, lächerlich erschien wohl auch seine Lieblingsgeste: wenn er zu sprechen begann, hob er (ach wie zierlich, wie nett!) die kleinen Finger seiner beiden dicklich weißen Händchen. Meleagros, der bisher nur knappe amtliche Gespräche mit ihm geführt hatte, lud ihn einmal in den Xystos ein – der Mann interessierte ihn. Der Xystos war, wie das griechische Wort dem Kundigen sagte, ein ›geglätteter‹ Platz – ein von Säulenhallen umgebenes Institut für Körperübungen, auch ein ehemaliges Hippodrom war einbezogen, das die römischen Soldaten zu ihren Turnspielen benützten. Er lag nicht weit vom Turm Mariamne, dem östlichsten des Herodespalais. Hier konnte man die Legionäre zuweilen den pyrrhischen Flötentanz tanzen sehen. Er gehörte zum Exerzierreglement. Ein abtrünniger Hohepriester hatte den ›geglätteten‹ Platz vor fast zweihundert Jahren als Gymnasium gebaut, jüdische Jünglinge hatten dort in Nacktheit ihre Ring- und Wurfspiele abgehalten, heute schämte man sich dessen. Jetzt gab es für die Juden einen abgegrenzten Teil, wo sich aber nur die weltlich und römisch Gesinnten, die Adeligen und die reichen Sadduzäer, zu Spaziergängen sehen ließen – auch diese in zusehend geringerer Menge, je ärger die Fremdherrschaft in Unterjochung überging. Doch einer der Innenhöfe des mächtigen Bauwerks diente den Regierungsbeamten als Erholungsraum. Schatten, Springbrunnen, Bäder, erfrischende Getränke waren die hier dargebotenen Annehmlichkeiten, in deren Rahmen ein Gespräch den Charakter der Ausfragerei füglich verlieren, den der Leichtigkeit annehmen konnte. Die Miene des Tuscus, bei all ihrer gepflegten Unaufdringlichkeit, nahm aber doch den Ausdruck des Unmuts an. Willst du mich etwa beleidigen? – schien sie fast ängstlich zu fragen. Nein, er wünsche eigentlich keinen engen Umgang mit den Juden, war dann die Antwort auf des Meleagros direkte Frage – im Gegenteil, er sei diesem verfluchten Volk gegenüber stets auf der Hut. Es komme nichts Gutes von ihnen.

»Und doch beschäftigst du dich gern mit ihren Altertümern, ihren Überlieferungen?«
»Gern? Wer sagt das?«
Es zeigte sich, daß Tuscus seinen Forschungsobjekten weder wohlwollend noch neutral, sondern mit einem erstaunlichen Übermaß an Haß gegenüberstand. Seltsame Wege nahm infolgedessen sein Verständnis oder Unverständnis für das, was die Juden dachten und taten. Manches erschien ihm merkwürdig, doch alles verabscheuenswert. Die Juden müssen verschwinden, müssen ausgerottet werden — das war, kurzgefaßt, des Tuscus Meinung —, und eben deshalb, da sie einer aussterbenden Gattung angehören, nämlich jenen Völkern, die für die Segnungen der römischen Weltherrschaft kein Verständnis haben, sich dem Glück törichterweise widersetzen, eben deshalb ist einiges aus ihrer verdammenswerten Geschichte ein Gegenstand der Neugierde und wird es auch für künftige Generationen bleiben. So etwa, wie man Insekten aufspießt und sammelt, so bewahrt man der staunenden Nachwelt die Seltsamkeiten einer zappelnden, sinnlosen Entartung auf, die man einst ›das Judentum‹ genannt hat — das wird nach hundert Jahren ganz interessant sein. Man wird diese Dinge beachtlich finden, wenn als Zeugnis von all dem jüdischen Treiben und Sichempören nur die Notizen des Tuscus erhalten sein werden. Übrigens: wie solle man denn eigentlich die Unholde bekämpfen, wenn man ihre Geheim- und Gaunersprache, ihre bösartigen Beschwörungsformeln nicht verstünde?
»Ich habe es mir gleich gedacht, daß du dich nur deswegen mit ihnen beschäftigst.«
Tuscus verneigte sich ausnehmend höflich. Es war klar, daß er die Lüge nicht glaubte. Hinter seiner Höflichkeit verschwand er wie in einem Nebel, löschte förmlich seine Existenz in einem letzten Lächeln aus — die gesteigerte Form jener Unauffälligkeit, die seine sorgsam arrangierte Toga, sein durch und durch frisches, sauberes, gleichsam luftiges Auftreten auch sonst festzuhalten strebte.
Vielleicht hatte sich Meleagros dem kleinen, elegant tänzelnden Herrn durch seine Wißbegierde mißliebig gemacht und

daher den Gegenzug ausgelöst, vielleicht wäre ein solcher Angriff auch ohnehin erfolgt und war schon in Vorbereitung gewesen, ohne daß Meleagros bemerkt hatte, daß er seinerseits bereits seit einiger Zeit die Aufmerksamkeit und Beobachtung des unauffälligen Lächlers auf sich zog — so oder so, die nächste Aussprache erfolgte jedenfalls auf ganz andere Art, als Meleagros sie sich vorgestellt hatte, wenn ihm überhaupt je der Gedanke an eine Fortsetzung des, wie das erste Gespräch erwies, doch nur unerquicklichen Verkehrs gekommen wäre. Diese zweite Unterredung fand gleichfalls in einer Säulenhalle des Xystos statt. Diesmal hatte Tuscus ihn eingeladen, ließ von einem Nubier Fruchtsäfte in Schalen auf einer flachen Kupferschüssel servieren. Dann erhob er sich, trat an die mächtige Marmorfassung eines Brunnens, führte einige Male seine Händchen mit den aufgereckten kleinen Fingern zierlich durch die feinen Wasserfäden, die einer Steinmuschel entströmten, spritzte wohl auch einen Tropfen und wieder einen in die Halle. »Ich habe dich erkannt«, sagte er nach einer kleinen Anstandspause, doch ohne Übergang zu Meleagros, leise, nicht unhöflich, doch sichtlich ohne auf weitere gesellschaftliche Formen Wert zu legen.
»Ja — so? — Was ist damit gemeint? Ich verstehe nicht ganz«, erwiderte Meleagros, der gute Junge, der immer noch, wie in der Schule, rot zu werden und zu stottern pflegte, wenn andere Fehler machten, sich schlecht benahmen.
»Du wirst es schon verstehen, denke ein wenig nach! Ich habe dich zwar schon einige Jahre nicht gesehen. Aber mein Gedächtnis ist gut. Mir muß man's nicht machen wie dem spartanischen Königssohn, dem der Pädagog einen Stein an den Kopf schmiß, worauf der Junge sich plötzlich an den ganzen Homer erinnerte und ihn auswendig aufsagte. Bei mir nicht nötig. Aber vielleicht bei dir? Soll ich nachhelfen? Athen, die Schule des Epikureers Philodem. Nun?«
»Ich war zwar einmal in Athen«, erwiderte Meleagros vorsichtig, gleichsam abhorchend, »nun ja, wie jedermann, der etwas lernen will. Aber nicht gerade bei Philodemos. Den kenne ich überhaupt nicht. Vielleicht teilst du mir nun aber

endlich mit, um welche Angelegenheit es sich handelt und womit ich dir dienen kann.«
Da Tuscus schwieg, fuhr der junge Mann fort: »Ich meine, mit welcher Bitte du dich an mich wendest.«
»Welche Bitte?« Tuscus sah ihn scharf an. Das Männchen verfügte über einen gar nicht lächerlichen Blick, wie sich nun herausstellte. Es konnte in seinem Augenstrahl Funken schleudern, die einer Jupiterfaust entsprochen hätten, und das machte seinen gefährlichen Zwergencharakter auf eine ekelhaft verkrampfte Art im Moment klar. Es war wie die Rückverwandlung eines höflichen Prinzen in eine Kröte. »Ja, eine Bitte hätte ich doch. Vielmehr ein Verbot an dich. Ich verbiete dir, mir durch den Sklaven Skeparnio geheim nachspüren zu lassen.«
Der Sklave war also ängstlich geworden, hatte den Spieß umgedreht. Meleagros hielt es nicht für nötig, auf derlei Dienstbotenklatsch einzugehen. Er hatte auch nicht viel Zeit dazu, denn zu seinem Erstaunen kam Tuscus mit der zweiten Attacke. »Im Garten des Philodemos bin ich dir und deinem Freund Jason begegnet. Dir freilich nur von fern.«
Meleagros faßte sich rasch, da er den Ernst der Sache spürte. »Was für ein Jason? Es gibt viele dieses Namens, seit dem Argonautenzug. Und wer bist du eigentlich? Wie heißt du? Ich kenne dich nicht, habe dich nie gesehen, ehe ich aus Alexandria hierher versetzt wurde.«
»Ich bin aus der jetzt zerstörten Stadt Antikyra. Dein Landsmann bin ich, Bester. Und wie du weißt, heiße ich Tuscus.«
»Vielleicht heißt du Kreophylos?« Zu spät merkte Meleagros, daß seine vorlaute Siegesfröhlichkeit ihn verraten hatte. Wie dumm! Würde er denn nie aufhören, knabenhaft und unüberlegt in jede Gefahr zu stolpern?
Tuscus zog denn auch gleich die Summe, er zweifelte nicht mehr. »Das genügt.« Seine Nasenflügel zitterten wie bei einem Hund, der die Beute wittert. »Also ist es klar, daß du der bist, den ich seit Jahren suche. Dein Name steht auf der Liste der Hochverräter gegen die Majestät des römischen Volkes. Damals hat mir Jason deinen Namen falsch angegeben:

Menalkas. Aber ich weiß es nun: du bist Meleagros aus Antikyra. Ich habe dich schon damals in Athen erkannt, Mitbürger. Damals hat mich dieser schlaue Jason dann allerdings irregeführt, ich habe Zeit verloren, inzwischen bist du zu Schiff davon. Meine Wachen haben dich noch am Hafen Eunostos gesehen. Dann bist du ihnen aus den Augen gekommen. Und jetzt treffe ich dich wieder. Sogar in einem Amt wirst du mir breit und greifabr dargeboten.« Das Gesicht mit dem gepflegten Spitzbärtchen hatte plötzlich einen ganz neuen Ausdruck bekommen, ohne den des Adretten zu verlieren. Es zuckte wie in einem Krampf sinnlich-lüsterner Grausamkeit.

»Wen triffst du?« fragte Meleagros hochmütig und schickte sich zum Gehen, er hatte seine Geistesgegenwart wieder. »Was soll das alles eigentlich heißen? Ich bin Meleagros aus Gadara in der Dekapolis. Wenn es dir Spaß macht, kannst du meinen Namen in den Geschlechtsregistern von Gadara suchen lassen. Was deinen Jason angeht und deinen Menalkas – was gehn sie mich an, keinen von beiden habe ich je gesehen.«

»Weißt aber doch etwas von Kreophylos, auch von dem Aufruhr in Antikyra vielleicht?«

»Daß ein elender Angeber namens Kreophylos in Athen herumgelaufen ist, das hat doch jedes Kind gewußt. Gesehen habe ich ihn nie, sonst hätte ich mich ja hier vor dir gehütet und wäre dir ausgewichen wie einem stinkenden Aas.«

Das saß. Das war unwiderleglich und sogar wahr, ein nicht zu unterschätzender Vorteil bei einem Wortwechsel solcher Art. Wahrheit hat Gewicht. Tuscus merkte auch sofort, daß auf dem eingeschlagenen Wege nicht viel zu holen sei. Sein Gesicht glättete sich überraschend schnell zu dem unbedeutenden und nichts als niedlichen Aussehen, das er, wie nun deutlich war, gleichsam als Schutzfärbung trug. Es sollte sich bald noch mehr zeigen: diese unauffällige Kümmerlichkeit, dabei angenehm und sauber, gehörte sogar als Hauptwaffe zu seinem eigentlichen Beruf, dem auch der Posten eines untergeordneten Beamten nur als Deckmantel diente. »Nun: Meleagros oder Nicht-Meleagros, lassen wir das dahingestellt«, sagte er verbindlich und spritzte dabei neckisch dem jungen Mann ein paar Tropfen aus dem Springbrunnen ins Gesicht, »es geht mir gar nicht darum. Es geht um wichtigere Dinge als diese halbvergessenen Kindereien in Griechenland. Ich will ganz aufrichtig mit dir sein, mein junger Freund, es geht . . .« Er brach ab und schaute wie geistesabwesend in die Wasserstrahlen. Dann legte er den kleinen Bart, der deutlich Widerstand zeigte, nach der einen Seite, hielt ihn gepreßt. »Du verkehrst in letzter Zeit viel in jüdischer Gesellschaft, Meleagros von — von Gadara, sagen wir.«

»Du erweisest mir eine allzu große Ehre, wenn du meine Privatwege deiner Aufmerksamkeit würdigst.«

»Es gehört zu meinen Obliegenheiten. Da gibt es nämlich außerhalb meiner bescheidenen Registraturarbeit ein paar andere Dinge, die man mir zur Betreuung übergeben hat.« Zum erstenmal ging es Meleagros durch den Kopf, daß diese ganze Registraturarbeit, zu der Tuscus übrigens besonders viel Hilfspersonal hatte, vielleicht auch nur eine Schutzfärbung oder eine Nebelwand sein könne, wie die neue, saubere, pedantisch gefältelte Toga des harmlosen kleinen Lebensgenießers, den Tuscus in seinem gewöhnlichen Auftreten darstellte. »Ein schönes Mädchen«, fuhr nun Tuscus fort, mit einer gleichsam Freude heuchelnden Miene, als sauge er wollüstig an einem Stück Honigwabe, »ein schönes Mädchen, das mag noch hingehen, obwohl es hierzulande eigentlich nicht der Sitte entspricht, sogar etwas recht Ungewohntes ist.«

Meleagros fühlte seine Beine plötzlich unnatürlich müde, schwach werden, so als ob alles Blut die Gliedmaßen verließe und abwärts durch die Sohlen in den Erdboden rinne. Seine Knie schlotterten ein wenig. Nun galt es, frech werden, den Übermütigen spielen, um nur ja nicht betroffen zu erscheinen. Denn jetzt richtete sich die Gefahr nicht mehr gegen ihn allein, Schoschana war mit einbezogen. »Sehr lieb von dir, daß du auch das nicht übersehen hast, die armseligen Versuche, mich in diesem Nest zu amüsieren; ich danke dir wirklich, mein Kreophylos, ich weiß: Tuscus, aber gestatte, daß ich dich hie und da einmal Kreophylos nenne, spaßeshalber.«

»Nach Belieben. Ich bin aber wirklich Tuscus. Und ich war

nie in Athen, verzeih. Das habe ich nur so gesagt, auch nur spaßeshalber. Es war ein Untergebener von mir, der dort einmal diese dumme Geschichte mit einem gewissen Jason aus Gadara gehabt hat. Überdies auch aus Gadara, wie du, dein Landsmann also.« Aus irgendeinem Grund, den Meleagros noch nicht durchschaute, zog es der Häscher vor, das Wasser zu trüben, sich unsichtbar zu machen, vielleicht hatte er Hunderte von Namen, vielleicht war es ganz gleichgültig, wie er hieß, er stand für eine ganze Regierungsmethode, und dann gehörte die Verhülltheit wohl überhaupt zu seiner Kampfesweise – aus dem Dunkel konnte er seine Stöße besser führen, wie jetzt der neuerliche Zweifel an der Herkunft des Meleagros bewies. Der beschloß, den Hieb einfach nicht zu beachten. Mußte es denn erst bewiesen werden, daß nicht jeder Einwohner der großen Stadt Gadara jeden andern kannte?

»Besten Dank dafür, daß du mir das Mädchen verzeihst«, sagte er mit leichter Verbeugung.

»Vorläufig.« Wieder der Ernst, der Blitz im Auge, der scharfe Griff, der das Knebelbärtchen zur Seite zwang. Und mit gefährlicher Flüchtigkeit, als handle es sich nun um eine Nebensache, kam das Wesentliche hervor: »Vorläufig. Aber die andern, mit denen das Mädchen umgeht, die gefallen mir nicht. Der alte Korbflicker zwar ist ein stiller Fanatiker. Aber Owadjah und seine Frau – die sind es nicht auf so stille Art. Seine Familie ist eine der schlimmsten im Lande: Jehuda der Galiläer, der Aufrührer, das war sein Verwandter.«

»Mir unbekannt. Ich bewundere den Umfang deiner Kenntnisse. Auch den Sinn deiner historischen und sonstigen Studien beginne ich jetzt zu verstehen – mein Kreophylos.«

Auf die Benennung reagierte Tuscus steif, mit der Andeutung eines Lächelns, das nur am Mundwinkel zerrte, gleich nachher war die befehlshaberische Miene wiederhergestellt. Ein Virtuose der Selbstbeherrschung, dieser kleine geschniegelte Tyrann, von dem jetzt der letzte Rest einer gewissen ›Annehmlichkeit‹ oder einer Art von Sich-angenehm-Machen gewichen war. Er beging nur den kleinen Fehler, daß er mit diesem allzu rasch verschwindenden Zucken der Lippe seine Geübtheit merken ließ. Niemand

ist eitler als ein Virtuose, und sogar ein Virtuose der Unauffälligkeit muß einmal mit dieser Unauffälligkeit großtun. Ein Widerspruch in sich selbst – aber danach fragen die Berufslaster nicht. – Ganz bestimmt habe ich diesen Kreophylos vor mir, den ich nie gesehen habe. Er will mir nur Sand in die Augen streuen. »Ein zweiter Herodot, der sich in die Annalen der asiatischen Völker vertieft. Du bist doch Hellene? Für einen Hellenen von heute erstaunlich gründlich, nebenbei gesagt.« Das ganze Gespräch war lateinisch geführt worden. Die letzten Sätze aber hatte er versuchsweise griechisch gesprochen.
Tuscus blieb beim Latein. »Es gibt keine Hellenen mehr. Nehmen wir selbst an, ich stammte aus Griechenland. Aus der Provinz Phokis, wie du. Oder vielmehr, verzeih, wie Menalkas, der Freund deines Freundes Jason. Auch dann wäre ich heute nichts als Römer. Wer das römische Bürgerrecht besitzt, ist Römer und damit Bürger der Welt. Mein früherer Name ist nicht Kreophylos. Aber wäre er noch so griechisch gewesen: jetzt heiße ich Tuscus – nach den Urvätern italischer Herkunft.«
Natürlich auch den Namen geändert– stellte Meleagros fest –, diese Abtrünnigen wissen nie, wo sie haltmachen sollen. Alle sind Urväter, billiger tun sie es nicht.
Der kleine Jupiter schloß das Gespräch, streng und präzis: »Es gibt einen einzigen Staat heute, eine einzige Weltherrschaft. Ihr dienen ist Gebot der Natur. Wer ihr nicht dient, wird vernichtet. Auch das kraft Naturgebot. Ich gebe dir eine Frist, mein Freund. Einen Monat, zwei. Du wirst mir dann Bericht erstatten, was dieser Owadjah im Schilde führt, wie weit seine Verbindung, seine Pläne reichen, wohin er zielt. Ich billige es, daß du mit ihm, mit dem Mädchen, mit allen so vertraut wirst wie möglich. Bemühe dich! Andernfalls könnte es geschehen, daß ich mich eines Tages doch wieder an die Gärten des Philodemos erinnere, an Antikyra, die Proskriptionslisten und das übrige. Du hast zu wählen. Ich bin überzeugt, daß du die richtige Wahl treffen wirst.«
Er war nun unheimlich lustig geworden, verabreichte dem jungen Mann noch einen wohlgezielten Spritzer aus der Brun-

nenschale ins Gesicht. Und weg war er, zu einer Gruppe von einigen Bekannten hinüberschwänzelnd, wobei er nach allen Seiten hin wie ein graziöser Tanzmeister freundliche Blicke versandte – Blicke, hinter denen er seinen leisen Abgang bis fast zur Fadenscheinigkeit einer sich auflösenden Sommerwolke zu verdünnen, ja förmlich verschwinden zu lassen verstand. Auch das Herbstparfüm, das gleichsam beruhigend wirkte, diente dem Zweck, ihn wie hinter einem feuchten Nebelschleier zu verbergen.

Nun gab es kein Zögern! Meleagros war gezwungen, Schoschana aufzusuchen, und zwar sofort. Der lästige Zwang der Liebestaktik, den er sich auferlegt hatte, war gewichen. Er war ja froh darüber, fühlte sich erleichtert – trotz der bösen Dinge, die plötzlich in sein Leben eingetreten waren. Ihrer wurde er sich im Moment nur halb bewußt. Genug, daß sie ihn zu dem geliebten Mädchen zurückführten. Er durfte Schoschana wiedersehen, Tuscus sei Dank! Dieser niederträchtige Kerl hat es bewirkt, daß ich nicht länger den Stolzen zu spielen brauche. So wurde Meleagros zwischen Lachen und Weinen hin- und hergeworfen. Und so langte er, beinahe laufend, vor der Korbflechterhütte an, zwiespältigen Gefühls.

Schoschana empfing ihn mit unverhohlenem Glück. Es fiel ihr gar nicht ein, zu leugnen, daß sie täglich versucht habe, ihn im Herodespalast zu finden. Die Soldaten hatten ihr den Eintritt verwehrt. Was ihm denn fehle, was geschehen sei, warum er sich so lange nicht habe blicken lassen?

»Gleich, gleich«, erwiderte er verwirrt, »ich werde alles erzählen.«

Wo beginne ich? Mit unserem Streit? Er schämte sich. Wie hatte er nur auf den Einfall kommen können, daß zwischen ihr und ihm Feindschaft herrsche, daß es ihnen auferlegt sei, miteinander zu kämpfen. Schoschana war in stiller Erregung, ehrlich besorgt. Ziererei lag ihrer reinen Seele nicht. Und er hatte sich inzwischen listige Pläne zurechtgelegt, als gelte es, eine Heliodora zu erobern. Offenbar verstehe ich noch immer nicht, daß sich in meinem Leben etwas verwandelt hat – so

schalt er sich. Wo Taktik ist, gibt es keine Liebe; und wo Liebe ist, gibt es keine Taktik, sondern uneingeschränkte Aufrichtigkeit, wie Schoschana sie fordert! Erfrischt sah er ihr in die sanft verschatteten Augen. Durch ihren Anblick fühlte er sich von Grund aus erneuert.
Doch hierüber zu reden oder auch nur daran zu denken, fehlte es an Zeit. Die Warnung mußte übermittelt werden. Er tat es rasch. Übrigens hatte Schoschana den Namen Tuscus schon gehört. Unbekannt war ihr nur, daß dieser Mann sich nun für sie und für Owadjah interessierte. Daß alle Fäden der Überwachung in der Hand eines gewissen Tuscus zusammenliefen, den allerdings niemand kannte, niemand aus ihrem Kreis je gesehen hatte, das wußte man.
»Vermutlich hat er auch das mit der Waffenschmiede neulich herausgebracht«, sagte sie atemlos.
Sie mußten sofort zu Owadjah, daran war kein Zweifel. Thirza konnte nicht mit. An der heiligen Sache teilzunehmen, das hatte ihr Schoschana beigebracht. Doch der Knochenbruch, nicht zu Ende geheilt, machte sie dauernd bettlägrig.

Ursprünglich hatte Meleagros nicht mehr sagen wollen, als daß ihn ein Zufall auf die Spur des gefährlichen Angebers gelenkt habe. Nichts von Athen, von Kreophylos, von der persönlichen Drohung über seinem Haupt. Es ist schon so viel Dunkles in unserer Liebe; warum die Traurigkeit mehren? Liebe und Trauer können nicht zusammen bestehen. Doch es kam anders. Er hielt nichts zurück, brach mit seiner bisherigen Gepflogenheit, immer nur eine gefällige Auswahl der Geschehnisse darzubieten. Schoschana gegenüber gab es nur letzte Offenheit. Vielleicht hat das Mädchen recht, durchfuhr es ihn, vielleicht liegt in dieser Richtung eine Art Ausweg für uns beide. In ihrer lauteren Seele ahnt sie das, sieht mehr als ich, ist eingeweiht in Geheimnisse, für die ich noch blind bin ... Er erzählte also alles. Wie Tuscus ihn ausgefragt, welches Ansinnen er gestellt habe. »Mein Schicksal ist nun mit dem euren verbunden. Ich bin froh. Selbstverständlich wird er kein Wort aus mir herausbringen. Lieber den Tod als das!«

»Erst beraten! Vielleicht ist es für die Sache besser, wenn du zunächst ... Das könnte uns manches erleichtern.«
Owadjah war sofort genau der gleichen Ansicht. »Man muß den Römer irreführen. Du trittst zum Schein in seinen Dienst.«
Meleagros zögerte. Diese Verbindung schien ihm schimpflich.
»Wir haben in solchen Dingen mehr Erfahrung als du. Leider. Es geht eben nicht anders.« Owadjahs Wort wurde befehlend. Und Schoschana fügte hinzu: »Wie gut, daß du uns alles gesagt hast! Ohne falschen Stolz auch deine eigene Gefahr. Das ändert die Sachlage.«
So sah er sich für die Wahrheit sofort belohnt. Sein ohnehin bereiter Glaube, daß Schoschanas Weg der gute sei, wurde durch diese ungewollte Wirkung seiner Aufrichtigkeit befestigt. Nun war er den Freunden doppelt wichtig, denn Tuscus, der ihn bedroht wußte, würde ihm glauben. Er sollte der Behörde anzeigen, daß in einem bestimmten Haus in Sepphoris Waffen für die Aufständischen gesammelt werden. Man würde wirklich einige alte Waffenvorräte in das Haus legen und die Eigentümer der Wohnung rechtzeitig in eine andere Stadt bringen. So werde man den Verdacht des Feindes in falsche Richtung leiten. Hätte Meleagros darüber geschwiegen, daß Tuscus von ihm selbst, erpresserischerweise, Angaben verlangt hatte, wäre er bei der ursprünglich geplanten Fabel von der zufälligen Entdeckung der Feindespläne stehengeblieben, so hätte man sich zu einer so wesentlichen Maßregel nicht entschlossen. Vielleicht würde man später noch weitergehen, die Römer mit Hilfe des griechischen Freundes in einen Hinterhalt locken, wenn kein anderes Mittel übrigblieb.
»Meine Dienste stehen euch immer zur Verfügung.«
Bei einem guten Glas Wein wurde ihm versichert, daß man das bereits als selbstverständlich voraussetze.
Von nun an besuchte Meleagros das Mädchen nicht nur in Owadjahs Werkstätte, auch bei ihren Gastgebern, den Korbflechterleuten, war er nun häufig zu sehen. Er wurde ja gewiß von den Leuten des Tuscus beobachtet; gerade deshalb, so erklärte er, dürfe er jetzt den Verkehr mit jüdischen Familien nicht einschränken — das würde sofort Verdacht erregen.

»Diese Schlußfolgerung kommt mir erwünscht«, lachte Schoschana, »obwohl ich sie nicht ganz begreife.« Das Versprechen, ihm alles aufrichtig herauszusagen, nahm sie offenbar sehr ernst — oder es lag ihr wohl von Natur aus nichts anderes.
Eine schöne Zeit beginnt, so dachte er. Seit jenem Fest hatte er sich dem Mädchen nie so nahe gefühlt. Damals aber war es eine trügerische, eingebildete Nähe gewesen. Jetzt geschah alles in Vertrauen und Wahrheit.
Der alte Adoniram, Thirzas Vater, nahm manchmal an den Gesprächen teil. Jetzt erst erfuhr Meleagros, daß Schoschana die arme Familie gar nicht von früher her kannte, wie er eigentlich angenommen hatte. Adoniram war ihr knapp vor der Laubhüttenwoche zufällig auf der Straße begegnet und hatte sie eingeladen, der Festfreude wegen. Auch als einer der Ärmsten wollte er der Pflicht der Gastfreundschaft Genüge tun. Früher war er reich gewesen, ein Handelsherr, der mit seinen Schiffen nach Zypern fuhr, dort vom Segen des Landes Israel verkaufte, Weizen von Minnith, Wachs, Honig, Öl und Mastix, um kunstreiche Gewebe und Gefäße zurückzubringen. So war es gewesen. Doch die römischen Zölle hatten ihm alles genommen. Dann waren seine beiden Söhne im Kampf gefallen, als man den neu angebrachten riesigen goldenen römischen Adler vom Tempeltor herunterriß und mit Äxten in Stücke schlug. Herodes, der loyale Römerknecht, hatte damals seine Söldner in die empörte Jugend einhauen lassen. Seitdem sprach die Mutter kein Wort mehr, wie geistesabwesend saß sie in einer Ecke bei ihrer Korbarbeit. Adoniram war immer fromm gewesen, er gehörte zu den Schülern der ›Abgesonderten‹ oder Peruschim, die bei den Ausländern Pharisäer hießen — doch schloß er sich der milden Schule Hillels an, nicht den Engherzigen und Raufbolden von der Rasiermesser-Art. Im Sanhedrin waren übrigens beide Gruppen der Pharisäer ohne Einfluß, dieses oberste Gericht wurde von den Weltlichgesinnten, den Sadduzäern, beherrscht, hinter denen die Macht Roms stand. Um Staat und Gericht kümmerte sich denn Adoniram wenig. Desto mehr um Erforschung der Weisheit und um das rechte Leben nach dem Gesetz, das in einer ande-

ren Abteilung des Sanhedrin erforscht wurde. In dieser Abteilung, dem Lehrhaus, das einst, vor der Römerzeit, auch äußere Macht und Führerkraft besessen hatte, überwogen die Pharisäer, die eigentliche große Volkspartei. Heute war ihnen die Schwertgewalt genommen, doch die Nation gehorchte freiwillig den Gelehrten, unter denen es freilich, wie überall, neben den edelsten Naturen auch eitle Scheingrößen gab. Trotz allem sah das Volk in ihnen den Willen der Gemeinschaft, das rechte Leben. Zu den Grundsätzen dieses rechten Lebens gehörte es auch, daß man die Kenntnis der Lehre nicht zur Erwerbung eines Lebensunterhalts herabwürdigen dürfe. ›Mache die Lehre nicht zu einer Krone, mit ihr zu prunken, und nicht zu einem Spaten, damit zu graben‹, so hieß der Spruch. Um dieses Spatenworts willen war es vorgeschrieben, daß jeder der Gelehrten oder Gelehrtenschüler ein Handwerk, ein Gewerbe treiben solle; den Unterricht aber durften sie nicht anders als unentgeltlich erteilen. Von den Größten lebte der eine als Schuster, der andere als Schmied, als Glasbläser, als Weber oder Zeltmacher. Ohne Murren hatte auch Thirzas Vater die Rechentafel des Kaufherrn mit seinen Weidenruten vertauscht, dabei hatte er zwei der reichsten und angesehensten Pharisäer zu Freunden, den Nikodemus und den Josef aus Ramatajim, dem Ort der ›Doppelhöhe‹, die man in den Sprachen der Fremden, die Wortbedeutung nicht kennend, Arimathaea nannte. Diese beiden hätten gern alles für Adoniram und seine kleine Familie getan. Doch regelmäßige Unterstützung anzunehmen, das hätte seinen Begriffen vom rechten Leben widersprochen; auch hätte niemand sie ihm anzubieten gewagt.

»Aber dein Bruder«, sagte Meleagros, als sie an Thirzas Krankenlager beisammensaßen, »dein Bruder hat trotzdem dem Tischlerwesen abgeschworen.«

Schoschana nickte. Es fiel ihr nicht ein, den Bruder zu verteidigen. Was er tat, war so selbstverständlich und zugleich so groß, daß es sich (aus diesen beiden gewissermaßen entgegengesetzten Gründen) der Beurteilung gewöhnlicher Menschen entzog.

»Von dem Gerechten aus Nazaret habe ich viel Gutes gehört«, sagte der Alte und vergrub die Hand in seinem breiten weißen Bart. »Einige seiner Schriftdeutungen hat man uns berichtet – Worte des lebendigen Gottes. Er ist auch ein Wundertäter, der Geist des Herrn ist sichtbarlich über ihm.«

»Vielleicht kann er auch mich heilen«, rief Thirza, ihre Augen glänzten im Fieber. Schoschana hatte ihr viel von Jeschuas Taten und Worten erzählt. In der Nacht schrie die Kranke manchmal auf, sie glaubte ihn zu sehen. – »Er wird mich heilen, wenn ich ihn darum bitte«, rief sie nun und warf ihre schneeweiße Hand empor. Die Hand erhob sich von dem Lager, wie eine ängstliche Taube aufflattert. Sie schien in dem dunklen Luftraum der fensterlosen, niedrigen Stube zu verschweben, in die nur durch die Türe ein wenig Lichtstaub drang. »Er wird mich heilen. Er wird ...«

»Wenn es Gottes Wille ist, gewiß« – Adoniram seufzte tief. »Vielleicht werden wir noch dessen gewürdigt, daß der Gerechte zu uns nach Jerusalem heraufsteigt.«

»Ich habe gehört«, bemerkte Meleagros hartnäckig, »daß er auf die Pharisäer nicht gut zu sprechen ist.«

»Nur auf die Heuchler unter ihnen nicht«, berichtigte Schoschana mit jener Leidenschaft, die sie immer erfaßte, wenn sie von ihrem Bruder sprach. »Er unterscheidet genau. Die wahrhaft Frommen unter ihnen, und das sind sehr viele, die liebt er. Wie oft habe ich ihn in Kfar Nachum im guten Gespräch mit dem und jenem von ihnen gesehen, wie oft habe ich ihn das Gespräch mit herzlichen Worten schließen hören: Wahrlich, du bist nicht ferne vom Reiche Gottes.«

»Gegen die Bösen und Lächerlichen unter ihnen ist auch sonst unsere Überlieferung nicht höflich«, meinte Adoniram. »Von dem Selbstgerechten sagt sie: er steht an der Straßenecke und spricht die Vorübergehenden an: ›Ich habe alle Gebote erfüllt, aber vielleicht weißt du noch eines, das ich vergessen habe – sage es mir, ich will es sofort erfüllen‹.«

Des eifersüchtigen Meleagros Kampflust ließ nicht nach: »Eines möchte ich wissen. Billigt dein Bruder Jeschua all das, was der wackere Owadjah plant?«

Schoschanas Augen weiteten sich, als blicke sie in unerreichbare, unausdenkbare Ferne. »Ich weiß nicht, ob ich meinen erhabenen geliebten Bruder richtig verstehe. Ich würde es mir eigentlich nicht zutrauen. Aber soweit ich seinen Worten einen Sinn entnehmen konnte, soweit ich dessen fähig bin – so weit scheint mir, daß er der Meinung ist: der Mensch kann und muß gerecht und glücklich leben, wie das Gesetz unseres Lehrers Moses und die Propheten es verkündet haben: Dränget nicht die Witwen, die Waisen und die Taglöhner, seid barmherzig gegen jedermann, auch gegen den Fremden, denn Fremde wart ihr im Lande Ägypten – und wehe denen, die Haus an Haus reihen, Feld an Feld, bis daß für die andern kein Raum mehr bleibt, wie der Prophet Jeschajahu und andere es geschrieben haben.«

»Es heißt auch bei Hoschea: Liebe will ich, nicht Opfergaben«, fiel Adoniram ein. »Und an anderer Stelle: So spricht der Herr: Es ist dir gesagt, Mensch, was gut ist: das Gerechte tun, Liebe hegen und demütig gehen mit deinem Gott.«

Doch je höher die Begeisterung ging, desto übungsmäßigkälter versteifte sich Meleagros auf seine griechisch klare Logik. »Das verstehe ich nicht. Wenn dies alles schon gesetzlich niedergelegt und gesagt worden ist – was ist dann eigentlich das Neue an deinem Bruder?«

»Daß er es dringlich macht«, rief Schoschana, »– was übrigens die Propheten genau so getan haben. Aber siehst du denn wirklich die Wahrheit nicht, mein kluger Grieche? Daß es auf das Neue nicht ankommt – und auf das Schreiben und Reden schon gar nicht, sondern auf das Tun. – Wir alle, wir reden über das alles. Die Propheten aber haben es getan. Und mein Bruder – er tut es, er lebt es, er führt es aus bis ans Ende. Deshalb haben seine Jünger ein Tanzlied auf ihn gedichtet und singen es, wenn sie mit ihm fröhlich sind: Mit den Siechen war er siech, er hungerte mit den Hungrigen und durstete mit den Durstigen.« –

»Mit den Siechen war er siech«, flüsterte Thirza andächtig, glühend vor sich hin. – Die drei sahen auf das fiebernde Mädchen, dessen weißes Gesicht in einem blendenden Sonnenstrahl aufglänzte, der jetzt durch die Türöffnung fiel. Vier

Menschen in dem halbdunklen Raum – alle vier erbebten einen Augenblick lang gleichzeitig, jeder auf seine Art, alle vier von den Ausstrahlungen des abwesenden Meisters berührt – wie vier Blätter verschiedenartiger Pflanzen, die alle von dem gleichen Windhauch in Schwingung versetzt werden, jedes Blatt auf seine eigene Art. Das Zimmer war voll von diesem lebendigen Windhauch.

»Und weißt du, was recht eigentlich die frohe Botschaft ist?« fuhr Schoschana eifrig fort. »Tuet das Gute, so sagt mein Bruder, und es wird ganz von selbst das Gute und Richtige von oben geschehen. Niemand kann es verhindern, keine Macht der Welt. Gott selbst kann gar nicht anders als uns Legionen seiner Engel schicken und für uns streiten. In seiner Liebe zu seinen Kindern kann er gar nicht anders. Und deshalb heißen wir ja, so steht es in den Schriften, Kinder des Höchsten allesamt, Kinder unseres Vaters im Himmel. Nur das eine: wir müssen anfangen. Wir müssen lieben und vertrauen. Dann kommt von oben die Antwort. Klopfet nur, so wird euch aufgetan – das sagt mein Bruder immer wieder. Bittet, so wird euch gegeben werden. Suchet, so werdet ihr finden.«

Adoniram ergänzte aus seiner Kenntnis der alten Schriften: »Amen. Wenn ihr mich von ganzem Herzen sucht, dann werde ich mich von euch finden lassen – spricht der Herr.«

»Und sorget nicht für den morgigen Tag. Trachtet nach dem Recht und dem Reich Gottes. Der morgige Tag wird für sich selber sorgen. Jeder Tag hat genug an seiner eigenen Plage.«

»Der epikurischen Weisheit klingt das sehr nahe«, überlegte Meleagros, fast nur für sich. »Hat aber doch einen andern Sinn.«

»Jetzt müßt ihr anfangen, sagt mein Bruder. Heute. Ungesäumt. Vor allem eines: es darf nicht gewartet werden. Aufgeschoben ist doch nur aufgehoben! Wer das Himmelreich mit Gewalt stürmt, der reißt es an sich. Nur der! O die heilige Ungeduld! Aber mit allen Propheten war es so: Für das Jetzt, für sofortige Rettung, für Frieden ohne Aufschub haben sie geeifert, nicht für nebelhafte Ferne in der Zukunft.«

Nun kam auch Adoniram mit seiner leisen Stimme wieder zu

Wort: »Ich habe es aus dem Munde meines Lehrers Hillel selbst gehört, das Andenken des Gerechten zum Segen. Und dies war sein Wort: Wenn nicht jetzt, wann dann? Und: Da, wo keiner Manns genug ist, dort bemühe du dich, ein Mann zu sein. – Das ist die ganze Weisheit unseres Volkes.«
»Das sofortige Anfangen mit dem Guten – es liegt klar zutag. Nichts als das ist es, was mein Bruder dem Volk sagt. Macht nur den Anfang, dann wächst das Reich des Himmels unaufhaltsam empor – aus einem winzigen Senfkorn wächst der riesenhafte grünende Baum, und in seinem Laub und Gezweig nisten die Vögel des Himmels. Wenn wir nichts wünschen, als den Willen unseres Vaters im Himmel zu tun – dann ist die Erlösung bereits da. Deshalb hat mein Bruder einmal gesagt: Ich sah den Satan vom Himmel fallen wie einen Blitz. Und damals entsetzte sich das Volk über ihn. Denn sie fühlten, daß er mit Befugnis des Höchsten redete und nicht aus Büchern. Alle fühlten es: Der Teufel, der Fürst der Welt, seine Macht ist bereits dahin, er ist gerichtet. Das Böse ist am Ende seiner Kraft, es hat seine Gewalt über uns verloren.«
»Aber Rom steht trotz allem ziemlich fest« – diesen Einspruch konnte nun Meleagros nicht länger zurückhalten. Und er wandte sich unmittelbar an Schoschana. »Das eben habe ich dich gefragt, und gerade darauf hast du noch nicht geantwortet. Belehre mich über diesen Hauptpunkt. Was sagt der Meister von den Römern? Will auch er wie unser Owadjah das Land vom römischen Joch befreien?«
Schoschana sah ihm erstaunt in die Augen. »Was ist da viel zu reden! Der Meister will das Ende aller Ungerechtigkeit. Von Rom spricht er nie.« Sie wurde nun noch nachdenklicher, die Sache fiel ihr offenbar zum erstenmal auf. »Das Wort ›Rom‹ habe ich noch nie von seinen Lippen gehört.«
»Auch in Sepphoris nicht? Unter den zweitausend Gefolterten an den Kreuzen nicht?«
»Auch damals nicht. Er hat nur getan, was er getan hat. Gab es noch etwas zu sagen? Auch jetzt: er spricht, als ob es Rom gar nicht gäbe.« – »Der Tod geht uns nichts an«, flüchtig fühlte sich Meleagros an diesen Leitsatz seines früheren Mei-

sters erinnert, doch hatte er keine Zeit zu Vergleichen, denn Schoschana hatte bereits weitergesprochen: »Für meinen Bruder gibt es auch wirklich Rom gar nicht mehr. Er hat Rom besiegt.«

»Ich weiß nicht, ob Owadjah mit dieser Meinung einverstanden wäre. Er behauptet gewiß nicht, daß er Rom schon besiegt hat. Sonst würde er nicht weiterkämpfen. Ich glaube, auch deinen Bruder würde er bekämpfen.«

»Owadjah! Den mein Bruder aus dem Gießbach gerissen hat –«

»Das war in der Kinderzeit. Würden sie einander heute verstehen? Wenn es zu einer Aussprache käme –«

»Sie würden einander ehren. Sie wollen ja auch beide dasselbe: Ende der Ungerechtigkeit. Der Satan fällt vom Himmel wie ein Blitz. Das ist es. Der Satan hat ausgespielt, wenn die beiden ihre Arbeit beginnen. Und wer könnte sagen, daß die Wege der beiden nicht zusammengehen – soweit es überhaupt möglich ist, daß ein Mensch nicht allein mit sich ist auf seinem Wege.«

»Nur daß der eine auf seinem Wege predigt, der andere Waffen schmieden läßt.«

»Und doch hat mein Bruder gesagt: Wenn einer einen Mantel hat, so verkaufe er ihn und kaufe sich ein Schwert. Denn wir stehen vor einer Zeit der Not. Und: Ich bin nicht gekommen, Frieden auf die Erde zu bringen – so spricht er zuweilen –, sondern das Schwert. Meinst du etwa, daß Jeschua Angst hat?«

»Und doch hast du mir ihn als den sanftmütigsten aller Menschen geschildert.«

»Das ist er auch. Und deshalb würde er auch den Owadjah nicht schelten, der das Volk so liebt, die einfachen Leute, und der mit ihnen aus ganzer Seele leidet. Er würde ihn an seine Brust ziehen und das sagen, was sein liebstes Wort ist: In meines Vaters Hause sind viele Wohnungen.«

Adoniram stimmte zu. »So ist es auch mit der Schule Hillels, des Sanftmütigen. Wisse, mein Grieche, daß die Schule Hillels und die Schule Schammais wegen vieler Deutungen streiten. Und man sagt: Die Satzungen beider Schulen sind Worte des

lebendigen Gottes. Dennoch entscheidet man nach der Lehre Hillels. Und warum? Weil die Schule Hillels immer still und demütig war und neben den eigenen Ansichten auch die der Schule Schammais lehrte, ja sie stellte die Ansichten der Schule Schammais den eigenen voran.«
Meleagros schüttelte heftig den Kopf: »Auf diese Art kann man aber doch nie zu einer Entscheidung kommen.«
»Im Kopf nicht. Aber im Herzen wohl.« Das war Schoschanas Antwort. Und Adoniram fügte bei: »Unser lieber Gast, sosehr er sich Mühe gibt, weiß doch noch nicht, wie entsetzlich unser Volk heute leidet. Wie es hilflos dahinschwindet. Und wollte Gott, es stünden unter ihm nicht zwei und nicht zehn, sondern Tausende und Zehntausende von Propheten auf, zu unserem Heil. — Der Gerechte von Nazaret stärkt die Herzen der Armen. Er teilt den Bedrückten von seiner Hilfe mit. Wohl raten auch die Weisen Jerusalems den Armen und helfen den Bedrückten, aber doch nur denen in Jerusalem und in den Städten. Ihre Kraft reicht nicht aus. Auf dem Land draußen, in den Bergen, in den vergessenen Landschaften — wer hat jemals dort zu den Armen gesprochen, ihre Nöte gehört, ihre Hände gehoben, wenn sie sanken? Seit den Tagen der Propheten Elijahu, Elischa und Amos sind Männer des Dorfs wie Jochanan und Jeschua unter uns nicht erweckt worden.«
»Und ein Wundertäter ist er«, weinte Thirza leise in ihre Kissen. »Er legt die Hand auf. Er ist siech mit den Siechen. Er heilt.«

»Er hat also Rom besiegt«, sagte Meleagros zu Schoschana, als sie einige Tage nach diesem Gespräch allein waren. Jeden Satz des Gesprächs hatte er im Gedächtnis mehrmals herumgedreht, war aber trotz aller Mühe, die er sich gab, zu keinem klaren Ergebnis gelangt. Einige Aussprüche des Meisters leuchteten ihm ein, andere nicht. Manche schienen sich gegenseitig zu widersprechen. Dies und das mißbilligte er, weil es, wie etwa jener Satz von der rechten und linken Wange, zu scharf war. Doch sagte er sich, daß er all das, was Schoschana über ihren Bruder sprach, vielleicht überhaupt nicht mit besonderer Gunst aufnehme, weil er sich durch das Licht, das diesen Jeschua umstrahlte, aus der Liebe des Mädchens vertrieben fühlte. Kein Zweifel, Jeschua war sein Rival. Gerade deshalb wollte er sich indes einer besonderen und philosophisch gerechten Würdigung befleißigen, der gute Junge Meleagros. Zu scharf – die neue Lehre? Dem Gefühl seines hellenischen Ebenmaßes zuwider? Gut, aber gewisse Wahrheiten können vielleicht nur dadurch in Wirksamkeit gesetzt werden, daß man sie übertreibt. Damit begibt man sich freilich, das muß man wissen, in eine Zone erhöhter Gefahr, und es kann geschehen, daß die Auswirkungen höchst unersprießlich sind. – So gingen seine Erwägungen hin und zurück.

»Er hat also Rom besiegt«, begann er zweiflerisch. »Aber dieses Rom besteht weiter, und wir sind gezwungen, im Schattenreich seines Unflats und Unrechts zu leben."

»Unser Herz schreibt das Gesetz vor, nach dem wir leben, nicht Rom.«

»Aber damit ändert sich nichts.«

»Alles. Wir haben das Rechte zu tun, dann wird der Himmel das Seine dazugeben. Wir das Unsere – der Himmel das Seine. So ist es gut verteilt. Um mehr als das Unsere brauchen wir uns nicht zu sorgen. Denn dann ist uns der Frieden unserer Seele gewährt. So hat es auch Ben Sirach geschrieben: »Die Furcht des Herrn verleiht Frohsinn und eine Freudenkrone.«

»Sie kann aber auch Krieg und Verfolgung verleihen. Dein Bruder lehrt indes, so hast du es mir ausdrücklich gesagt: ›Liebet eure Feinde. Widersteht nicht dem Bösen. Wer dich auf die rechte Wange schlägt, dem biete auch die linke. Und siebzigmal siebenmal sollt ihr denen vergeben, die euch verfolgen.‹ Also auch den Römern. Wie können denn die Römer jemals überwunden werden?«

»Durch Liebe. – Doch das ist ein gefährlich leeres Wort, wenn man nicht an die wirkliche Ausführung geht. Man soll es gar nicht aussprechen, das Wort Liebe. Es erstarrt so leicht. Man soll es tun, nur tun. Bei der Ausführung lernt man dann, wo man der Liebe freien Lauf geben kann, der Liebe zu allen Geschöpfen. Wir wissen es nicht immer, wir sind unsicher im

Gefühl, wie Kranke sind wir, und die Kranken bedürfen des Arztes. Deshalb ist mein Bruder unserem Geschlecht als Lehrer bestellt. Ich sage dir ja immer wieder: durchaus nicht alles verstehe ich, was er sagt, und vieles, was ich zu verstehen glaubte, erwies sich später als falsch verstanden und war ganz anderen Sinns. Nur eines fühle ich klar: die Welt, in der wir leben, ist das Reich des Unrechts und des Todes – und so ist sie zu Schmerzen verurteilt, die sich noch steigern werden, zu furchtbarem Unglück, zu gegenseitiger Zerfleischung der Menschen, bis alle verzweifeln und die Hände ringen im großen Untergang, im unrühmlichen Ende des Zusammenbruchs. Die Welt retten vor diesem grausigen Sturz – er steht bevor –, die Macht des Todes überwinden: das ist meinem Bruder aufgetragen.«

»Wie kann er das ausführen?«

»Er hat die Kraft. In ihm ist Macht, Gesundheit, Mitleid, Einsicht, Jugend, Anmut, Lebhaftigkeit des Geistes, Frohmut, Tatkraft, herrliche Ungebrochenheit, die blühende Lippe und das reine Herz.«

Meleagros verstummte, er fühlte eine tiefe Bewegung in sich. Eine Weile später begann er, der immer neuen Erfahrungen Offene, Lernbereite: »Ich habe eine Frage an dich, Schoschana. Würde mich dein Bruder als Schüler aufnehmen? Was meinst du?«

Sie war nicht überrascht. Diese Frage hatte sie, ohne sich darüber Rechenschaft zu geben, schon seit einiger Zeit erwartet. »Es scheint mir wirklich«, so begann sie bedachtsam, »daß es mit den Lehren deines Epikuros windig ausschaut. Es ist mir auch eingefallen, daß ich den Namen Epikur doch nicht zum erstenmal gehört habe, wie ich glaubte, als du ihn aussprachst – auch wir gebrauchen das Wort, wir haben freilich seine Silben etwas entstellt und verdreht, und wir bezeichnen einen Frevler, einen Gottesleugner damit.«

»Er war kein Frevler, er war auf seine Art um das Wohl der Menschen ebenso bemüht wie dein Bruder. Man kann von beiden lernen.«

»Das ist unmöglich. Die Unentschiedenen liebt mein Bruder

nicht. Er sagt vielmehr: Wenn dein Auge dich ärgert, so reiß es heraus und wirf es von dir; es ist besser, du gehst einäugig ins Leben als mit beiden Augen in das ewige Feuer.«
»Du hast mir aber doch seinen duldsamen Lieblingsspruch überliefert, den von den vielen Wohnungen. Und den andern Spruch: Dieses gilt es zu tun und jenes nicht zu lassen.«
Nun wurde Schoschana ein wenig ungeduldig: »Dann will ich dir etwas von ihm bestellen, was keinen Zweifel zuläßt. Ziehet auf keiner Heidenstraße, so hat er seinen Schülern geboten, und betretet keine Stadt der Samariter, geht vielmehr nur zu den verlorenen Schafen vom Hause Israel. — Und wenn er etwas ausdrücken will, was in seinen Augen schlecht — oder zwar nicht schlecht, aber doch auch nicht besonders rühmenswert ist, dann pflegt er zu sagen: Darauf seid nicht stolz, das tun auch die Heiden.«
Meleagros blieb traurig stehen, diese Verengung der Welt tat ihm im Herzen weh. Auch fiel ihm anderes ein, was Schoschana berichtet hatte und was er mit dem leuchtenden Bild des Meisters nicht in Einklang zu setzen wußte: der sanftmütigste aller Menschen sollte er sein, siebzigmal siebenmal wollte er den Verfolgern vergeben — derselbe aber hatte doch auch von einer Sünde gesprochen, die nie vergeben wird, der Sünde gegen den Geist, und den Städten Chorazin und Kfar Nachum, die ihn nicht freundlich aufgenommen hatten, hatte er mit wilden Worten geflucht: Bis zur Hölle sollst du hinabgestoßen werden! —
Ratlos vor so viel Widersprüchen senkte er den Kopf. Er wollte aber sein Werben um diese eigentümliche Gestalt nicht so leichten Kaufs aufgeben. Zumindest seine Neugierde war bis zum äußersten Grade geweckt. Da lebte also mit höchster Lebendigkeit ein Mann, dem seine Anhänger rühmend ganz Entgegengesetztes nachsagten, ohne sich von den Widersprüchen in seinem Wesen stören zu lassen, ja ohne sie auch nur zu bemerken. Es mußte doch etwas ganz Seltsames und Mächtiges von ihm ausgehen, das die Menschen wie in einen Bann schlug. »Wenn ich dich bitten würde, mir zu sagen, Schoschana: Was ist das Größte an deinem Bruder, was ist der Gipfel

seiner guten Eigenschaften – könntest du mir darauf eine kurze, klare Antwort geben?«
Sie besann sich nicht lange. »Das Größte an ihm ist, daß er so einfach ist.«
Langes Schweigen. – Das kam also noch dazu! Ich sehe Widersprüche, und sie nennt ihn: einfach. Wie reimt sich das? Zu den Schwierigkeiten trat eine weitere, die bedenklichste von allen.
Schoschana lenkte ein. »Du mühst dich ehrlich, ich lese es dir vom Gesicht ab. Vielleicht bin ich zu weit gegangen. Vielleicht habe ich sogar ein häßliches Unrecht an dir getan; steht mir denn ein Recht zu, in seinem Namen zu sprechen? Er überrascht mich ja immer aufs neue. Es gibt keinen in seiner Umgebung, den er mit seinen Worten und Werken nicht immer aufs neue überraschte. Dann fühlen wir uns alle ganz klein vor ihm. Er stürmt vor unseren Augen das Himmelreich. Und wir bleiben finster und schwach auf der Erde zurück. Je mehr er uns ermutigt, desto mehr verzagen wir. Je kühner er wird, desto deutlicher wird uns, daß wir ihn nicht verstehen. Mit all dem will ich eines sagen: versuch es doch, sprich selbst mit ihm, vielleicht würde er dich als Schüler nicht bloß annehmen, sondern sogar willkommen heißen. Im voraus weiß man es nie. Vielleicht wärst du ihm der liebste und beste seiner Schüler.«
»Daß er so einfach ist, sagst du? – eine einfache Natur?«
»Ja, ein einfacher Mensch. Eine einfache, klare Seele, schön und klar.«
»Ich bin vielleicht auch eine einfache Natur«, sagte Meleagros. »Einfach böse.« Heftige Reue und Scham hatten ihn gepackt. Er wußte nicht, wessen er sich zu schämen hatte. Es war aber eine starke Unruhe und Unzufriedenheit in ihm. – »Einfach böse«, wiederholte er mehrmals.
»Das bist du nun gewiß nicht«, rief Schoschana eifrig und zutraulich. »Da kenne ich dich besser, als du dich kennst.«
»Dein Bruder ist aber ganz anders als ich?« fragte Meleagros mißtrauisch, schlecht gestimmt.
Schoschana merkte den Nebenton des Neides gar nicht, ihre

Gedanken waren nun schon wieder ganz bei Jeschua. »Er ist ein Kind«, sagte sie, in ein glückseliges Lächeln verloren. »Ja, ein Kind. Bei all seiner Macht und kraftvollen Erwachsenheit: ein gutes, ein entzückendes Kind. Man muß entzückt von ihm sein, wenn man ihn kennt. Er spricht auch so gern von Kindern und zu ihnen. Von Chanan Hanechba, Chanan dem Verborgenen, erzählt er, den zur Zeit der Dürre die Kinder am Saum seines Mantels faßten, wenn er aus dem Lehrhause ging. ›Vater, Vater, gib uns Regen!‹ sagten sie. Chanan war nämlich ein Tochtersohn Chonis des Kreisziehers, des Regenmachers. Man schrieb beiden Zauberkräfte zu. Da pflegte Chanan zu beten: ›Herr der Welt, tu es um dieser willen, die zwischen dem Vater, der Regen gibt, und dem Vater, der keinen Regen gibt, nicht unterscheiden können.‹ – Jeschua liebt die Kleinen, wie dieser Chanan sie geliebt hat. Einmal saß er mit seinen Schülern, und die Kinder umdrängten ihn. Man wollte sie wegscheuchen. Er aber sprach: Lasset die Kinder und wehret ihnen nicht, zu mir zu kommen, denn ihrer ist das Königreich Gottes. Ein andermal stellte er ein Kind in die Mitte der Jünger und sagte: Den Weisen und Verständigen hat Gott es verborgen, den Unmündigen hat er es offenbart. Wahrlich, ich sage euch, so ihr nicht werdet wie die Kinder, werdet ihr nie ins Königreich Gottes eingehen.«

In den nächsten Tagen machte Meleagros einen recht ungeschickten Versuch, die ihm eingetrichterte Geheimmeldung bei Tuscus anzubringen. Pflichtschuldig nannte er das Haus zum Granatapfel in Sepphoris, es stand dicht neben dem griechischen Theater. Im Unterstock war ein Gasthaus. Im Keller darunter die Waffen. Nur stockend sonderte er das Gift ab, zeigte allzu deutlich, wie zuwider ihm all die Lügen waren. Daß er für Aufgaben solcher Art hervorragend begabt war, konnte man wahrhaftig nicht sagen. »Wenn ihr nicht werdet wie die Kinder –« sann er wie geistesabwesend vor sich hin, halblaut. »Aber auch die Kinder pflegen zu lügen ...«
»Was sprichst du da?« fuhr Tuscus ihn an. Er hatte beim Eintritt des Meleagros die Kanzleiarbeit nicht unterbrochen, ihn

nicht angeschaut. Sobald er jemanden als Helfer eingefangen, in sein Netz gezogen hatte, pflegte er ihm unverhohlen seine Verachtung zu zeigen. Das sonst so adrett-höfliche Herrlein war dann ganz Jupiter, und zwar von der Seite des verdrießlichen Regengottes her, ganz hoheitsvolle Ungnade.

»Was war das mit den Kindern?«

»Nichts Besonderes. – Ich wollte nur sagen – jedes Kind in Sepphoris weiß, daß es dort ein Waffenlager gibt.«

»Dann sind wir dir ja sehr verpflichtet, mein trefflicher Meleagros, daß du das bei deinen Jerusalemer Freunden herausgebracht hast. Als Ergebnis wochenlanger Mühen.«

»Ich meine nur – die Existenz dieser Lager war bekannt. Die genaue Adresse festzustellen, ist mir erst jetzt gelungen.«

»Danke. Du kannst gehen. Ich warte auf wichtigere Entdeckungen. Und ich kann dir nur raten: Laß mich nicht allzu lange warten.«

Niedergeschlagen berichtete Meleagros den Freunden; Wort für Wort der ihn beschämenden Unterredung gab er wieder. Das Prinzip der Aufrichtigkeit war ihm bereits unentbehrlicher Lebensbestand geworden. Seltsamerweise war man sehr zufrieden damit, wie er den Auftrag ausgeführt hatte. Gerade die Ungeschicklichkeit seiner Rede werde dem Tuscus Vertrauen einflößen. Übrigens war von diesem bekannt, daß er immer dann, wenn er von ›Unwichtigkeit, Bagatelle‹ sprach, einer besonders wichtigen Aufklärung auf der Spur zu sein glaubte. Wenn er mit seinen Untergebenen zufrieden war, schimpfte er sie herunter. Man zeigte sich in Owadjahs Kreis überhaupt von allem, was Tuscus anlangte, erstaunlich genau unterrichtet. Wie Meleagros erst jetzt erfuhr, wußten alle – auch die beiden Freunde Owadjahs, die gelegentlich zu den Beratungen kamen, ein Brüderpaar, ihres Zeichens Kupferarbeiter, Ezbon und Jerimot –, daß Tuscus eine der mächtigsten Persönlichkeiten des römischen Geheimdienstes war. Fast schien es nun dem Griechen, als sei er der einzige weit und breit gewesen, der arglos von diesen Dingen keine Ahnung gehabt hatte. Und dabei saß er täglich zwei Zimmer entfernt von Tuscus im Amt. Von außen her erst mußten ihm die

Einzelheiten zugebracht werden. Tuscus also war ein Freund jenes Prätors Sejanus, des Wüstlings, der den alten, menschenscheuen Kaiser beherrschte, ihn in seinem Palast auf der Insel Capreä von der Außenwelt abgeschnitten hielt. In Wirklichkeit regierte dieser verbrecherische Prätor Sejanus, nicht der Gott Tiberius. Er war es, der seine besten Leute an jene Stellen des römischen Erdrunds sandte, an denen Unruhen erwartet wurden. Man rechnete mit einem Aufstand in Judäa. Und solch ein Ausbruch wäre dem Machthaber in Rom nicht einmal unwillkommen gewesen – vielmehr eine gute Gelegenheit, die unbequemen Juden, die immer noch mit Resten ihrer früheren Unabhängigkeit aufbegehrten, vollends niederzuschmeißen oder, noch besser, ganz zu vertilgen.

Man wartete nun in Sepphoris auf das Zuschlagen der Behörde. Alles war gut vorbereitet. Nur dieser Schlag blieb aus. – Auch war es in der nun folgenden Zeit dem Meleagros unmöglich, eine zweite Unterredung bei Tuscus zu erlangen. Er sei krank, hieß es zuerst. Dann: er habe zuviel zu tun. Schließlich war er verreist. »Er ist beim Tetrarchen Herodes Antipas eingelangt«, erfuhr man bei Owadjah. »Er hat ihn in Peräa besucht, in seiner Burg Machwar.« Es war das die Festung, die die Römer Machärus nannten.

Stellte der Ausflug Jupiters eine bloße Höflichkeitsreise dar? Sah Tuscus überhaupt wie ein Mann aus, der zufällige oder vergnügliche Fahrten unternahm? Die Ereignisse, die nun folgten, deuteten auf alles andere eher hin, als daß es sich hier um einen harmlosen Zufall handelte. Ja es mochte einem ein ganz vertrackter Argwohn aufsteigen: die geheime Insurgentenzelle hatte versucht und gehofft, durch Vorschieben des Meleagros den Spürhund von seiner Fährte abzulenken. Möglicherweise aber war Meleagros, ohne es zu wissen, in genau umgekehrter Richtung eine Figur im Spiel des Tuscus geworden und diente dazu, die Aufmerksamkeit der jüdischen Patrioten von einem Hauptschlag abzulenken, den der große Agent seit langem plante. Von den beiden Gruppen, die im dunkeln miteinander rangen, schien doch die römische nicht bloß an Macht und

Organisiertheit, auch an Erfahrung und Verschlagenheit weit im Vorsprung zu sein.
Der Mann, der eines Abends wie von Sinnen in Owadjahs Werkstätte stürmte, hieß Kepha, das ist, in aramäischer Sprache: ›Felsen‹. Kepha wurde er beinamemäßig genannt, mit seinem Bürgernamen war er Schimon der Fischer, nach seinem Vater wohl auch Schimon bar Jona. Er trug einen schadhaften schwarzen Reisemantel, eine gestrickte Kappe, einen Stab, eine kleine Proviantasche, staubige Sandalen. Sein Kopf war rund, von dunklen Locken, die einen leichten rotbraunen Schimmer zeigten, und von einem dichten Vollbart umrahmt, unter der stark gewölbten, über den Brauen knollig vorspringenden Stirn leuchteten hellglänzende Augen mit einer derart hemmungslosen und eigensinnigen Wildheit, daß man unwillkürlich auch in seine geduckte, gedrungene Gestalt etwas von der Energie eines Bocks oder eines Belagerungswidders hineinlegte, der gegen Festungsmauern anrennt. Er war jung, kraftvoll, Müdigkeit kannte er nicht; das hatte er eben dadurch erhärtet, daß er den steil ansteigenden Weg von der Jordansenke in die Hauptstadt im Dauerlauf, ohne auszuruhen, zurückgelegt und nachher noch durch halb Jerusalem gerannt war, um Schoschana zu finden.
Was er zu melden hatte, war ungeheuerlich. Schergen des Fürsten Herodes Antipas hatten, zusammen mit römischen Soldaten, den Täufer Jochanan und seine Jünger im Weiler Bet-Awara, am Fährhaus der Jordanfurt überfallen, ihn und noch einige in die Festung Machärus geschleppt, aus der keine weitere Kunde in die Welt draußen hervordrang. Lebte der heilige Mann noch? Hatte man ihn frevlerisch umgebracht? Niemand wußte es. – Jeschua war zur Zeit des Angriffs nicht im Dorf gewesen. Er pflegte häufig des Nachts in der Steinwildnis umherzugehen, in tiefem Nachsinnen, im Gebet. Als er in den Morgenstunden heimkam, meldete man ihm die Entführung des Täufers. Mit starker Rede erhob er sich. Er sagte, daß von dem Fuchs Herodes noch allerlei Böses zu gewärtigen sei. »Hütet euch vor ihm.« Wenn er erst einmal gelernt habe, seine anfängliche Scheu zu durchbrechen, werde er viel Schlim-

mes anrichten. Wie ein Sauerteig werde er die Seele des Volkes nicht mehr zur Ruhe kommen lassen. Es sollten daher alle sich zerstreuen, in ihre Heimat zurückkehren. Die Schüler Jochanans wie die Sendboten aus dem Galil, alle, auch seine Schwester Schoschana, sollten nach Hause reisen.

Schoschana war entschlossen, den Bruder in Nazaret zu erwarten. Was weiter zu geschehen hatte, werde er bestimmen.

»Aber dein Handwerk!« wandte Meleagros ein. »Hast du denn schon ausgelernt?« Auch Owadjah fand, daß sie kaum erst die Anfangsgründe erfaßt habe. Doch das alles half nichts, Schoschana wollte unverzüglich aufbrechen. Noch in dieser Nacht!

»Was willst du denn in Nazaret tun?«

»Ich weiß nicht. Mein Bruder braucht mich. Sonst hätte er mich nicht zu sich beschieden. Bisher ist das noch nie geschehen.«

Schlomit, die den stürmischen treuen Boten von früher her kannte, wandte ein, daß Kepha manchmal übereifrig sei, seinen Herrn, für den er sich in Dienstfertigkeit und Verehrung geradezu überkugelte, nicht immer verstehe, weshalb er sich hie und da auch schon einigen Spott seitens des Meisters hatte gefallen lassen müssen. Kepha nickte still: Ja, so war er – er wußte es, und er war der erste, seine Fehler anzuerkennen. Doch er konnte es nicht ändern. Jetzt saß er müde auf der Bank unter den Efeuranken, ein Glas Wein vor sich, das man ihm hingestellt hatte. Zufrieden lächelte er, wenn man von seiner Ungeschicklichkeit sprach, von Anstößen und Mißverständnissen, mit denen er dem Meister zuweilen lästig fiel und die zu bereuen er gutartigerweise sofort bei der Hand war – nicht ohne bereits den nächsten Fehler vorzubereiten, zu dem seine ungemessene Leidenschaft für den Herrn ihn verführte. Er nahm einen tüchtigen Schluck. »Schoschana soll kommen. Das hat der Meister gesagt.«

»Nun hört ihr's«, fuhr das Mädchen auf, Entsetzen in den Augen. Sie wünschte nur noch, sich von Thirza und Vater Adoniram zu verabschieden. Meleagros wollte sie zur Korbflechterhütte begleiten. Sie lehnte ab. »Nein, ohne Abschied, rasch.« Doch als sie die ersten Schritte machte, wankte sie, fiel in Ohnmacht.

Als sie die Augen aufschlug, griff sie vom Lager aus, auf das man sie rasch gebettet hatte, nach der Hand des Griechen, hielt sie fest. »Ich habe dir's gesagt, mein Arzt. Ihm gehört alles, was ich bin. Nicht mir gehört mein Leben. Dabei habe ich nie gewußt, was er von mir verlangt. Manchmal hat es so ausgesehen, als wolle er gar nichts von mir. Er hat mich oft überhaupt nicht beachtet. Jetzt aber verstehe ich auch das. Nicht das oder jenes will er von mir, er will alles, zur Gänze will er mich.«

»Ich muß dich aber wiedersehen, Schoschana«, widersprach Meleagros mit Festigkeit. »Ich gebe dich nicht frei. Wir haben doch beide gesagt, daß es unmöglich ist. Sei aufrichtig, wie ich es bin. Haben wir einander nicht volles Vertrauen versprochen?«

Sie lächelte matt. »Wenn die Zeit gekommen ist, wirst du mich finden.«

»Was wirst du für ihn tun? Was kann es sein, wozu er deiner bedarf?«

»Ich weiß es noch nicht. Er braucht mich. Ich kann es mir denken: Wenn der Täufer in Fesseln liegt, vielleicht für immer gefangen, dann ist damit die ganze Aufgabe auf meinen Bruder gefallen.«

Schlomit kam zu beiden hinzu. Sie war ängstlich erregt. Es war ihr, als habe sie die ersten Wehen verspürt. Doch auch um die liebgewordene Freundin bangte sie. All die dunklen Ahnungen, derer sie auch sonst randvoll war, wogten auf. In einer der Nächte des Laubhüttenfestes hatte sie gesehen, daß Schoschana einen Schatten ohne Kopf werfe. Das bedeutete Tod im eben begonnenen Jahr.

In der andern Ecke der Stube flüsterten Owadjah und Kepha. Auch die beiden Kupferarbeiter, die Brüder Ezbon und Jerimot, waren hereingekommen. Alle wollten Nachricht haben, auf welche Art der Täufer Jochanan den Meister aufgenommen habe.

Kepha rückte verlegen auf der Bank hin und her. »Vielleicht bin ich schuld daran, daß es nicht feierlicher geschehen ist. Ein seltsamer Mann, dieser Jochanan. Gewaltig und seltsam. Man sagt ja, daß er eigentlich der Prophet Elija ist. Trägt den zottigen Mantel aus Kamelhaar, den ledernen Gürtel wie jener. Sein langer roter Bart flattert im Steppenwind. Und seine Worte heulen, wie nachts die Schakale im Schilfrohr heulen. ›Ihr Otterngezücht!‹ ruft er den Leuten zu, die aus Jerusalem hinabsteigen, um vor ihm Buße zu tun, ehe er sie tauft – denn er tauft keinen, der nicht vorher alle seine Sünden gestanden und Besserung gelobt hätte –, ›ihr Nattern und Skorpione, wer hat euch gesagt, daß ihr dem kommenden Zorngericht entgehen werdet! Der Tag kommt, brennend heiß wie das Feuer im Ofen. Alle Übermütigen werden dann wie Stroh sein, und der Gott der Heerscharen wird sie versengen, daß weder Wurzel noch Zweig von ihnen übrigbleibt. Doch ich sende euch den Propheten Elija, ehe der Tag Gottes kommt groß und gräßlich – so spricht Gott. Und er wird das Herz der Väter zu den Kindern zurückwenden und das Herz der Kinder zu den Vätern.‹ Und wenn dann die Massen schreien und fragen: ›Meister, was sollen wir tun?‹ dann sagt der Einsiedler auf die einfachste Art: ›Wer zwei Röcke hat, gebe einen davon dem, der keinen hat. Und die Soldaten sollen niemand ausplündern, sondern sich mit ihrem Sold begnügen.‹ – Am Bache Krith lagern die Massen, und da ließen auch wir aus dem Galil uns nieder, und Freunde aus Judäa gesellten sich zu uns und erzählten uns, daß hier an dieser Stelle, Elija sich verborgen gehalten, als der König ihn verfolgte. Und er trank aus dem Bach, und die Raben brachten ihm morgens und abends seine Nahrung, auf Geheiß des Herrn. So trinkt auch der Täufer keinen Wein, ißt kein Brot, nach der Weise Jonadaws und des Hauses Rechaw, er säet nicht und ein Haus baut er nicht. Er nährt sich von Heuschrecken und von wildem Honig. Immer ist er mürrisch, der Prophet, immer voll von schwarzem Zorn, seine Augen glühen, sind starr, glotzende Kohlen, keinem gestattet er ein freundliches Wort von Gesicht zu Gesicht. Nur zur Menge spricht er in seinem Geheul; es ist, als wisse er nur zu zanken und zu strafen. Er setzt sich auch nie, man bekommt ihn nie zu fassen. Er donnert seine

Worte im raschen Gehen hervor, bleibt stehen, wendet sich schon wieder, wie vom Sturmwind getragen, verschwindet im Rohr. Oder er hockt schweigend da, den Kopf zwischen den Armen, und stundenlang verlautet kein Wort. Manchmal bewegt er auch die Lippen, aber keine Rede geht hervor. Bin ich denn nachts in seine Schilfhütte geschlichen, die weit abseits von allen liegt, auf einem der kahlen Hügel aus Mergelstein – durch Dickicht und viele Schluchten bin ich geklettert, der Boden ist dort von Schluchten zerrissen und lauter kleine Hügel dazwischen, so daß man sagt, von ihnen spreche unser König David, wenn er betet: ›Und vor dir hüpfen die Hügel wie Lämmer.‹ So sieht es dort aus, in der Steppe des Jordan. – Ja, nachts habe ich ihn geweckt und ihm gesagt: Morgen wird ein Großer vor dir stehen, ein Heiliger, bereite dich, ihm das Tauchbad zu gewähren.«

»Und Jeschua hat davon gewußt?« fragte Owadjah.

Kepha wurde noch unruhiger. »Nichts gewußt. Er hatte es sogar verboten. Ich aber dachte mir eben ... Am Morgen fragt er mich: Wo bist du in der Nacht gewesen, Petrus? Ich: Nirgends, Herr. Und er: Man hat dich gesehen. Ich stürze ihm zu Füßen, bitte um Verzeihung, daß ich sein göttliches Wort übertreten habe. Er: Du sollst jetzt Andreas, deinen Bruder, zu Jochanan führen und sagen: Nachts habe ich den da gemeint. – Was kann ich anderes als gehorchen. Er erklärt es mir auch noch in seiner großen Güte: Wer sich nicht erniedrigt, wird nicht erhöht. Die Kleinen sind es, die das Himmelreich erben. Der Täufer hat aber auch den Andreas nicht beachtet. Er sieht niemanden. Er schreit in die blaue Wölbung des Himmels hinein wie ein Rasender. Und mein Herr Jeschua steht verborgen in der großen Menge am Ufer; vergebens, daß ich dem Täufer Zeichen mache, er sieht ihn nicht, wie er ihn nun mit den andern ins Flußwasser führt. Wie aber unser Herr das Tauchbad verläßt, da öffnet sich der Himmel mit einem großen Licht, und ich höre sanfte, zart girrende Worte, so wie eine Taube girrt, es sind dieselben Worte, wie Gott sie zu David gesprochen hat, zu unserem König David: ›Mein Sohn bist du, ich habe dich heute gezeugt‹.« – Glückselig lächelnd hatte

Kepha das schwere Haupt zurückgelegt, über das die rotbraunen Locken hinwegschlugen.
Schoschana erhob sich halb: »Hörst du, was er erzählt?«
Kepha weinte. »Es ist klar und offenbar vor Gott, daß er der gesalbte König ist, der Meschiach, Sohn Davids.«
»Was werden die Römer dazu sagen? — Der Messias! Ein König! Ich bin unglücklich, wenn die Leute so reden. Es geschieht nicht zum erstenmal.« Schoschana zitterte am ganzen Leib.
»Er wird die eingesunkene Hütte Davids wiederaufrichten. Er wird das Zepter und das Königtum dem Hause Jakobs zurückstellen«, flüsterte Kepha. »Wie Maleachi es geweissagt hat: Plötzlich wird er kommen, der Herrscher, den ihr wünscht, in seinen Palast. — Und auch unser Elija ist ja schon da, der dem Messias vorangeht, wie verheißen. Deshalb heult ja auch Jochanan: ›Es kommt einer nach mir, der ist stärker als ich, ich bin nicht wert, ihm die Riemen an den Schuhen zu lösen‹.«
Meleagros fand sich nicht mehr zurecht. Inmitten all der ungeheuren Umwälzungen, von denen hier die Rede war, stand er mit seinem schweren Herzen, das um Schoschana litt. Sollte er sich klein vorkommen, weil er nur an den Abschied, an seinen Liebesschmerz dachte? Er paßte nicht zu diesen erregten, nach Hoffnung lechzenden Menschen, hatte nie zu ihnen gepaßt, hatte sich selbst eine Zeitlang mit dem flüchtigen Anschein eines gemeinsamen Krieges aller Unterdrückten gegen Rom betrogen — jetzt aber klafften die Welten auseinander, und es zeigte sich, daß neben einigem Gemeinsamen das Unterscheidende überwog. Er suchte nach einem Halt. »Ist dies alles auch deine Meinung, was Kepha sagt?« fragte er das Mädchen.
»Es steht in unseren Schriften: Wenn Israel Buße tut, wird es sofort erlöst werden. Sofort — hörst du, mein Grieche? Vielleicht ist der Augenblick da, in dem alle Erniedrigung von uns abfällt.«
»Das sagst du gerade jetzt, da man einen eurer Frömmsten in die Festung schleift?«
»Dem Kommen des Messias gehen die Geburtswehen voran.«

»Und da der jüdische Fürst den Frevel unternimmt, als folgsames Werkzeug dieses Tuscus, der überall Verschwörung wittert?«
Schoschana hatte Tränen in den Augen. »Was mag mein Bruder jetzt leiden! Er liebte diesen wilden Jochanan. Von ferne hat er ihn gepriesen, den Kriegswagen Israels und seinen Lenker. Wie erträgt er jetzt, daß solch ein Unrecht geschieht? Es zerreißt ihn. Nie konnte Jeschua ertragen, daß Unrecht geschieht. Ich sehe, wie er die Hände emporreckt: Mein Vater im Himmel ist ein liebender Vater. Es muß ein Irrtum vorliegen. Das Reich Gottes in uns ist noch nicht stark genug, sonst wären alle diese Leiden nicht da.«
»Warum sind die Menschen so unglücklich?« stammelte Meleagros erregt. »Warum quält einer den andern? Was müßte geschehen, um sie glücklich zu machen?«
Schoschana hatte sich gefaßt: »Mein Bruder fragt anders. Warum entziehen sich die Menschen dem Königreich des Himmels, für das sie geschaffen sind? Wie können sie aus diesem Elend noch im letzten Augenblick gerettet werden, ehe der Höllenrachen alle verschlingt?«
Scheinbar unvermittelt begann Meleagros, der nun gleichfalls zumindest in der Stimme zu einer ruhigeren Art zurückfand — begann Meleagros eine Erzählung. Sie betraf den Helden Meleagros, einen Helden der Urzeit, von dem er den Namen hatte. Als Held Meleagros geboren wurde, hörte seine Mutter eine Stimme: Das Holzscheit auf dem Herd — siehst du es? Wenn es verbrennt, stirbt dein Sohn. — Die Mutter nimmt das Scheit aus der Flamme, versperrt es in einer goldenen Lade. Der Sohn wächst zum Jüngling auf. Einmal auf einer Eberjagd erzürnt er die Mutter. Die Mutter geht heim, öffnet die Lade ...«
»Genug, genug!« jammerte Schoschana.
»Sie wirft das Scheit auf den flammenden Herd. — Schoschana, willst du das Holz im Feuer verlodern lassen? Wirst du es nie aus den Gluten ziehen?«
Ein strenger Glanz lag auf ihrem Gesicht. — So müssen die Engel blicken, von denen man hier so viel erzählt, als hätte

jeder schon einige von ihnen gesehen. Unwillkürlich legte Meleagros die Handfläche schirmend vor seine Augen. Doch Schoschanas Stimme klang mild und wehmütig. »Jetzt verstehe ich auch, warum mein Bruder sagt: Die liebsten Menschen müssen einem fremd werden, wenn man zur großen Arbeit aufbricht, und alle muß man verlassen, Vater und Mutter, Kind und Mann.«

»So bin ich denn dein Mann?« sagte er jäh. Die Hand fiel ihm aufs Knie.

»Du bist es. Mein Mann und mein Kind. – Jetzt aber gehe. Ich will nicht, daß wir uns verabschieden. Es ist nicht nötig. Im Galil wirst du mich wiederfinden.« –

Dennoch war er vor dem Frührot in der Hütte Adonirams. Schoschana war in der Nacht nicht heimgekommen, niemand wußte, was geschehen war. Er gab die notwendige Auskunft. Flog schon den Abhang hinab, daß die Steine spritzten, steile Straßen rannte er aufwärts, zu Owadjahs Werkstätte. Noch ehe er den alten Torbogen auf der Plattform durchschritten hatte, hielt er ein. Römische Waffen in der Dämmerung, Helme, Lanzen. Das Haus war besetzt. Im Augenblick verstand er: Tuscus hatte den zweiten Schlag geführt, wollte auch hier wie im Jordantal einen Mittelpunkt der Auflehnung vernichten.

Von einem Balkon herab, der hinter Palmenkronen lag, wurde ihm leise etwas zugeflüstert. Er verstand es nicht. Eine Hand winkte. Er trat ins Haus. Eine fremde Frau redete rasch auf ihn ein, während ihm all das Schreckliche noch gar nicht in ganzem Umfang zu Bewußtsein gekommen war. Er glaubte nur Trümmer zu sehen, Trümmer und Blut. Owadjahs Hobelbank lag vor der Türschwelle drüben zerbrochen im Staub, ein Legionär stieß eine Handmühle, einen Mantel mit der Fußspitze vor sich her. Doch nein, die Frau schien Tröstliches zu sagen. Nun erst horchte er richtig auf. Owadjah war rechtzeitig durch Geheimbotschaft der Gegenspionage gewarnt worden. Mit Schlomit, die bereits in den Wehen lag, war er geflohen. Schoschana und die beiden Brüder wie auch Kepha hatten geholfen, die Guten. Sehr rasch hatte die Ausquartierung erfolgen müssen. Und nun seien alle gerettet im Örtchen Bet-Teena hinter dem Ölberg, weit außerhalb der Mauern. Die Römer waren in ein verlassenes Haus eingedrungen. Wenn er einen Zickzackweg nehme, könne er gefahrlos und ohne die Geflüchteten zu gefährden zu ihrem jetzigen Wohnsitz da und da gelangen.

Meleagros schlüpfte aus dem Schatten des Balkons, machte sich schon auf den Weg. – Mit freudigem Lachen kam ihm bei den ersten Hütten von Bet-Teena, dem Feigendorf, der Riese entgegen – er hatte einen Sohn. Er führte stolz den Gast in die Stube, in der der neue Gastgeber, Schimon, der Demütige, gerade dabei war, ein Feuer anzustecken, ein warmes Bad zu bereiten. Es duftete nach brennenden Ästen und einer balsamischen Essenz.

»Ich habe ihn Jaïr genannt«, sagte Schlomit, neben der das Neugeborene, kläglich quäkend, im Bett lag. »Denn ein Licht wird er uns anzünden.« Sie breitete die Hände aus, betete unhörbar.

Schoschana traf eben die letzten Vorbereitungen zum Aufbruch, umarmte die Wöchnerin. »Dies eine hätte mir mein Bruder gewiß verstattet. Einen Menschen zur Welt bringen helfen – das entschuldigt jeden Aufschub.«

Vor dem Haus hatten zwei Helfer ein Kamel in die Knie gezwungen. Majestätisch schwankend, langsam erhob es sich jetzt, während Schoschana noch den Sattel zurechtrückte. Hinter den Berggipfeln trat die Sonne rot hervor. »Ich selbst werde ja nie ein Kind haben.« Ihr verschatteter Blick traf den Griechen. Dann setzte sich das Tier mit regelmäßigen Wellen, die seinen ganzen Körper durchliefen, immer schneller in Bewegung und war bald hinter den Baumreihen verschwunden.

4
Zu Gast im Galil

Zuerst überfiel ihn eine große Bangigkeit. Wie sie ein Kind befällt, das sich ins schwarze Bett drückt – die Eltern sind ausgegangen, und man weiß nicht, wann sie während der langen Nacht zurückkommen. Vielleicht überhaupt nie mehr? –
Bald nachher fand er sich in heiße Pläne vergraben, die natürlicherweise alle dahin zielten, Schoschana bald wiederzusehen. Seine leichtbewegliche, im Grunde glückhaft-männliche Anlage ließ es nicht zu, sich auf lange hin in Sehnsucht und Untätigkeit aufzuzehren. Er überwand solche Dumpfheit rasch genug, als der gute, standhafte Junge, der er war, der immer hofft und zulernt, der gewohnt ist, ununterbrochen nach allen Seiten hin Ausschau zu halten, wie etwas für ihn nicht minder als für die Allgemeinheit Förderliches auf den Weg gebracht werden könnte. Diese Richtung blieb ihm; wenngleich er sich jetzt ehrlicherweise eingestehen mußte, daß der Sinn für das Allgemeine, für schöne Bildung und Poesie, in jüngster Zeit bedenklich ins Schwinden geraten war und seine immer heftiger werdende Liebe allein den Schauplatz behauptete. Doch hierüber sich Sorgen zu machen, das war seiner flüssigen Natur nicht

gegeben. Er strebte und sann. Es mußte doch, beim Zeus, eine Möglichkeit geben, sich aus dem Amte für einige Zeit loszumachen.

Ein Versuch jedoch, seinen Vorgesetzten mit dem Vollmondgesicht, den ungeschlachten Lollius, für eine Steuerrevision in Sepphoris zu gewinnen, mißlang. Lollius hatte seine immer bereite Antwort: er müsse sich erst an höherer Stelle erkundigen. Und so geschah nichts. Dieser Lollius schlief ja im Gehen! –

Die Aussicht, nach Sepphoris delegiert zu werden und bei dieser Gelegenheit nach Nazaret einzubiegen, war aber zu verlockend, um aufgegeben zu werden. Es kam auch ein Umstand in Betracht, der günstigerweise eingetreten war. Tuscus, unter dessen besonderer Beaufsichtigung der Grieche sich wohl mit Recht stehen fühlte, war verschwunden, seit jenem Überfall auf Jochanan nicht mehr im Amte erschienen. Wahrscheinlich jagte er nun in einer anderen Gegend anderes Wild. Im Regierungspalast tat man, als bemerke man die Abwesenheit des kleinen, unauffälligen Herrn gar nicht. Seine Registrierarbeit war wohl unwichtig. Sie fehlte niemandem, man vermißte sie ebensowenig wie ein gewisses feuchtherbstliches Parfüm. Offenbar gehörte es zum guten Ton, von Tuscus hier überhaupt nicht zu sprechen. Vermutlich waren so ziemlich alle in das Geheimnis eingeweiht, wer der Mann war und zu welchem Zweck nach Judäa geschickt. Nur Meleagros, der sich um den Amtsklatsch nicht kümmerte, hatte bis vor kurzem nichts davon gewußt.

Die Drohung gegen seine Freunde wie gegen sich selbst wußte indes Meleagros nicht aufgehoben. Er besuchte Owadjah in seinem Feigendorf, in Bet-Teena, das die Römer Bethania nannten. Was er erfuhr, war beruhigend: keine weitere Verfolgung. Mit der Verhaftung des Täufers schien das Mißtrauen der Angebertruppe vorläufig erschöpft. Doch über sein Schicksal war nichts in Erfahrung zu bringen. Man hatte als Kaufleute verkleidete Getreue in die Burg Machärus geschickt. Sie waren nur in die Vorwerke eingelassen und rasch abgefertigt worden, hatten nichts zu Gesicht bekommen, nichts über den

Gottesmann gehört. Im Galil indes schienen die Römer auch weiterhin keinen Schritt zu unternehmen. Von Schoschana war freilich keine Nachricht eingelangt. Und bei Schimon dem Demütigen selbst: hierher setzte kein Feind seinen Fuß, es war ein allzu elendes Nest, recht weit von Jerusalem – den Tempel konnte man von hier aus, da der Ölberg vorgelagert war, gar nicht mehr sehen. Übrigens hatten sich, dem Gesetz entgegen, einige Aussätzige in dieser Gegend angesiedelt, die man, so gut es ging, mied. Doch Owadjah hatte schon wieder eine bescheidene Tischlerei eingerichtet, und der kleine Jaïr gedieh.

In diesen Tagen kam ein Brief des Herzensfreunds Jason aus Alexandria.

Wie, der lebte noch? Meleagros hatte ihn ganz vergessen. Mit Beschämung hielt er sich diese Untreue vor. Alte Freunde, auch wenn sie widerborstig sind, einen ›zersägenden Verstand‹ aufweisen und allerlei Spöttelei nicht zurückhalten – ganz aus den Augen verlieren soll man sie nie. Es könnte geschehen, daß sie einem – der Brief bewies es sofort – einen guten Einfall bringen, ja genau den, auf den man allzu lange gewartet hat. – Nun, was tat er denn, womit befaßte er sich, der gute melancholische Jason in seiner stillen Behausung, im Oberstock der Bibliothek? Mit wem saß er dort auf dem Balkon, bei Wein und saftreich üppigem Schweinebraten, den die Ägypter verabscheuten – doch er als Hellene tat dem wohlschmekkenden Gericht alle Ehre an. Pflegte er immer noch seine Glatze? Litt er weiterhin an der Angst, sie würde sich unaufhaltsam immer sichtbarer machen? Dabei vergrößerte sie sich ja gar nicht! Aber sie war nun einmal sein ›zweitgrößtes Leid‹. Er gab sich ihm mit genußreichem Seufzen hin. Und wie stand es mit der ›erstgrößten Sorge‹, die er so erstaunlich eigensinnig niemandem verriet? – Meleagros erinnerte sich nun, mit einigem Erstaunen, daß einer seiner Hauptgedanken bei Ankunft in diesem Lande allen Ernstes gewesen war, für den Freund ein selbst den ägyptischen Priestern unbekanntes Heilkraut, eine Wurzel, ein Myrrhenöl aufzuspüren und ihm zu schicken, zur endgültigen Besiegung des Haarschwunds. Aber dieses wohlwollende Vorhaben war nun allerdings durch andere Dinge, die ihm hier widerfahren waren, recht sehr in den Hintergrund gedrängt worden. – Wohlan, was schrieb der ewig Mißgelaunte? Von Heliodora war die Rede (»Nun, hast du schon Ersatz für die Flötenspielerin gefunden, und werden jetzt die Mücken Judäas von dir besungen?«), der Statthalter und sein Bathyll tauchten auf, dann der in seiner Ernsthaftigkeit unausstehliche Vorgesetzte, der Ägypter Diokles – seltsam, dachte Meleagros, gerade solch eine Randfigur, die einem nie sehr wichtig war, macht einem, wenn man sich nach langer Pause ihrer erinnert, die gelebte vergangene Zeit nachträglich besonders gegenwärtig. Doch gleich nachher erhielt dieser Diokles eine dringlichere Bedeutung. »Du weißt, mein Meleagros, der Alte kann, was Handschriften anlangt, nicht genug bekommen. Da ist mir eingefallen, ob du nicht am Ende in der Dekapolis oder in Cäsarea, wo doch auch ein paar gebildete Griechen und Römer leben, oder in Tiberias, wo es jedenfalls keinen von diesem verächtlichen Judenvolk gibt, denn sie halten ja in ihrem lächerlichen Aberglauben diese neugebaute Stadt für unrein – ob du nicht irgendwelche interessanten alten Manuskripte da auftreiben und mir übermitteln könntest. Natürlich nicht etwa, weil ich das Zeug für wichtig halte. Aber du kennst doch meine Methode. Wenn ich mir einen längeren Urlaub verschaffen will, dann brauche ich unserem Diokles nur einzugeben: ich bin einer solchen Rarität auf der Spur. Sofort kann ich tun, was ich will. Wohlweislich habe ich mir die Beute, sei sie nun wertvoll oder wertlos, immer schon vorher verschafft, ehe ich auf Entdeckung auszog. Daher denn auch niemals ein Verdacht aufgekommen ist, als reiste ich zum Vergnügen durch das Land. Heute allerdings gibt's nichts mehr aufzufinden, es sei denn bei Fälschern niedrigsten Ranges. Originale und sogar die besseren Fälschungen besitzen wir schon alle, säuberlich stehen sie in unseren langreihigen Regalen. Wenn du also nicht mit ein paar Köstlichkeiten aus eurer Provinz aushilfst –«

Meleagros war eigentlich verblüfft, daß er nicht längst an diesen Ausweg gedacht hatte. Der halbe Winter war traurig vorbeigegangen, mit seinen peitschenden Stürmen, mit seinen Regengüssen, die gar nicht wie in Strahlen, die hier in massiven Stücken vom Himmel stürzten, ganze Teiche, ganze Seen auf einmal. Und nichts seinem Wunsch Dienliches war geschehen. – Plötzlich wußte er: ich werde mich beim Landpfleger melden lassen – ich weiß ohnehin kaum mehr, wie er ausschaut –, ich werde ihm klarlegen, daß wir unsere griechische Übersetzung des Horaz auf bessere Lesarten als die üblichen gründen müssen. Die Handschriften wimmeln ja von Fehlern. Und warum soll es nicht in Sepphoris oder in Tiberias eine der seltenen Erstausgaben des Horaz geben, die noch den Bimsstein des berühmten Verlags der Brüder Sosius in Rom geschmeckt haben – um so mehr, als ich, ganz in Jasons Stil, sie bereits besitze, den einzigen Schatz, den ich in Alexandria erworben und hierher mitgebracht habe. Ein Glück, daß ich, trotz meiner Plappermäuligkeit, dem Tyrannen bisher nichts davon ausgeplauscht habe. –

Er zweifelte nun nicht mehr, daß Pilatus ihn auf die Suche schicken würde. Ein Mittel, die Eitelkeit des hochmögenden Übersetzers zu stacheln, werde ihm zur rechten Zeit noch einfallen.

Indes dauerte es noch einige Wochen, ehe der Vogt ihn empfing. Er war mit der Unterdrückung eines Aufstandes in Samaritanien beschäftigt. Bei diesem Volk der Schomronim, das den Juden verwandt, jedoch mit ihnen tief verfeindet war, hatte ein Mann sich erhoben, den man den Messias nannte. Er predigte gewaltig von der Stiftshütte des Urpropheten Moses und von den Geräten dieses Heiligtums, dem alten siebenarmigen Leuchter, dem Widderhorn, den Schaubroten; diese alle seien auf dem Gipfel des Berges Garisin verborgen, unter den Fundamenten des längst zerstörten samaritanischen Tempels, er wisse die Stelle – würde man die Geräte ausgraben, so wären die Samaritaner unbesiegbar und könnten Roms Ungerechtigkeit für immer von sich schütteln. Darauf streiften die bewaffneten Trupps ausgesogener, zerfetzter Bauern in immer dichteren Mengen von allen Seiten zum Garisin, sammelten sich im Tal beim Dorfe Tirathaba. Seufzend hatte Pilatus sein bequemes Leben in Cäsarea unterbrochen, war mit einigen Kohorten und Reiterschwadronen in die Berge des Schomron gezogen. Erst nach dem Siege würde er sich an seinem Regierungssitz oder wohl auch einmal in der Festung Jerusalems, in der Antonia, zeigen.

Meleagros erinnerte sich, daß er vor geraumer Zeit einen Brief an seinen Freund Jason begonnen hatte. Dann war der Brief liegengeblieben, dicker Nebel hatte sich über ihm gesammelt, alles andere war wichtiger geworden als Jason. Doch sollte ein so guter Rat nicht zumindest einer guten Antwort wert sein? So wurde denn der Brief hervorgezogen.
Nach wenigen Zeilen sah Meleagros in die Luft. Es war unglaublich. Hatte er sich wirklich sosehr verändert? Was in dem Brief stand, was ihm aus seinen eigenen Schriftzügen mit der Fratze einer jetzt hinfällig gewordenen Sicherheit entgegengrinste – das war doch nicht er? Sogar vor einigen Monaten, sogar damals, als er diese Zeichen niederschrieb, konnte er so nicht gedacht haben! Und doch entsann er sich, damals in voller Aufrichtigkeit und mit dem ganzen Aufgebot seines kühlepikurischen Beobachtungsvermögens diese Anmerkungen für den Freund verfaßt zu haben. So beklagenswert schwach also ist es um die menschliche Vernunft bestellt. Jetzt erst kam ihm zum Bewußtsein, wieviel Grundstürzendes mit ihm seit jener ›Woche der Festfreude‹ vorgegangen war – eine wahre Verwandlung des Herzens, deren einzelne Züge er im Vorschreiten der Begebenheiten nicht eigentlich ihrem ganzen Gewicht nach bemerkt hatte.
Der Brief wird nicht abgeschickt, das war ihm sogleich klar. Er konnte es sich aber doch nicht versagen, wenigstens den Anfang, wenigstens einige Teile der umfangreichen Aufzeichnung durchzugehen. So las er denn, unter wiederholtem Kopfschütteln und Erröten, was er lange Zeit zuvor in wohlgebauten Perioden niedergelegt hatte:
»Über das Unglück, hier unter Barbaren zu leben, mein Jason, habe ich dir bereits in zwei Schreiben berichtet. Das Unglück dauert an, während der Sirius, wie unser Aratos singt, den

Nachthimmel in Brand setzt und das sanfte Siebengestirn diesen Brand nicht löscht.
Ich bin ohne Vorurteile aufgewachsen, so scheint es mir – es sei denn, daß schon dies ein Vorurteil genannt werden kann, und ein sehr freches noch dazu, wenn man sich von Vorurteilen frei dünkt. Jedenfalls bemühe ich mich, alles mit Gerechtigkeit und Wohlwollen zu beurteilen, obwohl das einem Hellenen hier manchmal nicht leicht gemacht wird. Den Vorurteilen der Schriftsteller meines Volkes gegen die Hebräer also vermeine ich genügend entrückt zu sein, sowohl den allzu günstigen wie den mißgünstigen. Ich glaube daher weder, daß Pythagoras seine Weisheit den Juden entlehnt hat, wie Hermippus schreibt – es sei denn, er habe sich beim Verbot an seine Schüler, Bohnen zu essen, vom törichten Schweinefleischverbot der Jakobsöhne (es können aber auch die Ägypter gewesen sein) inspirieren lassen –, noch bin ich geneigt, dem Klearchos, einem Schüler des Aristoteles, zu trauen, der in seinem Buch ›Über den Schlaf‹ angibt, sein Meister sei mit einem jüdischen Mann aus Cölesyrien zusammengetroffen, der ihm die Weisheit seines Volkes überliefert und dabei die jüdischen Lehrer als Abkömmlinge indischer Philosophen gerühmt habe. Auch habe dieser Fremde sich durch so bewundernswürdige Enthaltsamkeit in seiner Lebensweise und solche Selbstbeherrschung ausgezeichnet, daß Aristoteles den Verkehr mit ihm als ein ›Wunder, den Träumen gleich‹ bezeichnet habe.
Ebensowenig aber wie diesen übertriebenen Lobsprüchen möchte ich mich von den Schmähschriften überzeugen lassen, in denen es heißt, die Juden seien aus Ägypten, dem ›Hause der Knechtschaft‹, wie sie es nennen, nicht freiwillig ausgezogen, sondern als ein Volk von Aussätzigen zuerst in die Steinbrüche östlich des Nil gesperrt, dann des Landes verwiesen worden, worauf sie einen gleichfalls aussätzigen ägyptischen Priester aus Heliopolis, namens Osarsiph, als Anführer gewählt und ihm, der dann bei ihnen Moses hieß, die höchsten Ehren bezeigt hätten. Vom Pharao Amenophis in die Wüste gejagt, hätten sie nach sechstägigem Marsch Anschwellungen

der Drüsen in der Schamgegend bekommen und daher den siebenten Tag als Rasttag einsetzen müssen. Da im Ägyptischen eine solche Drüsenanschwellung »sabbo« heißt, werde dieser Ruhetag bei ihnen noch heute Sabbat genannt. – Nun, dies geht meinem Philologenschädel gegen den Strich, da sich das Wort Sabbat viel bequemer aus einem hebräischen Wort ableiten läßt. Solch boshaftes Lügenmärchen macht mich denn auch gegen die andern Mitteilungen des gleichen Autors mißtrauisch – wiewohl er den Homer nicht übel kommentiert hat, dieser Autor –, Mitteilungen wie etwa die, bei Erstürmung des Tempels in Jerusalem habe Pompejus im innersten Raum einen Griechen vorgefunden, der an den Füßen auf ein Lager gefesselt war – und vor ihm einen Tisch, gefüllt mit Speisen, mit See- und Landvögeln aller Art. Dieser gefangene Grieche, der den Göttern und dem römischen Feldherrn für seine Befreiung auf den Knien dankte, habe erzählt, er sei gefangen worden und sollte ein Jahr lang gemästet werden. Nach Ablauf des Jahres, das nahezu um war, hätte man ihn, wären die Götter nicht gnädig dazwischengetreten, in einem Walde unter besonderen Zeremonien als Opfer geschlachtet, von dem die jüdischen Obrigkeiten und Festteilnehmer äßen, unter Ableistung eines ewigen Eides: Feindschaft den Hellenen! Und dies ereigne sich alljährlich. – Solches also erscheint mir denn doch zu läppisch erfunden, mein Jason, gemäß dem im ganzen friedfertigen und keinesfalls blutdürstigen Eindruck, den die Leute hier auf mich machen. Auch daß sie in ihrem Tempel einen Eselskopf aus purem Gold verehrt hätten, geht wohl auf die gleichartig wüste Erfindungsgabe dieses oder jenes judenfeindlichen Polemikers zurück – und daß diesen echten Goldeselskopf ein schlauer Apollopriester aus Edom, namens Zabidus, ihnen gestohlen habe, indem er versprach, er werde ihnen den Gott Apollon selbst in ihren Tempel führen – dann habe er ein hölzernes Gerüst gebaut, mit drei Lampenreihen versehen, es um sich getan und sei in dieser Gestalt in den Tempel spaziert, während die Juden ihn von ferne anbeteten, natürlich habe er dann den Tempel nicht ohne das Gold verlassen, weshalb die armen Juden heute einem

Eselskopf aus Holz, schlecht vergoldet, räuchern müssen — das schreibe ich dir aus dem mir vorliegenden Pamphlet nur heraus, mein Jason, damit du ein wenig lachst. Und wohl auch, weil ich hier allein bin und mich langweile und weil mit wachsender Sommerhitze die Traurigkeit in meiner Seele zunimmt. Dies alles also halte ich für dumme Verleumdungen. Daraus aber darfst du nicht etwa schließen, daß mir die Juden gefallen. Im Gegenteil, sie sind mir fast ebenso widerwärtig wie dir, wofern ich mich gewisser Äußerungen erinnere, die ich aus deinem Munde gehört habe. Zweierlei ist es vor allem, was ich ihnen vorwerfe:

Erstens haben sie mir einen guten und lieben griechischen Namen gestohlen. Nicht den meinen; denn einen Meleagros habe ich unter ihnen glücklicherweise noch nicht getroffen. Wohl aber den meines geliebten, von den Wolfsrömern gefolterten und gekreuzigten Bruders, des Aristobulos. Aristobulos nämlich heißt hier jeder dritte, zumindest jeder dritte unter den Sadduzäern, das ist: unter denen, die noch am wenigsten hochmütig sind, die einen Staat haben wollen nach Art aller andern Staaten auf dem Erdenrund, und wenn schon keinen Staat, so doch eine vernünftige Politik, also eine Politik im Sinne Roms — was ja auch nicht eben lobenswert, aber ein gutes Auskunftsmittel für den Augenblick und eine Art Seelenberuhigung ist. Es sind die Aristokraten, die Reichen, ferner die noch heute mächtigen Freunde der herodianischen Familie, unter ihnen viele Priester, die zu dieser Partei gehören. Selbstverständlich ist auch der jetzige Hohepriester Josef ben Kaiafa Sadduzäer, auch sein Schwiegervater Chanan ben Seth, der mächtige alte Mann, von dem, ohne daß er ein Amt bekleidete, jede Entscheidung abhängt. Alle diese möchten sich der griechischen Sitte angleichen — daher die vielen Aristobulen in ihren Sippen. Glaube mir, der Name klingt für mich schon ganz jüdisch. Hieße ich Aristobulos, so würde ich mir jetzt den Namen ändern lassen. Aber auch um das Andenken meines armen Bruders tut es mir leid. — In dieser Hinsicht geschehen hier die lächerlichsten Dinge. Neulich sprach ich mit einem dieser Langnasigen, Schmalschultrigen, Trübäugigen. Sein Name – er heißt Eupolemos. Nicht anders: Eupolemos. Du kannst dir vorstellen, wie ich ihn angeschaut habe, diesen Helden des ›tüchtigen Krieges‹. Ein waffenloses, unkriegerisches Volk – und sie wissen für sich keinen passenderen Namen als gerade Eupolemos. Du wirst es nicht für möglich halten, mein Jason, aber es laufen hier sogar einige herum, die Jason heißen. Wie findest du das? ›Unauslöschlich erscholl da Gelächter der ewigen Götter.‹ – Ich gehe zu meinem zweiten Streitpunkt über.

Diese Leute nehmen die sogenannten ›göttlichen Dinge‹ ernst. Obwohl unsere großen Denker längst dargelegt haben, daß es keine Götter gibt, oder vielmehr, daß sie sich, wenn es sie gäbe, um uns nicht kümmern würden – Epikur beweist überdies, daß sie sich jedenfalls nur eines dem Griechischen ähnlichen Idioms bedienen würden; was haben sie denn also mit Juden zu schaffen? –, obschon also dies alles unwiderleglich feststeht und ein wissenschaftlich etwas auf sich haltender Mann von Göttern nur noch als von Gestalten spricht, die die Träume, die Bildhauer und die Mythenerzähler angehen: nach Hierosolyma ist unsere Einsicht noch nicht gedrungen. Hier läßt man sich für die Götter zerfetzen. Weichen zwei in ihrem Aberglauben auch nur um eine Kleinigkeit voneinander ab, so versteht man es vortrefflich, aus solch einer Nebensache sofort die Hauptsache zu machen. Und auch nur in einer Nebensache nachzugeben, gilt als verächtlich. Nimm etwa den erwähnten Sabbat, den Ruhetag, den sie einem ihrer Götter weihen (ein Irrtum, verzeih, sie haben ja nur einen) – so ist es wirklich erstaunlich, wie es diesen Menschen gelungen ist, die Schande des Faulenzens für so etwas wie eine religiöse Pflicht auszugeben. Jeden siebenten Tag, also ein Siebentel des ganzen Lebens, in tatenlosem Müßiggang zu verbringen – ganz abgesehen davon, daß eine Arbeit, die man zu einem vorbestimmten Zeitpunkt abbricht, nie wieder mit voller Kraft aufgenommen werden kann –, ein Siebentel des Lebens also dem leeren Nichtstun zu widmen: es ist nicht bloß unklug, eine Vergeudung von Kraft, des Weisen unwürdig, es ist geradezu ein Frevel gegen die Weltordnung und macht denn auch dieses verrückte Volk bei allen andern Völkern ringsum unheimlich und verhaßt, für die es durch sein unmännliches, orientalisch üppiges, erschlaffend häufiges Stillstehen aller Geschäfte einfach gebrandmarkt dasteht. Daß es diesen Fehler nicht einsieht! Daß es noch stolz auf ihn ist, in seinem liederlichen Eigensinn! Es sollen ja, wie man mir sagt, in ihren alten Schriften einzelne nützliche Lehren zu finden sein, die sogar vor dem Richterstuhle unserer griechischen Weisen Billigung finden würden, es wird da eingeschärft, Vater und Mutter zu ehren, niemanden zu beneiden und ähnliches – aber lächerliche Beimengsel, wie etwa diese allwöchentliche Faulenzerei, machen alles zunichte. Es ist mir klar: selbst wenn die Menschheit, wie die Juden in ihrer Engstirnigkeit meinen, aus jüdischen Schriften viel zu lernen hätte und da und dort wirklich etwas übernähme (die Weisheit ist ja allen Menschenkindern gemeinsam): dieses eine, jeden siebenten Tag als Ruhetag anzusehen, diese Unsitte wird gewiß von keiner gebildeten Nation irgendwo und irgendwann nachgeahmt werden.

Das Göttliche also, mein Jason, ist bei diesem unglücklichen Geschlecht das Um und Auf, das Göttliche, das wir Hellenen so entschlossen hinter uns gelassen haben wie Orpheus sein Weib, aber ohne uns nach ihm umzudrehen. Auf den Marmortempel mit dem Golddach sind alle ihre Blicke gerichtet. Sie leben durch die Kraft, die unsichtbar vom Tempel ausgeht. Sie leben durch ihren Tempel – so sagen sie. Mir aber scheint es, daß dieses Volk so starrsinnig, so zäh, so im Innersten unbelehrbar ist, daß es, selbst wenn man ihm den Tempel zerstörte, wenn man ihn wie die Burg der Karthager und den Melkart-Altar dort im Feuer aufgehen ließe – daß dieses jüdische Volk, statt leise und anständig zu erlöschen, wie etwa die Karthager, imstande wäre, aus reinem Trotz den Tempel noch eine Zeitlang, sagen wir fünfzig Jahre lang, zu überleben. Vielleicht sogar hundert Jahre lang. Es wäre imstande, sich so etwas zu unterstehen, um die Welt in Staunen und Schrecken zu setzen.

Es scheint mir nämlich, daß alles Unglück der Juden und ihre Verächtlichkeit unter den Völkern daher kommt, daß sie nicht

zu sterben wissen. Es fällt mir im Augenblick ein, daß du selbst einmal so etwas gesagt hast. Oder trügt mich mein Gedächtnis? Damals war ich nicht deiner Meinung. Nun hat aber, wie es scheint, dein Gedanke in mir geschlummert, und plötzlich erwacht er und tut so, als ob er der meine wäre – so lächerlich betragen wir uns, wir eitlen Menschen, ohne richtige Zucht gegen uns selbst. Dies jedoch abzustellen, soweit es in meinen Kräften steht: dazu, mein Jason, siehst du mich bereit. Mögen die Olympier meinem Vorhaben guten Wind schicken!
Was nun die Hebräer anlangt, deren stete Gegenwart mir diese Gedanken (unter ihnen, wie gesagt, deinen Grundgedanken) aufdrängt: so würde ich meinen, daß sie überenergisch sind, daß die in ihnen enthaltenen Kräfte sich nie mit dem zufriedengeben, was sonst unter Menschen üblich ist, daß sie vor dem Unmöglichen, ja Widernatürlichen nicht zurückschrekken. Für diesen Frevel werden sie denn auch durch mancherlei Leiden gebührend gestraft. In ihrem Priesterstaat streichen sie machtlos herum, im Schatten der römischen Speere, sie verstehen nicht, daß auch ein Volk abtreten muß, wenn seine Tage gezählt sind, daß es still aus der Weltgeschichte wegzugehen hat wie der Gast vom rosengeschmückten Tisch des Festmahls, indem er den Kranz aus dem Haar nimmt und in die erkaltete Asche des Herdes wirft. – Ihre Zeit ist um. Alle sehen das. Nur sie, die Gespenster, wollen es nicht sehen und spuken bei hellem Tageslicht, ein lächerliches Unterfangen im allgemeinen. Im allgemeinen, schreibe ich mit Absicht. Denn es gibt wohl Ausnahmen. Wenn ich etwa die vielen schönen, kräftigen Kinder sehe, die mit Gebrüll, strotzend von Gesundheit, durch die Gassen toben, daß es einem in den Ohren gellt, dann habe ich – um gerecht zu sein – nicht gerade den Eindruck eines Volkes, dessen Lebenskraft erschöpft ist. Doch solche Gedanken schwinden, wenn die Verrücktheit der Erwachsenen mir vor Augen tritt.
Was sie tun, ist ja erstaunlich und hirnverbrannt genug. – Du weißt, mein Jason, wie gering meine Sympathie für alles ist, was Römerherrschaft heißt. Man kann bei mir schon fast eher von Haß gegen Rom und seine Wolfsbeamten reden. Und

dieser Pontius Pilatus, das verlegene Äffchen, ist einer der ärgsten, ein Geldsauger, ein Blutsauger, ein Auspresser. Dennoch kann ich ihm nicht ganz unrecht geben, wenn er manchmal gegen eine so unbotmäßige Rasse von Wut und andern Mißgefühlen überquillt. Religion interessiert ihn gar nicht – in dieser Hinsicht, wenn auch freilich nicht hinsichtlich der Tugend und Weisheit, gehört er zu uns Söhnen Epikurs. Mit den örtlichen Gebräuchen, die er rechtens als wüsten Aberglauben verachtet, will er nichts Feindliches zu tun haben, es genügt ihm, im Namen Roms die Provinz strategisch zu beherrschen und im eigenen Namen gründlich auszuplündern. Damit ist er über und über beschäftigt, für anderes bleibt ihm weder Zeit noch Lust. – Nun haben aber die schlauen Hebräer die Stelle herausgefunden, an der sie den ›allmächtigen Römer‹ kitzeln können; das ist eben die Stelle der ›örtlichen Gebräuche‹. Der Statthalter ist durch Dekrete aus Rom gebunden, solchen Gebräuchen keinen Abbruch zu tun – man weiß nie, ob nicht Sejanus oder irgendein anderer Günstling des Kaisers oder der vorgesetzte Legat Vitellius, der in Syrien sitzt, im Augenblick eine etwas günstigere Stellung gegenüber den Juden einnimmt; es könnte möglich sein. Vor dem Landpfleger nun stehen die zeternden Juden, an und für sich ein machtloses Gewürm, ›Aussätzige‹, ›Besessene‹ – was du willst; wenn sie aber behaupten, in ihrer Religion gekränkt und verletzt zu sein, dann vermögen sie doch einiges – dann sind sie gleichsam mit einem der Oberbeamten in Rom verbündet, der Judäa nie gesehen hat und von seinem weltstädtischen Palais aus vielleicht einmal auch ganz unpraktische Entscheidungen nach ihrem Geschmack herausgibt. Das ist das Unglück. Die Juden wissen das, kennen die Umstände genau und nützen sie aus. Die Beschwerden reißen nicht ab. Der Landpfleger aber denkt: Sie wollen mich kleinkriegen, mich überlisten. Diese wirren, ja unsinnigen Angelegenheiten mit ihrer Religion sind ihnen im Herzen gar nicht so wichtig, wie sie vorgeben. Sie nehmen sie nicht ernst und tun nur so, weil sie mir damit unangenehm werden können – weil sie wissen, daß ich ihnen gerade in diesem Punkt nicht die volle Kraft zeigen darf. Ich muß ja immer gefaßt darauf sein, daß irgendein Laffe mir von Rom aus in die Speichen fällt. Deshalb arrangieren die Juden diese Komödien, an die sie selbst nicht glauben. Sie wollen mir mit diesem unredlichen Kunstgriff leise die Macht aus der Hand nehmen. Ihr Fehler ist ja, daß sie immer glauben, sie allein seien gescheit und die ›Völker‹ rings eigentlich Dummköpfe. Sie wollen mich zittern sehen. Aber sie selbst sollen es sein, die zuletzt zittern.

Soviel über den täglichen Ärger meines Chefs, den er großenteils ungenützt in sich hineinfressen muß, was bekanntlich den Ärger nicht mindert. Am schlimmsten war es neulich in Cäsarea, ich habe in seiner Begleitung den ganzen Spaß mitansehen müssen. Es begann damit, daß eine kleine römische Truppenabteilung in Jerusalem einzog, um die dortige Garnison abzulösen. Nun gibt es ein Privileg der Juden: An den Standarten, die den Soldaten vorangetragen werden, darf kein Bild des Kaisers angebracht sein. In ihrer kulturfeindlichen Art haben nämlich die jüdischen Gesetzgeber ihren Anhängern verboten, Bildnisse von Menschen anzufertigen — in der weithergeholten Besorgnis, solchen Bildnissen, wenn einmal vorhanden, könnte gelegentlich vielleicht göttliche Verehrung erzeigt werden, wie unseren Statuen und Hermen; und die Juden dürfen ja nach ihren Gebräuchen nur die leere Luft anbeten oder höchstens, wie du schon weißt, einen goldenen Eselskopf. Allerdings pflegen ja die Legionäre ihren Feldzeichen, ihren Adlern und den Kaiserporträts einen an Anbetung grenzenden Dienst zu widmen. In dieser Hinsicht könnte man also sagen, die Juden hätten gewissermaßen recht, es handelt sich wirklich um Anbetung — und vorausgesetzt, daß man das tatsächlich so verabscheuenswert findet, wie diese abergläubische Nation es tut, wäre es ja verständlich, daß sie sich, wie ich dir gleich erzählen werde, wie Tollhäusler dagegen gewehrt haben. Andererseits aber ist das sogenannte Privileg der Jerusalemer Bürger nirgends aufgeschrieben; es hatten nur die Truppenführer, um peinliche Auftritte mit dem randalierenden Pöbel zu vermeiden, die Einrichtung getroffen, die Kaiserbilder von den Feldzeichen abnehmen zu lassen, ehe ihre Truppen in die Hauptstadt einmarschierten. Ein Gebrauch, den ich billige; ich trete ja immer für gegenseitige Duldsamkeit ein – aber aus der Gewohnheit, sei sie eine noch so löbliche, ein Recht abzuleiten – welche Absurdität! Kurz, diesmal hatten die Truppen ihre Kaiserbilder ausnahmsweise von den Standarten nicht entfernt, sei es infolge eines Zufalls, sei es, weil ein renitenter Unterführer es angeordnet hatte, um den Juden eins auszuwischen. Der Einmarsch ging in der Nacht vor sich. Am Morgen standen die Zeichen mit den blinkenden Plaketten auf dem Wall der Burg Antonia, die auf den Tempel hinabschaut. In der Stadt brach ein Sturm los. Hunderte, Tausende ließen ihre Arbeit, zogen nach Cäsarea, wo Pilatus saß und in seinem Palast vermutlich von der ganzen Affäre keine Ahnung hatte. Man schickte ihm Deputationen hinauf, man umlagerte den Palast. Die Menge wurde immer größer. Man schrie Tag und Nacht. Ganz Cäsarea vom alten Stratonsturm bis zur Bastion des Drusus erbebte vom Widerhall der Klagen und unter den Schritten der Bauern, die von allen Gegenden her in die Stadt einströmten. Man hätte wirklich glauben können, das Wohl der ganzen bewohnten Erde stehe auf dem Spiel. Und du wirst es nicht glauben, mein Jason: sechs Tage lang ging das ununterbrochen so fort! Die Massen lagerten in den Gassen der Stadt, keiner kehrte zurück, ja es kamen Nachrichten aus dem ganzen Land, daß man überall die Äcker verließ, obwohl die Arbeiten der neuen Aussaat schon höchst dringend waren. Alle erklärten, lieber eine Hungersnot ertragen zu wollen als Götzenbilder in der Bannmeile des Tempels zu Jerusalem. Pilatus konnte nicht nachgeben. Er hatte den unglücklichen Befehl nicht erteilt – nun aber die Bildnisse des Kaisers zu entfernen, das wagte er auch nicht, denn jemand hatte ihm eingeflüstert, das könne am Ende so ausgelegt werden, als ließe er zu, daß der Kaiser beleidigt werde. Und ein Feigling ist ja der Mann, daß Thersites ihn an Heldenmut beschämen würde. Jeder hat recht, der gerade das letzte Wort vor ihm geredet hat; ein eigenes Urteil traut er sich nicht zu. Heimtückisch aber ist er dabei in erstaunlicher

Weise, auch glaube ich, daß ihn bei aller Feigheit eine heimliche Lust beherrscht, zu quälen, Blut und Leichen zu sehen. So ließ er die Juden ins Hippodrom laden, Sprecher sollten vor ihm auftreten, dann würde er seine Entscheidung verkünden. Die ganze ungeheure Rennbahn, die modernste hier im Lande, füllte sich zur angegebenen Zeit. Pilatus kam mit großem Gefolge, bestieg die Tribüne, setzte sich aufs Riemengeflecht seines kurulischen Stuhls. Wie aber die Sprecher die Stufen zur Tribüne heraufkamen, gab er ein Zeichen, und Soldaten mit Speeren, Schwertern und Schildern klirrten von den obersten Bankreihen herab und hinter der Tribüne hervor. Die ganze Arena war umstellt. Alle würden nun sterben, ließ Pilatus durch einen Herold sagen (denn seine Stimme ist schwach, piepsend) – alle würden sterben, wenn sie nicht sofort zu ihren friedlichen Arbeiten zurückkehrten – das sei sein letztes Angebot. Einen derartig widerwärtigen Ausbruch von Massenwahnsinn, wie er nun folgte, habe ich nie erlebt. Die Juden warfen sich zu Boden. Alle schrien: Lieber sterben, unserem Gesetz werden wir nicht ungehorsam sein – und ähnliches. Viele entblößten ihre Hälse und zeigten durch Bewegungen an, man solle ihnen den Kopf abschlagen – aber nachgeben würden sie nicht. Andere wälzten sich im Staub, als sei ihnen der liebste Verwandte gestorben. Jeder einzelne, mein Jason, gebärdete sich so vernunftverlassen, so rasend wie die Pythia, wenn sie mit Gerstenmehl und Lorbeer geräuchert hat und ›wütenden Munds, ohne Lachen, ohne Schminke und Salben‹, wie Heraklit sagt, auf dem Dreifuß über den kalten Dämpfen Platz nimmt. Stell dir das einmal vor: zehntausend Pythien gleichzeitig auf einem Feld. Eine Versammlung von brüllenden, gestikulierenden Hexen und Dämonen. Sie fürchteten sich tatsächlich vor gar nichts; und das Ergebnis war, daß Pilatus Angst bekam. Ein Massengemetzel – das stand nicht in seinem Reglement, und am Ende wäre der Kaiser nicht erfreut davon gewesen. Er ließ also die Truppe in Jerusalem auswechseln; bei dieser Gelegenheit verschwanden die vielberufenen Bilder. Der Anführer, der die Posse angestiftet hatte, wurde bestraft. Was das Benehmen der Juden anlangt: hätte es sich um Hel-

lenen und nicht um Barbaren gehandelt, so hätte ich für ihren Mut vielleicht die Bezeichnung ›heroisch‹ gebraucht — —«
Hier legte Meleagros den Brief zur Seite, las nicht weiter. Unwillen hatte ihn schon die ganze Zeit über befallen, während er sich mit seinem früheren Ich herumschlug. Der Brief war leichtsinnig, nicht nur voll von Widersprüchen gegen die wahrgenommene Umwelt, sondern auch in sich selbst. Am unangenehmsten empfand er die Stellen, die scheinbar duldsam waren, in denen er sich selbst Vorurteilslosigkeit, Billigkeit oder im Ton des Sittenpredigers Vorsicht gegenüber Einflüsterungen der Eitelkeit empfahl. Solche Scheinweisheit und beschönigende Scheinreue erschienen ihm nur als die gefährlichsten Hindernisse auf dem Weg zu wirklicher Veränderung der Seele. — Recht niedergeschlagen, einen üblen Geschmack im Mund, so räumte er den überholten Bericht weg und begnügte sich damit, dem Freunde Grüße zu senden, nach seiner Glatze zu fragen und ihm für gelegenere Zeit ein ausführliches Schreiben zu versprechen.

Die schwache, unorganisierte Schar der Schomronim war von den Reitern des Pilatus rasch zersprengt worden. Ein Syrer, namens Harithath, gelegentlicher Hofdichter, wollte ein Epos über den ›samaritanischen Krieg‹ beginnen. Es wurde ihm abgewinkt. Pilatus hatte an dem einzigen Treffen gar nicht teilgenommen. Auch war die ganze Sache doch zu unbedeutend. Claudia Procula, die Frau des Landpflegers, stimmte daher gegen das Epos, und sie hatte im Hause ein Wörtlein mitzureden — sie war wesentlich klüger als ihr Gemahl, der einen triumphalen Beinamen wie ›Samaritanus‹ ganz gern nach Rom heimgebracht hätte. Sie redete ihm diese Dummheit aus. Ernstlicher war der Streit um die dreißig Vornehmen, die der Schwadron als Gefangene folgten. Weiber und Kinder waren unter ihnen. Pilatus wollte alle hinrichten lassen. Claudia bestand auf Freilassung oder geringen Kerkerstrafen. Die Leute waren unschuldig, hatten sich von einer phantastischen Bewegung für eine Weile mitreißen lassen, im übrigen hatten sie sich schon aus Feindschaft gegen die Juden immer als staatstreu bewährt. Unter den Gefangenen war auch der, den sie als ihren Messias ansahen. Sein Name war unbekannt, er hatte ihn nicht geoffenbart, da nach Überlieferung der Samaritaner der Messias an seiner äußersten Demut, daher auch an seiner Namenlosigkeit kenntlich sein mußte. – Claudia sah voraus, daß die Exekution dieses seltsamen Mannes viel böses Blut machen würde. Da sie von Natur gutherzig war – überdies hatte ein Lehrer aus der Schule der Stoa in ihrer Jugend diese Anlage weitergebildet –, verabscheute sie das Gewaltregime ihres Mannes, das für die Zukunft nur neue Aufstände versprach.

Bei der Audienz, die endlich zustande kam, fand Meleagros den Prokurator in übelster Laune. Er hatte rheumatische Schmerzen in den Handgelenken, in der Hüfte, in den Knien. Das abscheuliche Wetter, dieser Regenwinter ohne Ende war schuld daran. Da er sehr mager und vom Alter geschwächt war, suchte er sich unter Leitung eines Leibarztes aus der Heimat des berühmten Hippokrates, aus Kos, durch reichliches Essen widerstandsfähiger zu machen. Dabei aber geschah es, daß er sich häufig überaß und noch schlimmer dran war als zuvor. An diesem Mittag hatte er seine Lieblingsspeise zu sich genommen, ein in Falerner Wein ersticktes Huhn, leider hatte er wieder einmal zuviel davon verschlungen, eine wilde Übelkeit zog heran. Zudem wußte er nicht, wie er sich in der Sache der Gefangenen entscheiden sollte. Seine dünnen Lippen zitterten wollüstig, wenn er sich ihre Abschlachtung vorstellte. Und es hing nur von ihm ab, nur von ihm! Dreißig Leben in seiner Hand. – Außerdem erschien Strenge durch das Staatsinteresse geboten. Die Frauen erheben immer ihre weichlichen Lamentationen, die ein Mann und Krieger am besten überhaupt nicht anhört. Endete der Feldzug nicht mit ein paar Todesstrafen, dann war ja das Ganze nicht der Rede wert gewesen, und der vorgesetzte Legat in Antiochia würde in seinem Bericht nach Rom keine zwei Zeilen daran verschwenden. Andererseits hatte in jüngster Zeit der göttliche Tiberius die unangenehme Gewohnheit angenommen, Provinzialbeamten, die sich gegen die Gesetze der Menschlichkeit vergingen (so nannte er das), einen komfortablen Selbstmord in der Badewanne mit Adernaufschneiden im warmen Wasser nahezulegen. Bestrafte man aber die Aufrührer nicht scharf genug, so konnte man in denselben Selbstmord hineinkomplimentiert werden. Und vor nichts hatte Pilatus solche Angst wie vor der neumodisch aufgezwungenen Exekution, die Richter, Henker und Opfer in der gleichen Person vereinigte. War es da nicht wirklich gescheiter, dreißig Barbaren bluten zu lassen?

Wütend biß er an seinen Nägeln, als Meleagros eintrat. Er kauerte wirklich wie ein Äffchen in den Polstern der breiten Fensternische. Sein schmales Gesicht war verfallen, von ungesunder Farbe, die rasierte Haut erschien kreuz und quer von Falten zerfurcht; sogar da, wo auch alte Leute nur selten Falten haben, vorn oben am Kinn, kreuzten sich zahlreiche feine Linien. Die Glatze des langen, schmalen Schädels (keine eingebildete oder halbverdeckte Glatze wie die Jasons) spiegelte das Tageslicht zurück; nur sie war es, die dem Kopf des Greises etwas wie Straffheit verlieh, denn sie hatte, im Gegensatz zum zerrissenen Gesicht, völlige Glätte, eine klare Form bewahrt. Der dünne Halbkreis weißer Haare schloß sie gegen den wulstigen Nacken hin ab.

Meleagros brachte sein Anliegen vor, das der Regent zunächst einmal überhaupt nicht verstand. »Was für eine Handschrift?« fragte er müde.

Er wurde an die Übersetzung des Horaz erinnert. Hiervon fühlte er sich sichtlich unangenehm berührt. Zu all den Sorgen nun noch diese alte, mühselige Arbeit, die nicht vorankam und wahrscheinlich überhaupt keinen Zweck hatte! Meleagros widersprach höflich. Innerlich belustigt, fand er, daß seine Einstellung zu dem Machwerk sich in ihr Gegenteil verkehrt hatte. Früher dagegen, jetzt dafür. Zumindest mußte er so tun, im Dienste seiner allmächtigen Liebe. Das war fast noch schwerer als seinerzeit das Loblied auf die Mücken.

»Wir wollen wirklich wieder einmal an diese Arbeit gehen«, seufzte Pilatus. »Aber nicht heute, nicht jetzt. Ich habe heute soviel Arbeit. Zudem fühle ich mich nicht wohl.« Er nahm den Finger aus dem Mund. »Wenn ich mir wenigstens das Nägelkauen abgewöhnen könnte! Das ist auch so eine von den Plagen. Ich weiß auch, daß es häßlich aussieht. Außerdem tun die benagten Finger weh. Überall bleiben kleine Wunden. In meiner Kindheit hat mir die Mutter Pfeffer auf die Nägel geschmiert oder heißes, flüssiges Wachs auf die Fingerenden geträufelt, das dann schützende Kappen bilden sollte. Aber all das hat nichts genützt.«

Der Henker trat ein, ein verfetteter Riese mit einem Stierhaupt. Er fragte kurz und bündig, ob er den Gefangenen die Köpfe abschlagen lassen solle.

Pilatus sprang von den Kissen auf: »Warte!« – Dann wandte er sich an den Griechen: »Man weiß in Rom überhaupt nicht, vor was für schwere Aufgaben wir hier in der Provinz gestellt sind. In Rom denkt man nur an Vergnügungen, für den Ernst hat man keinen Sinn, uns in der Provinz vergißt man völlig.« Es mochte einen Augenblick unklar sein, ob er mit den ›schweren Aufgaben‹ die Übersetzung des Horaz oder seine verantwortliche Stellung, das Urteil über die vornehmen Samaritaner meinte. Zunächst kam das dem Meleagros nur scherzweise in den Sinn; zu seinem Erstaunen hatte der Prokurator aber wirklich den Horaz vor Augen, denn er seufzte, unter wiederholtem Aufstoßen, über die Last kultureller Verpflichtungen, die er auf sich genommen habe.

Hier konnte Meleagros einhaken. Er hatte Jasons Brief mitgenommen, ohne sich genau darüber im klaren zu sein, wie er ihn verwenden würde. Auf sein jonisches Improvisationstalent konnte er sich verlassen. Nun also war der Augenblick gekommen. »Aber in Alexandria weiß man von deinen edlen Bemühungen. Der Brief meines Freundes, den ich dir zeigen wollte –«, er schwenkte ihn vor den Augen des Pflegers, er wußte, daß er ihn nicht aus der Hand zu geben brauchte, dem müden Mann genügte sein Wort. Daß man in den gelehrten Kreisen des Museions den Abschluß der Übersetzung mit Spannung erwarte, führte er aus, und daß man ihn, um das schätzbare Werk zu fördern, auf gewisse Handschriften in Sepphoris und Tiberias aufmerksam gemacht habe, Originalausgaben, zweifellos gute Texte.

»Meine Leute warten«, unterbrach der Henker und bat zugleich um Verzeihung für seine Aufdringlichkeit. Es sei in der letzten Zeit bei Exekutionen leider wiederholt vorgekommen, daß die Truppe einen besonderen Sold verlange, wenn sich die Sache zu lange hinziehe. Im allgemeinen seien sie ja zufrieden, wenn man ihnen die Kleider der Hingerichteten ausfolge. Aber dann müsse es eben schnell gehen.

»Ich habe doch noch gar nichts beschlossen«, piepste Pilatus den Aufseher an, daß sich seine Stimme überschlug. Zu Meleagros dagegen sprach er sanft: »Du siehst, was ich zu leiden habe, mein Freund.« Nun wurde ihm endgültig schlecht, er hielt seine Hand an den schmerzenden Magen. Doch seine Augen funkelten raubgierig wie die einer Katze. »Wie viele sind es? Genau dreißig?« Genüßlich zitterten die dünnen Lippen. Er setzte sich nun wieder in die Kissen, fuhr mit den Zähnen lange und angelegentlich in seinen Nägeln herum, als beschäftige ihn nichts anderes auf der Welt. »Ich will das Volk fragen«, sagte er dann, hob mit listigem Ausdruck das Köpfchen. »Das Volk soll entscheiden. Wer ist draußen?« Es wurde ihm gesagt, daß in der Vorhalle einige Höflinge warteten, Steuerpächter, Bittsteller, sadduzäische Pflastertreter, die nach römischer Sitte den Tag mit einem Besuche beim Patron begannen. Er sah zum Fenster hinaus. Auf dem kleinen Platz vor dem Prätorium gab es um diese Zeit, in der die Gerichtsfälle und Audienzen abgewickelt wurden, immer einige Müßiggänger, Römer, Griechen, Juden, Knechte der Lewiten und Priester, Handlanger, Diener, Obstverkäufer. »Es sind zu wenig«, stellte er enttäuscht fest. »Meine Klienten sollen aus der Halle auf den Platz hinuntergehen und sich bemerkbar machen. Wenn das Volk spricht, kann niemand sagen, das ich willkürlich entscheide. Was das Volk verlangt, mag geschehen. Ich wasche meine Hände, ich bin unschuldig an diesem Blute.« Zwei Schreiber, die während der ganzen Zeit mit ihren Täfelchen in der Hand gewartet hatten, notierten die letzten Sätze, wobei sie einander Blicke zuwarfen. Es war nicht das erstemal, daß Pilatus auf diese Methode verfallen war, sich aus der Zwickmühle zu ziehen. Der Aufseher und ein paar andere Beamte trieben die wartenden Hofleute und Petenten wie eine Herde aus der Halle die Treppe hinab auf den sonnigen Platz. Während diese Vorbereitungen vor sich gingen, erhielt Meleagros den angesuchten Urlaub. Pilatus wünschte ihm Glück und Gelingen, er bedauerte, die gelehrte Reise nicht mitmachen zu können.

Dann hinkte er auf den Balkon hinaus, über sein Rheuma seufzend. Er war blaß vor Leibweh. Die weiße Toga mit dem schmalen Purpurrand schlotterte um seine Knochen. Lauter Zuruf von unten empfing ihn. Er streckte die Rechte schräg empor und begann eine Lobrede auf Tiberius Cäsar. Da ihm die Stimme versagte, mußte der Herold, der neben ihm stand, seine Vorschläge an das Volk weitergeben.. »Sollen die Aufrührer am Leben bleiben oder unter der Hand der Henker fallen? Ich bin bereit, sie euch freizugeben.«

»Tod den Verrätern! Tod den Verrätern!« scholl es dünn von unten. Auch einige Kinder schrien mit. »Lang lebe der Kaiser, Imperator Tiberius.«

Meleagros sah noch, wie der Vogt den Balkon verließ und mit dem Finger in die Richtung des Gefängnisses wies. Dann erbrach er sich heftig in der Zimmerecke. Sein Gesicht zeigte Erleichterung. Die Lippen zitterten. Der Henker kreuzte die Arme über der Brust, indem er sich verbeugte.

Meleagros hatte, als er aus dem Palast kam, Gewissensbisse, die sich einige Tage lang nicht beruhigen wollten. Es bestand wohl kein unmittelbarer Zusammenhang zwischen der Reisegenehmigung, die er erhalten hatte, und der Hinrichtung der dreißig Samaritaner. Nur zeitlich hingen die Geschehnisse zusammen, nicht innerlich. Niemand konnte sagen, daß er seine Aussicht, Schoschana nun bald wiederzusehen, dem Unglück der dreißig verdankte. Er hatte ja nicht das geringste getan, dieses Unglück herbeizuführen. Aber vielleicht hätte er eingreifen, die Gelegenheit der Audienz besser benützen, für die Verurteilten bitten sollen? Das hätte möglicherweise auf den stumpfen Hochkommissär Eindruck gemacht, hätte ein menschliches Gefühl in den Saal des Verderbens hereingeführt. Zumindest den Versuch zu machen – das wäre richtig gewesen. Statt dessen hatte er nur an sich gedacht, an seinen heißen Wunsch.

Sünde, Sünde! Wir begehen solche Sünden jeden Tag hundertmal. Hier aber schien ihm sein Versagen deutlicher als sonst – vielleicht gerade weil es im Licht einer bevorstehenden großen Freude stand? Oder hatte ihn der Umgang mit dem zarten, stillen Mädchen, mehr noch die Sehnsucht nach ihm, für derartige feine Einflüsterungen empfänglicher gemacht als ehedem?

Vielleicht war gerade das die Lehre des ihm noch so unverständlichen Bruders: daß man sich selbst viel, wo nicht alles versagen muß, wenn man andern helfen will? –

Doch allmählich siegte die leichtere griechische Natur in ihm. Er vergaß. Die Mißtöne der Audienz klangen ab. Und die Hoffnung, mit dem geliebten Mädchen nach so vielen Monaten bald vereinigt zu sein, erfüllte ihn mit tosendem Glück, während erstaunlich leise draußen der Vorfrühling ansetzte.

Als er Jerusalem verließ, wandte er sich vom Späherberge nochmals zurück. Die auf ihren Hügeln weit ausgebreitete Festung mit den vielen Türmen und Palästen war ihm lieb geworden, um die braungelben Mauern spielte in der Sonne der immer wache Wind der Hochebene. Die Luft war frisch, nach all den Regengüssen des Winters duftig und kühl. Welch eine schöne, lebensvolle Stadt! Doch während er sich von ihr verabschiedete, kamen ihm unversehens die traurigen Verse Hektors ins Gedächtnis:

»Einst wird kommen der Tag, da die heilige Ilios hinsinkt,
Priamos selbst und das Volk des lanzenkundigen Königs.«

Er wußte selbst nicht, was ihn auf den Gedanken brachte, denn die Zeitumstände hatten in jüngster Zeit keinerlei Verschärfung erfahren – wenn auch auf die Dauer ein Zusammenstoß der freiheitsdurstigen Nation mit dem Magnetberg Rom unvermeidlich schien. – Es kam ihm in diesem Augenblick zum Bewußtsein, daß die unerfüllte Liebe zu Schoschana doch auch viel Schmerz und Dumpfheit enthielt, neben den Wonnen einer ätherischen Verbindung und einer kaum nennbaren drängenden Seligkeit – meist überwog der dunkle Schmerz, und diese seine seufzende Grundstimmung war es wohl, die ohne besondere Veranlassung derart trübe Untergangsgedanken heranwehte. Doch an eines hielt er sich: ihren Mann hatte sie ihn beim Abschied genannt, mit kaum verschleierten Worten hatte sie sich die Liebeskrönung, ein Kind gewünscht, einen Jaïr, der auch ihr ein Licht anzünden würde. Und sie hatte ihn eingeladen, sie in ihrer Heimat aufzusuchen.

Unten vor dem schmalen, hohen Eingang des Tempelpylons bauschte sich im innersten Punkt der Tempelhöfe, vom Wind durchwogt, der ungeheure Vorhang. Seine Farben deuteten auf die vier Elemente: Scharlach, das war das Feuer, die graue Byssusfarbe stellte die Erde dar, das Blau die Luft und der Purpur das Meer. Unter dem Golddach und dem mannshohen Weinstock aus Gold mit seinen herabhängenden Trauben, der das Gesims des weißen Marmorbaus zierte, ließ dieser überlange kostbare Vorhang Cherubimgestalten, Säulen und purpurne Blumen flattern. Während er sich im Wind hob und senkte, sah Meleagros die anmutigen Bewegungen seines Mädchens in den Falten spielen. –

Bald hinter Jerusalem verloren die Kalkberge den bleichen, starren Ernst ihrer Kahlheit. Soweit das Auge reichte, sah man das grüne Dunkel gesunder Pinienwälder, da und dort von einzeln stehenden Eichen und vom Graugrün der Olivengärten unterbrochen, die künstliche Terrassen bildeten. Die vielen Dörfer schienen keinen Flecken Erde unausgenützt lassen zu wollen. Doch neben Weinbergen und den frischgepflügten Feldern sah man überall im Wiesengrün einen drängenden Überschwang von gelben, roten, blauen Anemonen, von Bergtulpen und weißen Feldlilien; in Familien, in Gruppen, ja in ganzen Teppichen überflutete für kurze Zeit in diesem Monat, dem März der Römer, die Blumenpracht das ganze Land. Es waren Teppiche, die ineinanderwuchsen, sich miteinander verwoben. – Man hatte ihm erzählt (denn im vorigen Jahr war er um diese Zeit noch nicht im Lande gewesen), daß diese Blumenjugend erstaunlich kurze Zeit daure; rasch, wie er gekommen war, verwelkte und verschwand der schöne Prinz Tammus, den die Mondgöttin Ischtar liebte und den die Griechen in ihren Sagen als den venusgeliebten Adonis wiederfanden. Er starb, und die Frauen beweinten ihn, sogar am Nordtor vor dem Tempel klagten sie, wiewohl dies als heidnischer Ritus seit Jahrhunderten verboten war. Die strenge Vorsorge galt übrigens nicht so sehr der Bestattungsfeier als dem Auferstehungsfest, an dem es früher Unzucht und Orgien gegeben hatte. –

Meleagros kam nach Tiberias. Die Stadt war noch neu; Herodes Antipater, der Vierfürst, den manche König nannten, hatte sie zu seinem Regierungssitz bestimmt, doch nur die schwarzen Mauern aus Basalt sowie einige wenige Straßen und Plätze waren fertiggestellt. Vor dem Kai kreuzten außer Fischerbooten zwei römische Triremen, um den Schmuggel aus dem Bruderreich des Tetrarchen Philippus und aus Syrien zu verhindern. In der Überwachung des Handels sollte die Bedeutung der Stadt liegen. Doch hatte man beim Graben der Fundamente menschliche Knochen entdeckt. Auf den Resten eines Friedhofs zu siedeln, galt nach jüdischem Brauch als verunreinigend und nicht ohne eine gewisse Berechtigung als verboten; daher kamen fromme Juden nicht nach Tiberias, es blieb – bei dem hohen Ansehn, in dem das väterliche Gesetz stand – eine Stadt fast ausschließlich für die Leute aus der griechischen Dekapolis, ferner für Idumäer und Araber. Meleagros hörte, daß Jeschua in der Nähe sei, auf dem jenseitigen Seeufer; auch er vermeide es, streng nach der Sitte, Tiberias zu betreten. Wo er jetzt lebe, fragte der Grieche. Er sei nach Hippos oder nach Gadara in den Bergen drüben gegangen und habe dort aus einem Wahnsinnigen eine Menge von Dämonen ausgetrieben, habe sie in eine große Schweineherde gejagt, die dann den Abhang hinab in den See stürzte und ertrank. Die ohnehin judenfeindlichen Gadarener (einst hatte der jüdische König Alexander Jannai ihre Stadt zerstört) baten hierauf praktischen Sinns den Propheten, seine Taten, die für ihren Geschmack zu kostspielig waren, in einem andern Gebiet zu verrichten. – Vorübergehend hatte Meleagros Lust, seine angebliche Hei-

matstadt und ihre demnach also recht nüchternen Bewohner aus der Nähe zu besichtigen. Doch unterließ er es, einem andern Ziel galt die Fahrt.
Nur eines fesselte für Stunden seine Aufmerksamkeit, der See, an dem Tiberias lag, der taubengraue, sanfte See. Die Reise führte an seinem Westufer entlang. Der See – das ›Meer Kineret‹ oder das ›Harfenmeer‹ hieß er den Einheimischen, nach seiner Gestalt; am Nordufer unter den Bergen war er breit, nach der einen Seite buchtete er sich harfengleich, südlich endete er in einer Spitze. So lag das schöne große Wasser des Galilbezirks zwischen Anhöhen und Bergschroffen, die eine fruchtbare Ebene an eben dieser buchtenreichen Westseite freiließen; von ›Gärten der Fürsten‹, Gane-Sarim, wollten einige in heimatlicher Begeisterung den Namen dieser Ebene Ginosar oder Genezaret ableiten. – Habe ich diese Landschaft nicht im Sommer als gleißende Höllenlandschaft, als einen Kessel schwefliger Dämpfe gesehen, in der man nicht einen Augenblick länger bleibt als nötig? Damals bin ich möglichst rasch ›ausgebrochen‹, nach Jerusalem zurückgeflohn, aus dem ich mich aber auch wieder in die Halle des Kallimachos zurückgesehnt habe. Heute würde ich in dieser blühenden Gartenluft, vom See erfrischt, gern länger verweilen. Und in Schoschanas Land – grenzenlos lang. So sehe ich immer wieder ein, welche Fehler ich gemacht habe, wie viele falsche Beurteilungen hochmütig in mir gehaust haben. Wie Dämonen! Könnte ich sie doch alle in eine Schweineherde jagen! Eine so große Herde gibt es aber wahrscheinlich auf der ganzen Erde nicht. Dieser lächerliche Brief an Jason etwa, voll von Vorurteilen, von falschem Freisinn, der in allen Fugen kreischt – heute wußte er ja, welchen Irrtümern er damals unterlegen war, als er sich scheinbar so leicht über alle Irrtümer hinausschwang. Doch in wie vielen Irrtümern mochte er nun heute stecken, die er nicht kannte? – Angst befiel ihn, er könnte Schoschanas unwürdig sein. Je näher er ihrem Wohnort kam, desto stärker wurde die Angst vor der ›Seelenführerin‹ – doch von ihr hatte er vor allem die Mahnung zu voller Aufrichtigkeit erhalten. Und so sagte er sich

letztlich, ohne falsche Bescheidenheit, auch gegen sich selbst nichts als aufrichtig, daß er sich immerhin als einen redlich Lernenden betrachten dürfe. Das gab ihm einigen Trost.
Seinen Wohnsitz nahm er in Kfar Kana, dem Dorfe Kana. Hier gab es eine römische Militärstation, die ihm Quartier bot; von hier war es nicht weit zu den allfälligen Manuskripten der vergriechten Kreisstadt Sepphoris, die jetzt, neu aufgebaut nach der Varusschen Zerstörung, Diocäsarea hieß – noch näher, nur vier römische Meilen weit, war es nach Nazaret.
Sofort erfuhr er, daß in Kana Jeschua vor zwei Jahren ein Wunder getan habe, sein erstes Wunder sogar. Jedem Fremden wurde die merkwürdige Sache als das, was den Ort auszeichnete, rasch erzählt. Bei einer frohen Hochzeit sei auf Bitten seiner Mutter der Wein nicht ausgegangen, den er gesegnet habe. Meleagros nahm sich vor, später einmal nach dem genauen Hergang zu fragen. Jetzt wusch er den Reisestaub ab, wechselte die Chlamys und war schon über Hügel hin, zwischen Oliven- und Fruchtbäumen wieder auf dem Weg.
Von der Hochebene herab kam er durch Weinberge, an Gärten und sauberen Obstpflanzungen vorbei in ein immer noch hochgelegenes, mehrmals gekrümmtes Tal. Es war anmutig still. Die wenigen Hütten aus Lehmziegeln mit Holzdächern, zwei oder drei Häuser aus Steinen verbargen sich fast völlig unter reicher Bewaldung. Da, wo sich das Tal mit einem Seitenpfad aus dem Gebirge hervor vereinigte, gab es unter einem Felsen eine mit geglätteten Blöcken eingefaßte Quelle, dem nackten Gestein entspringend. Es schien der Marktplatz des Örtchens zu sein, nach mehreren Richtungen stiegen in der Nähe sehr enge Felssteige treppenförmig empor. Der Hauptweg führte nach Süden, der Ebene Jezreel zu. Nur hier standen die Behausungen nahe genug beisammen, um etwas wie eine bescheidene Gasse zu bilden. Etwas höher oben verteilten sie sich in Wiesen, zwischen Bäumen. – Vom Hauptweg her eine der Treppen herab kam Schoschana. Sie trug einen hohen Wasserkrug aus dunklem Ton auf der

Schulter, stützte ihn leicht mit gehobener Hand. Ihr schwarzes lockeres Arbeitskleid war nur mit einer schmalen roten Stickerei auf der Brust geschmückt. Das weiße Kopftuch erinnerte ihn an den Umhang, den sie bei ihrem ersten Zusammentreffen, dem römischen Überfall, getragen hatte.

Sie war nicht überrascht. Sie hatte ihn längst erwartet. »Täglich«, fügte sie leise hinzu. Und sie führte ihn die Treppe hinab, zum Brunnen zurück, von dem er ihr über einige Stufen atemlos entgegengelaufen war. Sie drückte kurz seine Hand. Daß sie hier stand, vor ihm, ganz körperlich, klar umgrenzt, an einem bestimmten Ort, an die Einfassung des Brunnens gelehnt – das alles kam ihm ganz unbegreiflich vor. Selbstverständlich hatte er gehofft, sie anzutreffen, sie zu sehen, sonst hätte er ja die ganze Reise nicht gemacht. Aber so ganz lebendig – so vollkommen genau dieselbe Schoschana, wie sie ihm vor einigen Monaten verschwunden war –, das erschien ihm wie ein Wunder, darauf war er nicht gefaßt. Er sprach kein Wort, er konnte seine Gedanken nicht ordnen, nicht ausdrücken, alles wogte in ihm durcheinander. Dieses einfache Vorhandensein eines Menschen, den man liebt – daß er nicht bloß in unserer Phantasie vorhanden ist, sondern noch ein zweites Mal, in aller Wirklichkeit, von außen her –, es überwältigte ihn. ›So war eigentlich, ohne daß ich es wußte, eine dunkle Vorstellung in mir, daß Schoschana nicht mehr lebt oder daß sie irgendwie verloren für mich ist‹ ... es kam ihm erst jetzt zu Bewußtsein, und ein leichtes Grauen durchrieselte ihn mitten in der Wonne des Wiedersehens. – Das Wasser des Brunnens unter dem halb überhangenden Felsen war tiefschwarz. Neben seinem Gesicht sah er Haar und Augen Schoschanas sich spiegeln. Hier im Bild konnte er sie mit gefaßterer Ruhe betrachten als in Wirklichkeit.

»Bist du durstig?« fragte das Mädchen.

»Ich bin sehr durstig«, erwiderte er und faßte das Bild noch schärfer in den Blick als vorher. Sie merkte es, und es schien ihr unangenehm zu sein. Sie schlug die Augen nieder.

Wellen liefen über die dunkelkühle Wasserfläche. Schoschana

hatte den Krug auf einen Stein unter das Laufrohr gestellt. »Unser Wasser ist gut«, sagte sie, »kein Ort in der Umgebung hat so kaltes, reines Wasser wie wir.« — Er tat einen tiefen Zug. Das Wasser schmeckte wirklich besonders sauber und frisch, wiewohl aus dem Schatten der Felsgrotte eine schwache Moderluft hervorwehte. Erst während er trank, merkte Meleagros, daß der lange Weg über den Hügel hin ihn wirklich durstig gemacht hatte. Dann setzte er ab, reichte ihr den Krug zurück. »Sehr durstig«, sagte er leise und fügte hinzu: »Ich möchte aber nicht ewig durstig bleiben.«

Alles fand er an ihr wieder, woran er sich so sehnsuchtsvoll oft erinnert hatte: die blassen, schmalen Wangen, die kaum angedeuteten Grübchen, die schöngewölbte Stirn, das hellbraune Haar, dessen Farbe sich im Dunkel der Augen unter den langen Wimpern zu verdichten schien, wie wenn ein Künstler den Ton seines Instruments anschwellen läßt. Und doch gab es gleichsam als Zugabe noch etwas, das er sich nie so richtig hatte in Erinnerung rufen können, sosehr er sich darum gemüht hatte, und das jetzt mit dabei war: das lebendige Beisammensein all dieser Einzelheiten, ein Glanz, eben jene besondere Helligkeit, die ihm in ihrer Anwesenheit immer das Liebste gewesen war.

Sie füllte nun den Krug nochmals, stellte ihn vor ihre Füße und nahm selbst auf einem Stein vor der Grotte Platz. Sie bat ihn durch eine Bewegung, sich ihr gegenüber zu setzen. Dann begann sie unbefangen zu fragen: nach Owadjah, Schlomit, nach dem Kind, nach Thirza und Vater Adoniram. Ihre natürliche Heiterkeit kam hervor. Sie wollte wissen, ob wirklich die Steuerlisten von Sepphoris ihn hergezaubert hätten, und ließ sich dann mit viel Vergnügen seine List beim Landvogt erklären. Daß er nun für einige Zeit in der Nähe wohne und sie täglich sehen könne, schien sie zu freuen.

»Kann ich dich wieder am Brunnen treffen?«

»Gewiß. Auch beim alten Amittai, dem Tischler; ich helfe ihm manchmal bei der Arbeit. Das wird uns an die Tage von Jeruschalajim erinnern. Sie waren doch fröhlicher als heute.

— Auch Amittai hat bei meinem Vater gelernt. Er pfuscht aber. Bei ihm sehe ich, daß ich es doch schon zu etwas Besserem gebracht habe.« Im übrigen helfe sie der ganz vereinsamten Mutter beim Wirtschaften, bei den Tieren. Die Mutter sei immer eine starke Frau gewesen. Jetzt aber liege sie oft krank.
»Werde ich einmal mit ihr sprechen können?«
»Sie spricht mit niemandem, den sie nicht von früher her kennt. Seit der Vater tot ist, ist sie so scheu geworden.« Nach einer Pause fuhr sie fort: »Das wird aber wieder besser werden. — Vielleicht wenn Jeschua heimkehrt. —«
»War er denn seither nicht zu Hause?«
Gleich nachher tat es ihm leid, diese Frage gestellt zu haben. Ein Schatten war auf ihr liebliches Gesicht gefallen. Enttäuschung? War sie nicht noch in der gleichen Nacht oder am Morgen dieser Nacht aufgebrochen, in der er sie gerufen hatte? Hatte sie nicht, noch in halber Ohnmacht, verkündet, daß er sie nun brauche, daß sie zur Gänze ihm zu Diensten sein müsse? Und nun war er nicht gekommen. Am See unten — das hatte er ja in Tiberias gehört — zog er von Ortschaft zu Ortschaft. — Die Trauer, die auf Schoschanas Augen lag, war das Gefühl beleidigter Liebe, einer Kränkung — das glaubte er zu spüren.
Doch das Mädchen sah ihn unbefangen an. »Ich habe Angst um ihn.«
»Du hast doch immer das Gegenteil behauptet. Die Mutter hat Angst um ihn — ich nicht. So hast du gesprochen. Ich wünsche nichts, als daß er seine Aufgabe tut. Das war deine Rede.«
»Ja, das war meine Rede. Du hast recht, mich daran zu erinnern. Jetzt aber habe ich Angst.«
»Warum diese Änderung?
»Weil die Entscheidung näher rückt. Ich bin ein schwaches Mädchen. Sehr schwach. Ich bin eines so erhabenen Bruders nicht würdig. Ich fürchte mich.« Sie schlug die Hände vor das Antlitz. Dann stand sie auf, nahm den Krug, hob ihn auf die Schulter. »Komm morgen. Ich kann jetzt nicht sprechen.

Ich habe so lange geschwiegen. Warum bist du nicht früher gekommen?«

Den Klang ihrer holden Worte noch im Ohr, so kam er in Kana an, so machte er am nächsten Tag den Weg in ihr Dorf – immerfort tönten die Worte in ihm, die er von ihrem strengen Mund gar nicht mehr erwartet hatte, Worte der Liebe und des Vertrauens. – Warum bist du nicht früher gekommen? – Ich mißdeute sie immer noch, sagte er sich, ich kann mich zur Durchsichtigkeit dieses reinen Gemüts nicht durchfühlen. Es ist natürlich auch gar keine kleinliche Kränkung, die sie des Bruders wegen empfindet. Solche niederen Gefühle haben in der kristallenen Luft keinen Platz, die von ihr ausstrahlt. Alles, was sie empfindet, ist groß, und nur wenn man selbst etwas von dieser Größe in sich hat oder sich zumindest nach Größe sehnt, dann versteht man Schoschana. –
Am Brunnen, um die gleiche Stunde, bat er sie, ihm doch zu erzählen, was sie fürchte und welches ihre Gründe seien. Vielleicht könne er helfen. Er geleitete sie zum Tischler Amittai, der nicht wie Owadjah in einer richtigen Werkstätte, sondern im Freien, auf einem grasigen Platz unter Sykomoren und Feigenbäumen schreinerte. Ein kleingewachsener alter Mann, nicht sehr klug, aber voll von Sprüchen und Gebeten, die er murmelte, während er die großen schwarzen Augen selbstvergessen rollen ließ. Sonst kümmerte er sich nicht viel um die Welt.
»Nochmals also – warum hast du Angst?«
»Weil er jetzt das ganze Volk herumreißen will. Auch diesen braven Amittai zum Beispiel, der doch gar nichts davon weiß und der überhaupt nichts, nicht einmal sein Handwerk versteht. Es müssen aber alle verwandelt werden, alle, ehe das Königreich Gottes anbricht.«
»Und war das nicht immer das, was dein Bruder wollte?«
»Ja. Aber jetzt ist die Stunde gekommen. Seit der Täufer im Gefängnis liegt, hat mein Bruder nun ernstlich die Hand ans Werk gelegt. So zumindest glaube ich es zu verstehen. Es

ist ja möglich, daß ich im Irrtum bin. Ich höre nur das und jenes, von dem und jenem, der vom See heraufkommt, aus Kfar Nachum. Dort hat Kepha ein kleines Haus dicht am See, bei den Fischerboten. Mein Bruder hat nun eine Zeitlang bei ihm gewohnt, und die Stadt hat sich einsichtsvoller erwiesen als früher. In der Synagoge hat er über einen Psalm gepredigt: ›Euer Herz sei lebendig für die Ewigkeit‹, und über die Worte zuvor: ›Essen werden die Bescheidenen und satt werden, preisen werden Gott, die ihn suchen‹. Und dabei hat er sich auf die Worte unseres Lehrers Moses berufen: ›Nicht erblickt man Sünde in Jaakow, nicht sieht man Mühsal in Israel. Adonaj, sein Gott, ist mit ihm und die Fanfare des Königs in seinem Lager.‹ Hörst du nicht das ›Sofort‹ aus all dem heraus, die wahre ›heilige Ungeduld‹, von der die Mutter sprach? Die Königsfanfare tönt bereits. Jeschua will nicht länger warten. Er kann es nicht. ›Dränget das Ende!‹ — das ruft er allen zu. ›Man muß dem Himmelreich Gewalt antun, damit es komme.‹ Alles Böse soll von heute auf morgen abgelegt sein.«

»Und davor hast du Angst?«

»Es geht auf Leben und Tod. Welcher sterbliche Mensch ist da frei von Angst! — Außerdem aber habe ich Angst, weil einige sich nicht damit begnügen, ihn für den Propheten unserer Zeit zu halten, so wie ja in manchem Geschlecht ein Prophet und Gottesmann erschienen ist. Du hast den Kepha gehört! Sie schreien, daß mein Bruder der Messias ist. Dieser Kepha ist es, der immer drängt und mißversteht und wieder vorwärtsdrängt. Sein guter Wille ist grenzenlos. Aber er tappt in einen Fehler nach dem andern hinein. Jeschua liebt ihn, gerade auch seiner Fehler wegen liebt er ihn, er liebt ja die Kranken und hat außerdem wohl ein besonderes Wohlgefallen an ihm, weil er so herzhaft treu und ergeben ist. Für Kepha also ist mein Bruder nicht mehr und nicht weniger als der gesalbte König aus dem Hause Davids, wie er uns seit Jahrhunderten verheißen ist — er schlägt die Römer und setzt Gott als alleinigen Regenten über das Volk.«

»Ich habe auch noch andere Auslegungen über den Messias

gehört«, sagte Meleagros, der mit Thirzas Vater noch häufig über diese Hoffnungsgestalt des Volkes gesprochen hatte und jetzt ein wenig zeigen wollte, daß er in Schoschanas Abwesenheit seine Zeit wohl angewandt hatte –, »die ganze Menschheit wird erlöst, denn ›ich mache dich zum Licht der Heiden‹, heißt es ja in den Schriften; und nicht nur das – die ganze Natur erfährt eine wohltätige Veränderung, es gibt keine wilden Tiere mehr, die Erde trägt hundertfache Frucht; kaum hat man gesäet, kommt schon der Erntewagen gefahren; es scheint keine Sonne mehr bei Tag und kein Mond bei Nacht, sondern immer nur das glänzend milde Licht, das dem Gottesnamen entspringt. – Ich sehe dir an, daß du das alles mehr für Ausschmückungen begeisterter Dichter hältst.«
»So soll man nicht sprechen«, rief Schoschana, und ihre Augen blitzten. Meleagros erinnerte sich, daß sie ihm bei der ersten Begegnung wie eine Priesterin erschienen war; sie hatte das als Mißverständnis abgewehrt und lebhaft beteuert, daß sie auch mit den Prophetinnen des Volks nichts gemein habe. Aber etwas von dieser ersten Meinung war doch eigentlich immer in ihm zurückgeblieben. Und nun überlegte er, ob etwa in ländlicher Einsamkeit die geheimen Kräfte in ihr sich gesammelt und gesteigert hätten; denn sie erschien ihm bei all ihrer Zierlichkeit gewaltiger und kräftiger als je. »So soll man nicht sprechen. Reden denn die Dichter nicht die Wahrheit?«
»Man könnte darüber streiten«, ließ sich Meleagros mit etlichem Naserümpfen vernehmen.
Sie senkte den Kopf. »Von den Dichtern weiß ich also nichts. Meinen Bruder aber kenne ich von Kindheit an. Ich könnte dir immer und immer wieder von ihm erzählen, damit auch du ihn liebst, wie ich ihn liebe.«
Die Hütte des armen Amittai war eine der höchstgelegenen, schon nahezu außerhalb des Ortes. Das hatte den Vorteil, daß die flache Kegelkuppe des Tawór von hier zu sehen war, und weit hinter ihm in der Ferne, einem Traumbild gleich, wolkenhaft zart der Schneegipfel des Chermón. Alle Schönheit dieses breiten Landschaftsbildes, eine Art Gesang über

die in weiteste Weite ziehende Ebene hin, schien sich für Meleagros in den Worten des Mädchens, in ihrem sanft abgeschirmten Blick zusammenzufassen. Auf so Großes irgendwie gültig antworten, wie war es denkbar? Mit stokkenden Worten versuchte er es: »Ich liebe ihn ja schon – und nicht nur um deinetwillen, Schoschana. Glaube mir, daß ich den besten Willen habe, ihn zu verstehen. Aber verzeihe es meiner Naturanlage: ohne eine Art Wissen kann ich mich keiner Erscheinung auf der Welt nähern, auch ihm nicht. Es ist mir nun einmal nicht gegeben, im Schmelzofen reiner Begeisterung umgeschmolzen zu werden – ich brauche auch ein wenig kühle Luft, wenn ich überzeugt sein soll. Und deshalb frage ich dich, Schoschana: was ist er seiner eigenen Ansicht nach? Hält er sich für einen Meister, wie es deren nicht viele, aber doch einige im Lande gibt, für einen der Rabbanan – oder glaubt er ein Prophet zu sein oder gar der Gesalbte des Herrn, der verheißene Messias, dem der Prophet Elia vorangegangen ist?«
Schoschana legte den Finger an die Linie unter die Unterlippe – die lange vermißte Bewegung, die ihn nun zum erstenmal wieder entzückte. – Nun sucht sie das Richtige – und findet es auch. – Sie senkte die Hand, die halbgeöffnete Innenfläche war nach außen gekehrt. Bescheiden und leise kam ihre Stimme, die nur allmählich wieder Farbe gewann. »Davon spricht er nicht. Und er verbietet auch den Jüngern, davon zu sprechen. Er bedroht sie, wenn sie seine Wunder in alle vier Winde ausposaunen wollen. Auch mir hat er nie etwas von dergleichen verlauten lassen. Wenn ich aber aufrichtig dir alles sagen soll, was ich davon halte ...« Sie senkte die Stimme, es war ein Zeichen innigster Nähe, daß sie ihm nun ihr Geheimnis anvertraute: »Ich glaube wohl, daß er sich in der Stille seines Herzens manchmal für den Auserwählten hält, den Retter Messias.« – Schoschana war müde geworden, sie lehnte sich an einen Baumstamm, griff hinter sich in die Äste, an denen sie sich festhielt.
Der alte Amittai brachte Wein in zwei kleinen Flaschen, zwei Brotfladen dazu. Er mißbilligte es sichtlich, wenn die zarte

Schoschana sich aufregte. Doch wagte er nicht, etwas zu sagen. Kopfschüttelnd sah er Meleagros an und ging wieder. Auch Meleagros war um Schoschana besorgt. »Ich will darüber nachdenken. Es geht mir noch nicht in den Kopf. Nächstens mehr davon. Hier setze dich, auf die Bank. Sprich von leichteren Dingen, die dir nicht so ganz aus dem innersten Herzen kommen. Ich habe Angst um dich, Schoschana.«
Sie lachte: »Du bist wie Amittai. Der hält nämlich meinen Bruder für einen Zauberer. Deshalb hat er Angst um mich, nicht anders als du. Mein Bruder aber ist so mild, daß niemand vor ihm Angst zu haben braucht. Angst um ihn, das ja — das ist etwas anderes.«
»So mild —, wenn er die Jünger ›bedroht‹, wie du sagst?« — Immer diese Widersprüche, die ihn peinigten! Und immer diese nur halb verständlichen Worte!
»Er hat auch manchmal einem oder dem andern von ihnen ›du Satan‹ zugeschrien. Und: ›Du bist mir ein Ärgernis‹. Und doch hat er dann wieder viel Geduld mit ihnen. Meist ahnen sie gar nicht, was er sagt. Dann seufzt er wohl: ›Viele sind berufen, aber wenige sind auserwählt‹.«
»Das verstehe ich schon eher«, sagte Meleagros, »denn ähnlich steht es bei Platon: viele schwingen den Thyrsos, aber nur wenige sind vom Gott Bakchos erfüllt.«
»Du siehst es«, stimmte Schoschana freudig zu. Und lächelnd setzte sie fort: »Und dann kommt wohl auch eine Mutter und bittet ihn in aller Unschuld, er möge ihre beiden Söhne, wenn er die Herrschaft antritt, auf goldenen Sesseln zu seiner Rechten und zu seiner Linken sitzen lassen. Die halbirre Mutter, wie sie gerade unter uns Juden sooft herumläuft, ihr Ehrgeiz für ihre Kinder kennt keine Grenze, nur das Höchste ist ihr für die Kinder gut genug. Peitscht er sie hinaus? Nein, auch sie verdient ja Mitleid, und echte Sorge liegt auf dem Grund ihres Herzens. Und so empfängt auch sie die freundlichste Belehrung: Wer unter den Meinen groß werden will, der muß der Diener aller sein, und wer der erste sein will, der soll Knecht sein. — Ob sie es wohl verstanden hat? Man sagt, sie habe sich bekehrt und habe später

Einsicht bewiesen, ein gutes Herz auch gegenüber den Fremden, nicht bloß in den vier Wänden der Familie. Von allen Wundern, die mein Bruder getan hat, eines der größten.«

Ein andermal wollte er wissen, was für eine Bewandtnis es mit diesen Wundern habe. Er hatte schon so viel von ihnen gehört. »Die ganze Landschaft hier summt von Wundern.« Sie lächelte über seinen Ausdruck.
»Auch in dieser Hinsicht soll eine Veränderung mit meinem Bruder eingetreten sein, wie man mir berichtet: Er widerstrebt den Wundern nicht mehr.«
»So hat er ihnen früher widerstrebt?«
»Früher war er unwillig, wenn sich die Menschen an ihn drängten und die Heilungen geradezu erzwangen. Er fühlte es, daß sie seine Kleider berührten oder die Schaufäden, die er trägt, er fühlte, auch wenn er nicht hinsah, wie die Kraft von ihm ausfloß, und er schalt die, die ihm das Wunder sozusagen stahlen. Heute heilt er, ohne sich zu wehren. Selbst wenn die Schergen des Antipas ihm auf den Fersen sind. Er verbirgt sich nicht länger. Und die armen Leute sammeln sich, auch wenn er sich auf eine Bergspitze zurückzieht oder auf einen Fischerkahn, um einmal wieder allein zu sein. Sie lassen ihn nicht allein, sie lassen ihn nicht beten und nicht essen, sie decken das Dach ab, um einen Kranken in das Zimmer hinabzulassen, in dem er sitzt. Ein ungeheurer Tumult ist immerfort um ihn. Die Schüler können das nicht immer ordnen. Er schilt sie nicht mehr. Er läßt die Menge gewähren. Und auch daraus sehe ich, daß er nun mit aller Macht das Offenbarwerden des Gottesreiches befördern will – möge daraus entstehen, was da mag.« Sie griff sich an den Hals, geradezu körperlich fühlte Meleagros mit, wie die Angst ihre Adern rascher schlagen ließ. »Das ist wahrscheinlich auch der Grund, warum er uns hier warten läßt. Für uns hat er keine Zeit mehr. Vermutlich wollte er wirklich hier heraufkommen. Hat er mich denn nicht holen lassen? Aber nun hält man ihn in Kfar Nachum und den andern Ortschaften auf, läßt ihn nicht weiterziehen. So habe ich es mir zurechtgelegt;

ich weiß nicht, ob es stimmt.« Sie war nun wieder traurig geworden. Man merkte aber, daß sie den Freund nicht verstimmen wollte, der sich mit der hinabsteigenden Sonne zum Aufbruch anschickte — mit einem freundlicheren Eindruck wollte sie ihn entlassen. »Du meinst jetzt, daß ich verdrießlich bin, mein lieber Grieche? Aber ich bin es nicht. Wenigstens in diesem einen versuche ich meinem Bruder gleich zu sein: ich will nie verdrießlich sein. Verdrießlichkeit — das ist einer der ärgsten Feinde unseres Herzens. Mein Bruder hat ihn in sich überwunden. Mir gelingt es nur unvollkommen. Er aber ist nie verdrießlich. Gewiß ist das nicht der höchste seiner Vorzüge, aber es ist doch durchaus merkwürdig. Vielleicht sind wir gewöhnlichen Menschen fähig, ihn zumindest in diesem einen genügend zu verstehen, genügend zu bewundern. In allen andern Vorzügen reicht er ja zu weit über uns hinaus. Denke aber und stelle dir das genau vor: Jeschua ist nie verdrießlich. — Wenn wir das erfassen, so haben wir doch wenigstens ein Eckchen von ihm erfaßt. Genau so wie viele im Volk gerade noch fähig sind, etwas von seiner Kraft zu fühlen, wenn er sagt: ›Der böse Geist weiche von dir und deine Sünden sind vergeben‹. Das Eigentliche seiner Macht ist nämlich hoch erhaben über solche Wunder und Zeichen — und ebenso auch über das, was ich dir jetzt als Zeichen angebe, nämlich daß er niemals verdrießlich ist. Von allen Zeichen ist sein eigentliches Wesen sehr weit verschieden, daher sagt er auch oft: ›Wenn das Reich Gottes kommt, werdet ihr keine Zeichen sehen.‹ Für jetzt und heute aber haben wir als Zeichen diese winzige menschliche Besonderheit an ihm: Verdrießlichkeit ist ihm etwas ganz Fremdes. Diese kleinliche, verärgerte Stimmung, die sich an einem Nichts wundstößt — wir leiden alle an ihr: er kennt sie nicht. Er ist wohl manchmal sehr traurig — o viel trauriger, als wir alle es fassen können —, seine Tränen kommen dann aus den Augen wie heißes Blut, das aus der Haut spritzt, so pulsend, so schwer — aber wenn er nicht über den Fall des Menschen und unser aller Schlechtigkeit und Verlorenheit und unser Grausamsein und über die Herrschaft des Fürsten der Welt weint, dann ist er froh und verbreitet Freude und schenkt mit jedem Wort Erquickung weg, als schöpfe er aus einem tiefen ewig-kühlen Brunnen des Glücks. Seine eigentliche Bedeutung fassen wir nicht, aber diesen ersten, vielleicht recht unwichtigen ersten Eindruck fassen wir: daß jegliche Verdrießlichkeit ihm fern ist. Ich denke, daß die Wunder, die wir ihn tun sehen, auch aus dem gleichen kühlen Brunnen seines Glücks kommen. Denn auch andere tun ja Wunder und heilen. Es gibt große Wundertäter im Lande, und wenn sie Gott anflehn, so wird ihnen gewährt. Doch geschieht es selten und unter Anstrengung. Meinem Bruder aber fließen die Wunder nur so zu, er braucht sich nicht zu mühen, sie blühen auf, wo er längs des Sees und auf den Bergen geht. Wie die purpurnen Wiesenblumen im Frühling, am Feldrain, so blühen sie aus der Erde hervor unter seinem Schritt.«

Sie hatte sich nun wieder an den Baumstamm gelehnt, aufrecht stand sie, beide Hände nach hinten in die Äste ausgebreitet. Die sonst so blassen Wangen waren in Glut geraten. – Während Meleagros und der alte Schreiner sie anstarrten – denn durch ihre letzten Worte war etwas wie der Tanz weißer Lichtstrahlen gezuckt –, erfolgte ein dumpfklirrender Fall. Ein Offizier, der unbemerkt den Rasenplatz betreten hatte, war zu Schoschanas Füßen niedergestürzt, als wolle er sie anbeten.

Meleagros kannte ihn, es war Catuvolcus, ein Mann keltischer Abkunft, der die in Kana postierte kleine Abteilung befehligte. Auf dem Heimweg aus der Bergfeste Japhia, die er inspiziert hatte, hatte er in Nazaret gehört, daß sein Gast sich beim Tischler Amittai aufhalte. Als gutmütiger Geselle wollte er sich den Heimmarsch durch Geplauder mit dem Griechen kürzen, hatte ihn gesucht – und was fand er nun? »Eine Druidin«, lispelte er.

Die heiligen Frauen seiner Jugend, seiner Heimat Gallien traten in seinen verstörten Sinn, er sah die langen Baumschatten, den Altar, den langsam schwebenden Adler über den Wipfeln. »Möge die Opferpriesterin mir ihren Segen geben.« Sein Schwert war aus dem Riemengehänge geglitten,

seine Hände tasteten über die Erde hin, die Panzerringe tönten dumpf, während der schwere Mann nicht zu bewegen war, den Kopf zu heben oder gar aufzustehen. –
Schoschana war leise in die Hütte Amittais geglitten.
Lange noch jammerte der Soldat auf dem Erdboden, während Meleagros ihm beizubringen suchte, daß eine gewöhnliche irdische Frau gesprochen hatte. »Sie hat nicht gesprochen«, sagte der Soldat, »sie hat gesungen. Es war ein Gebet. Hätte sie mir doch ihren Segen erteilt!«
Als sie gingen, blickte er sich noch mehr als einmal abergläubisch-furchtsam um. Bald hatten sie den hohen Bergkamm hinter Nazaret erreicht, von dem aus das Dörfchen zum letztenmal zu sehen war. Hier blieb der Kommandant stehen. Drei Mann in voller Rüstung hatten vor Amittais Anwesen gewartet. Um seine Truppen unbekümmert ließ er sich nochmals auf die Knie nieder, um sich gegen die auf halber Höhe stehende Hütte murmelnd und klagend zu verneigen.

Die Landschaft summte von Wundern.
Vom See herauf kamen Leute und erzählten, sie hätten gesehen, wie Jeschua durch seinen Blick und die ausgestreckte Hand Wahnsinnige geheilt habe. Eine Frau aus Migdal, deren Lebenswandel nicht gerühmt wurde, hatte sieben Dämonen im Leibe. In einem andern Unglücklichen lebte die Seele eines Abgeschiedenen, der von dem Lebenden nicht lassen wollte, ein Dibbuk. Jeschua befreite diese Besessenen von der Macht ihrer bösen Gäste, er jagte die Teufel davon, die jammernd ihre Stimmen erhoben und ihn anklagten, daß er sie vor der Zeit bedränge – denn nun waren sie ja heimatlos geworden, in Gegenden verbannt, in denen es kein Wasser gab, da saßen sie und sannen auf Rückkehr in die Leiber der Geheilten, die weiterhin gefährdet blieben. Manchen glückte diese Rückkehr. Dann erhoben sich Jeschuas Gegner, wiesen auf die Rückfälligen hin; oder hatten ihre eigene boshafte Erklärung zur Hand: Er vertreibt die Dämonen, indem er sich des obersten der Dämonen bedient.

Von solchen Einsprüchen unangefochten, auch von gelegentlichen Mißerfolgen nicht ermüdet, zog der Meister seines Weges, in kraftvollem Vertrauen. Blinde erblickten zum erstenmal das Sonnenlicht, Taube hörten, Aussätzige wurden rein und Gelähmte erhoben sich, die Bettstelle tragend, auf der man sie zu dem großen Arzt hingebracht hatte. Es mischten sich Staub und Begeisterung, Jubel und Gezänk, freudiger Dank und Mißtrauen, Psalmengesang erscholl und Hunderte von Hungernden erhielten Brot und Fische, da überall, wo der Zug erschien, die Herzen sich erhoben und aufgerüttelte Mildtätigkeit überglücklich war, wenigstens einem Teil der Ungerechtigkeiten Abschaff zu gebieten, wo der Prophet auf viel mehr als das, auf einen durchaus neuen Lebensbeginn drang. Keiner durfte hungern, wo völlige Umkehr gefordert war. Man hätte gar nicht gewagt, jemanden hungern zu lassen. Nahrung zu reichen war das mindeste, womit man einen Segen, einen freundlichen Blick zu erhaschen hoffen konnte. Ununterscheidbar eingeflochten waren in die neuen Berichte aus wilderregtem Mund andere Erzählungen, die seit dem Umherstreifen der beiden großen Volkspropheten, seit Elijahu und Elischa im Lande umgingen. Waren es die gleichen Wundergeschichten in ihrer immer noch lebendigen Kraft, seit jenen Tagen der alten Königszeit unvergessen? Oder sollte man wirklich meinen, daß sich zweimal das gleiche ereignete? War die alte Überlieferung das Vorbild, dem die neuen Geschehnisse – so wollte es das Volk – Zug um Zug entsprachen? Gab es doch eine Schriftrolle mit Erläuterungen zu den Aussprüchen des Propheten Chawakuk, in der Satz für Satz nachgewiesen wurde, daß das, was der Prophet einst gesagt hatte, heute einzutreffen begann.
Bei Thirzas Vater hatte Meleagros mit dieser Schriftrolle auch die Aufzeichnungen der alten Propheten selbst in Übersetzung zu hören bekommen. »Das Mehl im Topfe soll nicht zu Ende gehen, und das Öl im Kruge schwindet nicht dahin«, so hatte es Elija, der Tischbite, der Witwe von Zidón verkündet, bei der er Wohnung genommen. Ähnlich hörte man

nun neuerdings, daß die stürmischen Anhänger des Meisters aus einigen wenigen halbleeren Brotkörben satt wurden, zu Tausenden, zu Fünftausenden, und daß noch Körbe voll mit Brocken weggetragen wurden. Schon sprach man davon, daß der Meister einen Jüngling von den Toten erweckt habe. Einige wollten dabeigewesen sein. Es war genau so zugegangen wie bei jener Witwe, deren Knabe gestorben war. »Siehe, es lebt dein Sohn.« Der Prophet Elija hatte sich auf das tote Kind gelegt, das auf dem Bette hingestreckt war — allein war er mit dem Toten geblieben, hatte die Türe hinter sich verschlossen —, nun tat er seinen Mund auf den Mund des Leichnams, die Augen auf seine Augen und die Hände auf seine Hände. Da nieste der Knabe siebenmal; danach schlug er die Augen auf. Und nachher nur die knappen Worte: »Siehe, es lebt dein Sohn.« Auch von Elischa, dem Schüler des Elija, wurde ein ganz ähnliches Vorkommnis erzählt, nur mit dem humoristischen Vorbehalt, daß Elischa zuerst nur seinen Diener Gechasi mit seinem Stab zu dem toten Kind schicken wollte. »Lege meinen Stab auf das Antlitz des Knaben.« Aber diese bequeme Art, das Wunder aus der Ferne zu verrichten, ohne sich persönlich an Ort und Stelle zu bemühen — sie wurde im Himmel nicht angenommen. Der Prophet mußte schon selbst kommen und den Namen des Herrn am Bett des Toten anrufen und sich eng über ihn hinbreiten und die mühsame Erweckungsarbeit vor lauter Erschöpfung unterbrechen und sie dann nochmals unternehmen, damit der Leib des Entschlafenen erwarme. Das Volk war durchaus nicht geneigt, dem Künder Gottes diesen Weg zu ersparen, und wenn es ihm einen Diener gab, eben jenen Gechasi, der manches Ding falsch anpackte, dann lag auch darin ein Volkswunsch oder eine allgemeine Neigung, neben dem, was man im Staube verehrt, doch gleich auch etwas nahebei zu haben, einen Begleiter oder Anhänger des großen Mannes, über den sich ein wenig lustig zu machen oder auf den mit Bedauern und Achselzucken hinabzusehen nicht zu den verbotenen Dingen gehört. Und wer konnte wissen, ob die Gestalt des Kepha, den die Fremden Petrus nannten, nicht schon einige Züge jenes armen und zu Mißgeschick auserlesenen Dieners Gechasi aus den lang zurückliegenden Tagen Elischas anzunehmen begann! Mengten sich doch auch andere und weniger edle Steinchen in das bunte Bild, und in Gubatha, einem Ort, an dem man das Grab des Propheten Jona zeigte – das Dorf sah Meleagros täglich auf einer Bergspitze liegen, sooft er von Kana nach Nazaret wanderte –, in Gubatha also erzählte man von einem heimischen Wundertäter, der einen Wollknäuel in die Luft warf – und was dann vom Himmel herabfiel, war ein Kälbchen.

Die Landschaft summte von Wundern. Die Berge hier und gegenüber der langgestreckte bläuliche Rücken des Karmel, sie hatten viele Kämpfe gesehen, Umstürze, den Sieg gottgläubiger Reinheit über die Priester des Baal und ihre Ascheren, über ihre Brunst unter den Terebinthen. Hier war dem Gottvertrauen nichts unmöglich. Der Bach Kischon war urzeitlich schäumend der Prophetin Dwora zu Hilfe geeilt, die Sterne selbst waren aus ihrer Bahn getreten, um die Streitwagen des Feindes zu zersprengen. Sagst du mit vollem Glauben im Herzen zu einem der Berge: Berg, hebe dich hinweg, rücke dort hinüber – so wird er fortrücken. Man warf den Leichnam eines Mannes zufällig in die Gruft, in der Elischa begraben lag; es waren nämlich Streifscharen der Söhne Moaws eingebrochen und die, welche mit dem Begräbnis befaßt waren, konnten es nicht zu Ende bringen, sondern flohen. Als sie am andern Tag wiederkehrten, war der Tote lebendig geworden und stand auf seinen Füßen.

Solches hatten die toten Knochen des Gottesmannes bewirkt. Nun gar erst, solange er lebte – welche Gnade, ihm zu begegnen! Ein Anhänger brachte ihm zwanzig Gerstenbrote und zerstoßene Körner in seinem Quersack. Da befahl der Prophet dem Diener Gechasi: Gib den Leuten, daß sie essen. Dieser, der das Wesen der Sache auch diesmal wie allemal nicht fassen konnte, meinte: Wie kann ich das hundert Männern vorlegen? So viele waren es nämlich, die warteten. Da rief der Prophet nochmals: Gib den Leuten, daß sie essen!

Denn so spricht Gott: Essen werden sie und noch übriglassen. — So legte denn ihnen allen der Diener vor; und sie aßen und ließen noch übrig.
»Es ist vieles in unsern Büchern vorhergesehen«, sagte Schoschana, »und dann trifft es ein und wiederholt sich und trifft nochmals ein. Es ergibt sich seltsamerweise so. Doch weiß ich nicht, ob es wirklich so seltsam ist, wie die Leute meinen. Unsere Bücher leben ja in uns. Sie wachsen wie Bäume und treiben Frucht. Und wir pflücken die Frucht, und siehe da!, es ist genau dieselbe Feige wie im vorigen Jahr. Kann man da von Nachahmung reden? Nein, sondern Stamm und Wurzel sind die gleichen geblieben. Daher unterscheiden sich auch die Früchte nicht oder nur wenig. Kann es denn anders sein?«
Schoschana hatte nun selbst den Ton eines Gleichnisredners angenommen, weilchenweise blieben die Augen geschlossen, Meleagros glaubte zu spüren, wie ihr die Bilder in gleitenden Strömen vor den inneren Sinn traten. »Der Prophet Elija trifft den Elischa, der als Sohn eines reichen Bauern auf dem Felde pflügt. Da wirft er seinen Mantel über ihn. Der Jüngling küßt noch einmal Vater und Mutter, schlachtet die Rinder und folgt dem Heiligen als Diener für das ganze Leben. So sagt man auch von meinem Bruder, daß er in der Nähe von Kfar Nachum zwei junge Fischer antraf — da, wo die warmen Quellen die Fische anlocken und den Fang besonders ergiebig machen —, zwei junge Fischer, die ihre Netze auswerfen; es waren Schimon Kepha und sein Bruder. Da berief er sie zu sich, sprach einige Worte, und sie ließen ihre Netze und folgten ihm. Zwei anderen Brüdern, die mit ihrem Vater und mit Taglöhnern in ihrem Boot beim Fischfang saßen, geschah dann bald nachher dasselbe. Sie ließen das Schiff und ihren Vater und folgten ihm. So ist also den Leuten um den Elija wie denen um meinen Bruder ein Gleiches widerfahren. Man könnte sagen: Ein Vorbild wurde genommen. Aber es verhält sich ja viel einfacher: dieselbe Wurzel, dieselben Feigen.«
»Daher gibt es einige«, sagte Meleagros, »die auch die Zukunft nach der Gestalt des Vergangenen bilden, die voraussehen wollen und voraussagen, was weiterhin geschehen wird,

weil sie es in den alten Schriften geweissagt finden. Da scheint mir freilich, daß mancher Irrtum mit unterlaufen kann.«
Schoschana stimmte eifrig zu: »Am meisten wehre ich mich, wenn man meint, daß das Schicksal des Gerechten auf eine traurige Art vorbestimmt ist, weil der Prophet Secharjah gesagt hat: ›Eine Zeit kommt, in der man den liebevollen Hirten für dreißig Silberlinge verkauft‹.«
»Nun ahmst du schon völlig deinen Bruder nach, Schoschana«, sagte der Grieche, mit dem Hauch eines scherzenden Tons in seinen Worten; denn das Mädchen war aus freudiger Begeisterung ganz ins Trübe geraten, und er hätte sie gern ein wenig aufgeheitert. »Du hebst den Zeigefinger. Dasselbe tut er manchmal, wenn er lehrt. So hat man mir berichtet. Und einen bequemen Steinblock auf unserem Grasplatz hast du dir ausgesucht, so sitzt auch er gern auf einem großen Stein im Feld, am Bergabhang. – Und dann sag noch, daß du dich von ihm unabhängig hältst.«
Mit Trotz stieß das Mädchen einen gekrümmten Finger gegen die Lippen. »Das tue ich auch. Ich war nie dabei, wenn er zum Volk sprach.«
Er begütigte: »Wirklich nie dabei? – Dann ist es wohl eher, wie du meinst: dieselbe Wurzel, dieselben Feigen.«
»Mein Bruder braucht mir nichts zu sagen. Er belehrt mich durch sein ganzes Leben. Noch weniger braucht er Wunder für mich zu tun. Auch für das Volk wäre es besser, wenn es nicht immer Wunder sehen wollte. Aber meinem Bruder tut das Herz weh, wenn man all die Gebrechlichen und Elenden zu ihm bringt. So breitet er die Hände aus und heilt. Besser wäre es, sie würden seine Lehre verlangen statt seine Wunder. Eng ist die Pforte und schmal der Weg, der zum Leben führt. Den Weg verfehlen manche, obwohl er ihnen gezeigt wird. – Gebe Gott, daß ich meinen Weg nicht verfehle – niemand kann mir ihn zeigen, wenn ich ihn nicht allein finde.«
Meleagros fand es hart, daß sie ihre Selbständigkeit so stark hervorhob. Ihrem Bruder gegenüber – das mochte hingehen. Aber hatte der Liebende nicht ein Recht, den Weg mit dem geliebten Menschen gemeinsam zu gehen. Warum dieses

›allein‹, dieses kalte ›allein‹? »Ich finde keinen Fehl an dir«, sagte er still. »Ob du aber nicht ein wenig zu stolz bist, das mag ich wohl noch nicht ganz herausgefunden haben.«
»Nicht stolz«, erwiderte sie: »Aber vielleicht zu furchtsam. Das ist es, was ich mir vorwerfe.«
Sie dachte an ihre Angst um den Bruder. Das wußte er wohl. Doch überredete er sich, daß sie es anders gemeint habe. Warum wagte sie nicht zu leben? Warum wagten sie beide nicht, gemeinsam zu leben? Sie hielten sich ängstlich fern voneinander. Fern vom Glück – so sagte er sich oft. Er fürchtete die Unnatur der vollständigen Enthaltsamkeit. Sie würde ihn schließlich zerbrechen.
Doch war es nicht eigentlich göttlich, einander in völliger Reinheit anzugehören! All die Peinlichkeit, all das Unvollkommene, das er mit andern Frauen erlebt hatte, trat ihm vor die Seele – vor wie langer Zeit war das doch geschehen! Die Enttäuschung des Leibes, der nie satt oder der allzu satt wird, und alles Mißtrauen des Geistes, der mitten in der Umarmung einsam bleibt, all diese Trübsal früherer Liebesbeziehungen fiel ihm ein. Dann pries er sich selig. Von unstillbarer Sehnsucht durchglüht, glaubte er einen leuchtenden Engel zu lieben.
Die Niedrigkeit der Welt war fern, nichts Gemeines störte, wenn sie miteinander sprachen. Und was zur Perlenkrone jeder Liebe wird, das rückhaltlose süße Vertrauen der Herzen, das keiner Vorsicht bedarf – das war ihnen ja nicht versagt, das durften sie voll genießen.
Alles, was gut in ihm war, kam an die Oberfläche seiner Seele hervor und wurde wirksam. »Wenn ich noch einmal auf die Erde komme«, sagte er zu dem Mädchen, »dann will ich die Götter bitten, daß ich nur einmal liebe. Nur dann wäre ich deiner würdig. Und ich würde von den Göttern verlangen, dich mir zur lieben Gefährtin zu geben.« – Dann konnte es wohl geschehen, daß die ›Seelenführerin‹ ihm ihre Hand überließ und daß er sie eine Weile lang in der seinen halten durfte. So saßen sie träumerisch nebeneinander. Die weite Landschaft mit ihren Wolken über den reifenden Fel-

dern, über die man bis an den Berg Gilboa hinausblickte – sie schien sich vor ihren Blicken zu öffnen, zu verwandeln. In diesen milden Frühlingslüften, im Schmuck der unzähligen Blumen, vom überreichen roten Mohn erdrückt, war sie eine Paradieslandschaft geworden. Das laute Zirpen der Grillen und der Flug der Schwalben brachte die beiden nach geraumer Zeit zur Erde zurück. »Es ist wirklich eine Verwandlung«, meinte Schoschana. »Aber wenn mein Bruder von Verwandlung spricht, dann meint er wohl doch etwas anderes.«

»Ich weiß«, sagte Meleagros und zitierte das vielgelesene Buch Tobit: »Jerusalem wird aus Saphiren und Smaragden gebaut werden, die Türme und Mauern aus lauterem Gold. Und alle ihre Straßen werden sprechen: Gepriesen sei der Ewige.«

»Noch etwas anderes. Es wird nur Gerechte im Lande geben, wie einer der Propheten sagt. Das, nur das ist die große Verwandlung, das ist die Regierung Gottes – unseres Vaters und unseres Königs.«

Wenn er am Morgen in Kana aufbrach, überblickte er die ungeheure Hochfläche, ihre Weingärten und Obstpflanzungen, die Höhenzüge mit den Steineichen und die fernen einzelnen Bergspitzen am Rand. Ein Schatten fiel erst beim Eintritt in Nazaret auf sein Gemüt – da stand eine halbverfallene Hütte an der Landstraße, die verwahrloste Behausung diente als Gefängnis. Ein einsamer Webmeister, ein Hagestolz, hatte einst hier gehaust, war ohne Erben gestorben. Seit Jahren ließ man die Besitzung in Wind, Schmutz und Regen verkommen, zuzeiten diente sie als Gemeindekotter. Jerucham, ein reicher Bauer, hatte vor einem halben Jahr zwei Pächter, die den geschuldeten Zins nicht hatten abführen können, in das grauenerregende Verlies werfen lassen. Nur zu den Arbeitsstunden wurden die beiden aufs Feld geschleppt, dort hatten sie ihre Schuld abzuwerken. Wie Tiere werkten sie. Aber nie ging die Schuld zu Ende. – Die Türe war mit Ketten versperrt. Durchs vergitterte Fenster konnte man die beiden Unglücklichen sehen, in ihren Lumpen, Arme und Beine abgemagert. Sie streckten wie Bettler die Hände aus, dankten für Brotkrusten, die man ihnen zuwarf. Denn das Essen, das die Ortschaft ihnen reichen ließ, schützte kaum vor dem Verhungern. Manchmal aber ließ ein Vorübergehender seine üble Laune an den Schutzlosen aus, warf mit Steinen nach ihnen, und die Dorfjungen ahmten es nach und machten ein Spiel daraus. – »Wie kann man in der Synagoge fromme Gebete sprechen und dabei diesen Jammer geschehen lassen!«

»Es ist auch gegen das Gesetz«, sagte Schoschana. »Lesen wir denn nicht die Verse Jeschajahus: ›Was soll mir die Fülle eurer Opfer – wer hat euch gebeten, meine Vorhöfe zu zerstampfen –, eure Neumonde und Feste mag ich nicht, so spricht Gott – ich ertrage es nicht: Unrecht tun und Festversammlung. – Sondern das ist ein Fasten, wie ich es segne: die Fesseln des Unrechts öffnen, die Bande des Jochs lösen, die Gebeugten in Freiheit setzen, dem Hungrigen Brot brechen, die Armen unter ein Dach bringen, die Nackten kleiden und vor der Not deines Nebenmenschen dich nicht verstecken.‹ – Man sagt auch, daß mein Bruder so lange nicht nach Nazaret heraufkommen wird, als Jerucham die beiden Schuldknechte nicht freiläßt. Die Gemeindeältesten müßten den Jerucham dazu zwingen. Doch die Reichen hacken einem der ihren kein Auge aus.« Sie senkte den Kopf. »Mein Bruder kehrt nicht heim.« –

Meleagros ging das Herz auf, wenn er Schoschana in eindringlichen Worten das sagen hörte, was er bei sich ›das Richtige‹ nannte. Alles Richtige in der Welt – so schien es ihm in seinem Sinn, der sich an ihrer keuschen Zurückhaltung erhitzte –, alles ging von ihr aus, und zu ihr kehrte es zurück. Es war daher nur natürlich, daß er ihr von seinem ›Philosophengespräch‹ erzählte, an dem er jetzt schrieb, alle kleineren und mehr spaßhaften Aufgaben, wie etwa jenes ›Linsenpüree‹, von sich weisend. Nicht Epikuros, der ihm schon ganz fremd war (hatte er denn nicht immer schon den Lehren des ›Meisters‹ entgegengehandelt und im Widerspruch gegen Philodem, den preiswürdigen Einpauker seiner Regeln?) – nicht Epikuros, sondern Platon und Platons Sokrates soll-

ten in diesem neuen ›Symposion‹ den Lorbeerkranz erhalten.
»Wer war Sokrates?« fragte Schoschana.

Während er liebend in den Lebensgang des Weisen zurücktauchte, dem er sich in letzter Zeit zugewandt hatte, während er einiges aus diesem Leben mitteilte und zärtlich wie ein ungesungenes Lied das Wort ›Schülerin‹ gleichsam auf den Lippen wog – in all dem glücklichen Überschwang überraschte ihn die plötzlich hervortretende Ähnlichkeit des alten Atheners mit Jeschuas Wesensart. Nicht in allem, doch in vielen Einzelheiten glichen sie einander: das Abweichen von jeglicher Schulverdrossenheit, die offene Sprache zu jedem einzelnen im Volk, das herzhafte Ergreifen täglicher Beispiele aus der Werkstatt des Schusters, des Baumeisters, aus der Arbeit im Weinberg. Und beide streuten ihre Weisheit aus, ohne ein Wort niederzuschreiben.

»Und was war das Ende dieses Großen? – Ich darf ihn so nennen. Du weißt, daß nach unserem Glauben die Gerechten aller Völker am ewigen Leben teilhaben. – Womit wurde er belohnt? Das sag mir, mein Meleagros.«

»Mit Gift.«

»Er trank es aus Unvorsichtigkeit?«

»Nein, er wurde von den Athenern verurteilt, den Giftbecher zu leeren. Und er tat es ohne ein böses Wort, ruhig und erhaben.«

»So lastet seither ein ewiger Fluch auf der Stadt Athen?«

»Davon habe ich nichts vernommen. – Sie hat seither viel gelitten, die große Stadt, doch auch mehrmals geblüht. Heute steht sie im Ansehen neben Rom und Alexandria.« Er sann nach. »An ewige Flüche glaube ich nicht. Außer an einen. An den, der auf mir liegt. Du erinnerst dich, was ich dir von dem Helden Meleagros erzählt habe. Ich brenne. Das Holzscheit im Feuer brennt. Ich brauche eine Hand, die mich aus den Flammen herauszieht.«

Er faßte nach ihrer Hand. Sie entzog sie ihm.

»Nicht einmal das? – Bald werden wir wie die Grillen vom Tau leben.«

Die Unruhe in ihm wurde stärker.
»Hast du mich denn nicht deinen Mann genannt?« fragte er sie eines Tages. »Damals vor deinem Aufbruch ins Galil, bei unserem Abschied, den du nicht Abschied nennen wolltest.«
Sie erinnerte sich nicht oder wollte nicht erinnert sein. Ihr stärkstes Abwehrmittel: sie verfiel in Stillschweigen und öffnete den Mund erst, wenn man von ganz andern, fernliegenden Dingen zu reden begann.
Sie waren, genau betrachtet, gar nicht so fernliegend. Sie betrafen die Drohung, die über dem ganzen Volke lag. »Dein Magnetberg«, erinnerte sie den Freund. Das Ende war nahe – wenn nicht völlige Umkehr geschah, wenn der Strom der Geschichte nicht bergauf flutete. Es war vorauszusehen, daß im gewöhnlichen Ablauf der Dinge Rom alles an sich ziehen, das Gute auslöschen, die wankenden Seelen verderben und zuletzt das ganze Land, ja die ganze Erde in die Hölle reißen würde. – Der weitoffene Blick in die Fernen der Ebene und der Berge bis gegen Moaw und in der Richtung auf Damaskus hin ließ einen hier leichter an das Gesamtschicksal denken als in Jerusalem. Hier war die Umschau frei, dort durch den nahen Kreis der Berge begrenzt. Meister Jeschua, ein echtes Kind dieser weiten Umschau, ein Mann der Berge und des Fernblicks, er wollte die Umkehr des ganzen Volkes. Sein Vertrauen auf unsern Vater im Himmel war unzerbrechlich. Der Umkehr wird die Rettung folgen.
»Er baut ein Wolkenkuckucksheim – wie einer unserer Dichter es genannt hat«, warf Meleagros ein.
»Nein, er baut das wirkliche Reich Gottes. Die Menschen sind recht eigentlich geschaffen für dieses Reich. Nur wollen sie es nicht glauben. Deshalb sieht es aus, als ob viele dieses Reich Gottes zu verhindern strebten. Und sie tun's wirklich. Durch Unglauben. Da entflammt meines Bruders Zorn, und wie einst Jecheskel, der Prophet, sondert er die Guten von den Bösen, die Lämmer von den Böcken.«
»Doch sagtest du, daß er gern vom Vater spricht, der die Sonne über den Sündern aufgehn läßt wie über den Gerechten. – Für mich bleibt das einer der vielen Widersprüche.«

Schoschana überlegte lange. »Ich bin nicht klug genug. Ich verstehe dich nicht, mein Grieche.«
»Wie, du findest da keinen Widerspruch?«
»Wenn ich an die Sünder denke, denke ich an Gottes Gericht. Aber nicht wir sind es, die zu richten haben.«
»Das sagen auch die Pharisäer. Hillel war der geduldigste, sanftmütigste Mensch.« Meleagros wiederholte, was er von dem alten Adoniram gehört hatte.
»Jene Pharisäer, die nicht heucheln, und mein Bruder – sie stehn einander nicht fern. Nur mit den Schriftgelehrten unter den Sadduzäern will mein Bruder nichts zu tun haben. Die verbünden sich mit Gewalt und Reichtum, wie die Heiden es tun.«
»Auch Owadjah verbündet sich mit der Gewalt.«
»Aber keinesfalls mit der römischen.«
»Das ist es nicht«, verbesserte er sie, denn seine Logik war entschieden schärfer als die ihre. »Du wolltest sagen, daß dein Bruder von denen um Owadjah nur die Gemäßigten gelten läßt.«
Sie nickte eifrig: »Die nicht nur mit dem Munde gemäßigt sind, sondern auch mit den Taten. Von den übrigen sagt er: Wer das Schwert ergreift, wird durch das Schwert fallen.«
»Aber wenn man bei gewissen Anlässen das Schwert nicht ergreift, dann fällt man erst recht.«
Sie versank wieder in Nachdenken. »Zweifellos. Das meine auch ich. Und meinen Bruder verstehe ich vielleicht noch nicht ganz ...«
Plötzlich glaubte er alles deutlich vor sich zu sehen. Jugendlich griff er danach: »Du bist die holde Philosophin des Möglichen. Dein Bruder will das Unmögliche.«
Das wollte sie auf keinen Fall gelten lassen: »Dieser Gegensatz klingt mir fremd. Es ist ein falscher Ton darin – ich kann nicht sagen, wo und wie. Ich weiß nur: So wie du das jetzt gesagt hast, so ist es nicht.«
Nach schwerem Überlegen brachte Meleagros vor, was er nun schon tagelang erwog: »Du bist also überzeugt, daß auch dein Bruder das Mögliche kennt und abwägt und berück-

sichtigt, wie es einem Weisen ziemt. Er weiß um das, was das menschliche Herz will und braucht. Da habe ich mir denn oft gedacht: vielleicht würde er mich eher verstehen als du. Würde es billigen, daß ich einen Zukunftsplan für uns beide suche.«

»Einen Zukunftsplan?« Sie warf sich erschreckt herum, sah ihn voll und gerade an, wie es ihre Gewohnheit in solchen Momenten war.

»Als dein Mann bin ich dazu verpflichtet. – Ja, deinen Mann hast du mich genannt. Ich halte daran fest. Und ich halte mich daran. Als dein Mann kann ich nicht zulassen, daß es weiterhin so mit uns geht.«

»Geht es denn etwa nicht mit uns, wie es muß und soll?«

»Nein. Da wir einander gegenseitig zerstören, da wir gegen die Natur leben. Da jeder von uns sich unendlich Gewalt antut. – Sieh, Schoschana, ich habe die Sache in mir bis auf den Grund um und umgewühlt. Ich denke seit vielen Tagen an nichts anderes mehr. Mein Vorschlag ist: Wir beide werden dieses Land verlassen, in dem unsere Verbindung unmöglich ist oder den Sitten widerstreitet oder vielleicht den großen Plänen deines Bruders unbequem in den Weg käme. Das ist es ja vielleicht, was dich am stärksten bindet und hemmt.«

»Um Gottes willen, schweige!«

Doch er ließ sich die Rede nicht verwehren, endlich hatte er sich ja unter vieler Mühe dahin gebracht, das lange Vorbereitete auszusprechen: »Wir können ganz leicht von hier nach Phönikien kommen. Mein Liktorenring öffnet alle Wege. Auf dem griechischen Schiff gelangen wir in das durchaus nicht verfluchte Athen. Tuscus hat Wichtigeres zu tun, als mich gerade dort zu suchen, wo ich ihm schon einmal entronnen bin. Gerade die Heimkehr nach Hellas traut er mir am wenigsten zu. Wir werden glücklich sein. Glaube mir, du wirst die Welt ganz anders anschaun, wenn wir erst einmal die Grenze des Galil hinter uns haben.«

»Du sprichst im Fieber. Oder sind es böse Scherze? Dein Ernst kann es nicht sein.«

»Es wäre kein Wunder, wenn ich im Fieber spräche.« Zu

seiner eigenen Überraschung fuhren die Worte nun unvermittelt und rasch aus ihm hervor. »Seit unserer Begegnung vor dem Soldatenlager Kolonia habe ich kein Mädchen mehr berührt.«

Ihre Augenbrauen zuckten, die Wimpern senkten sich und schmiegten sich an die blassen Wangen.

»Du kannst nicht ermessen, was das alles bedeutet.« Er konnte seinen stürmischen Sätzen nicht Einhalt tun, obwohl sein Gefühl dabei kein zustimmendes war. »Ein Mädchen weiß nicht, was es entbehrt. Du kennst die Liebe nicht.«

Sie schwankte ein wenig, mußte sich setzen. »Dann solltest du nicht von ihr sprechen. Gewiß willst du mir doch nicht Leid antun. Also rede mir doch lieber nicht von Dingen, die nicht für mich bestimmt sind.«

»Nicht reden, nicht reden!« begehrte er auf. »Nun soll ich auch nicht mehr reden! Aber du hast mir doch gesagt: Sei aufrichtig! Nichts zu verschweigen haben wir einander gelobt. Als Entschädigung für die Nähe, die du versagst. Und nun willst du mir auch die Aufrichtigkeit nehmen.«

«Du hast recht. Volle Wahrheit haben wir einander zugesagt. Also sprich!«

Er konnte den Mund nicht öffnen.

»Bitte, sei mir nicht böse«, sagte sie sehr sanft. »Sei mir nicht böse und sprich.«

In ihm arbeitete Unordnung und Mißmut. Diesmal wieder nachgeben, dem Klang ihrer freundlichen Stimme erliegen: es wäre ihm wie eine endgültige Niederlage erschienen. »Wir müssen flüchten«, beharrte er. »Es gibt keinen andern Ausweg. Hier im Lande können wir niemals des Lebens froh werden. – Du mußt mit mir gehn. Du mußt. Wenn ich dich zwinge, wirst du es mir nachher danken. All diese Wirrnis, die dich hier umgibt wie Rauch, all diese Erregung wird in den Gärten Athens von dir zurückweichen. Ich weiß es. Du wirst zur Natur zurückkehren. Lieblich, wie du bist, wirst du dann doppelt lieblich sein. Lieblich und gesund.« Eine plötzliche Eingebung kam ihm. »Sieh diesen Ring an meinem Finger. Den Verlobungsring hast du ihn einmal genannt und ihn eine Nacht lang getragen. Das bindet dich. Und die Zeichen auf dem Ring, die Zuchtruten und die Beile, sie bedeuten meine Macht über dich.«

Sie hob die Augen, ihr Blick war voll Unglück. »Du drohst mir also.«

»Es ist keine Drohung. Es ist eine Bitte. Nochmals: Lege die ganze Sache deinem Bruder vor. Damit will ich mich zufriedengeben. Ich will mich fügen. – Und den Gewaltring werfe ich hier in die Schlucht.«

»Laß den Ring.« Sie zog seinen erhobenen Arm nieder. »Es kann die Stunde kommen, in der wir ihn noch brauchen werden.«

Das ›wir‹, die Krone der Gemeinsamkeit, leuchtete ihm durch die trüben Wogen des Gesprächs. Es kam wie eine Erinnerung herangeweht, dieses kleine Wort, die Erinnerung daran, daß die Verbindung zwischen ihnen beiden weiterbestand, nur im Augenblick schwer sichtbar. Er beruhigte sich, die Stimme klang weniger rauh. »Versprich mir, daß du die Sache deinem Bruder vorlegen wirst. Seiner Entscheidung werde ich mich fügen.«

»Ich verspreche es.« – Sie waren auf den Waldpfad gelangt, der über den Fels mit seiner Quelle hinwegführte. Von hier sah man etwas tiefer im Tal, in einiger Entfernung das weißsaubere Häuschen liegen, in dem Schoschana mit ihrer Pflegemutter wohnte. Daneben den Schuppen mit der einstigen Werkstätte des Tischlers Josef, die einer Felshöhle vorgebaut war. Zwischen Hütte und Werkstätte einen grasigen Hof. »Ich glaube, mein Bruder ist gekommen«, sagte Schoschana ruhig.

Über den Hof gingen langsam vier Männer in dunklen mantelartigen Kleidern.

»Dort ist Schimon Kepha, den du kennst. Sein Bruder Andreas. Mit ihm die beiden ›Donnersöhne‹, wie mein Bruder sie nennt, Jaakow und der blutjunge Jochanan. – Gewiß ist mein Bruder bei der Mutter.«

Die Tür öffnete sich. Ein großer, schöner Mann in blauem

Gewand trat ins Freie, er überragte die vier Jünger um Haupteslänge.
»Mein Bruder!«
Mit der raschen Bewegung einer Schwalbe, wie sie ihr manchmal eigen war, lief Schoschana den Pfad hinab, war um die Ecke im Gestrüpp verschwunden. – Meleagros stand und regte sich nicht. Eine geraume Weile später sah er, wie Schoschana die Straße unten im Tal hineilte, in den Hof eintrat und sich vor Jeschua tief niederbeugen wollte. Doch der Bruder ließ es nicht zu, er erfaßte ihre beiden Hände und begrüßte sie lächelnd, offenbar mit frohen Worten. Hier im Wald war nur das Rauschen der Quelle vernehmbar.

Eine Stunde später stand Meleagros mitten in der Volksmenge vor dem bescheidenen Häuschen, das man Synagoge nannte. Durch einige Fenster sah man in den niedrigen Raum, die Wände waren weiß gekalkt, kahl. Nur der Schrein der Gesetzrollen an der Wand war mit einem Seidenvorhang geschmückt, in den zwei aufrecht stehende Löwen und viele bunte Blumen eingewebt waren. – Die Zeit des Schabbat-Abendgebets nahte, und es ging die Rede, der heimgekehrte Rabbi sei von den Ortsvorstehern eingeladen worden, nach dem heiligen Dienst das Wort Gottes zu erläutern.
Meleagros wartete mit den andern, er fühlte in allen die Spannung wachsen, in sich selbst fühlte er Sturm. – Nun ein Flüstern. An der Spitze der Ältesten, von den vier Schülern umgeben, kam der Meister näher. Er mochte etwa dreißig Jahre alt sein, war von blühender Jugendkraft erfüllt. Er ging in schnellem Schritt, auch jetzt ragte er von den Schultern aufwärts über alle hinaus. Er kam aber nicht so schnell vorwärts, wie es seinem Schritt entsprochen hätte. Denn er blieb immer wieder stehen, in freundlichem Gespräch mit diesem und jenem, den er erkannt hatte – man brachte ihm Kinder, denen er über die Haare strich, während er sie zart ansprach. Nun stand er ganz nahe, Meleagros konnte ihn in Ruhe betrachten. Dieselbe Helligkeit, die von Schoschana ausstrahlte, lag auch um den Bruder, nur verdoppelt, vervielfacht. Mele-

agros erinnerte sich nicht, je ein so schönes, leuchtendes Menschengesicht gesehen zu haben. Unter dem schwarzweißgestreiften Kopftuch kam reiches dunkelbraunes Haar hervor, nach der Sitte der Nasiräer oder Gottgeweihten trug er es bis an die Schultern frei hinabwallend. An den Schläfen glänzte es seidenhell, der Bart war fast schwarz und nicht lang, in zwei Spitzen ausgehend. Die heitere, offene Stirn, die dichten Augenbrauen, die in eine einzige Linie zusammengewachsen waren, die sehr lebhaften grünlich-blauen Augen: es machte sich einem auf den ersten Blick kund, daß in diesem Antlitz nichts Unbedeutendes Raum hatte. Und fast noch deutlicher fiel einem das ungestörte und geradezu kunstvolle Ebenmaß der Züge auf, in dem übrigens nichts als etwa die Schmalheit der blassen Wangen an die Verwandte erinnerte. Doch hier war bei aller Schlankheit des Aufbaus alles groß geformt und stark, was bei Schoschana zierlich blieb. — Während der Meister weitausschreitend, mit richtigem Wandererschritt vorbeiging, jedoch nur, um kurz nachher sich einen weiteren Einhalt wie in liebevollem Einverständnis gefallen zu lassen, fuhr Meleagros ein erheiternd griechischer Gedanke durch den Kopf — es war ja, als habe er alle seine Kümmernis vergessen. Er lachte in sich hinein, offenbar machte die Gegenwart des Meisters so froh, und er gab sich also seinen Phantasien hin, die durch das besondere Ebenmaß des Jeschua-Antlitzes angeregt waren, dann aber in der Manier des Aristophanes weiterliefen: Es muß irgendein Instrument geben, das dem neugeborenen Säugling sofort ins Gesicht fährt und ihm entweder die Nase zwackt und ausdehnt oder sie ungebührlich abplattet oder sie zu einem Höcker zerbricht. Hier, im Gesicht des Meisters hat niemand das Werkzeug der Entstellung herumspazieren lassen, mit dem sonst jeder gleich nach der Geburt gezeichnet und in eine Form gezwängt wird, die von der gottgewollten Schönheit abweicht. Einen Schlag über die Lippen hat jener dort bekommen, der jetzt so bedächtig den allzu kleinen Kopf wiegt; von dem Schlag sind ihm die Lippen so aufgequollen. Den neben ihm hat man heftig an der Unterlippe gezupft, so daß sie jetzt weit vor-

hängt. Und dem andern drüben hat man die Stirn abgeplattet und die Wangen in die Breite gewalzt. Und dem dritten stehen die Ohren ab. Und der vierte ist zu mager. Die Knochen stoßen ihm ja fast durch die Wangen durch. Jeder hat einen Fehler. So kannst du doch gar nicht gemeint sein, wie du ausschaust! — Bei den Frauen ist das weniger kraß zu merken. Und namentlich bei denen in Nazaret nicht, von denen es im Sprichwort heißt: Weizen, der beste in Chorazin, und Mädchen, die schönsten in Nazaret. Die Männer aber! Wenn einem einmal ein fehlerloses Gesicht vor Augen geführt wird, dann kommt man erst darauf, wie possenhaft alle andern ausschaun.
Ein schriller Ruf erscholl jetzt — bisher war alles trotz der inneren Erregung jedes einzelnen in der Menge ruhig und in heiterer Feierlichkeit vor sich gegangen: plötzlich aber hatte sich eine kleine dicke Frau mit silbernem Kopfputz durchgedrängt, warf sich dem Meister zu Füßen und schrie mit durchdringend hoher, trillerhaft flackernder Stimme: »Selig der Leib, welcher dich getragen, und die Brüste, an denen du gesogen hast!« Wild fuchtelnd hob sie die Hände, Jeschua schaute sich um, ob niemand die Frau aufheben würde. Er kannte sie nicht. Nun hatte sich eine Dienerin nachgedrängt und stützte die Alte. Auch andere halfen ihr von den Knien auf, auf eine Handbewegung des Meisters hin. Die alte Frau tat ihm sichtlich leid, er trat näher, wie um sie zu vertrösten, und sprach jetzt nur zu ihr, doch laut und deutlich, so daß alle es hören konnten. »Nicht so«, sagte er, »sondern selig, die das Wort Gottes hören und bewahren.« — Die ersten Sätze, die Meleagros klar aus Jeschuas Mund vernahm, denn früher war er zu weit weg gestanden. Da die Worte aramäisch gesprochen waren, ließ er sich sie übersetzen. Der milde, dunkle Klang, der etwas vom Wehen der Abendluft unter Bäumen hatte, blieb ihm im Ohr. Der Klang war bei aller Milde festumrissen und klar.
Dann drängte die Menge gegen die Wand der Synagoge hin. Der Meister war dort eingetreten. Meleagros blieb draußen, durchs Fenster sah er die königliche Gestalt Jeschuas. Er ließ

sich eben auf dem Ehrenplatz nieder, den man ihm angeboten hatte. Sofort begann eifriges Murmeln zu gesangartigen Figuren anzuschwellen. Das Gebet dauerte geraume Zeit, in der Meleagros nichts verstand. Und auch späterhin, da der Königliche sich erhob und mit seiner mildstarken, sehr bestimmten Stimme zu reden begann, starrte Meleagros ins Leere.
»Wovon spricht er jetzt?« fragte er einen, der neben ihm gespannt lauschte. Es war der Kleine mit der Stumpfnase und dem drahtigen blonden gewellten Haar, der ihm schon vorher aufgefallen war.
»Er liest aus dem Propheten Jeschajahu vor und erklärt den Sinn. Jetzt spricht er über den Satz: Eure Verschuldungen haben euch von eurem Gotte getrennt.«
Nach einer längeren Pause fragte der Grieche nochmals.
Schon etwas unwilliger kam die Antwort: »Er bespricht den nächsten Satz: Eure Sünden haben sein Antlitz vor euch bedeckt, denn eure Hände sind blutig.«
Bald merkte Meleagros, daß das Gesicht Jeschuas, auf dem Unzufriedenheit sich gespiegelt hatte, eine hoffnungsvolle Erwartung ausdrückte. Er fragte nun einen andern, den Magern, denn eine unwirsche Antwort hätte ihn in dieser gelösten Stimmung doppelt geschmerzt. Der Magere war bereitwillig, hatte aber nicht so gut aufgepaßt. »Von irgendeinem Licht war die Rede. Ach, jetzt sagt er etwas, was Gott verheißt: Ich will als deine Obrigkeit den Frieden einsetzen und als deinen Herrn die Gerechtigkeit.« Nach kurzem Schweigen nahm der Magere unaufgefordert und hilfefroh die Berichterstattung auf: »Um den Gefangenen Freilassung anzukündigen — an diese Worte des Jeschajahu erinnert er uns jetzt — und den Gefesselten Aufhellung. — Und nun sagt er, daß es nur an uns liegt, und all diese frohen Verheißungen würden sofort in Erfüllung gehen. Alle auf einen Schlag — so sagt er jetzt.«
Schoschanas Wort von der ›heiligen Ungeduld‹ kam dem Griechen in den Sinn.
»Woher hat er das?« mischte sich jetzt der Stumpfnasige ein.

»Was ist das für eine Weisheit, die ihm verliehen ward?«
»Still!« schalt der Magere. »Jetzt spricht er vom Königtum Gottes und vom Messias, unserem gesalbten König. Jeschajahu hat es gesagt: Ich bin gesalbt, den Unglücklichen gute Botschaft zu bringen, bin gesandt, die Wunden der Herzgebrochenen zu verbinden.«
Der Stumpfnasige störte weiter: »Ist es wahr, daß er Wunder tut? Ist das denn nicht der Zimmermann und Sohn des Zimmermanns? Heißt seine Mutter nicht Mirjam und seine Ziehschwester Schoschana? Und sind nicht seine Verwandten hier bei uns? Woher hat er das alles?«
»Jetzt ist nicht die Zeit zu streiten«, wies der Magere zurecht. »Hört lieber ruhig zu!« Und zu Meleagros gewendet: »Jetzt will er ein Gleichnis erzählen. Ruhe! Es ist das Schönste, wenn er in Gleichnissen redet.« Jeschua sprach langsamer, so als entstehe ein Bild nach dem andern im unaufhaltsamen Strom seiner Gedanken und wachse sich machtvoll zu einem Wellenkamm aus, eine Welle nach der andern. Da die Sätze auf so wohltuend ebenmäßige, ruhige Art herankamen, konnte der Magere Satz für Satz übersetzen, was er mit sichtlicher Freude tat: »Wem aber gleicht das Königtum Gottes? Einem Könige, der mit seinen Dienern Rechnung machen wollte. Wie er nun anfing zu rechnen, da wurde einer vor ihn geführt, der war ihm zehntausend Talente schuldig.«
»Er meint: eine so unfaßbar hohe Summe sind wir jeder dem Himmel schuldig«, glaubte einer, ein Glotzäugiger, bemerken zu müssen.
»Ruhe!«
»Still! Wir wollen ihn hören, nicht dich!«
Der Magere beugte sich näher heran und flüstere in das Ohr des Griechen, kam mit Beflissenheit der selbstgewählten Aufgabe weiter nach: »Der Knecht hatte nicht zu bezahlen. So befahl der Herr, ihn zu verkaufen, samt Weib und Kind und allem, was er hatte, und auf diese Art Bezahlung zu schaffen. Da warf sich der Knecht nieder, beugte sich vor ihm und sagte: Habe Geduld mit mir, so will ich dir alles bezahlen. Der Herr hatte Mitleid mit dem Knecht und ließ ihn

los. Und die Schuld erließ er ihm. Als nun dieser Knecht hinausging, traf er einen seiner Mitknechte, der ihm hundert Denare schuldig war. – Also gar nichts, im Vergleich zu den zehntausend Talenten«, fügte der Übersetzer rasch ein, ehe er den Worten Jeschuas folgte: »Da faßte der Knecht den Mitknecht, würgte ihn und sagte: Zahle, was du schuldig bist! Der Mitknecht warf sich nieder und bat ihn: Habe Geduld mit mir, so will ich dir bezahlen. Aber der Knecht wollte nicht warten, sondern er ließ den Mitknecht ins Gefängnis werfen. Da sollte er bis zur Bezahlung seiner Schuld bleiben. Nun sahen die andern Mitknechte, was vorging, waren sehr bekümmert und meldeten es dem Herrn. Der rief den Knecht herbei: Du böser Knecht, deine ganze Schuld habe ich dir erlassen, als du mich batest. Mußtest du dich nicht deines Mitknechtes erbarmen, wie ich mich deiner erbarmt habe? Und im Zorn übergab ihn der Herr den Folterknechten, bis zur Bezahlung der ganzen Schuld.«

Eine Bewegung hatte die Menge im Haus ergriffen. Durch die Fenster sah man, wie drinnen einer auf den andern einredete; Köpfe und Hände kamen nicht zur Ruhe. Schon machte sich die gleiche Unruhe auch bei denen fühlbar, die vor der Synagoge im Freien standen.

Jeschua hob die Stimme, um den Lärm zum Schweigen zu bringen. Der Übersetzer war sofort wieder bei der Hand: »Wahrlich, ich sage euch, so wird auch mein himmlischer Vater euch tun, wenn ihr nicht vom Herzen vergebt, ein Bruder dem andern. – Und wenn du zum Altar gehst, um dein Opfer zu bringen, und es fällt dir ein, daß dein Nächster dir zürnt, dann sollst du das Opfer lassen und zu diesem Nächsten eilen und ihn versöhnen. Nachher magst du opfern. Wer es zu fassen vermag, der fasse es. Habe ich euch denn nicht ein Gebet gelehrt: Vergib uns, was wir an dir gesündigt, so wie wir vergeben denen, die an uns sündigen. Habt ihr das vergessen?«

Aus der murmelnden Menge stiegen nun deutlich Worte hervor: »Nein, nein – wir haben es nicht vergessen.« Es war, als wolle ein Drang nach Reue und Besserung sichtbare Gestalt annehmen, wisse aber keinen Rat und brande gegen die weißen Wände des Dorftempels, die ihn zurückwarfen und noch stärker aufwühlten. So war es drinnen. Die Leute draußen aber, unter denen Meleagros stand, strömten in ganzen Zügen durcheinander, fragten einander laut, was geschehen solle, drängten vorwärts und wieder zurück, übertrugen ihre innere Erregung in Schritte, in halberstickte Schreie, in Schluchzen.

Das Gesicht des Meisters hatte sich nun völlig verfinstert. Die sonst so hellen meerfarbenen Augen hatten einen ganz anderen, einen verzweifelten Ausdruck angenommen, strahlten mit unheimlich düsterem Feuer. Die Stirnbuckel schienen hervorzutreten, zu leuchten. Das glatte Haar schäumte wirr auf, hatte seinen Jünglingsglanz verloren, es war das Haar eines Greises. Der Meister legte die Hände an die Wangen und bog den ganzen Leib vor und zurück. Nun stieß er wie in Angst, in Entsetzen schaurige Worte hervor. Der Übersetzer war nicht von Meleagros gewichen, ein treuer Diener am Wort: »Viele werden Anstoß nehmen. Und werden einander ausliefern und einander hassen. Und viele Lügenpropheten werden aufstehen und werden euch irreführen.« Plötzlich wurde der Meister ruhiger, erlangte seine Gefaßtheit zurück. Die edlen Züge stellten sich wieder her, doch lag tiefste Wehmut, ein herzdurchflutetes Mitleid auf ihnen »Und weil der Frevel überhand nimmt, wird bei den meisten die Liebe erkalten.«

Er hielt ein und wiederholte diesen Satz langsamer, leiser, wie nur für sich selbst. Alle hielten den Atem an. »Und weil der Frevel überhand nimmt, wird bei den meisten die Liebe erkalten.«

Dieser Trauer konnte niemand widerstehen. Alle weinten. Man hob die Hände hoch empor, man bat um Gnade. Für jeden einzelnen wie für das ganze Volk. – Plötzlich löste sich ein breitschultriger Mann mit langem rotem Bart aus den Reihen hervor. »Ich will meine zwei Schuldknechte freigeben. Ich streiche ihre ganze Schuld.« Er hatte einige Schritte gegen Jeschua hin gemacht, hielt aber ein, als sei er nicht würdig, dem heiligen Mann nahe zu kommen – und schon war er zur Türe gestürzt. Vor der Wucht seines mächtigen Leibes teilte sich das Gedränge, man wich diesen starken Armen rasch aus.

»Es ist der Großbauer, der Jerucham«, sagte der Magere.

Ein Aufstand, ein allgemeiner Aufbruch. Niemand wußte, wie es gekommen war: Jeschua war wiederum an der Spitze des Zuges, um Haupteslänge aus der Menge aufragend. Er ging die Landstraße bergan. Die großen, raschen Schritte des Meisters zwangen jedermann zur Eile. Viele mußten laufen. Staub wirbelte auf, der stille Abend hatte im Tosen der vielen Menschen selbst etwas wie Gewitterschwüle angenommen. Als Meleagros beim Schuldgefängnis angelangt war, war das Tor bereits offen, die Ketten lagen auf der Erde verstreut. Viele von den herangeströmten Dorfleuten drangen in die alte Weberei ein, die im Mondschein mehr einem Trümmerhaufen als einem Haus glich. Einige Kinder tanzten auf dem flachen Dach und schrien. Eben wurden die beiden Elendsmenschen in ihren schwarzen Fetzen herausgeführt. Verlegen standen sie da. Soviel Menschen hatten sie schon lange nicht um sich gesehn, vielleicht nie. Der größere von beiden lächelte, es war ein halbblödes Grinsen. Dem andern schien eher weinerlich zu sein. Man mußte sie festhalten, sonst wären sie vor Schwäche umgesunken. Eine Frau schrie um Wein, eine kam mit einem Kuchen gerannt. Schon waren Mäntel und Schuhe zur Stelle geschafft. Mit einemmal war es ganz still geworden. Jeschua zog den einen der beiden Halbnackten an seine Brust wie ein Kind, küßte ihm die Stirn. Der andere hielt indessen die Hand des Meisters fest, die er streichelte. Man sah nun, daß die Geretteten weinten.

Der Rotbart begann den Nahestehenden etwas zu erklären. Er habe es ganz anders gemeint. Es sei eigentlich gegen seinen Willen geschehen, daß man die beiden gefänglich eingezogen habe. Nun wolle er den armen Opfern eines Mißverständnisses neue Kleider kaufen und Entschädigung für die ausgestandene Leidenszeit zahlen.

»Wie kannst du das je bezahlen!« rief scheltend einer der

Ortsältesten, der sich sonst nicht eben durch Weichherzigkeit auszeichnete, jetzt aber laut zeigen wollte, daß er hinter der allgemeinen Einsicht nicht zurückblieb.
Eine alte, gebeugte Frau näherte sich, sie brachte ein kleines Fläschchen Öl. »Euren zerschlagenen Gliedern wird es wohltun«, sagte sie stockend zu den beiden, dann verbeugte sie sich tief vor dem Meister und wollte davon.
Jeschua faßte sie an ihrem Schultertuch. Er kannte diese Frau, eine arme Witwe, die am Notwendigsten darbte. Jetzt erst öffnete er den Mund. Im übrigen hatte er nur geschehen lassen, ohne einzugreifen. Und alle hatten ihn verstanden; wie in einer Auflockerung und Durchlichtung ihrer sonst ungefügen Herzen war es ihnen deutlich geworden, was mit seinem Schweigen gemeint war: daß freiwillig und ohne den geringsten Zwang geschehen müsse, was echten Wert haben sollte. – Nun aber sprach er doch noch einige Worte, und alle sahen ihn voll Dankbarkeit an. Später erfuhr Meleagros, der Meister habe die Gabe der Witwe gepriesen: »Denn alle haben aus ihrem Überfluß gegeben, diese aber aus ihrem Mangel.« – Beschämt hatte der Großbauer dreingeschaut, und einige seiner Freunde mit ihm. Aber der Meister wollte keine Beschämung, alle sahen, wie er nun auch den Rotbärtigen mit leichter Anmut begrüßte. Er verwarf ihn nicht. »Über einen Sünder, der umkehrt«, sagte er zu Kepha, der den Kopf schüttelte, »über einen solchen ist mehr Freude im Himmel als über neunundneunzig Gerechte.« Und dann wandte er sich an die Volksmenge, nun wieder königlich, wie um sie zu verabschieden. Er sah in die Runde. Jeder einzelne glaubte den Blick auf sich gerichtet. Doch während allen zumute war, als müßten sie sich vor ihm auf die Knie werfen, schien in ihm eine seltsame Wandlung vorzugehn – er neigte den Kopf vor der Menge. Dreimal neigte er den Kopf. Es war, als ertrüge er es nicht, der Oberste zu sein, als wolle er nur dienen, nicht herrschen. Mit einer jähen Bewegung warf er nun die ausgestreckten Arme rechts hinüber, zu den beiden in ihren Lumpenkleidern, alle seine Finger wiesen gespreizt auf sie hin, die damit wie in die Mitte der ganzen Versamm-

lung gestellt waren. Ihre halbnackten Beine und Arme glänzten weiß im Mondlicht, das sich verstärkt hatte. Und mit immer noch geneigtem Kopf sagte der Meister ein paar Worte, sie klangen wie Worte der Rührung, eines fast demütigen Dankes, indes die Jünger erstaunte Gesichter machten und einer die Hand an die schmerzende Stirn legte, ein anderer mit dem Finger die Unterlippe hinunterzog, deutliche Zeichen, wie schwer ihnen die neue Wendung des Verehrten in den Kopf ging. – Glücklicherweise war der Magere nicht weit und Meleagros erfuhr den Sinn der Worte. Sie lauteten: »Was ihr diesen meinen geringsten Brüdern getan habt, das habt ihr mir getan.«
Während Jeschua den Kopf so gebeugt hielt, daß sein Kinn die Brust berührte, ging die Menge leise auseinander.
Nur die vier Jünger blieben.
Jeschua trat nun an sie heran, sah sie prüfend an, sein Blick wurde durchdringend scharf, doch ohne die Huld gütiger Einfühlung zu verlieren. Meleagros stand von fern.
»Ich habe euch noch viel zu sagen«, sprach Jeschua zu den vieren. »Doch ihr könnt es nicht tragen.«
Dann ging er langsam bergauf, dem hohen Bergkamm zu, der über dem Örtchen lag. Er liebte es nämlich, allein zu sein.

5
Nah und näher

In den nächsten Tagen sah der Schreiber Meleagros Schoschana nur selten und immer nur für kurze Zeit.

»Du hast ihn noch viel zu wenig gerühmt«, empfing er sie. »Dieser Jeschua ist ja ein göttliches Wesen. Wenn man ihn nur sieht, spürt man schon das, was es ein zweites Mal nicht gibt. Die Liebeskraft, die von ihm ausgeht. Darüber hast du viel zu wenig gesagt. Allem, was lebt, ist er mit so unermeßlicher Liebe zugewandt, daß es in ihm nur Licht gibt, ohne jede Beimengung von Finsternis, wie bei uns andern. Lauteres Licht. Die Umkehr der Herzen – er zeigt an sich selbst, was das ist. Man muß ihm nur folgen. Man braucht ihn nur zum Beispiel zu nehmen. Man braucht ihn nur anzuschaun. Es scheint so leicht. Er macht es einem so leicht. Darüber hast du nichts gesagt, Schoschana.«

Die Zurechtweisung bedrückte Schoschana nicht im mindesten. Sie wurde ganz fröhlich, wenn der geliebte Mensch so zu ihr sprach. Jubel und Demut durchdrangen ihre Stimme, bescheiden schlug sie die Augen nieder: »Ich habe dir immer

gesagt, daß ich meinen erhabenen Bruder nicht verstehe. Nur ein weniges an ihm begreife ich. Und auch das nur wie von ungefähr.«
In seiner leicht erregbaren, flüssigen Art ereiferte er sich. »Vor allem das Überraschende an ihm, das hast du nicht hervorgehoben. Er scheint in jedem Augenblick unerwartet und neu. Seine Worte – sie kommen wie der Blitz, man kann sie nicht vorausberechnen. Sie sind immer ganz anders, als man sie sich im vorhinein vorgestellt hat. Und dabei ganz einfach – das hast du richtig gesagt. Dieser Gewaltige ist ja die Einfachheit selbst, ohne jede Spur eines Schwankens, einer Unsicherheit, einer Ziererei. Aber dabei doch nicht glatt und übersehbar, sondern eben furchtbar und erhaben wie ein Blitz. Man sieht seine Sätze herkommen, von fern, wie ein Gewitter; wenn aber das Gewitter da ist, dann zeigt sich, daß es sich ganz anders kundgibt, als man Gewitter in Erinnerung hat. Da und dort, wo eben noch Nacht war, zerreißen die Worte das Dunkel. Glühende Überraschungen! Und das scheint mir noch das Geringste, was über ihn zu sagen ist. Ich habe ihn ja erst ein einziges Mal gesehn.«
Schoschana fragte ihn, ein wenig zweiflerisch, ob er die Worte denn auch alle richtig verstanden habe. Das Aramäische sei ihm doch fremd, soviel sie wisse. – Rühmend hob er die Dienste des mageren Burschen hervor, der sich ihm angeschlossen habe und nicht mehr von ihm gewichen sei.
Schoschana wurde ängstlich, sie verlangte eine nähere Beschreibung. Meleagros sprach von den hohlen Wangen, den schlechten Zähnen des Übersetzers, von seiner schwammigen roten großporigen Nase – als Grieche nahm er alles Äußere rasch auf, konnte es genau wiedergeben.
»Das ist Eljakim«, rief das Mädchen. »Kein anderer als Eljakim.«
»Was erschreckt dich dabei?«
Er wurde gewarnt, Eljakim als ein kalter Mensch bezeichnet. »Wir glauben, daß er einer der Leute des Tuscus ist. Hüte dich vor ihm!«
Woher sie das wüßten?

»Wir wissen, daß er Berichte an den Stadtkommandanten von Sepphoris abgibt. Genügt das? Er gehört zu denen, die uns beobachten. Überall haben die Römer ihre gedungenen Beobachter. So wie sie monatelang um den Täufer Jochanan herumgegangen sind, ehe sie zugeschlagen haben. So tun sie es jetzt mit meinem Bruder. Sei vorsichtig, mein Grieche! Er war hilfsbereit zu dir? Gewiß. Aber vielleicht hat er dir die Worte meines Bruders nur deshalb übersetzt, damit er sie sich bei der Wiederholung besser merkt. — Ach, wenn du wüßtest, welche Angst ich leide!«

Von da an ließ sich Meleagros das, was Jeschua sprach, von andern dolmetschen. Auch hatte er schon beim alten Adoniram in Jerusalem begonnen, die Sprache zu lernen, und setzte das jetzt mit wachsendem Eifer fort. Vielfacher Umgang mit dem Volk hatte ihm (zum eigenen Erstaunen) bereits mehr beigebracht, als er sich zugetraut hatte. Jeden Satz aus dem Munde des Meisters, sofern er diesen Satz auch nur halbwegs verstand, betrachtete er als Belohnung seiner nicht geringen Mühen.

Und immer folgte er dem Zug, der sich um den Meister bildete, sooft dieser in der Öffentlichkeit erschien. Meleagros drängte sich nicht vor, fiel nicht auf, suchte aber immer so nahe wie möglich zu stehen, um alle Sätze zu erfassen. Immer fand er einen Hilfswilligen, der ihm ungewohntere Ausdrücke erklärte.

Was ihn jetzt am tiefsten erschütterte, das waren gerade die Widersprüche, die früher Anstoß in ihm erregt hatten. Daß Jeschua das eine Mal sanft redete, alles verzieh, allen Sündenvergebung zusagte, ein andermal zornmütig den Frevlern mit der ewigen Nacht drohte, in der Heulen und Zähneklappern ist — daß er vom Frieden sprach, den er allen anbiete, und dann wieder davon, daß er gekommen sei, das Schwert zu bringen — das störte ihn nicht mehr im geringsten. Im Gegenteil, es gehörte gerade dies zu dem Zauber, der den jugendstarken Menschen umgab und nun auch ihn erfaßt hatte. Immer wieder war davon die Rede, daß man um den morgigen Tag nicht Sorge zu tragen brauche. »Euer Vater im Himmel weiß, was ihr braucht. Und seht die Blumen im Feld, sie spinnen nicht und weben nicht, und dennoch sage ich euch, König Schlomo in all seiner Pracht war nicht so herrlich angetan wie eine von diesen.« Unter den Bäumen gelagert, im Frühlingswind, der im roten Mohn, in den blauen und gelben Anemonen wie mit den tausend Pünktchen eines bunten Sterngewölbes spielte, während die Wiesenflächen wie grüne Wolken zwischen den leichten Sternbildern sanft dahinschaukelten — unter den Bäumen gelagert, über Hügel im weitausgreifend starken Wanderschritt voraufstrebend, wurden solch heitere Gleichnisse geformt. Der Abend aber war manchmal müde und verzagt. Dann hieß es, mit der gleichen Selbstverständlichkeit, nur diesmal kummervoll, nicht sorglos: »Die Füchse haben ihre Schlupflöcher und die Vögel des Himmels haben ihre Nester, aber der Menschensohn weiß nicht, wo er sein Haupt niederlegen soll.« — Bei einem dieser wechselnden Schatten glaubte Meleagros dem Rätsel auf den Grund zu kommen, das ihn lange genug beunruhigt hatte: Die Widersprüche sind gar keine. Der Meister gibt sich nur eben jedem Augenblick mit der Fülle des Augenblicks hin. Er darf es, denn er verliert sich nie. Immer hat er das ewige Leben im Blick, nur auf dieses Eine richtet sich sein ganzes Fühlen und Tun, wie auch die Propheten vor ihm nur das Eine gesehen haben. Darin war ihre Kraft begründet gewesen. So schaden auch ihm die Widersprüche nicht, er hat seinen Weg in sich und kann sich nie verirren, ja gerade an den Widersprüchen bewährt er sich. Aus ihnen hervor lebt er doppelt, schwingt sich über sie hinaus in seiner unendlichen Liebeskraft, die alles umfaßt. Diese Liebeskraft ist stärker als alle Widersprüche, sie würde noch viel mehr überwinden als solche nur im Wort, nicht in der Wirklichkeit vorhandenen Gegensätze. Die Klugheit faßt es nicht. Aber dem Sinn der Unmündigen tut es sich kund. Denn es ist da. Es lebt, atmet und siegt.

Meleagros erinnerte sich des unglückseligen Briefes, den er an Jason, seinen Freund in Alexandria, entworfen hatte. Nur

gut, daß der Unsinn dem Schiffsherrn aus Gaza nicht übergeben worden ist! Habe ich da nicht etwas von den ›überenergischen Hebräern‹ gefaselt? Nun, auch im Meister ist diese kaum glaubliche, ungemeine Energie seines Volkes, und hier sogar in höchster Vollendung, das ist: gekrönt durch Sanftheit, Ruhe, Übersicht, Weisheit, in so jungen Jahren, und unfaßbar reiche Güte. Seine Sanftheit ist Energie, aber in Schnee gekühlt, ist die zur Ruhe gebrachte, doch nicht erloschene Spannung. Es ist die Überenergie der Liebe, die schenkt, nichts verlangt und damit glücklich ist.
Wie anders als Schoschana, überlegte er bekümmert – verwandt und doch ganz anders. Ein Sturm, der sich hingibt, heute so, morgen anders, immer gewaltig. Und bei Schoschana alles gedämpft, alles ständig in ängstlicher Zucht gehalten. Jeschua überwacht sich nicht, hat es nicht nötig, er darf sich in jedem Moment los und frei geben. Aber ein Hauch jungfräulicher Keuschheit war freilich auch über das bedenkenlose Vorstürmen des Meisters gebreitet. Und darin lag vielleicht sein zartestes und anmutigstes Geheimnis.
Wohl am meisten bewunderte ihn Meleagros eines Nachmittags, als von allen Seiten, wie auf einen gegebenen Befehl hin, Kranke herangebracht und auf dem Grashof zwischen dem Häuschen der Mutter und der Grotte, der alten Tischlerwerkstätte, niedergelegt wurden. Der Raum langte nicht aus. Bis zur staubigen Landstraße hin standen die Tragbahren. Auf ihnen krümmten sich die von einem unreinen Geist Bedrängten. Sie verdrehten die Augen, ballten die Fäuste und stießen mit rohen Stimmen schändliche Flüche aus. Neben ihnen lagen Blinde, Stumme, von eingealterten inneren Krankheiten Befallene mit gelber und grüner Gesichtsfarbe, ängstliche Aussätzige, die immer gewärtig sein mußten, daß man sie wegweise, dann Krüppel mit gelähmten Füßen, einer mit einer geschwundenen Hand – Jammerbündel, die den erbarmenswürdigen Eindruck weckten, als habe sie ein grausam feindlicher Sphärenregent von irgendwo fernher in unsere Welt gespien und kümmere sich nun nicht weiter um diesen Abfall seines eigenen Bereichs. – Der Meister hatte

gleich bei der Rückkehr in seinen Heimatort erklären lassen, er werde hier keine Heilungen durchführen. Er sei zu müde. Er habe all seine Kraft am See unten ausgegeben und sei erst dann heraufgekommen, als er vor Erschöpfung zu nichts anderem als zu einigem Ausruhen fähig gewesen sei. Dies war, so bemerkte Meleagros nebenher für sich, die dritte oder vierte widersprechende Erklärung, die er für Jeschuas langes Verweilen an den Ufern des Kineretsees gehört hatte. – Nun aber nützte die Weigerung nichts. Da und dort hatte der Meister auch in Nazaret geholfen. Gleich seine erste Tat, die Befreiung der Schuldknechte, wurde in der ganzen Umgebung bekannt. Endlich waren Hoffnung und Unglück so stark geworden, daß sie, wie auf ein Zeichen hin, im Dorf wie ringsum in den Einschichten die Schranken gesprengt hatten – nun also waren die Siechen da und harrten des Beistands. Ihre Angehörigen suchten in die Hütte einzudringen. Der treue Schimon Kepha wehrte mit Schreien und Händeringen, die braunroten Locken flatterten um sein trotziges Haupt, das einem Sturmbock glich und immer wieder gegen die Mauer der Einlaßbegehrenden vorstieß. Doch während er sich noch tapfer schlug, um die Ruhe seines Herrn zu beschützen, trat dieser selbst aus der Türe hervor.
»Höre uns, Sohn Davids – hilf uns, Rabbi – erbarme dich unser, Sohn des allmächtigen Gottes!« Von rechts und links drängten die Verwandten der Kranken heran. Wer sich sonst auf den Füßen halten konnte, suchte ihnen zu folgen. Und was nicht gehen konnte, kroch und wimmelte kribbelnd näher wie ein Zug von Raupen.
Der Meister blieb hochragend stehen, blickte auf die kochende, blasenwerfende Brühe des Elends.
Sein sonst so heller Blick verschleierte sich. Er seufzte tief. Dann schloß er die Augen. Er schien zu beten. Die vier Jünger hatten mit ihren Leibern, mit den Händen, die sie einander reichten, und mit kraftvollen Armen einen Halbkreis um ihn gezogen, in den sie niemand einließen.
So verstrich eine geraume Zeit, in der alle Stimmen sich allgemach beruhigten. Nur hie und da war ein gurgelnder Laut,

das hölzerne Klopfen einer ungeduldigen Krücke zu hören. Jeschua winkte, der Halbkreis der Jünger öffnete sich.
An den Nächsten der Kranken, ein blindes Mädchen, trat Jeschua heran. Er beugte sich nieder, sah ihr lange ins Gesicht – dann legte er die Hand wie segnend auf ihr weißes Kopftuch. Er verharrte unbeweglich, ehe er sich dem Nachbarn im Leid zuwandte. So schritt er von einem zum andern. Es dauerte stundenlang. Mit schleppenden Knien ging er, nicht wanderfroh wie sonst. Es war, als wate er mühsam durch einen Ozean von Schlamm. Geduldig tat der Meister seine Arbeit. Allmählich waren den Leuten ihre Stimmen in die Hälse zurückgekommen.
»Was will er denn eigentlich, der Zimmermannssohn?« Es war wieder der Stumpfnasige, der sich vernehmen ließ.
Endlich erhob sich ein Stummer, er begann zu lallen – er formte Worte, was ihm vorher nie gelungen war.
»Dein Glaube hat dir geholfen, mein Sohn«, sagte Jeschua. Es waren die ersten Worte, die er an diesem Nachmittag sprach. Indes war schon leichte Dämmerung hereingebrochen. Der Stumme begann immer rascher zu reden, seine Hände fuhren wild in die Luft empor.
»Deine Sünden sind dir vergeben«, redete ihm der Meister zu, indem er ihm die Hand nochmals auflegte. »Geh hin und sündige nicht mehr.« Er sah ihm innig in die Augen, durch einen leichten Schlag auf die Schulter ermunterte er den Mann, der sich nicht fassen konnte, der jetzt nicht zu schweigen verstand, wie er jahrelang nicht zu reden gewußt hatte, der drauflos brabbelte, als wolle er sich für die Jahre unfreiwilliger Stille entschädigen. Dann merkte man, wie er allmählich zur Ruhe kam und vernünftig langsam sprach, wenn auch noch mit etwas bellendem Ton. Seine Eltern führten ihn unter lauten Danksagungen fort.
Doch das eine Wunder genügte der Menge nicht. Es war der Pfuscher Amittai, der als erster zu zanken begann. »Es ist nicht der Mühe wert, seine redliche Arbeit im Stiche zu lassen – um das zu sehen.« Und er ging. Einige schlossen sich ihm an. Seltsamerweise tat sich am verstocktesten der rot-

bärtige Jerucham hervor, der sich neulich so bußfertig gezeigt hatte. »Wer hat ihn gerufen?« brummte er. »Sind wir nicht ohne ihn gut ausgekommen und haben zufrieden gelebt? Jetzt ist er wieder da, um Unruhe zu stiften?«
Der Großbauer rief seine Anhänger, sie sammelten sich um ihn, verließen den Hof. Einer stellte sich dabei an, als wolle er einen der schmähsüchtigen Verrückten durchprügeln. In der Menge hörte man Lachen. Die Kranken wurden allmählich weggetragen, und die Zuschauer verliefen sich. Nur einige Kinder waren nicht fortzubringen, obwohl sie sich langweilten; sie begannen nun aber Wettlauf zu spielen. Da sie sich über die Anordnung nicht einigen konnten, zeterten sie, daß es nur so gellte.
Jeschua und die vier Jünger waren schließlich allein. — Der magere Eljakim schien noch etwas erlauschen zu wollen. Er kehrte zurück und tat, als wäre ihm im Gedränge etwas auf die Erde gefallen. Er suchte den Platz ab, während der Abend einfiel.
Der Meister hatte sich auf einen Hocker gesetzt, den der jüngste der Schüler, Jochanan, aus dem Hause gebracht hatte. Der kleine Liebesdienst schien den Meister zu freuen, er nickte dem halbkindlichen blonden Jüngling zu. Die Hände hielt er dann auf den Knien und sah still geradeaus vor sich hin in die Ferne. Er blickte nicht unzufrieden, jedenfalls nicht im geringsten erschüttert. Seine Arbeit hatte er getan und ruhte aus. Dabei spielte ein Lächeln um seine sonst so ernsten Lippen. Ich habe ihn noch nie lächeln sehen, dachte Meleagros, der unfern stehengeblieben war, als habe er mit dem Mageren zu sprechen.
Heiter wandte sich der Meister an seine vier Jünger. »Ich wundere mich über so viel Unglauben. — Aber keiner ist Prophet in seiner Stadt.«
Der Magere wollte übersetzen. Meleagros wurde von Ekel erfaßt. »Ich kenne das Sprichwort«, damit scheuchte er ihn wütend weg.
»Nirgends ist er unwert, außer bei seinen Verwandten und in seinem Hause«, ließ sich der Meister nochmals verneh-

men. Er war nun doch traurig geworden. Der Abend, der ihm im Blick stand, zeigte sich bewölkt. Der Widerhall seines Schweigens breitete sich unter einem umschatteten Himmel aus.

»Wie ist es nun?« sagte Meleagros einige Tage später zu Schoschana. »Du hast doch versprochen, ihm unsere Sache vorzulegen. Hast du es getan?«
»Noch nicht.«
»Ein Engel müßte ungeduldig werden. Und ich bin kein Engel, Schoschana. Genügt es nicht, daß ich mich seiner Entscheidung bedingungslos fügen will? Warum sprichst du nicht mit ihm?«
Die Tränen standen ihr in den Augen. »Ich kann es nicht.« Sie wandte sich ab, ihre Wangen zuckten. »Seit der Begrüßung am Anfang haben wir noch kein Wort miteinander gewechselt. Auch mit der Mutter spricht er nicht. Vielleicht will er aus diesem Grund auch mit mir nicht reden. Er will ihr ja nicht weh tun. Oder doch nicht mehr als nötig.«
»Warum spricht er also nicht mit ihr?«
»Kepha hat mir einen Wink gegeben. Meine Mutter ist noch immer nicht überzeugt, daß Jeschua das Richtige tut. Sie möchte ihn tischlern sehen, ein harmloses Leben führen wie die andern Menschen. Sie liebt ihn zu sehr, möchte ihn nur bei sich haben. Das versteckt sie hinter allerlei Reden. Das aber läßt mein Bruder nicht gelten. Solange sie nicht andern Sinnes wird, gibt es keinen Frieden zwischen den beiden. Es ist schrecklich, daß die zwei so stark sind und nicht nachgeben. Sie leiden unmenschlich daran.«
»Gibt es keine Möglichkeit einer Versöhnung?«
»Immerhin hat mein Bruder den ersten Schritt getan. Er ist ein guter Sohn. Er weiß, was er der Mutter schuldet.«
»Dieser erste Schritt –?«
»Daß er heraufgekommen ist. Er wollte überhaupt nicht kommen, solange die Mutter ihren Widerstand nicht aufgibt. Aber sie weicht keinen Schritt. Sie sperrt sich in ihr Zimmerchen auf dem Dach ein, läßt sich überhaupt nicht sehen.«
»Also eigensinnig – fast hätte ich gesagt: wie du.«

Schoschana weinte stärker: »Du verkennst das alles, mein Grieche. Hätte ich doch die Gabe, dir die Dinge zu erklären ... Aber es ist unmöglich. Oder vielmehr, ich verstehe zu wenig von alledem.«

»Nur du kannst das brennende Scheit aus dem Feuer ziehen — nur diese weiße Hand kann es.«

»Nur Gott kann es. Ach, Meleagros, mein guter Freund, überschätze die Frauen nicht. Wir sind arme Geschöpfe. Ganz anderes gilt es zu tun, als uns zu beachten.«

Verzückt sah er ihr in das blasse, jetzt mit einem feinen rosigen Schein sich überziehende Gesicht. »Wenn ich dich so reden höre, höre ich die Weisheit selbst. Nein, nie kann ich auf dich verzichten, Schoschana. Denke dir etwas anderes aus. Sei klein, eingebildet, eitel, mißgönnig — dann bringst du mich vielleicht so weit, dir feind zu sein. Durch deine holde Bescheidenheit gewiß nicht. — Sag, willst du mir nicht glauben« — all seine attische Beredsamkeit nahm er zusammen —, »willst du deine Gedanken nicht mir zuwenden, willst du von den Geschehnissen in deinem Hause nicht loskommen? Ich bewundere deinen Bruder, ich liebe ihn. Aber ich fühle auch die Gefahrenluft rings um ihn. Alles schwankt, wenn man sich ihm nähert, alles ist ungewiß — was man von ihm spricht, wächst sogleich ins Hundertfache. Nimm nur diese Kleinigkeit, Schoschana, daß er am See unten verweilt hat und nicht so bald nach Nazaret heraufgekommen ist, wie alle erwartet haben. Nun sagst du das von dem Zwiespalt mit der Mutter. Es ist zumindest die vierte Erklärung, die ich höre. Jeder erklärt es anders. Und das ist nur ein kleines Beispiel für die hunderttausend Gerüchte, die in seiner Nähe umgehen. Vielleicht ist er einfach nur aus Selbstherrlichkeit unten geblieben oder weil er Nazaret über dem jeweils heutigen Tag vergessen hat, der ihn ausfüllt. Deshalb sagt er sooft: ›Die andern lehren — ich aber sage euch —.‹ Manche nehmen Anstoß daran. Ich glaube, mit Unrecht. Ich fühle gerade da einen Zugang zu ihm. Wer von der Gegenwart so bis an den Rand erfüllt ist wie dein Bruder, wer wie ein Becher die ganze Wichtigkeit des Augenblicks in sich trinkt, der kann gar nicht

anders reden. Denn in jedem Augenblick schafft er die Welt um. Keine Regel paßt auf ihn. Er steht auf sich allein. Daher sagt er ›Ich‹ und nimmt das Wagnis auf sich, allein zu sein, aus Liebe zu allen. Und so wird er vielen zum Ärgernis.«
»Laß alle Ärgernis nehmen«, sagte Schoschana schlicht. »Laß sie erklären, was sie wollen. Ich weiß, wer mein Bruder ist.« Sie zeigte auf ihr Herz. »Ich weiß es da!«
Mit Erstaunen merkte Meleagros, daß sie schon wieder – wie so oft – von Jeschua sprachen. Hatte er dem Mädchen denn nicht sein eigenes Leid, seine Rettung eindringlich klarmachen wollen? Davon war er ausgegangen. Und wo hielten sie jetzt? Die Anziehungskraft, die vom Meister ausging, durchdrang Berge und Mauern. Unheimlich! Sein Mißmut schäumte auf. »Es wird schlimm enden. Ich werde dich entführen müssen. Ich werde unser Glück erzwingen.« Dann lenkte er ein, da er wieder dieses Entsetzen, den Todesengel kommen sah. »Ich meine, wenn du die ganze Sache nicht vor deinen Bruder bringst. Hast du es mir denn nicht zugesagt, Schoschana?«
»Warum sprichst du nicht selbst mit ihm?« Gleich nachher hätte sie das Wort gern zurückgenommen. Aber es war heraus. – Seltsam, daran hatte er noch nicht gedacht. Jeschua spricht mit jedem. Warum nicht auch mit mir? Der Ausweg war eigentlich so nahe gelegen.

Ein Zufall kam ihm zu Hilfe.
Am andern Morgen strich er, wie es seine Art war, in der Nähe von Mutter Mirjams Häuschen herum, um dem Meister von ferne zu folgen, wenn dieser sich blicken ließ und seinen Weg durch das Dorf antrat. Da sprach ihn eine alte Frau griechisch an. Sie trug ein Kleid aus blauem Purpur, ihr Hals war mit Edelsteinketten geschmückt. Reihen von Goldmünzen klimperten von Schnüren herab, die an den Ohren befestigt waren. »Ich höre, daß du ein Grieche bist«, sagte sie. »Und du sprichst auch Aramäisch.«
»Ein wenig.«
»Ich möchte, daß du mit mir zu dem großen Wundertäter

hineingehst und ihm sagst, was ich von ihm erbitten werde.«
»Was ist es denn, was du erbittest?«
»Er soll meine Tochter heilen. Ich habe sie mitgebracht, aber sie liegt bei meinen Gastfreunden — sie liegt zu Bett. Sie kann kein Glied regen. Sooft der Dämon in sie hineinfährt, liegt sie starr. Hände und Füße sind im Krampf zusammengezogen. Seit fünf Jahren geschieht ihr das von Mond zu Mond. Hab Mitleid mit uns Unglücklichen. Hilf mir und gehe nicht vorüber.«
»Wie könnte ich dir helfen? Es liegt doch nicht in meiner Macht.«
»Um deine Fürsprache bitte ich dich, bei jenem Mächtigen dort.«
»Wenn ich dir nun aber sage, daß ich ihn nicht kenne. Warum wendest du dich nicht an die Leute im Dorf? Jeder kennt ihn, nur gerade ich nicht.«
»Sie fürchten sich. Sie sagen, daß der jüdische Wundertäter nichts mit Heiden zu tun haben will. — Du aber, du bist doch mein Landsmann. Und ich habe schon gesehen, daß du immer hinter ihm hergehst. Hilf mir. Außer meinen Gastfreunden kenne ich hier niemanden. Sieh, ich bin über die Grenze gekommen. Eine Phönikierin bin ich, kananäischer Abstammung, aber ich spreche nur Griechisch. Nicht schön von einem Landsmann, mir seine Hilfe zu versagen!«
Als er ihr die Sachlage nochmals zu erklären suchte, gab sie zurück, daß sie ihr Kind auf dem Rücken über die Grenze getragen haben, mit ihrer treuen Magd abwechselnd. Sie sagte das in einem Tone, als müsse diese Tatsache alle seine Bedenken zerstreuen. — Aus Tyros komme sie, weither. Denn der Ruf des Wundertäters sei bis zu ihnen in Tyros gedrungen. Und nun werde sie nicht weichen, bis er ihr die Guttat erwiesen und sie zu dem heiligen Magier gebracht habe.
Dieses Dienstes wurde er überhoben, da Jeschua eben aus dem Hause hervorkam und mit zweien der Jünger, mit Kepha und dessen Bruder, in seinem gewohnt raschen Schritt vorbeieilen wollte.
Die fremde Frau fiel ihm zu Füßen. Er sah sie kurz an und

ging weiter. Die Frau erhob sich und schrie hinter ihm her, indem sie ihm eilig folgte. Meleagros geleitete sie.
Die Gruppe der drei war stehengeblieben. Man sah, wie die Jünger den Meister auf die Frau hinwiesen. »Fertige sie ab! Schicke sie weg!« hörte man.
Jeschua war tief in Gedanken gewesen, nun hob er den Kopf. Er kam der Alten einen Schritt entgegen. Freundlich, wie er allen gegenübertrat, wandte er sich an sie. Er schien in besonders freier und huldreicher Stimmung zu sein. Daher hatte auch die Abweisung, die er aussprach, keine Härte. Sie klang so, als hätte jedermann zu verstehen und die Notwendigkeit einzusehen, daß er mit seinem Werk an einer bestimmten Stelle des Erdenrunds anfangen müsse, um es später an einer andern fortzusetzen und etwa an einer dritten zu beenden. Er sprach den Satz, den er, wie Meleagros aus Schoschanas Berichten wußte, häufig zu verwenden pflegte, er sprach ihn still und sanft: »Ich bin nur gesandt zu den verlorenen Schafen vom Hause Israel.« Da er an der Tracht erkannt hatte, daß die Frau aus der Fremde kam, sprach er griechisch. Verwundert stellte Meleagros fest, daß er die Koinê, die gemeingriechische Verkehrssprache, fehlerlos beherrschte.
Die Frau fiel nochmals zu Boden, sie umklammerte nun die Knie des Meisters und plapperte. Was ihrer Tochter und ihr widerfahren war, legte sie leidenschaftlich, ja hemmungslos dar.
»Laßt erst die Kinder satt werden«, antwortete Jeschua eindringlich. »Es geht nicht an, das Brot der Kinder zu nehmen und es den Hündlein hinzuwerfen.« — Das klang schon etwas schärfer. Und er schickte sich an zu gehen.
Nun aber hatte sich die Alte erhoben und verstellte ihm den Weg. Urweltliche Klage dunkelte in ihrem Blick, die zaubermächtige Hingabe und Sorge der Mutter. Wild und vernunftlos allerdings, doch dafür von unbegrenzter Kraft. Sie wehrte sich gegen die ordnend einhegende Liebe des Mannes. Und in diesem Augenblicke war die Mutter stärker. »Doch, Herr«, rief sie. »Es essen ja die Hündlein unter dem Tisch von den Brosamen, die vom Tisch ihrer Herren fallen.«

Der Meister schaute ihr ins Gesicht. Und zum zweitenmal in diesen Tagen sah Meleagros sein leises, kaum merkliches Lächeln, das nur eben auftauchte und zitternd schon wieder verging. Er schien tief bewegt. »Um dieses Wortes willen, gehe hin«, sagte er. »Es geschehe dir, wie du willst. Weib, dein Glaube ist groß. Der Dämon ist aus deiner Tochter gewichen. Doch schweige darüber und sieh zu, daß es niemand erfahre.«

Überrascht blickte die Frau in die Runde, als begriffe sie nicht. Die Jünger sah sie an, dann den Griechen. Plötzlich stieß sie einen Jubelruf aus, der wie der Schrei eines siegreichen Kriegers klang.

Sie ergriff die Hand des Meisters und überdeckte sie mit Küssen – und davon lief sie, so rasch ihre alten Beine sie tragen mochten.

Mit einem Ruck hielt sie ein. Es schien ihr zu Bewußtsein zu kommen, daß sie als ein Mensch, an dem sich eben überirdische Kräfte tätig erwiesen hatten, zu einem gewissermaßen würdigeren Benehmen verpflichtet sei. Daher mäßigte sie ihren Eilschritt. Man sah noch, wie sie mit künstlich erzwungener Ruhe den Weg zwischen zwei Kakteenzäunen hügelauf nahm. Zwischen den Hecken verschwand sie dann rasch.

Auch Jeschua hatte ihr nachgeschaut. Jetzt, im Augenblick, da sie nicht mehr zu sehen war, machte Meleagros unwillkürlich eine ganz leichte Bewegung gegen ihn hin. Diese Bewegung, so klein sie war, entschied. Denn nun heftete der Meister, der sich zum Weggehen wenden wollte, seinen Blick auf Meleagros. Zum erstenmal schaute der Grieche in die Augen, die unendlich tief waren. Man glaubte durch eine an sich kleine Spalte in einen ungeheuren Lichtraum hineinzusehen, in einen Raum, vor dem man nicht haltmachen konnte, in den man angesaugt hineinstürzte wie in einen Wirbel. Es funkelte von weißen, von grünlich-blauen Blitzen in diesem Raum, es war eine sehr schnelle, glitzernde Bewegung darin, die keinen Moment lang innehielt. Solch ein starkes Leben wie nie fühlte man auf einen eindringen, während man in die Tiefe dieser Augen gerissen wurde. Und dabei spürte der

Grieche aus all dem Glanz und Leuchten vor allem eines, was er vorher nie geahnt hatte: Wie furchtbar einsam ist dieser Mann. – Es war bei allem Jubel, bei aller Glorie doch auch ein kaum ertragbares Mitleid, das im Herzen des guten Jungen Meleagros aufzuckte.

Jeschua hob den Zeigefinger – seine Geste der Erwartung, nicht bloß des lehrhaften Vortrags.

Was sollte ihm nun gesagt werden? – Eigentlich hatte Meleagros gerade diesmal ihn nicht ansprechen wollen. Denn aller Milderungen ungeachtet hatten die Worte an die Phönikierin etwas Befremdendes für ihn gehabt. Zwar hatte er in Owadjahs Kreis wiederholt die Versicherung gehört: Wenn wir für Israels Freiheit kämpfen, dann ist es nicht um Israels willen allein, sondern es geht um Freiheit und Erlösung des ganzen Menschengeschlechts – und letztlich sogar um die Freiheit unseres Feindes, um Roms Befreiung von seinen Cäsaren. – Auch hätte Meleagros, wäre er ruhiger gewesen, in Jeschuas Worten die öfters geäußerte Meinung Schoschanas finden können, daß im Grunde zwischen dem Endziel ihres Bruders und dem Owadjahs kein allzu großer Unterschied bestand, daß nur die Mittel andere waren, die sie anwandten. – Und dennoch: etwas Kühles hatte ihn aus den Worten Jeschuas angeweht, niemand sieht sich ja gern mit den Hündlein unter dem Tisch verglichen. Gerade diesmal also fühlte er sich nicht ganz bereit, mit dem Meister zu sprechen, sooft er sich das auch gewünscht, sich darauf innerlich vorbereitet, ja sich Worte und Sätze zurechtgelegt hatte.

Indes hatte er noch einen Augenblick Zeit, sich zu sammeln. – Kepha war unzufrieden, er redete heftig auf seinen Herrn ein. Vergebens schien ihn Andreas, sein Bruder, zurückhalten zu wollen. Mit seinem Sturmbockhaupt, von braunroten Locken umflammt, erneuerte Kepha den Angriff, stieß wieder und wieder vor. »Herr, belehre mich«, sagte er, und es war ein ehrlicher Jammerton in seiner Stimme. »Hast du denn nicht selbst gesagt: Gebet das Heilige nicht den Hunden, und werfet eure Perlen nicht den Schweinen vor.«

Der Meister wies ihn milde zurecht. »Ihr Kleingläubigen, habt ihr denn nicht gelesen, was bei dem Propheten geschrieben steht: Dafür, daß du mir als Knecht dienst, ist es zu gering, aufzurichten die Stämme Jaakows und den Rest Israels zur Umkehr zu bringen; und so mache ich dich zum Licht der Heiden, daß meine Rettung bis ans Ende der Erde reiche.«

Dann traten die beiden Brüder zur Seite, Andreas immer noch damit beschäftigt, den stürmischen Bruder zu beruhigen. Jeschua wartete eine Weile, dann aber stampfte er mit dem Fuß auf: »Ungläubiges Geschlecht! Wie lange werde ich noch bei euch sein? Wie lange werde ich es mit euch aushalten?« – Die beiden verstummten endlich und gingen etwas weiter weg.

Meleagros war mit dem Meister allein. Es war ihm, als stünde er mit ihm auf der Spitze eines hohen Berges. Kein Laut dringt herauf. Und nichts ist zu sehen als Wolken, ziehende Nebel ringsum. Und der in wechselndem Glanz strahlende grünlich-blaue Lichtschimmer der Augen, der auch die Wolkendünste zu bewegen scheint. Alles, was Meleagros für dieses ersehnte Zusammentreffen überlegt und geordnet hatte, war mehr als vergessen – die bewegten Wolken hatten es mit sich genommen, aufgelöst. Es war nie dagewesen. Seine wichtigsten weltlichen Angelegenheiten erschienen dem Jüngling nichtssagend vor diesem Blick, sogar Schoschana – sie war nie dagewesen. Und seinen eigenen Worten zuhörend vernahm er mit einigem Staunen: »Guter Meister, was soll ich tun, um ewiges Leben zu erlangen?«

»Was nennst du mich gut?« kam ruhig die Antwort. »Niemand ist gut außer dem einen Gott. Und was fragst du mich über das, was gut ist? Willst du zum Leben eingehen, so halte die Gebote.«

»Welche?« entfuhr es halb unbewußt dem Munde des Griechen.

»Das allererste der Gebote hast du gelesen: ›Höre, Israel, der Herr unser Gott ist der eine Herr. Und du sollst lieben den Herrn, deinen Gott, mit deinem ganzen Herzen und mit deiner ganzen Seele und mit deiner ganzen Kraft.‹ – Das zweite Gebot ist dieses, wie Moses es geschrieben hat: ›Liebe deinen Nächsten wie dich selbst.‹ Ein anderes Gebot, das größer wäre als diese beiden, gibt es nicht.«

Meleagros sah neue Flammen aus der unerschöpflichen Tiefe der Augen aufsteigen, die immerfort ihre Farbe und den Grad ihres Glanzes wechselten. In seinem Schweigen schon lag die Bitte um weitere Lehre. Nun streckte er auch noch die Hand aus – wie einer, der eine Gabe empfangen will.

Den Meister schien dieses Dürsten nach Erkenntnis zu freuen. Er spürte des Meleagros beste Eigenschaft, seine immer wache Lernwilligkeit. So erweiterte er denn das Gesagte: »Die Gebote kennst du: du sollst nicht töten, nicht ehebrechen, nicht stehlen, nicht falsch zeugen, nicht berauben, deinen Vater und deine Mutter ehren.«

Liebevolle Unterweisung! Sie gab dem Jüngling die Sprache zurück. »Meister, Sittengebote dieser Art habe ich gehalten von meiner Jugend an.«

Doch das Licht in den Augen ward mit einemmal verzehrend, schien wie aus flüssigem Erz gegossen. Die Stimme wurde streng, der Sprecher selbst, eben noch so nah, wich weit in die Ferne zurück: »Eines fehlt dir noch. Geh hin, verkaufe alles, was du hast, und verteile es an die Armen. So wirst du einen Schatz im Himmel haben. Und dann komm und folge mir!«

»Meint er das im Ernst?« dachte Meleagros. Oder will er sich nur von mir durch eine unübersteigliche Mauer trennen? Will er mich zurückstoßen? Eine Abweisung in Form einer Aufforderung! – Und seine eben noch hoffnungsvoll-zutrauliche Miene verzerrte sich zu einem Grinsen der Verzweiflung.

»Wie schwer werden die Begüterten ins Königtum Gottes einziehen!« hörte er den Meister zu den Jüngern hin seufzen, die sich wieder hinzugesellt hatten.

Meleagros hob die Augen nicht, doch aus dem Klang der sich langsam entfernenden drei Stimmen merkte er, wie betroffen die Schüler waren. »Eine schwere Rede, wer kann sie hören!« hörte er sie sagen. Und Jeschuas Antwort: »Kinder, wie schwer ist es, in das Reich Gottes einzugehen. Es ist leichter,

daß ein Kamel durch ein Nadelöhr schlüpfe, als daß ein Reicher in das Reich Gottes eingehe.«
Darauf die Jünger, ganz bestürzt: »Wer kann dann gerettet werden?«
»Bei Menschen ist es unmöglich, aber nicht bei Gott.«
Zuletzt noch des Kepha kindlich zuversichtliche Stimme, dessen weitere Worte auf dem Waldpfad verklangen: »Sieh, wir haben all das Unsere verlassen, Haus und Eltern und Kinder und Äcker, und sind dir gefolgt . . .«
Meleagros stand lange unbeweglich auf dem gleichen Rasenfleck.

Wie lange er wie im Starrkrampf da gestanden war, wußte er nicht. Wenn er sich in späterer Zeit dieses Wendepunkts in seinem Leben zu entsinnen bemühte, so konnte er sogar darüber nie recht klarwerden, ob das Folgende, das jetzt eintrat, noch am gleichen Tage geschehen war, oder ob eine Nacht dazwischen lag. Manchmal war ihm, als sei er allerdings sehr lange an der gleichen Stelle wie festgewurzelt gestanden, dann aber halb besinnungslos nach Kana zurückgewandert, habe dort geschlafen oder sei vielmehr wie betäubt, von schweren Träumen niedergeknüppelt, in seinem Bett gelegen. Am andern Tag sei er dann, gleichfalls ohne genaues Bewußtsein, an die gleiche Stelle nach Nazaret zurückgekehrt, und dann erst hätten die nachfolgenden Geschehnisse sich zugetragen. Wenn er aber ein andermal den Vorgang überdachte, schien es ihm, als habe er den Weg nach Kana, die Nacht dort und den Rückmarsch sich nur eingebildet — um so mehr, als er ja wirklich nach Rückgewinnung eines klareren Überblicks, der immerhin noch umwölkt genug war, diese Strecke hin und zurück zweifellos zurückgelegt hatte, allerdings nicht allein, sondern in Gesellschaft von zwei Bewaffneten. War er also nach dem Gespräch mit dem Meister nur einmal oder zweimal in Kana gewesen? Er wußte es nicht, er konnte sich nicht daran erinnern. Freilich lag ja nicht allzuviel daran, denn an dem schließlichen Ergebnis änderte es nichts.
Was er wußte, und was in seinem Gedächtnis feststand, war:

Aus dem Gefühl, verworfen zu sein und nie den Weg in die engere Gemeinschaft des Meisters finden zu können, aus diesem tiefsten je erlebten Schmerz riß ihn ein durchdringender Schrei.
Auf dem Dach des weißen Häuschens stand eine hochgewachsene Frau, sie trug ein schwarzes Kleid, das sie nun mit beiden Händen an der Halsöffnung faßte und so heftig einriß, daß der schwere Stoff aufkreischte und im Wind knatterte. »Die Krone ist von unserem Haupte gefallen«, schrie sie dabei und streckte dann die Fäuste gegen den Himmel empor. Lauttönend fielen die Fäuste auf ihre Brust hinab, sie stöhnte und sang, mit schauriger Gewalt, indem sie sich niederbeugte. Und sooft sie sich wieder aufrichtete, schlugen die Fäuste gegen ihre Brust. – Meleagros wußte sofort, niemand brauchte es ihm zu sagen: Das ist Mirjam, die Mutter des Meisters. »Wehe uns, wehe mir«, tönte der Gesang, »dem Stern vor der Morgenröte gilt die Totenklage. Er ist niedergesunken. Er scheint nicht mehr.« Mirjam war nicht allein. Viele Leute standen jetzt auf dem Dach, fielen der rasenden Frau in die Hände, stützten sie, hielten sie fest, während die Selbstvernichtung wie eine gelbe Flamme aus ihr emporschlug. Noch mehr Menschen waren vor dem Haus versammelt, Meleagros hatte ihr Kommen nicht bemerkt. Durch die Türe strömte der Zug ein und aus. Die vier Jünger ließen nicht zu, daß allzu viele zugleich hereinkamen.
Meleagros fühlte einige Belebung in seine Glieder zurückkehren. Von allen Seiten flüsterte man ihm die Botschaft zu, während er in das Gedränge eintrat.
Der Täufer Jochanan war hingerichtet worden.
»Wo ist der Meister? Nun ist seine Zeit gekommen«, hörte er. – »Nun ist es unwiderruflich, er muß sich offenbaren.« – »Wenn der Prophet Elijah dahingegangen ist, wird der Maschiach ben Josef hervortreten«, bestätigte eine andere Stimme. Inmitten der Trauer hob sich, unentwirrbar gemischt, Hoffnung empor. Für die Mutter konnte es keine Hoffnung, nur doppelte Trauer sein.
Getreue Boten aus Machwar, der Burg des Vierfürsten Anti-

pas, waren eingetroffen. Genaueres darüber, was dort in den Bergen am Salzsee geschehen war, hatten sie nicht mitgebracht. Aber daß der Henker den Kopf des Gottesmannes abgeschlagen hatte, wußten sie mit aller Bestimmtheit. Es hieß, daß Herodias, die Frau des Antipas, ihren Gemahl zu der Schreckenstat bewogen habe. Nach langem Schwanken sei er endlich schwach geworden. Die Mauern des Palastes bewahrten noch manches Geheimnis, über das man flüsternd Vermutungen äußerte. Den Kopf des vielgeliebten Propheten aber hatten die Boten mit eigenen Augen gesehen. Der Henker hatte ihn von den Mauerzinnen her dem Volk gezeigt, lachend hatte er ihn beim dichten schwarzen Barthaar gefaßt und so, verkehrt, emporgehoben, wie ein schauerliches Triumphwappen. Aus dem fürchterlichen Halsriß hoch oben sei das Blut zu beiden Seiten über das bleiche Angesicht hinabgeflossen.

»Es ist nicht zu ertragen.«

»Es ist wie das Greuelmal der Verwüstung, von dem in den Schriften steht. Das Greuelmal, mitten im heiligen Tempel aufgepflanzt.«

»Die Besten sind es, die so enden!«

»Wer länger zuschaut, macht sich mitschuldig.«

Die Aufmerksamkeit der Menge wurde abgelenkt. Der Meister war auf dem Dach erschienen. Seine Miene hatte alle Frische verloren, das wirbelnde Licht der Augen war ausgelöscht. Dennoch schien er die Mutter trösten zu wollen; wie aus Asche sich emporhebend, aus Asche emporgestreckt kamen seine weißen schlanken Hände aus dem Mantel hervor, doch in ihrer sachten Bewegung lag etwas wie eine Aufforderung, gefaßt zu sein und den ›wahren Richter‹ nicht zu vergessen. Man machte Mirjam aufmerksam, daß ihr Sohn nahe. Sie kam ihm schluchzend entgegen. Was wirst du nun tun? sagte ihr angstvoller Blick. Das, was du befürchtest – aber du mußt es tragen, antwortete der seine. Und die beiden umarmten einander unter Tränen.

Meleagros glaubte auch Schoschana zu sehen, einen Augenblick lang.

Doch das Gewühl auf dem Dach und vor dem Haus war zu groß – nun ließ sich nichts mehr erkennen. Die Gedanken des Griechen nahmen jäh eine andere Richtung. Heute oder nie – durchstürmte es seinen Kopf. Die Verwirrung wird jetzt nur noch steigen, dachte er, und war selbst in kaum überbietbarer Verwirrung – diese Menschen werden einander von jetzt an wechselseitig erhitzen, sie werden alle sieden, ein Wort der Ordnung wird man nie mehr mit ihnen reden können, sie haben es schon jetzt kaum angehört, von nun an aber wird es völlig nutzlos verschwendet sein. Wenn ich Schoschana heute nicht gewinne, dann nie mehr. Es ist der letzte Augenblick, in dem ich sie vielleicht noch von ihrer Sippe losreißen kann. Morgen schon hat Dunst und Vernichtung sie für immer verschlungen und von mir getrennt. Die Entscheidung ist gekommen. Jetzt oder nie. Jetzt oder nie. – Die Schritte, mit denen er den Weg nach Kana nahm, dröhnten ihm immer stärker in die Ohren. Es ist, als ob die Augenblicke, in denen wir in aller Wirklichkeit am Gang der Ereignisse rütteln und in ihn eingreifen, im Vorbeiziehen einen anderen Klang in sich trügen und hören ließen als die sonstige tatenlose, farblos vorbeifließende Zeit mit all ihren endlos aufgestellten Erwägungen, aus denen doch nichts wird. Plötzlich wird etwas – das klingt durch die Luft. Was jetzt vor sich geht, wird nicht mehr rückgängig zu machen sein. Jetzt geschieht es, jetzt, jetzt geht es voran, geht vor sich – deutlich spürt man das, es sind beinahe Worte, die man vernimmt. Es ist eine Hand, die einen führt, die man körperlich in der eigenen Hand fühlt und die sich im gewöhnlichen Leben sonst nie bemerkbar macht. Jetzt oder nie – jetzt oder nie –, so klang es bei jedem Schritt. Und gleichzeitig stürzten seine Gedanken vorwärts, üppig-verwirrt und stark. Zu den Reichen gehöre ich ja eigentlich nicht, überlegte er, soweit ihm noch Kraft zur Überlegung geblieben war – eigentlich glich sein Denken mehr dem Lauf eines scheu gewordenen Pferdes. Zu den Reichen gehöre ich ja nicht. Aber um mein Auslangen brauche ich keine Sorge zu tragen, mein tägliches Brot habe ich, sei es noch so bescheiden zugemessen, um mein tägliches Brot brauche ich nicht zu betteln, deshalb bin ich ja lieber der Schreiber des Pilatus geworden. Nein, betteln kann und will ich nicht – wie jene, denen Frauen aus der Nachbarschaft Speisen und Geschenke bringen. Es sind auch reiche Frauen darunter, die Frau eines Schatzmeisters des Antipas ist mit dabei. Sie brauchen also nicht zu betteln. Aber es sind doch Almosen, von denen sie leben. Sie kümmern sich nicht darum, die Almosen all der Frauen fließen ihnen wie von selbst zu. Ich aber – Almosen annehmen? Ich vermag es nicht. In Alexandria habe ich es vermocht. Was hätte ich damals nicht vermocht! Aber es war auch das Schlimmste, das Erniedrigendste von all dem, was das Schicksal mir aufgezwungen hat. Nein, ich kann es nicht. Ich will es nicht. Wenn es nur diesen Weg ins Königtum Gottes gibt: dieser Weg ist mir versperrt. Jetzt oder nie. Jetzt oder nie. Und ein anderer Weg ist es, auf dem Schoschana mir folgen soll.

Das Weitere geschah sehr schnell und ohne daß er sich irgendwelche Gegeneinwände machte. In Kana angelangt, ließ er zwei Soldaten zu sich kommen. Der Ring mit den Henkerbeilen – er konnte befehlen, sie gehorchten. Bei der Auswahl der Gefährten hatte er darauf gesehen, daß sie nicht von denen waren, die neulich den keltischen Offizier Catuvolcus begleitet hatten und Zeugen seiner unerwarteten Andachtsübung geworden waren. Wie er sich jetzt eingestand, hatte er schon immer die Soldaten beobachtet, hatte auch überlegt, welche wohl die geeignetsten für seinen Plan wären, der nicht erst jetzt in ihm aufgetaucht war. Die beiden, die er wählte, hatten kürzlich mit dem Kommandanten Streit gehabt und waren mit Lohnentzug empfindlich bestraft worden. Sie haßten diesen Catuvolcus. – Mit ihnen gemeinsam, die als entschlossene, rohe Burschen bekannt waren, lag Meleagros hinter den Bäumen nahe bei Amittais Schreinerei im Hinterhalt. Schoschana kam – ein guter Zufall. Vielleicht kam sie nur, um sich von dem Alten zu verabschieden, da von Jochanans Tod angefangen an irdischen Erwerb jetzt überhaupt nicht mehr gedacht werden sollte. In aller Lieblichkeit und Unschuld kam sie des Wegs, gesenkten Hauptes, ohne um sich zu blicken.

»Packt zu!« rief Meleagros. »Sie hat gegen den Cäsar gesprochen. Bindet ihr die Hände fest!«
Sie sah auf.
»Verzeih mir«, sagte er. »Es geschieht dir nichts.«
»Außer daß du mich entführst«, sie hob die Stimme nicht. »Ich habe es geahnt.«
»Jetzt rasch! Ich werde dir später alles erklären. Auf dem Schiff nach Athen.«
Sie sah die Soldaten an. »Ich bin in deiner Hand.« Ihre Augen blitzten. »Doch es ist nicht gut.«
Ein heftiges Klirren erfüllte die Luft. Die beiden Soldaten waren auf die Knie gestürzt. Einer schlug den Kopf gegen den Erdboden. Sie benahmen sich noch unterwürfiger als ihr Anführer Catuvolcus. Sie schlotterten vor Angst, legten die Schwerter und Schilde vor sich hin, wie bei Waffenstreckung vor einem siegreichen Feind. »Man hat uns von der Druidin erzählt.«
Nun wollte Meleagros selbst das Mädchen fassen. Aber die Soldaten waren aufgesprungen, um die Priesterin zu schützen. Rasch hatten sie zu den weggeworfenen Schwertern gegriffen, standen zwischen Schoschana und ihm. –
Einige Stunden später befand sich Meleagros auf einem Wagen, den zwei klapperdürre Bauernpferdchen über Stock und Stein, Geröll und halbgebahnte Pfade hinab von Kana in die Ebene am See schleppten. Der Wagen hatte große Weinfässer geladen, die sollte der Kutscher nach Tiberias hinunterfahren. Zwischen den rumpelnden Fässern stand Meleagros in einer Ecke und hielt sich am Wagengeländer fest. Auf einem steilen Wegstück kam der Wagen ins Gleiten und Sausen. Fern unten zeigte sich jetzt die stahlgraue Fläche des Sees, ein schmaler Streifen zwischen den Felsen glich einem nackten Schwert.

Aus den Händen römischer Soldaten habe ich sie gerettet. Und zum Schluß habe ich sie mit Hilfe römischer Soldaten meinem Willen unterjochen wollen.
Es ist nicht mein Verdienst, daß es nicht geglückt ist. Was

wäre geschehen, wenn es geglückt wäre! Ich fürchte mich, weiterzudenken. – Die Zornmütigkeit, die Erbteil seines Stammes war, von Achilleus her, hatte ihn aus dem Paradies vertrieben. Ein Engel mit kreisendem Flammenschwert – wie er in den Sagen jener Nation dastand, von der er jetzt Abschied nahm.

Nun wird nichts mehr sein. Ich werde ohne Schoschana leben müssen. – In böser Betäubung blieb er in Tiberias Tag und Nacht in dem Zimmer liegen, das der römische Marktaufseher Metilius ihm zugewiesen hatte. Ein tödliches Fieber. Den Arzt wies er ab. Einschlafen für immer, das war die Rettung. Endlich kam aber doch ein glücklicher Zug seiner Natur ihm zu Hilfe: die besondere jonische Nüchternheit und Gradlinigkeit, die mit seiner lyrischen Anlage verschwistert blieb, sie nicht aufhob, sie nur vor Verdampfen in uferlose Schwärmerei bewahrte. So blieb er leben.

Er fühlte, daß er noch sehr jung war. Das bewahrte ihn im letzten Augenblick davor, sich in Verzweiflung aufzulösen, die er wie einen schwarzen, schweren Nebelmantel im Mittelpunkt seiner Seele fühlte und die bereit schien, jeden Augenblick über seine ganze Person hin zusammenzuschlagen. Lieber zwang er sich, das ganze jüdische Abenteuer für beendet zu erklären. Dem Untergang anheimfallen – nein, das wollte er nicht. Es ist ein seltsames Volk, die Juden, mit ihren argen Schwächen, ihren leuchtenden Vorzügen. Ich werde es vergessen müssen. Es hat mich sehr angezogen. Einen Seelenarzt habe ich da gesucht. Er hat mich enttäuscht, ganz so oder noch schlimmer, als Vater Epikur mich enttäuscht hat. Weiter suchen, weiter segeln wie Odysseus, der viel Umhergetriebene, Lehre und Erlösung suchen auf einer andern Insel – und dann vielleicht doppelt unbefriedigt ins Land der Toten eindringen und immer neu den rechten Weg zu erwandern suchen, immer vergebens – das bleibt mein Schicksal.

Im Verlauf einiger Tage hatte er sich noch nicht beruhigt. Alles zuckte in ihm. Der Monat Ijar hatte begonnen, für die Römer war es Mitte April. Eine in anderen Ländern unbekannte Jahreszeit umgab ihn: Spätfrühling, Nachfrühling,

Frühlings Ausgang. Es ist immer noch schön, nicht allzu heiß, aber wie lange noch? Der Übergang zur tödlichen Sommerhitze macht sich an manchem Mittag bereits fühlbar. So wie in nördlicheren Ländern der Spätherbst bereits das rauhe Erstarren des Winters ankündigt, es gibt aber immer noch süße milde Tage — so ist es hier ein wehmütiger Abschied von der gesunden, kühlen, fruchtbaren Luft des Frühlings. Manchmal besänftigt noch ein kurzer Schauer Spätregens die Glut, die Morgenstunden und die Abende erfrischen uns noch, aber das Sommersterben wird bald allgemein sein und allem ein Ende machen, wird das Land dörren und verwüsten. Prinz Tammus stirbt. Man ahnt es bereits in der Luft. Und doch ist in ihr noch der wonnevolle Wassergeruch des Sees, der dunklen Baumschatten, der Brunnen und der blumigen Abhänge. Nur nicht mehr lang, nicht mehr lang! — Zwiespältiges Land, es hat zwei Gesichter, es ist gütig wie Jeschua, und es kann dann wieder furchtbar und unnahbar werden, wie der Meister ihm zuletzt erschienen war. — In solchen Gedanken hatte er das Zimmer verlassen, strich längs der Stadtmauer aus schwarzem Basaltstein am Hafenkai, dann am freien Ufer hin. Die Landschaft in ihrer zwiespältigen Rätselhaftigkeit erschien ihm wie ein Nachklang der Widersprüche in der Seele des Meisters, die entzückten und zugleich weh taten.

An ihn dachte er gern. An Schoschana zu denken vermied er. Scham und Leid brachen in ihm auf, wenn trotz allem ihr Bild erschien. Bei ihr ist Unruhe. Beim Meister war Ruhe. Das Mädchen hatte er endgültig verloren, den Meister hätte er gern behalten.

Bei ihm wäre er froh wieder der Lernende gewesen, das gute Kind, das willig aufnimmt, wenn man ihm das Rechte zeigt. Aber er konnte sich nicht vorstellen, daß er ihm je wieder begegnen würde.

Um ihn besser zu verstehen, dachte er daran, die alten Schriften zu lesen, auf die sich der Meister so oft berief. Aber das Hebräische verstand er nicht. Vom Aramäischen hatte er die Grundzüge erlernt, fand sich aber auch da nur im Einfachsten zurecht. Übrigens hätte es ihm wenig genützt; denn die

Schriften waren ja, von einigen kürzeren Stellen abgesehen, in hebräischer Sprache abgefaßt, und man mußte schon in einer der verwandten Sprachen sehr gut bewandert sein, um erratend von der einen auf die andere schließen zu können. – Noch knapp vor seiner ersten und letzten Unterredung mit dem Meister hatte Schoschana ihm erzählt, wie schmerzlich der Bruder eine Stelle aus dem Propheten Jecheskel angeführt habe, in der von »Liebesliedern« die Rede war, und auch von schlechten Hirten Israels und ihren Schafen. – Meleagros hätte viel dafür gegeben, die betreffende Rolle einsehen zu können. Vielleicht enthielt sie die Auflösung des Rätsels, das ihn fesselte. Nun gab es wohl, so hatte er gehört, eine Übersetzung der Schriften ins Griechische, die »Schriftrollen der Siebzig«. Aber wo sie auftreiben?

Er sprach darüber mit seinem Gastfreund Metilius. Es war nicht weiter auffällig, daß er sich nach einer alten Handschrift erkundigte. Das Nachforschen nach solchen alten Scharteken war ja als Zweck seiner Reise den Behörden bekanntgemacht worden. Überraschenderweise wußte der Marktaufseher Rat. Vor der Stadt habe der reiche Jude Eldad seinen Landsitz. In der Stadt selbst zu wohnen traue er sich ja noch nicht, des dummen Knochenfunds wegen. Aber geschäftehalber täglich in die Stadt zu kommen, nehme er keinen Anstand. Besagter reicher Jude nun solle eine große Sammlung von Schriftrollen angehäuft haben. Nicht etwa, um sie zu lesen. Dazu sei er viel zu klug, das lenke ja bloß von den Geschäften ab. Er sammle die Rollen, um den Nachbarn auf elegante Art zu Gemüte zu führen, daß sie in ihm einen vornehmen, geachteten und hochmögenden Herrn zu erblicken hätten. – Wenn Meleagros wünsche, werde er mit ihm bei Eldad einen Besuch machen. Der werde sich höchlichst geehrt fühlen; denn so hochfahrend er gegen seine Stammesbrüder sei, so klein und katzbucklig krieche er um alles herum, was nach Rom schmecke.

Meleagros fühlte sich noch nicht stark genug, jemand Neuen kennenzulernen. – Er begann eben zu genesen. Der See half ihm dabei. Mit dem schönen See mußte man allein sein, dann erst erwies er sich als guter Gefährte. Dreihundert verschiedene Fischarten beherberge sein Wasser, so hieß es; aber zahlreicher noch waren die Farben seiner Uferberge und seiner leichtgewellten Oberfläche. Dazu kamen noch die Stunden, in denen sich der Wind auf ihn legte und stürmische Wogen aufwarf. All das wechselte sehr rasch. Sah man nur eine Viertelstunde nicht auf das Wasser hin, so hatte sich seine Farbe und die Farbe der Ufer schon vollständig geändert. Am Morgen war der See taubengrau, wie zarter Nebel, eine Brücke sonnenglitzernden Wassers schien quer von den fernen Bergen der andern Uferseite über den ganzen matten Spiegel hin bis an die Stadt Tiberias heranzuführen. Man konnte sich recht gut vorstellen, daß jemand auf dieser Brücke dahinschritt, auf einen zukam. Dann war die Brücke verschwunden. An ihrer Stelle sah man einzelne helle Funken, kleine Blitze, die sich ununterbrochen zuckend bewegten; wie herumgequirlt sprangen die Funken. Einzelne stachen heftig hervor, andere sammelten sich in Haufen. Später glänzte der ganze See wie ein Stück Metall, man konnte ihn nicht ansehen, ganz so, wie man nicht in die Sonne sehen kann. Am Mittag klärte er sich zu einem tiefen Blau. Doch am Nachmittag erlosch er, war grasgrün, besänftigt, in der Ferne braun und violett. Das leise Anschlagen der Wellen, die plantschend an den Ufersteinen spielten, ohne Hast, manchmal schwächer, manchmal stärker, wie von einer unsichtbaren Hand getrieben — dieser Takt des Ausruhens paßte zu der beruhigten Farbe. Eine Strömung hier, eine Strömung in der Weite — in großen Flächen hoben sie sich durch zarte Tönungen voneinander ab. Einige Segelboote kehrten in den Hafen ein, braune und rote Segel. Ruderboote fuhren aus, denn bei Nacht stiegen die Fische aus dem kühleren Wasser des Grundes an die Oberfläche auf. Weiße Möwen saßen in Kettenzügen auf den Wellen, schaukelten, immer wieder erhob sich eine da und dort, spannte die riesigen Flügel aus und jagte rasch dahin. In der Ferne schien die Kuppel des Chermón leise zu tönen, auch abends immer noch weiß, als sei sie von innen her schwach beleuchtet. Infolge der großen Entfernung zeigte diese Kuppel einen nur sehr zarten Glanz, wie seidig hingestrichen, in den Himmel verschwimmend. Zuerst hatte Meleagros sie für eine Wolke gehalten, dann merkte er, daß es Schneefelder waren, so schmal längs eines Grats gelagert, daß man sie bei längerem Hinsehen eben doch nicht mit Wolken verwechseln konnte. Lang verweilte er bei dieser Pracht. Inzwischen hatten sich die Wellen vorn entschlossen, fast genau längs der Küste hinzustreichen; diese großen Bewegungen erschienen von vielen kleinen zitternden Rinnen gefurcht. Doch nichts mehr stach in die Augen. Die Sonne war, obwohl noch voller Tag leuchtete, hinter den Westbergen im Rücken des Beschauers verschwunden. Nun war der See perlmuttergrau, von Stunde zu Stunde entkörperlichte er sich mehr und mehr. Wie eine matte Kristallschale schien er schließlich die dunklen einsamen Bergabhänge drüben zu tragen, bis er auch selbst in Dunkelheit und Schweigen versank.

Man hatte den Meister und seine Anhänger in Beth-Saida gesehen, auf dem jenseitigen Ufer. Metilius brachte die Nachricht. Sie war den Behörden nicht erwünscht. Neue Unruhe würde in die Landschaft kommen. Und drüben konnte man den Leuten nicht zu Leibe, denn Beth-Saida, nicht weit von der Stelle gelegen, wo der Jordan in den Kineretsee mündet, gehörte nicht mehr zum Herrschaftsbereich des Herodes Antipas, war Teil der Gaulanitis, der Tetrarchie seines Bruders Philipp. Die beiden Herodessöhne waren sehr ungleichen Charakters, gegen Philipp hatte das Volk keine Beschwerden – als gütiger Herrscher pflegte er sein Reich zu bereisen, ein Klappsessel wurde ihm nachgetragen; wurde ein Streitfall vor ihn gebracht, so setzte er sich auf den Sessel und sprach gleich an Ort und Stelle Recht. Im Kreis seiner Untertanen mild, zeigte er sich dem römischen Epitropos gegenüber hartnäckig auf seine Gerechtsame bedacht. Zwar hatte er modischerweise sein Beth-Saida, das »Haus des Fischfangs«, nach irgendeiner Dame des römischen Kaiserhofs in Julias umbenannt, auch seine alte Hauptstadt an den Pans-Quellen des Jordan,

Paneas, hieß jetzt recht herausgeputzt Cäsarea Philippi — über solche äußerliche Zugeständnisse aber ging er nicht hinaus. In seinem Territorium, das mußte Metilius mißgestimmt zugeben, war Jeschua verhältnismäßig sicher.

Meleagros hatte nur mit halbem Ohr zugehört, was der Römer über den Tetrarchen Philipp erzählte. Daß er nun vielleicht dem Meister wieder begegnen würde, erfüllte ihn mit beklommener Freude, nahm ihn sofort völlig in Beschlag. Vielleicht könnte er es noch einmal wagen, ihn anzusprechen? Vielleicht würde er eine weniger schroffe Antwort erhalten?

Bald fluteten Nachrichten in die Stadt, sie klangen, als handle es sich um einen Triumphzug. Ganz anders als in Nazaret überwogen in Beth-Saida die Gläubigen weitaus die Zahl der Zweifler. Ebenso war es jetzt in Kfar Nachum bestellt (denn Jeschua hielt sich nicht etwa an die Grenze). Auch Chorazin, Ginosar und Migdal am See waren gewonnen. Die Volksmassen strömten zusammen — und wenn der Meister, um sich im Gebet zu sammeln, bergwärts an einen einsamen wüsten Ort floh, so spürte ihn die Menschenmenge doch wieder auf, sie traten einander auf die Füße, gaben ihm keine Ruhe, umringten ihn Tag und Nacht, ließen ihm weder zum Essen noch zum Schlafen Zeit, und irgendein noch so geringes Behagen des Alleinseins war ihm nicht gegönnt. Überall verlangte man Wunder, verlangte zumindest Rat. Und von Wundern ohne Zahl wurde bald genug berichtet. Ein Narr, der keine Kleider an sich vertrug, der in keinem Haus, überhaupt nicht unter Menschen leben konnte, sondern nur nackt in Felsgräbern und Höhlen seinen schauerlichen Haushalt trieb — der fiel ihm zu Füßen und wollte, auch er, von ihm gerettet sein. Man hatte ihn mit Fuß- und Handfesseln gebunden, um ihn zu verwahren. Doch er war mit unnatürlicher Kraft in die Fesseln gefallen, hatte sie zerrissen und war wieder einmal, wie schon häufig, in die Einöde entwichen. »Wie heißest du, Dämon?« bedrohte ihn der Meister. Mit rauh-tiefer Stimme, die nicht die des Narren war, kam die Antwort, zähneknirschend: »Legion. Denn unser sind viele.« Jeschua vertrieb die ganze Teufelsschar. Bald nachher

konnte man den einst Besessenen bekleidet und vernünftig zu Füßen des Meisters sitzen sehen, ein manierliches Menschenkind, das denn auch mit sanfter Menschenstimme sprach. Und alle, die dabeigewesen waren, erhoben ihre Hände, um den rettenden Gott Israels zu preisen.
Bald waren es nicht nur Fischer und kleine Handwerksleute nebst einigen Frauen, die dem ständig anschwellenden Zug folgten. Der reiche Zöllner Matitjahu ben Chalfai, aus dem Stamme Lewi, lud den Meister in sein Haus. Die Zöllner als Helfershelfer der römischen Obergewalt waren im Volk verhaßt, das in hochüberwiegender Mehrzahl den Weisungen der Unabhängigkeitspartei, der Pharisäer, folgte. Daher rümpften viele die Nase, als Jeschua die Einladung annahm, und seine schon zur Formel gewordene Begründung sprach: »Ich bin gesandt, die Sünder zur Umkehr zu bringen. Nicht die Gesunden bedürfen des Arztes, sondern die Kranken.« Tatsächlich genügte ein kurzes Gespräch, um diesen Zollpächter, den die Fremden Matthäus nannten, mit verändernder Kraft zu durchdringen, so daß er sein Haus, sein Vermögen, seine Familie im Stich ließ und dem Verkünder der Lehre gleichsam zum Schleppträger wurde — bald nachher der Eifrigsten einer. Auch viele, die der Pharisäerpartei anhingen, schlossen sich an; sie fanden bei Jeschua nur diejenigen Grundsätze, die ihnen schon ohnehin lieb waren, womöglich mit noch leuchtenderen Kronen versehen. Und diese dem Volk teuren Weisheiten wurden durch Jeschua nicht bloß jenen nahegebracht, die in ihnen bereits auferzogen waren, sondern auch den Ärmsten, den Ungebildeten, den Kleinen und Niedrigen, dem geringen Mann, dem Am-Haarez oder »Volk der Landbezirke«, jenseits großstädtischer Bildung und Kultur. — Viele Pharisäer begrüßten Jeschua als einen der ihren und wurden fröhlich, wenn er als Gast bei ihnen speiste und nächtigte. Sie waren ihm völlig treu, fürchteten für sein Leben, sie warnten ihn vor den Anschlägen des Antipas, die sie in Erfahrung gebracht hatten. »Flieh, er haßt dich ja — er meint, daß du der wiederauferstandene Täufer bist. Und auch das Volk hält dich da und dort für den neuen

Jochanan. Daher sagt Antipas, daß du das Volk gegen ihn aufwiegelst. Auch die Römer haben längst ein Auge auf dich.« Jeschua ließ sich nicht irremachen. »Gehet hin«, meinte er zu den pharisäischen Gastfreunden, »und saget diesem Fuchs: Siehe, ich treibe Dämonen aus und vollbringe Heilungen heute und morgen. Und am dritten Tag bin ich am Ziel.« Solch geheimnisvoller Worte wegen durchschauerte es alle, die rings um ihn waren, auch die, die nicht in jeglichem Stück der Lehre seine Meinungen teilten – denn sie liebten ihn vor allem seiner Reinheit, seiner Selbstlosigkeit wegen. Andere verehrten seine Wundermacht, noch andere bewunderten, wie er es verstand, seine Gegner, die mit ihm disputierten, ebenso gelehrt wie witzig zu widerlegen. Er berief sich auf Gott und die Propheten, die Knechte Gottes, vor allem auf Moses, der Propheten höchsten, und er konnte aus den Schriften beweisen, was er behauptete; denn Tag und Nacht hatte er die Lehre studiert, von Kind auf wie nur je einer der Frömmsten. Die Belegtexte flossen ihm mühelos zu, alles wußte er auswendig; und immer wieder begann seine gottgesegnete Phantasie, an das Gelernte wie auch an das Selbsterlebte anzuknüpfen, schöpferisch entlud sie sich in Gleichnissen, in sinnreichen Parabeln. Wunderbar einfach und volkstümlich wie Lieder klangen diese Dichtungen, sie begannen wie üblich, aber überrascht blickte man plötzlich, an der Ecke einer ungewohnten Wendung vorbei, in neue und kühne Gedanken von unergründlicher Tiefe. Und da wurde einem dann genau das Gegenteil von jener Art und Weise gelehrt, in der man sich die Dinge bisher vorgestellt hatte. Es stürzte einen um. Von solch verwegenen Gedanken angerührt, dankten viele dem allmächtigen Gott, der sich in einem so jungmännlichen und lebensvollen Menschen verherrlichte und diesem schönen Begeisterten so unendlich viel Licht vom ewigen Licht mitgeteilt hatte – und wer weiß, vielleicht würde er sich noch als der Messias offenbaren, der Retter Israels aus Ischais Stamm, der Beender aller Not! Wer weiß! Die Leiden der Zeit konnten nicht mehr ärger werden. Wie lange noch, mein Gott, wie lange noch? Die

Stunde war da, in der der Herr seinen Gesalbten und die Scharen der Engel entsenden mußte, um das Volk zu retten.
»Alles ist bereitet, kommt zur Hochzeit«, hieß es ja auch immer wieder in den Mahnreden des Meisters, die so viele mit feurigem Mut erfüllten. Denn es ging wohl ernsthaft, aber nicht traurig oder niederdrückend her, wo Jeschua lehrte, sei es in den Synagogen, sei es auf einem der schwarzbasaltnen Felsblöcke am Abhang sitzend, sei es im Kahn abendlich auf dem perlgrauen See, während die Zuhörer in ihren Fischerbooten nahe heranruderten. Manchmal wohl auch bei einem Gastmahl. »So jemand mein Wort hält, der wird nie den Tod schmecken.« Mußte man nicht aufjubeln, wo das verkündet wurde! Das warfen ihm nun wieder die Spötter vor, die immer etwas auszusetzen hatten. »Er ist ein Fresser, ein Weinsäufer«, hieß es, so deutlich es war, daß er sich auch in festlicher Runde mit dem bescheidensten Imbiß und einigen wenigen Schlucken Weins genügen ließ. Und nicht faul entgegnete er denn auch: »Es kam Jochanan, der aß nicht und trank nicht, da sagten sie: Er hat einen Dämon. Es kam der Sohn des Menschen, aß und trank, da sagen sie: Siehe, der Zöllner und Sünder Freund.« Auch verwehrte er den Jüngern zu fasten; im Fasten sahen nämlich manche der Übereifrigen einen besondern Beweis der Frömmigkeit und suchten einander zu übertrumpfen. Ihnen antwortete der jugendherrliche Meister: »Sie sollen nicht fasten, da der Bräutigam unter ihnen ist.«
Meleagros, dem solche Ausdrücke zu Ohren kamen, verstand, daß Jeschua das Königtum Gottes und auch sich selbst mit dem ›Bräutigam‹ meinte; gehorchte man dem Meister, so war dieses Königtum ja bereits angebrochen. »Wer Ohren hat zu hören, der höre!« hieß es im Ausklang manchen Gleichnisses; und als einige ganz genau wissen wollten, wann denn der versprochene Augenblick des Heils eintreten werde, tönte die Antwort: »Das Reich Gottes kommt nicht mit Aufsehen. Noch wird man sagen: hier oder da ist es; denn siehe, das Reich Gottes ist unter euch.« – Das hinderte freilich nicht, daß manchmal auch fürchterliche Vorwehen in Aussicht ge-

stellt wurden und unverzügliche Flucht geboten ward – ja Flucht ohne den geringsten Aufenthalt, Flucht wie einst in Sedom, ohne sich umzusehen, sobald die ersten Zeichen der großen Verwandlung sichtbar würden. Der Meister schien noch mit seinen einander widersprechenden Eingebungen zu ringen – dem Blick der Liebe, der auf ihn gerichtet war, stellte er sich desungeachtet als Einheit, als etwas Vollendetes dar. Und der Grundgedanke war ja überdeutlich, der von der ›heiligen Ungeduld‹. Recht und Liebe sollten sofort herrschen, sofort, sofort; nie wieder sollte ein Varus zweitausend Marterkreuze aufstellen; durch einen ungeheuerlich starken und kristallreinen Ansturm aller Herzen müßte die Türe zum Königreich Gottes aufgerissen werden. Wiederum hörte Meleagros, daß der Meister auf einen seiner Lieblingssätze zurückgekommen sei: »Von den Tagen Jochanans an wird das Königtum des Himmels mit Gewalt herbeigezwungen. Und die es erzwingen wollen, reißen es an sich.«
Das klang herrlich. Wurde es einem aber mit letztem Ernst zugemutet, wie damals, als die blaugrünen Augen mit ihren Lichtwirbeln auch ihn, auch dieses kleine und für sich selbst so hochwichtige Mückendichterlein Meleagros einsaugten: tue es, jetzt, sofort! –, dann hatte ja allerdings die Sache ein ganz anderes Gesicht, und es fehlte nicht viel, so nahm man es richtig übel, wurde beinahe magenkrank und somnambul, sah das Ganze jedenfalls als eine Art kleinerer Beleidigung an.
So also war es um die Hochzeitsfreude rund um den Meister bestellt – eine Freude von immerhin besonderer Art. Den Frauen schien übrigens gerade diese Mischung von strenger Hoheit und heiterer Anmut besonders zu gefallen. Sie warfen sich dem Meister zu Füßen, wo immer er erschien, sie flehten stumm um einen Blick – der ihnen kaum gewährt wurde. Er hielt sich ihnen fern, er schien ihrer nicht zu bedürfen – doch darin lag keine Härte, es kam ja auch vor, wenngleich selten, daß sein Auge wohlgefällig auf einem dieser Menschengeschöpfe ruhte, wie auf einer der schönen schnellwelkenden Blumen – und das Wort ›Tochter‹, mit dem er gelegentlich

eine Frau ansprach, konnte sehr liebreich geheimniszart klingen. Doch gleichzeitig schien die abweisende Miene zu sagen: Hierfür ist nicht die Zeit, und zuerst muß alles andere in gute Ordnung gebracht sein, ehe mir die Frau erscheint. Möglich, daß die Frauen sogar in dieser Abweisung, die in seinem Blick lag, irgendeine Form eines fernen Versprechens sahen. Eine Zusage wurde nie ausgesprochen, nie auch nur aufs leiseste angedeutet — vielleicht zog gerade das viele zu ihm hin. Ins Haus eines Pharisäers, mit dem er zu Tisch saß, drang einmal eine Schöne ein, deren Lasterhaftigkeit im Orte bekannt war, sie brachte eine Alabasterflasche mit Salbe, stellte sich hinten zu seinen Füßen und weinte, wobei sie mit den Tränen seine Füße netzte und sie mit ihren langen Haaren abwischte. Dann küßte sie seine Füße und salbte sie mit der kostbaren Salbe. Da sagte der fromme Gastgeber: »Es will mich dünken, daß du kein Prophet bist. Sonst würdest du erkennen, von welcher Art die Frau ist, die dich anrührt. Eine Sünderin ist sie.« Und der Meister darauf: »Ich bin in dein Haus gekommen, du hast mir kein Wasser für die Füße gegeben; sie aber hat mir die Füße mit ihren Tränen genetzt und mit ihren Haaren getrocknet. Du hast mir keinen Kuß gegeben; sie aber hat von dem Augenblick an, da sie eintrat, nicht aufgehört mir die Füße zu küssen. Du hast mir das Haupt nicht einmal mit gewöhnlichem Öl gesalbt; sie aber hat mir die Füße mit Nardensalbe gesalbt. Darum sage ich dir, daß ihre vielen Sünden vergeben sind, hat sie doch viel Liebe erwiesen. Wer wenig liebt, dem wird wenig vergeben.« Dann wandte er sich an die Frau: »Deine Sünden sind dir vergeben.« Die mit bei Tisch waren, nahmen das nicht günstig auf: »Wer ist der, daß er sogar Sünden vergibt?« Ohne die Leute zu beachten, verabschiedete der Meister die Schöne: »Dein Glaube hat dir geholfen. Brich auf in den Frieden!« — Das Gerücht, das diese und ähnliche Geschichten zu Meleagros brachte, wollte wissen, daß Mirjam der Name der Frau gewesen sei und daß sie aus der Ortschaft Migdal stamme. Andere sagten, der Meister habe sieben Dämonen aus ihr ausgetrieben und die Sache habe sich bereits einige Zeit zuvor ereignet, ehe der Meister nach Nazaret hinaufgestiegen sei. Es war nicht leicht, die Erzählungen auseinanderzuhalten, oft wurde das gleiche mit kleinen Abweichungen mehrfach berichtet und auf andere Orte und Personen bezogen. Welch eine Kraft und Liebe da am Werke war, das leuchtete aber aus all den unterschiedlichen Bildern gleichermaßen und übereinstimmend hervor.

Dies alles überdenkend, war der Grieche einmal gerade in die Nähe jenes Migdal gekommen, des Örtchens, das auch Tarichäa hieß und zu dem man gelangte, wenn man in nördlicher Richtung ziehend Tiberias hinter sich ließ. Zuerst traten die Berge eng an den See, gaben kaum einen schmalen Weg frei, dann aber weitete sich der Blick, die große fruchtbare Ebene von Ginosar mit ihren Obstpflanzungen und Weizenfeldern begann hier, zu den Tälern und schluchtenreichen Anhöhen von Arbeel verbreiterte sie sich westwärts, in der Ferne umgrenzten sie die hohen Berge von Obergaliläa, die gewaltig gekuppt von hier aus gesehen an die Kette des Olympos erinnerten. Rechts lag der Harfensee, der Kineret, tiefblau in seinem smaragdgrünen Wasserrahmen der seichten Uferstellen. Ein leichter Wind kam mit den hoch flitzenden Schwalben von ihm her. – Mit einemmal umhüllte eine Staubwolke den Weg, der vor dem Griechen lag. Man hörte Gesang, zwischendurch jenes trillernde Flackern kreischender Frauenstimmen, das ihm nicht neu war. Um die Ecke an einer breiten Gruppe dunkelgrüner Tamarisken vorbei quoll nun der Zug hervor, Tausende, Tausende, sie kamen rasch, denn an ihrer Spitze schritt in langem weißem linnenem Gewande Jeschua in seinem gewohnten, feurig-schnellen Wanderergang. – Nicht ohne Absicht machte Meleagros in letzter Zeit immer wieder diese Streifzüge am Seeufer, er hatte im stillen einer Begegnung die Gelegenheit geben wollen. Nun aber trat er scheu zur Seite, auf einen Feldrain. Bald umgab ihn die Menge der Männer. In kleinem Abstand folgte ein zweiter Zug, der Haufen der Frauen. Wie unter den Männern Jeschua um Haupteslänge hervorragte, so unter den Frauen Mirjam, die Mutter des Meisters. Neben ihr schritt die zierliche Schoschana aus, die Straße stäubte unter ihren Füßen. Sie war noch blasser als sonst, nicht mehr weiß, sondern gelblichblaß, von der Farbe des Elfenbeins. Schrecken, Freude, Reue rissen an Meleagros' Seele nach entgegengesetzten Richtungen. Auch Angst um Schoschanas Leben, auch jene seltsame Art von Eifersucht auf den Bruder, die er schon kannte und die er niemals hatte aufkommen lassen wollen. Hatte sie nicht noch vor kurzem erklärt, daß sie nie dabei war, wenn er zum Volke sprach? Nun also galt das nicht mehr, sie hatte sich vollständig dem Einfluß Jeschuas unterworfen.

Meleagros verbarg sich, dann eilte er den Männern nach, nahm einen Umweg. Er hörte Widerspruchsvolles. Jeschua würde in der Synagoge von Migdal sprechen – das stand fest. Aber einige sagten, er werde gleich nachher in ein Boot steigen und sich aufs jenseitige Ufer begeben, denn Häscher seien hier gegen ihn ausgesandt. Antipas und die Römer sähen in ihm einen Aufrührer, da immer mehr Volk ihm zuströme. So bleibe nichts als Flucht. Schon jetzt verberge sich der Meister in Ruinen oder in den kleinsten Weilern, komme nur unversehens für wenige Stunden hervor. Doch einzig in der Dekapolis sei er wirklich sicher, in den autonomen Griechenstädten. Aber zu den Griechen und Syrern wolle er ja nicht sprechen. So nannten andere Cäsarea Philippi als künftige Zufluchtsstätte. Eine dritte Schar hoffte, er werde sich gerade nach Tiberias begeben, ins Herz des Feindes, und werde den unreinen Ort für rein erklären. Eine vierte Gruppe sprach von Jerusalem. Denn nur in Jerusalem könne sich der gottgesandte Messias gültig offenbaren.

Dann verbreitete sich das Gerücht, er werde das zwölfjährige Töchterlein des Synagogenvorstehers Jaïr heilen. – Bei diesem Namen dachte Meleagros an Owadjahs Sohn, an einstige glückliche Tage mit Schoschana. Jaïr! »Er wird uns ein Licht anzünden.« – Nun hörte er ganz dichtbei den Vorsteher, der zu den Füßen des Meisters lag – das Stemmen der Masse hatte den Griechen, den verträumten Mitläufer, den Fremden, plötzlich nahe an den Mittelpunkt des Geschehens gedrängt:

»Eile, lege meinem Töchterchen die Hände auf, rette sie! Sie stirbt ja bereits!« Ein großer Tumult entstand, niemand wollte Platz machen, mit offenen Mäulern gafften die Leute.
Die Menschen quetschten jetzt so heftig nach vorn, daß auch um den Meister kein freier Platz war.
Vergebens suchten jene Anhänger, die er als seine engsten Vertrauten erwählt hatte, irgendwie Ordnung zu schaffen. Ordnung war in dies wilde, immer rebellische galiläische Bergvolk am wenigsten hineinzubringen; und gar unter dem Anhauch einer als überirdisch empfundenen Kraft waren alle Bande gesprengt. Die Menge rauchte vor Erregung, ihr Schwung entlud sich in wütendem Geschrei, in Ausrufen, die voll Jubel, dann wieder voll Drohung waren. Es gab Zank, Schlägerei. Wie immer tobten unbekümmert, ungebändigt die Kinder durch die Reihen, steigerten die Verwirrung. Niemand war da, der schlichtete, beruhigen konnte.
Der einzige, der maßvoll und bei klarer Besinnung schien, war der Meister selbst. Eine blutflüssige Frau hielt ihn auf, sie berührte die weißen fransenartigen Schaufäden, die er der Vätersitte gemäß an seinem Kleid trug. Es berührten ihn auch sonst viele, sie glaubten dadurch etwas von seiner Kraft auf sich zu leiten. Jeschua verbot den Jüngern, die Verzweifelte zu hindern. Hätte er allen, allen helfen können, er hätte es getan. Und immer, auch mitten in Lärm und schrillem Außersichsein der andern, blieb er in sich geschlossen, überlegen, klar. Er sprach leise mit der Frau, als sei niemand da als sie und er — er verschaffte ihr Linderung.
Inzwischen kam ein Diener des Vorstehers herangestürzt und schrie weinend, indem er die Menge mit den Fäusten auseinandertrieb: »Sie ist gestorben. Deine Tochter ist gestorben, Jaïr. Was bemühst du noch den Meister?«
Der unglückliche Vater begann sein Haar zu raufen, sein Kleid einzureißen.
Immer noch blieb Jeschua besonnen, ruhig. Er tröstete den Alten. Das Mädchen war sein einziges Kind. »Fürchte dich nicht. Glaube nur, so wird sie gerettet werden.« Und in das allgemeine Weinen hinein, das sich nun erhob, klangen seine

Worte mit der ihm eigentümlichen Bestimmtheit: »Was lärmt und weint ihr? Das Kind ist nicht gestorben, sondern es schläft.«

Nun wurde es plötzlich ganz still. So wie es vorhin keine Gewalt der Erde gegeben hätte, stark genug, das Volk zum Schweigen zu bringen, so war jetzt wie durch unbegreiflichen Zwang niemand imstande, den Mund auch nur zum geringsten Laut zu öffnen. Auch Meleagros rührt sich nicht. Er starrt und lauscht. Durch die Gasse, die der Diener eben noch mit den Fäusten geschlagen hat, geht Jeschua in seinem gewohnten schnellen Schritt dem Hause des Vorstehers zu. Nur den Vater, die Mutter des Kindes und die vertrauten Jünger nimmt er mit. Die andern weist er mit erhobener Hand weg; und sie gehorchen jetzt stumm. Das Haus ist ganz nah, unmittelbar auf dem Hauptplatz, den eben noch das Gewühl erfüllt hat. Alle warten jetzt, ordnen sich in Reihen. Die Türe geht auf, geht zu. Auch der Wind schweigt. Drückende Hitze brennt auf den Platz nieder. Keiner spricht.

Kurze Zeit, lange Zeit? Meleagros weiß es nicht. Er hat wieder das Gefühl, daß die Zeit irgendwoanders ihren Marsch stapft, nicht hier.

Aus dämmrigem Halbschlaf reißt ihn ein Murmeln, das ansteigt, das zu einem langanhaltenden Schrei wird. »Talita kumi, talita kumi!« — einer ruft dem andern die Worte zu. Sie bedeuten: »Mädchen, erhebe dich!« — Und Meleagros erfährt, daß der Meister mit diesen beiden Worten das Mädchen erweckt hat. Sie hat sich erhoben und geht in der Stube umher. Meleagros steht nahe der Stube, die Tür wird geöffnet. Drinnen sind alle umgesunken, wie von einem Sturm umgerissen. Nur das Mädchen und der Meister nicht. Das Mädchen steht mit weit geöffneten Augen, lächelt verzückt den Meister an, der ihm gegenüber hochaufgerichtet in ein Gebet vertieft scheint, niemanden sieht. Dann streift er gleichsam alles Überirdische von sich, ein Leuchten verlischt, und in völlig ruhigem Ton, umsichtig, ja geradezu nüchtern erklingt seine Stimme, nur diese wenigen Worte formt sie: »Gebt dem Kind zu essen!«

Noch zweimal stieß Meleagros an verschiedenen Punkten bei seinen Spaziergängen längs des Sees auf die umherziehende Gemeinde der Andächtigen. Er sah auch Schoschana, wagte sich aber nicht vor, hielt sich abseits unter den Letzten. Übrigens war sein griechischer Widerstand erwacht, er zweifelte an dem Mädchen, das den Abschied, so schien es, mühelos ertrug – zweifelte an ihrer Liebe, die sich so rasch in Kälte verwandelt hatte. Er fand aber auch den Weg zum Meister nicht mehr. Was wollte der denn eigentlich? Eine Volksbewegung entfesseln, einen Aufstand stiften? Das schien zu gelingen. Hier unten in der Ebene war die Menge der Anhänger weit größer als in dem kleinen und überdies allzu heimatlichen Nazaret – da der Zuzug gewaltig war, stiegen auch die Leidenschaften. Das Getümmel rund um den Meister war auch in Nazaret groß gewesen, hier aber hatte es sturmartige Kraft. Um so schwerer die Verantwortung. Was sollte sich aus all dem entwickeln? Wohin zielte es? Wie lange würde die herodianische, die römische Polizei zusehen? – Mit den Wundertaten mochte sich der kritische Verstand des Hellenen nicht allzu gern befassen. Die Erweckung eines Kindes, das vielleicht wirklich nur »geschlafen« hatte, das scheintot gewesen war, erschien ihm weniger staunenswert als das feste Verhalten des Meisters während des Vorfalls, sein geradezu unfaßbar starkes Vertrauen auf einen Eingriff von oben, seine Ruhe. Für dieses Verhalten war Meleagros allerdings voll aufrichtiger Bewunderung. Aber hier staunte er eben nur, zu begreifen fand er es nicht. Er fühlte sich fremder als zu Anfang, da er in die ihm wesensentrückte Welt einzutreten versucht hatte.
Da führte ihn eines Abends sein Weg am Nordufer des Sees an den Ort, der Heptápegon hieß, der sieben warmen Quellen wegen, die hier münden. Von da nahm er die Richtung nach Kfar Nachum, doch nicht längs des Sees, sondern oben quer über den karstigen Abhang hin, um die vielen Ausbuchtungen des Ufers zu vermeiden, die den mühevollen Marsch verlängert hätten. Er wollte noch vor Nacht in Kfar Nachum sein und dort ein, zwei Tage lang bleiben, sich in der

Umgebung umsehen; denn immer wieder suchte er, ohne es sich eingestehen zu wollen, ein Zusammentreffen mit dem Meister, vielleicht auch mit seiner Schwester. Und er wußte, daß man die Versammelten leichter in der Umgebung einer Stadt antraf als in der Stadt selbst – eine kluge Vorsichtsmaßregel den Aufpassern gegenüber. Als er die erste Hügelkette überstiegen hatte, fand er den nächsten Abhang mit vielen Menschen besetzt. Sie standen, saßen im Gras, sie hatten da und dort die Disteln gejätet, um sich hinstrecken zu können. Nach kurzem Warten wurde Jeschua auf einem oberen Bergpfad sichtbar. Die wenigen, die er zu seinem engsten Dienst berufen hatte – jetzt waren es bereits elf –, umgaben ihn, geleiteten ihn zu einem der schwarzen Basaltblöcke, die aus dem Gelände, dem schon welken Gras vorragten. Der Meister setzte sich, legte die Hände auf die Knie, senkte ein wenig das Haupt, verharrte schweigend – dann sah er sich mit einem langen Blick um und hob den Zeigefinger. Es war so still, daß man den sausenden Wind hörte, der über die Berglehne hinlief. Nur hier und da ein Baum, ein Gebüsch, sonst alles offen und frei. Seltsam, daß dieselben Menschen, die in der Stadt Migdal so gelärmt und sich gedrängt hatten, hier in der Natur ruhig und geradezu feierlich geordnet lagerten.

Nun hörte also Meleagros wieder einmal diese dunkle Stimme, die bei aller Milde so festumrissene Kreise in die Luft zog. Die Worte waren einfach, er verstand fast alle, er brauchte niemand um eine Erklärung zu bitten. Und so hob die Stimme an:

»Kommt her zu mir alle, die ihr mühselig und beladen seid. So will ich euch erquicken.«

Die Menge schien diese Sätze wörtlich zu nehmen, die Füße scharrten, alle rückten näher an den Sprecher heran – dann trat wieder Ruhe ein.

»Selig ihr Armen, denn euer ist das Reich Gottes. Selig die Trauernden, denn sie werden getröstet werden. Selig die Sanftmütigen, denn sie werden das Land erben. Selig, die hungern und dürsten nach der Gerechtigkeit, denn sie werden

gesättigt werden. Selig die Barmherzigen, denn sie werden Barmherzigkeit erfahren. Selig, die Verfolgung leiden um der Gerechtigkeit willen, denn ihrer ist das Himmelreich. Freut euch und frohlocket, denn euer Lohn ist groß im Himmel. –«
Der Wind wurde stärker und nicht alle Worte erreichten den Griechen. Der Lärm der Schwalben durchschnitt einige Sätze. Meleagros verstand dann auch wieder einzelnes nicht, was bis an sein Ohr herankam. Manche Worte zerstreuten sich auf dem weiten schrägen Abhang, oder sie kamen dann doch mit dem Rauschen eines stärkeren Luftzugs her, aber dumpf, als würden sie an den Baumgruppen zurückgeworfen oder von einem der Bergzüge am Horizont.
Eines dünkte ihn besonders seltsam. Dieser schwarze Basaltstein kam, so hatte er bei Aratos gelesen, dem großen Alexandriner, kam aus dem Innersten der Erde, von dort war er schwarzglühend flüssig emporgequollen, dann an der Luft erhärtet. Auf diesem dunklen Gruß, den das Erdinnere heraufgesandt, saß nun ein lichter Mensch – »göttergleich« hätte Homer ihn genannt –, und auf ihn senkte sich aus dem obersten Himmel Weisheit abwärts. In ihm also berührte sich Erdennacht mit dem Tag der höchsten Sphären.
»Hütet euch, eure Gerechtigkeit zu üben vor den Menschen, um von ihnen gesehen zu werden«, so klang die Stimme. »Wo anders, so habt ihr keinen Lohn bei eurem Vater im Himmel. Wenn du also Almosen gibst, so laß nicht vor dir hertrompeten, wie die Heuchler tun, in den Synagogen und in den Gassen, damit sie von den Menschen gepriesen werden; wahrlich, sage ich euch, sie haben ihren Lohn dahin. Wenn du aber Almosen gibst, so möge deine linke Hand nicht wissen, was deine rechte tut, auf daß dein Almosen im Verborgenen bleibe, so wird dein Vater, der im Verborgenen sieht, dir vergelten. Nicht jeder, der zu mir sagt: Herr, Herr, wird in das Königreich Gottes eingehen, sondern der den Willen meines Vaters im Himmel tut. Viele werden zu mir sagen an jenem Tage: Herr, Herr, haben wir nicht mit deinem Namen geweissagt, und mit deinem Namen Dämonen ausgetrieben, und mit deinem Namen viele Wunder getan? Und

hierauf werde ich ihnen bekennen: ich habe euch nie gekannt; weichet von mir, ihr, die ihr den Frevel vollbringt. Aber euch, die ihr zuhört, sage ich: Liebet eure Feinde, tut wohl denen, die euch hassen; segnet, die euch fluchen, betet für die, welche euch beschimpfen. Dem, der dich auf die Wange schlägt, biete auch die andere, und dem, der deinen Mantel nimmt, weigere auch den Rock nicht. Jedem, der dich bittet, gib, und von dem, der das Deinige nimmt, fordere es nicht zurück. Und wenn ihr liebet, die euch lieben, ebenso tun doch die Sünder das gleiche. Und wenn ihr denen leiht, von welchen ihr es zu bekommen hofft, ebenso leihen doch auch die Sünder den Sündern, um die gleiche Summe wieder zu bekommen. Vielmehr, liebet eure Feinde und tut Gutes, und leihet, wo ihr keine Hoffnung habet zurückzubekommen. So wird euer Lohn groß sein, und ihr werdet Söhne des Höchsten sein, denn auch er ist milde gegen die Undankbaren und Bösen. Werdet barmherzig, wie euer Vater barmherzig ist.«

Meleagros brach in Tränen aus, er verbarg das Gesicht in seinen Händen und sein Herz schmolz dahin. – »Wie euer Vater barmherzig ist.« Ihm war, als habe er gegen die Barmherzigkeit des göttlichen Vaters all die Tage recht trotzigen Widerstand geleistet. Jetzt aber fühlte er, daß sein Trotz zu Ende war.

Und ihm drängte sich plötzlich der Gedanke auf, daß von diesem Augenblick an sein Leben eine andere Richtung zu nehmen habe. Es genügte nicht, all diese Liebe, die von dem Meister ausströmte, mit durstigen Lippen aufzunehmen. Sich selbst zu einem ebensolchen Quell der Liebe zu machen, soweit man solcher Umwandlung fähig war – und man war fähig dazu, o mein Gott, man war es! –, das reckte sich berghoch als Aufgabe vor ihm auf.

6
Der Herzensfreund Jason meldet sich mit einigen Briefen

Bald nachher erfuhr er, daß sich Jeschua und seine Anhänger gegen Norden hin gewandt hätten. Gerüchte besagten, daß man ihnen im Nachbarreich nahe der Stadt Cäsarea Philippi begegnet war. So hatten sie sich glücklich der Gefangennahme durch römische Truppen entzogen, die, wie sich einige Tage später herausstellte, schon marschfertig bei Skythopolis, sozusagen vor den Toren des Galil standen. Flüchtig glaubte Meleagros in einem unauffällig und adrett gekleideten Bürger kleinerer Statur, der auf dem Marktplatz von Tiberias rasch an ihm vorbeikam, eine bekannte Gestalt wiederzuerkennen: den Tuscus, der immer auftauchte, wo größere Aktionen im Gange waren.

Nun schien es auf lange hinaus töricht, eine weitere Begegnung mit dem Meister zu erhoffen. Zu groß die Entfernung; zu gefahrvoll, zu überwacht der Weg. Jochanan hatte in der Wüste gepredigt und war dort nicht sicher gewesen. Eine Volksbewegung in der dicht besiedelten Seeprovinz konnte dem argwöhnischen Auge Roms nicht gleichgültig

sein. Die Flucht in Philipps halb unabhängiges Bergland, ja vielleicht nach Syrien brachte jedenfalls einen Aufschub der Entscheidung.
Für den Griechen wäre es unter solchen Umständen das klügste gewesen, nach Jerusalem zurückzukehren, zumal hier im Seekessel die Hitze von Tag zu Tag zunahm. Doch diese erschlaffende Hitze eben war es, die es schwer machte, einen Entschluß zu fassen. Und dann: in Jerusalem hätte jeder Schritt, jeder Stein an die vertrauten Gespräche mit Schoschana erinnert. Meleagros fürchtete sich vor Jerusalem.
So verschob er die Heimreise. Um sein Verweilen später dem Landpfleger gegenüber rechtfertigen zu können, begann er wieder nach alten Manuskripten zu suchen. Das Nächstliegende war, daß er bei Metilius nachfragte, ob er nun vielleicht die Schriftrollensammlung Eldads besichtigen könne. Doch der reiche, verwöhnte Herr hatte seinen Landsitz bereits verlassen, war nach Jerusalem in seinen Sommerpalast gezogen, wo kühlere Lüfte strichen. Allerdings wurde er noch für einige wenige Tage zurückerwartet, da laut Aussage seines Hausverwalters einige wichtige Geschäfte, neue Baupläne, nur hier an Ort und Stelle zu erledigen waren. Wann? Das wußte man nicht. Es galt, sich in Geduld zu fassen.
Unter dem unmittelbaren Eindruck der Worte, die er am Bergabhang im Sausen der Spätfrühlingswinde gehört hatte, war in Meleagros der Gedanke erwacht, an Jason nach Alexandria zu berichten. »Ich bin völlig besiegt, bin umgeworfen«, hatte er begonnen. — Es ist eine überquellende Liebe da, etwas, was die Welt retten kann, wenn die Welt bereit ist, es aufzunehmen. Noch im letzten Augenblick kann unsere geliebte schöne Erde gerettet werden — doch das wollte er nur schreiben, schrieb es nicht, es schien ihm den Gedankengängen Jasons zu fern. Der hätte es nie verstanden. Sich selbst aber sagte er es vor: »Es ist eine unendliche Liebe da. Sie fragt nicht nach der passenden Zeit, nach der Uhr der Weltgeschichte. Sie ist einfach da, schenkt sich weg, verzeiht allen, überschwemmt alles, wenn wir nur hören wollen. Sie ist da. Sie regiert, und sie dient zugleich. Nimm sie auf, mein Herz.«

— Darüber schwieg er also, in einer Art von Scham, doch einzelne, besonders auffallende Sätze Jeschuas, die ihm im Gedächtnis geblieben waren, führte er an — nicht nur die letzten, selbst aus dem Munde des Meisters vernommenen Aussprüche —, auch viel von den Lehren, die Schoschana ihm übermittelt hatte — in früherer glücklicherer Zeit.
Von seiner Liebe zu Schoschana, die so trostlos ins Leere verlaufen war, erwähnte er nichts; desto genauer schilderte er den persönlichen Eindruck, den der Meister auf ihn gemacht hatte, seine unerschütterliche Ruhe, sein männlich kraftvolles Vertrauen und das von ihm leise ausstrahlende Licht. Die große Verwandlung, die in seinen Worten gepriesen wurde, der Umschwung der Welt, das drohende Ende, das er verkündete, die Mahnung, ›daß der Hausherr, wenn er plötzlich kommt, euch nicht schlafend treffe — so wachet nun!‹ —, das alles kam zum Ausdruck. — Dann aber hatte er den Brief unterbrochen. Er hatte keinen Zweck. Jason würde ihn ja doch nicht fassen. Gab es denn etwas auf Erden, was Jason so haßte wie die Juden? Kam er auf sie zu sprechen, so stand ihm sofort der Schaum vor dem Mund. Er spuckte vor Wut. Und nun sollte er glauben, daß gerade unter den Juden ein so liebreich edler und weiser Mann aufgetreten war, ja mehr noch, daß er unter ihnen sofort eine so große Zahl demütiger Verehrer gefunden hatte und daß er auch mit andern Schichten des Volkes, mit denen er auf den ersten Blick nichts zu tun hatte, wie etwa mit dem frommen alten Adoniram oder mit dem bedächtig-hingebungsvollen Kämpfer Owadjah, in geheimnisvollem Zusammenhang des gleichen Freiheitstraums stand, in gemeinsamer Sehnsucht nach Erlösung von allem, was Unrecht und Gewalt hieß. Wie all dies einem Jason erklären? Selbst wenn er der einzig Nahe und Herzensfreund war, der ihm inmitten all der Wildnisse und Fehlschläge des Schicksals geblieben sein mochte: es war schwer, ihm eine Sache, so fremd allen seinen Begriffen, vernünftig auseinanderzusetzen. — Dann aber schalt Meleagros sich feig und nachlässig. Es mußte eben geschehen! Wäre es denn nicht eine Falschheit gegenüber dem Genossen so vieler Diskus-

sionen gewesen, wenn er ihm von solch einer grundsätzlichen Umwälzung der eigenen Anschauung keine Kunde gegeben hätte? Der allzu lange nicht abgeschickte Brief über all die Mißverständnisse, denen das Judentum ausgesetzt war, stand ihm warnend vor Augen. Dieser Brief war allerdings überholt, er hätte nur mit einem Begleitschreiben »Fast all dies ist Unsinn« abgehen können. Wenn nun aber neben den alten Irrtümern auch die neuen Erkenntnisse ungesagt blieben, dann mußte es dazu kommen, daß er und der Herzensfreund einander überhaupt nicht mehr verstanden. Dann wuchs schließlich das Dickicht zwischen den beiden einstigen Weggesellen zu einer so undurchdringlichen Mauer an, daß es nie zu durchbrechen war. Die Entfremdung zwischen zwei einst nahen Menschen, in des Meleagros Sinn etwas Schreckliches, das unbedingt vermieden werden mußte, solange es ging – die Entfremdung mit all ihren Schauern war dann da.

So machte er sich denn wieder an die Arbeit, schrieb den Brief treuherzig pflichtgemäß, sei es auch nur fragmenthaft nieder – denn zu Ende zu bringen war dieser Bericht über seine neuen Erlebnisse nun einmal nicht – und übergab ihn dem Führer einer Karawane, die von Damaskus und Kfar Nachum her auf der Via Maris, der Meeresstraße, den Weg durch die Landschaft an die Seeküste nahm.

Dann versank er vollends in die Einsamkeit des Ufergeländes; den Gesprächen mit seinem Mitbeamten, dem löblichen Marktaufseher Metilius, ging er aus dem Wege. Sie waren zu unerfreulich, obwohl sie unerwarteterweise manche Berührungspunkte ergaben. Aber gerade gegen diese Art von ›Nähe‹ sträubte er sich. Metilius gehörte zu jenem Typ hochkultivierter, kluger Römer, die immer wieder ihre Liebe zum griechischen Wesen betonten. Er meinte es damit sogar ganz ehrlich und wäre höchst erstaunt gewesen, hätte man ihm den Widerspruch zwischen dieser ›Liebe‹ und seinem harten Erobererwillen vorgehalten. Er liebte die Griechen – hätte sie aber bedenkenlos unterjocht und aufgefressen, wäre dies nicht schon von den vorangegangenen Geschlechtern der Wolfskinder besorgt worden. Die griechischen Städte hätte er zerstört, die Freiheitskämpfer erschlagen oder in die Sklaverei verkauft, die Kunstschätze nach Italien geschleppt – dabei aber immer wieder verzückten Blicks eine Statue des Phidias angehimmelt, einen griechischen Vers auf der Zunge zergehen lassen, in feinsinnigen Zitaten griechischer Philosophen exzelliert. – Der Himmel bewahre uns vor solcher ›Liebe‹! Das sagte der gute Junge Meleagros manchmal auch im Namen der Juden vor sich hin, für deren Weisheit der aufgeweckte junge Beamte gleichfalls einiges, sei es auch abgemessenes Interesse zeigte, während er in demselben Atem die geringste Regung ihrer Selbständigkeit als Majestätsverbrechen niederzuknüppeln nicht den geringsten Anstand nahm. Dem fliehenden Jeschua hatte er seine Triremen nachgeschickt, glücklicherweise ohne Erfolg.

Deutlicher als je empfand Meleagros in dem jetzt verödeten Seegelände – verödet, da Jeschua und die Seinen nirgends mehr anzutreffen waren –, empfand schmerzlich, wie recht die Juden hatten, daß sie sich nicht nach Art der Hellenen in ihr Los fügen wollten, daß sie den Anspruch, nach Vätersitte und eigener Art zu leben, nicht um den Preis allfälliger literarischer Bewunderung aufzugeben bereit waren. Ein kleines Volk, zu energisch und zu gesund, um zu sterben, zu schwach, um zu leben – so hatte er häufig für sich diese in viele Strömungen zerteilte Masse gekennzeichnet. Doch in letzter Zeit war ihm immer deutlicher der Gedanke gekommen, daß hier vielleicht unbekannte Seelenkräfte am Werk waren, die einen überraschenden Ausweg oder sogar eine Vielzahl solcher Auswege aus dem unerträglichen Druck Roms möglich erscheinen ließen – wiewohl ihm selbst ein solcher Ausweg keineswegs sichtbar wurde.

Dies die Stimmen, die ihn bei seinen Spaziergängen längs des Seegestades am frühen frischen Morgen, bald nach Sonnenaufgang oder spätabends begleiteten, wenn die Tageshitze sich müde geblasen hatte. Zwischen rotblühenden Malven und den hochstämmigen silbernen Disteln des Galil schlug er sich durch ausgetrocknete Bachbetten durch, an das sanfte taubengraue Gewässer hinab. Wie bläuliche Riesenvögel lagen

Wolkenschatten auf den Bergen gegenüber, schwebten so langsam vorbei, daß sie manchmal wie an die Wiesenlehnen angeheftet erschienen und nur in großen Abständen ihr Weiterrücken sichtbar wurde. Diese Ruhe der Landschaft war für den Griechen Trost und Trauer in einem. Die Einförmigkeit der Bergkette drüben, deren Kamm oben keine Gipfel, sondern eine Hochfläche und ihren Rand, eine gerade und glatte Linie zeigte, diese bescheidene Gestalt war ihm längst vertraut geworden. Sein Blick umstrich immer wieder die wie Tatzen an den See unten vorgestreckten Falten dieser Abhänge — dann die einzige Unterbrechung der langgestreckten Wand: den Bergkegel, der wie ein Pferdekopf vorn auf der schmalen Uferebene lag. Hippos, Pferd, hieß denn auch die Stadt auf seinem Gipfel. Die grasigen Berge, mild, kuppig, sahen von ferne aus, als seien sie völlig aus weichem Stoff gebildet und nur durch Zufall, gerade heute so gestaltet, morgen würden sie wieder anders daliegen — leicht gehaucht boten sie sich im Nebel dar, als könne eine Kinderhand ihre Form verändern, und nur da, wo der Abhang steil war, enthüllten sie ihr felsiges Innere. Bei starker Morgenbeleuchtung hatten alle Farben etwas vom Nebel an sich, etwas Ungewisses, als blicke man durch Wasser hindurch. Manchmal brachen aus den Zugängen und Schluchten, die, bei erster Sicht verborgen, die Kette denn doch unterbrachen, unerwarteterweise Bündel von Lichtstrahlen zauberhaft hervor. Am Abend bekamen die braunen Felder einen Veilchenschimmer, neben ihnen standen die Felsflächen goldgelb. Am Horizont, dicht bei den fernen Schneeflächen des Chermón, hatte sich einmal eine riesige Wolkenmauer aufgetürmt, doppelt so hoch wie er, ähnlich beleuchtet, doch großflächiger. Die Wolke machte den Eindruck eines ungeheuren Vorhangs, der eben zur Seite gezogen wurde, bereit, die schöne Bergpracht wieder zu verhüllen. Doch es blieb still. Nichts störte die erhabene Ruhe einer urweltlichen Szene.

An anderen Abenden wurde es lustiger. Viele Wolkenhäupter erhoben sich still über der fernen Hochebene und ihren Gipfeln. Diese Wolken sahen wie Schauspieler hinter der

Bühne Athens aus, Choristen, die aus den Kulissen hervorgucken. Ehe sie auftreten, stecken sie neugierig ein wenig die Köpfe heraus, obwohl das eigentlich verboten ist.
Mit der Erinnerung an das fröhliche Athen kam dem Meleagros wieder einmal sein ›Kranz‹ in den Sinn, das in den Wolken schwebende Vaterland, der heilige Tempelbezirk, in dem das beste Gut hellenischen Geistes den gierigen Händen der Römer für alle Zeit entrückt sein sollte. Nicht ein einzelner Sänger, ein ganzer Chor, eine Gemeinschaft erhob ihre Stimme, um nach körperlichem Untergang einer alten Kultur die ganze Menschheit anzusprechen, ihr aus den Wolken eine große Hinterlassenschaft darzubieten. — Er sann nach, er verstand wohl, daß die Juden sich zu einem solchen über die Berggipfel hinschwebenden Chor nicht verflüchtigen lassen wollten, solange sie noch fest auf der Heimaterde standen.
Und dennoch: »Kommt alle zu mir, die ihr mühselig und beladen seid, ich will euch erquicken« — etwas von diesen Worten, die er neulich gehört hatte, fand Meleagros auch wie über seine Aufgabe hin segnend gesprochen. Er hatte die Anthologie zeitweilig ganz vergessen. Er wußte auch jetzt, daß sie mit dem Erlösungswerk, das sich hier vorbereitete, nicht eigentlich verglichen werden konnte. Aber hatte er seine Arbeit nicht doch allzusehr unterschätzt? Im ersten Ansturm der Welterrettungsgedanken hatten die neuartigen Aussprüche des Meisters ihn so überrannt, daß er das, was er selbst trieb oder treiben wollte, für gar nichts ansehen mochte. Ging er damit nicht zu weit? War solche Selbstentwertung der rechte Weg, den Odysseus zu steuern hatte?
Überblickte er dann freilich die Anrüchigkeit seiner dichterischen Betätigung, wie sie sich auf jenem Palastdach des ägyptischen Despoten, deutlicher noch im Riesenzelt bei der Ruderregatta von Canobus dargestellt hatte — ging er dann im Geiste nochmals die Worte des neuen Lehrers durch, die auf Bergesabhang im Frühlingswind so durchaus nicht in beschämender Privatheit, nicht für kleinste sachverständige Kreise gedacht und ausgeplaudert, sondern von vornherein kindlichtreu ins Weite, an alle Leidenden der ganzen Erde gerichtet

waren –, dann wiederholte sich allerdings sein Richtspruch gegen sich: ›Hohl und nichtig!‹ – Aber die leichtflüssige griechische Natur vertrug soviel Strenge nicht, strebte weiter, blieb nicht im erstarrenden Nein. »Mag ich verdammt sein, so will ich mich doch nicht selbst verdammen.« Solch Wüten gegen die eigene Brust hätte er unmännlich gefunden. Es konnte nicht so ganz wertlos sein, was ihn einst in dichterischem Sammelfleiß beseelt hatte. Er behielt sich vor, später einmal gerechter darüber zu urteilen.
Eines freilich würde immer fehlen, was ihm mit einem einzigen Blick rasch gesagt hätte, daß sein Leben einen Sinn hatte. Schoschana! Sie würde nicht mit dabeisein. Schoschana war nicht tot; und war ihm doch entfernter, als wenn sie im Grab gelegen wäre. Schoschana – er sprach den geliebten Namen leise vor sich hin, manchmal war ihm, als sei der ganze blaue Himmelsraum über den See hin bis zu den Bergen mit dem zitternden Duft dieses Namens erfüllt. Er stemmte seinen ganzen Willen in diese Vorstellung hinein, bis ihn der Kopf schmerzte. Dann staunte er, müde, daß sich die vibrierende Essenz, die er eben noch gespürt hatte, nicht irgendwo, an einem der funkelnden Punkte in den Wellen draußen verdichten wollte.

Metilius überreichte ihm einen Brief, den ein Amtsbote aus Jerusalem gebracht hatte, zusammen mit andern Schriftstücken für die Behörde. Es war ein Brief aus Alexandria. Jason schrieb. Erst als er die gesiegelte Rolle in der Hand hielt, machte Meleagros sich klar, daß er recht oft Briefe an Jason gerichtet, aber erst einen einzigen empfangen hatte. Dieser war der zweite. Im Grunde genommen hatte er eigentlich auch den nicht mehr erwartet. Den Herzensfreund in seiner mißgönnigen, alles verneinenden Spottlust, in seiner gelenkiggeübten, vom Zarten bis zum Rohen streifenden Verzweiflung – wie hätte man sich den beim Briefeschreiben, beim Herzausschütten vorstellen sollen!
Die Zeilen, die er nun rasch zu lesen begann, waren denn auch seltsam genug. Übrigens stellten sie nicht etwa die Ant-

wort auf den letzten Brief dar, den er neulich weggeschickt hatte – sie hatten sich mit ihm gekreuzt, zu einer Antwort wäre die Zeit bei weitem nicht ausreichend gewesen. Hätte ich diesen Brief früher bekommen – überlegte Meleagros, nachdem er kaum die ersten Sätze überflogen hatte –, dann hätte ich meinen Bericht über die reinen Worte des Meisters gar nicht abgeschickt.

Doch dies war erst der Anfang. Im Weiterlesen stieß der gute Junge auf Ungeheuerlichkeiten, die er selbst dem ausgepichtesten Lästerer nicht zugetraut hätte. Er wußte zwar, daß in der ›Welthauptstadt‹ Alexandria vieles gedieh, was hart ans Unmögliche stieß; die Heliodoren und Bathyllen hatte er nicht vergessen. Dies aber, was Jason berichtete, war Ärgeres, als er geahnt hatte. Offenbar hatten die üblen Dinge sich seither rüstig weiterentwickelt, da gab es kein Einhalten mehr. Schlünde von Ruchlosigkeit und Wahnsinn sperrten ihre Tiefen auf und dampften. Die Hand, die bebend den Brief hielt, fühlte sich wie von Gestank beschmutzt. In die geheimnisvoll lieblichen Lüfte des Kineretsees paßte dieser Mißklang so wenig, daß sich um den Lesenden ein Riß im Raum, ein wirbelnder Windgürtel zu bilden schien, in den das abscheuliche Toben eingesperrt blieb, aus dem es nicht hervordringen sollte. Diese beiden Welten durften nicht vermischt werden – so gebot ein heiliges Gesetz.

Der Brief begann mit einem parodistischen Hinweis auf Epikur, der, wie Jason offenbar annahm, immer noch die Oberherrschaft in des Freundes Denken führte. Nach den üblichen Grußworten kam das Zitat eines berühmten Epikurschreibens, seines letzten.

»Einen glückseligen und gleichzeitig den letzten Tag meines Lebens verbringend, schreibe ich dir. Die Harn- und Ruhrbeschwerden haben einen solchen Grad erreicht, daß sie nicht mehr heftiger werden können. All dem aber steht gegenüber die Freude meines Herzens in der Erinnerung an die von uns geführten Gespräche. –

Soweit dein Lehrer Epikuros, mein Meleagros, der sich nun einmal in seinen alten Schafskopf gesetzt hatte, unter allen

Umständen ›glückselig‹ zu sein. Mag es ihm nun geglückt sein oder nicht – das kann ich nicht beurteilen, wünsche es aber dem eigensinnigen Herrn von Herzen –: jedenfalls kann ich mich in seine Lage hineindenken. Harn- und Ruhrbeschwerden sind zwar nicht die Leiden, mit denen ich aufwarten kann. Ich leide an der Glatze, wie du weißt – sie ist wirklich ein Stückchen größer geworden, um den oberen Kopfwirbel herum –, und außerdem leide ich an meinem Samen, wovon du in diesem Brief, wenn ich die Geduld aufbringe, dir alles zu erzählen, noch einiges Erbauliche hören sollst. Dagegen kann auch ich, wie jener große Weise, mich mit der Erinnerung an die von uns geführten Gespräche tröstlich ausweisen, wenn es auch meist bösartige Streitereien waren, die es zwischen uns gegeben hat. In einiger Enfernung nennt man eben so etwas, mit Neid, Verachtung und den andern dazugehörigen Mißgefühlen verbunden – Freundschaft.

Ich beginne mit dem Wichtigsten oder vielmehr, wie bekannt, Zweitwichtigsten: mit meiner werdenden Glatze. Man soll solch eine kleine Verunstaltung nie allzusehr beschimpfen. Man weiß nie, wozu sie gut ist, wohin sie einen noch führen mag. Mich hat sie, wie ich dir ja noch in deiner alexandrinischen Zeit erzählt habe, zu den Isispriestern geführt. An ihr prachtvolles Rezept mit dem Salamander erinnerst du dich wohl noch? Leider hilft es nur zum Haarausfall, nicht zum Wachsen der Haare. – Mit diesem mehr humoristischen Tränklein begann es. Dann aber wurde ich mit anderem Gesöff bekannt gemacht, mit Zaubertränken und noch vielem Ähnlichen. Ich wohnte Geisterbeschwörungen bei, lernte, wie man sich unsichtbar macht, wie man durch Einreiben mit einer Salbe an einen fernen Ort gelangt, dessen Namen man bloß auszusprechen braucht, ich half Liebeselixiere bereiten, zitierte Gespenster und erfuhr das Nötigste über Traumdeuterei sowie über schwarze und weiße Magie anderer Zweige. Die chaldäischen Ziffern verstand ich bald wie nur irgendwer, der die Zukunft voraussagt; erfuhr, welche Wurzeln man bei Vollmond graben und welche Kräuter man beim Aufgang des Sirius pflücken muß, um ihrer vollen Kraft habhaft zu werden.

Einmal wurde mir der Gott Harpokrates gezeigt, der Sohn des Osiris und der Isis, wie er auf einer ägyptischen Bohne sitzt und Strahlen aussendet, während er die rechte Hand grüßend ausstreckt, mit der linken aber ein Fell hält, von zwei Engelchen flankiert – wie die Priester diese zierliche Miniatur-Lichterscheinung zustande gebracht haben, ist mir bis heute nicht klargeworden. Die winzige Gestalt schwebte entzückend beweglich in der freien Luft, hell leuchtend inmitten der dunklen Tempelzelle. – Und das war nur eine der vielen Überraschungen, die man mir bereitete. Ich wurde, das muß ich schon sagen, mannigfach belehrt – sie haben ein sehr großes und lächerliches Wort dafür: ich wurde ›in ihre Mysterien eingeweiht‹. Man muß unter Anwendung schreckenerregender Formeln schwören, daß man von diesen Geheimnissen nichts an einen Außenstehenden verraten wird. Während ich dies niederschreibe, verstehe ich erst, was Epikur meint, wenn er Gespräche mit einem Freund für etwas so Köstliches hält, was inmitten unserer trüben Erdentage immerhin eine kleine Erholung bereitet. Er meint natürlich solche Gespräche, bei denen man einem Freund etwas ausplaudert, was einem verboten worden ist – wie ich es jetzt dir gegenüber tue. Und ich muß nun zugeben: das ist wirklich ein hervorragendes Vergnügen, wie man es leider nur selten zu genießen bekommt. Man sollte es sich häufiger gönnen und schon aus diesem Grunde die okkulten Machenschaften kennenlernen.
Doch kommen wir zur Sache selbst.
Ich war stets unzufrieden mit mir: dieses eine wirst du mir zugestehen können, mein Freund. Nur die schmutzigen Juden sind immer mit sich selbst zufrieden. Dazu nun habe ich kein Talent. Und obwohl ich in allem und jedem ein ganz gewöhnlicher, unbedeutender Mensch bin, an dem man gar nichts Besonderes, nichts Charakteristisches bemerken kann: durch eine besondere Unzufriedenheit mit mir selbst glaube ich mich doch von den meisten meiner Mitmenschen zu unterscheiden. Wahrscheinlich habe ich auch allen Grund dazu, in diesem Punkt unzufriedener zu sein als die andern. Jeden-

falls ist es mit mir so weit gekommen, daß ich Zufriedenheit als den Inbegriff aller Verworfenheit ansehe. Zufriedenheit mit sich selbst, Zufriedenheit mit der Welt – beides, nebenbei bemerkt, ungefähr die gleiche Sache, nur unter zwei verschiedenen Namen –, das erscheint in meinen Augen als etwas so Unnatürliches, zugleich etwas so Unmoralisches (wenn man sich alle Fehler des flüchtigen Lebens, alle Grausamkeit, die geschieht, vor Augen hält), daß ich speien möchte, wenn mir so was wie ein zufriedener Mensch vor Augen kommt. Nun sollte ich also logischerweise mit mir selbst zufrieden sein, vor mir selbst nicht ausspeien; denn ich bin ja höchst unzufrieden. Aber hier versagt die Logik. Ich bin eben offenbar von den Säften her mit allem unzufrieden, nicht vom Kopf aus.

Mit all dem sage ich dir freilich nichts Neues, du kennst mich ja. Das Neue, das ich dir berichten will, liegt in der Tatsache, daß ich unter den Isispriestern, vielmehr in einem besondern Kollegium, das nach außen hin isispriesterhaft auftritt, Menschen gefunden habe, die diese Krankheit mit mir teilen, ja die vielleicht fast noch unzufriedener sind als ich. Mit mir gemeinsam sehnen sie jedenfalls das Ende der irdischen Welt und ihrer Unreinlichkeiten glühend heran. Eine Sekte, wenn du es so nennen willst, eine geheime Brüderschaft, eine Hetairie. Äußerlich machen sie dasselbe, was die Isispriester tun. Sie scheren sich die Haare ab, was Trauer bedeuten soll – in dieser Hinsicht bin ich ihnen also mit meiner Glatze ein Schrittchen voraus; ferner tragen sie nur leinene Kleider, weil die Flachsblüte mit ihrer blauen Farbe dem Himmelsgewölbe ähnlich ist. Am Portal ihres Tempels ist ein Kind, ein Greis, dann ein Habicht, ein Fisch und ein Nilpferd eingehauen. Das besagt: ›Oh, die ihr geboren werdet und wieder sterbet! Gott hasset die Unverschämtheit.‹ Das Kind nämlich bedeutet Geburt, der Greis Tod, mit dem Habicht wird die Gottheit dargestellt, der Fisch weist auf Haß hin, weil man bei ihm an das Meer denkt, in dem der heilige Nil sich verliert und stirbt, so wie Osiris von seinem Bruder und Feind Typhon zerstückelt worden ist. Endlich ist mit dem

Flußpferd die Unverschämtheit symbolisiert, weil das Flußpferd der Sage nach seinen Vater tötet und mit Gewalt seine Mutter beschläft. – Soweit also wäre nichts Besonderes an dieser Abart von Isisanbetern. Das Besondere sollst du aber gleich zu wissen bekommen. Vorläufig sei dir kund, daß die Brüderschaft Geheimzeichen besitzt, mit denen einer den andern aus tausend Fremden zu erkennen vermag. Wenn sie einander nämlich zum Gruß die Hand reichen, dann kitzeln sie einander auf eine ganz bestimmte Art an der untern Handfläche. Sofort wissen sie: Aha, das ist einer, der in unserer Geheimlehre Bescheid weiß. – Es gibt auch einige, die ihren Schülern an der hintern Seite des rechten Ohrläppchens ein Brandmal beibringen. Aber wer schaut schon einem neuen Bekannten sofort hinters Ohrläppchen? Da lobe ich mir das mit der Handfläche.
Ihre Lehre nun ist sehr verwickelt, teilt sich auch in einige entgegengesetzte Meinungen; ich will dir daher nur das Merkwürdigste mitteilen, vor allem das, was ich selbst miterlebt habe. – Wenn man das Vertrauen der Eingeweihten erworben hat, so erfährt man als erstes: daß der Mensch und die ganze Welt dasselbe sind. Der Mensch ist der Kosmos im kleinen, der Kosmos ist die Vergrößerung des Menschen, seine Projektion, der Schatten, den er ins Unendliche wirft. Einerlei Gesetz macht sich in beiden kund, im Anthropos wie im Kosmos, sie sind treuliche Spiegelbilder. Beide waren ursprünglich ungeschaffen, so daß man mit gleichem Rechte von ihnen hätte sagen können, ›sie sind‹ oder auch ›sie sind nicht‹. Sie waren jenseits von Sein und Nichtsein, über alle Gegensätze erhaben, in einer Sphäre absoluter Glückseligkeit, die man daher auch die ›Fülle‹ oder das ›Pleroma‹ nennt. Beide waren mannweiblich, das heißt: nicht nach Geschlechtern geschieden. Durch ein erstes und unbegreifliches Mysterium, einen Akt Gottes, teilte sich nun aber der Kosmos und ebenso der Mensch in zwei Prinzipien – in das männliche Prinzip, den Geist, der manchmal auch Pneuma, manchmal wieder Vernunft, Wort, Logos genannt wird (die Bezeichnungen schwanken, aber man versteht einander – oder mißversteht

einander auch, je nach Laune). Das zweite der beiden Prinzipien, von denen ich oben gesprochen habe, ist das weibliche Element oder das Chaos, die ungegliederte Materie. Aus der Gottheit oder aus dem reinen Geist geht nun ein Same hervor; das Allbelebende der Welt ist ja das Sperma Gottes, Gottes unerschöpfliche Zeugungskraft, das von Gott ausgehende schöpferische Leben. Der oberste Gott Osiris ist zwar von Typhon in einem Kasten erstickt und später zerstückelt worden, aber seine Schwester und ewige Geliebte Isis, mit der er sich bereits im Mutterleibe gepaart hat, hat die einzelnen Stücke eingesammelt. Wohl hat Typhon veranlaßt, daß feindliche Fische gerade das Zeugungsglied des Osiris aufgefressen haben. Aber Osiris ist in voller Pracht aus der Unterwelt auferstanden und hat sogar als Toter mit Isis einen Sohn, den erwähnten Harpokrates gezeugt, den ich, wie schon erzählt, mit eigenen Augen als Strahlenreiter gesehen habe. Gottes Zeugungskraft ist eben über alle Hindernisse siegreich. Aus dem Mythischen ins Philosophische übersetzt: Der Vater Geist läßt einen Samentropfen fallen, einen einzigen, durch diesen wird das Chaos fruchtbar, und es entsteht etwas Drittes, das zwischen Geist und Materie seinen Platz hat: die Seele – das, wodurch Wachstum sich ergibt, die lebendige Welt der Gefühle, Neigungen, Willensstrebungen. Die Seele stammt von oben, vom Pneuma, vom Geist her, der rein und vollkommen ist – aber nur durch sie können Geist und Materie sich zu einer Einheit verbinden. Sie behält etwas von ihrer pneumatischen Natur, schmiegt sich aber tief in die Materie ein. Dadurch daß sie sich in unserem irdischen Menschenleib mit dem toten Stoff, der aller Ordnung und Weisheit widerstrebt, in eine Vereinigung einläßt, hat sie sich herabgewürdigt und gleichsam freiwillig in eine Schale, ein Gefängnis begeben. Sie leidet nun. Und mit ihr leidet der väterliche Geist oben, leidet der ganze Kosmos, leidet der Mensch. Auf diese Art ist das Leiden in die Welt gekommen.

Brummt dir schon der Kopf von meinen neuen Erkenntnissen, die ich den Priestern und ihrem Thiasos, der Opfergemeinschaft, verdanke? Das ist aber erst der Anfang, und auch den teile ich dir auf eine allzu roh vereinfachte Weise mit. Aber ich möchte schon zu amüsanteren Themen übergehen. Höre also! Die Seele, die zu Fall gekommen ist, strebt nach oben. Sie will die Vermischung mit der Materie rückgängig machen. Sie will wieder glücklich bei ihrem Vater, dem Geist, ja noch höher oben im Ungewordenen, Unerschaffenen, im Pleroma sein. Dem stehen aber verschiedene Hindernisse im Wege, über die du gleich mehr erfahren sollst. Zunächst wisse, daß dieser Fall der Seele, ihre schmutzige Mischung mit Materie und Chaos, wie ihr späteres Zurückstreben zur Himmelshöhe den Kreislauf der Weltgeschichte ausmacht. Dies und nichts anderes ist der Ablauf des ganzen unheilvollen, aber letztlich doch hoffnungsreichen Zeitdramas, das wir erleiden. Unsere Hoffnung ist, daß das ganze irdische Leben vernichtet wird und daß wir, ins Unerschaffene aufsteigend, an unseren glücklichen Ursprung vor allem Gewordensein zurückkehren werden. Daher ist die Schlange, die sich in den Schwanz beißt, das heilige Symbol – es bedeutet diesen Kreislauf des Lebens, diese Rückkehr. Und die Schlange, der Ophis, steht denn auch bei den Teilnehmern unserer Weihen in höchstem Ansehen – woraus, wie dir noch gezeigt werden wird, höchst sonderbare Folgerungen gezogen werden. Denn dieser Verehrung gibt man die verschiedensten Begründungen. Einen Teil des Mysteriums aber hat man bereits früher bei den Mysterien in Hellas erfahren, in Eleusis, wenn dem Epopten oder ›Kandidaten der Weihen‹ im Höhepunkt des Rituals die heiligen Worte ins Ohr geraunt wurden, die so viel Schauder erweckt haben und niemandem, der nicht zugelassen war, weitergegeben werden durften, die Worte: ›Hye, kye‹ – das heißt: ›Regne, empfange‹. Es war jener Samentropfen gemeint, den der Geist als Anfang alles Lebens zur Erde fallen läßt. Freilich wurde damals das Ganze mißverstanden; man nahm ja diese das Leben begründende und in dauerndem Schwung der Generationen erhaltene Formel als etwas Gutes, Freudiges, als eine Art Aufforderung entgegen. Den ägyptischen Priestern blieb es vorbehalten, den Jammer in dieser vorläufig nicht aufhörenden Kette der Zeugungen zu entdecken und ein Ende, das Aufhören des Lebens innerhalb des Kerkers der Materie anzustreben. Ihnen erst verdanken wir den zweiten, weitaus wichtigeren Teil des Geheimnisses, die Sorge um den Abbruch statt um den Aufbau der sichtbaren Welt.

Wenn du nun das Folgende verstehen willst, was auch noch zu den Voraussetzungen meiner schließlich so unterhaltsamen Abenteuer gehört, so wird dir ein wenig Astronomie nicht schaden. Aus der Fülle ihrer Beobachtungen haben mir die Priester mitgeteilt, daß die Menschen und die noch tiefer als der Mensch stehenden Wesenheiten, Tiere, Pflanzen und Steine, in der Welt der Materie leben, über der sich der Luftraum erhebt, der bis zum Monde reicht. Hier in der Luft unterhalb des Mondes ist der Ort der niederen Geister. Über dem Monde beginnt das Reich des Äthers oder des himmlischen Feuers, in dem sich in Gestalt von Sonne und Sternen die Planetengeister bewegen. Über den wandelnden Sternen wölbt sich der feste Fixsternhimmel oder die achte Sphäre, alles Tiefere umschließend, und erst hinter oder über dieser Kugel im außerhimmlischen Raum wohnen die Ideen, die sinnlich nicht mehr wahrnehmbar sind. Hoch über den Ideen aber thront der oberste, unerforschliche und uns völlig unbekannte Gott, den man auch Zeus, ›Geist‹, ›Pneuma‹ oder ›Osiris‹ und noch auf viele andere Arten benennt, ohne aber durch diese Namen etwas von seiner wirklichen Wesenheit ausdrücken zu können. Nur daß er der ›gute Gott‹ ist, das wissen wir, da wir eine Erinnerung an unsern Ursprung bewahrt haben. Im übrigen ist der Weg von uns materiellen Geschöpfen bis dahin, bis zu Gott empor, viel zu weit. Näher steht uns der Gott, der den Fixsternhimmel, die achte Region, und alles beherrscht, was sich unterhalb dieser Region befindet. Es hat nämlich jeder der acht Himmel einen Archon oder Herrscher. Und der höchste dieser Archonten ist der Gott der achten Sphäre mit all den Heeren seiner Engel, Geister, Dämonen und Mithelfer. Dieser achte Archon ist so mächtig, daß er sich für den obersten Weltgeist hält. Er hat auch tatsächlich alle unter ihm liegende Sphären, auch uns Menschen und unsere sichtbare Welt geschaffen. Da er sich aber für das Höchste und Gewaltigste aller Wesen hält, für den Weltschöpfer oder Kosmokrator, der er ja in einem gewissen Sinn wirklich ist – denn unsere entsetzliche, sündhafte, unglückliche, fleischliche, von allen bösen Trieben beherrschte Welt ist ja sein Werk –, da er von nichts weiß, was über ihm steht, und da er alles unter ihm Liegende knechtet, stellt er sich der Seele in den Weg, die zu ihrem Ursprung, dem reinen Geist oder dem wahrhaft lebendigen Äon, aufsteigen will. Wie hilft man nun der Seele bei ihrem Aufstieg? Das ist die Hauptfrage. Wie bewirkt man es, daß die Seele zur Erlösung und Ruhe gelangt, daß sie sich der Herrschaft des bösen Archonten entzieht, der der Fürst dieser unserer Welt ist und manchmal auch Teufel, Satanas genannt wird, und daß sie aufsteigend endlich wieder bei ihrem überhimmlischen Vater einkehrt? Hier stehen wir an der Schwelle des Geheimnisses aller Geheimnisse, des Geheimnisses der Erlösung, das mit dem Geheimnis der Weltentstehung eng zusammenhängt und eigentlich nur seine Umkehrung ist. Als die Welt entstand, gewann der böse Gott die Herrschaft über alles Geschaffene. Wohl ist der böse Geist selbst ein Geschöpf des obersten, des guten Gottes, aber er hat Gott vergessen oder ist bewußt von Gott abgefallen, er maßt sich heute jedenfalls eine selbständige Gewalt an, statt dem höchsten Gott zu dienen. So hat denn recht eigentlich der gute Gott einen bösen, nämlich sich für selbständig haltenden Gott erschaffen; der böse Gott aber hat sodann eine böse Welt aus sich hervor emaniert. Die böse Welt strebt nun zum guten Gott zurück – wie die Schlange, die ihr Ende im Maul hält. Aus all dem Erbarmungslosen, das wir erleben, wird uns klar: Nur ein böser Gott kann als Urheber unserer Welt gelten. Der gute Gott wird diese Welt vernichten, die der böse erschaffen hat. Das wird das erwünschte Ende sein. In der Auflösung liegt die Erlösung. – Der böse Archon nun und die unter ihm stehenden niederen Archonten hätten gar keine Macht, wenn sie nicht Teile des Pneumas, des allbelebenden

Stoffes, in sich trügen, Teile, die ihnen von der Weltentstehung her — damals als Gottes Samentropfen ins Chaos niederfiel — immer noch einhaftend geblieben sind, und andere Teile dazu, die sie durch allerlei magische Praktiken aus dem oberen Lichtreich, dem Pleroma, gestohlen haben. Im Menschen lebt diese göttliche Kraft als Same, auch als Blut, als die Milch der Frauen, als aufbauender Saft in allen Poren des Leibes; vorzüglich aber durch die Zeugungskraft und den Samenstoff ist der Mensch mit dem Göttlichen verbunden. Aufgabe des Menschen muß es daher sein, seinen Samen der irdischen Bestimmung zu entziehen, da dieses Erdenschicksal ja immer nur aus Wiederholung und Verstärkung der gleichen Leiden bestehen kann. Mit andern Worten: der Mensch soll und muß den eingesammelten feurigen Samen dem göttlichen Ursprung zurückgeben.
Hierauf nun ist unser Thiasos, der Horst des Geheimkults, gegründet, den unsere Gegner manchmal schlechtweg und grob als Orgien bezeichnen — aber die Armen irren, sie verstehen nicht, worum es geht, sie sehen nur die Äußerlichkeiten; und die philosophische Absicht, die uns treibt, bleibt ihnen unbekannt. Äußerlich genommen ist es freilich wirklich so, daß uns alle Frauen, die zu uns Initiierten gehören, gemeinsam sind. Aber dazu treten gewisse Bedingungen, die ich dir darlegen werde und die gewaltige Erschwerungen darstellen — um aber die Wahrheit zu sagen: gerade diese philosophischen Erschwerungen sind es, die auf viele in der erfahrenen Weltstadt Alexandria eine besondere Kraft der Anlockung ausüben und den erschlafften Nerven eine neue, bisher ungeahnte Reizsüße zuführen. Wenn wir unsere üppigen, scharfgewürzten Festmahle beendet und viel schweren Wein getrunken haben, dann darf nämlich jeder Bruder jede Schwester auffordern, und keine wird sich weigern, auch wird nie ein Bruder der Schwester den gottgefälligen Dienst versagen. Aber nicht nur, daß kein Kind bei dieser Vereinigung entstehen darf — mehr noch, die Begattung muß sich in völliger Ruhe, ohne Leidenschaft, nur der Vernunft gemäß vollziehen, um dem Zweck der Erlösung förderlich zu sein.

Man darf nicht von Liebe brennen, man darf überhaupt keine bestimmte Frau lieben – und hier wird auch dein Epikuros als Eideshelfer angeführt, der geschrieben hat: ›Von den Begierden sind einige notwendig, andere zwar natürlich, aber nicht notwendig, sondern sie entstehen auf Grund eines leeren Wahns. So ist das Begehren nach Nahrung und Kleidung notwendig, das nach Liebesgenuß aber zwar natürlich, jedoch nicht notwendig. Doch die Gier nach ganz bestimmten Speisen oder nach einer bestimmten Kleidung oder nach Liebesgenuß mit einer bestimmten Frau ist weder durch die Natur noch durch die Notwendigkeit geboten.‹ Der Geschlechtsverkehr muß daher bei uns durchaus lieblos vor sich gehen, mit dem einzigen Zweck, durch Entzug des Spermas den bösen Archon dieser Welt und alle seine Trabanten möglichst zu schwächen. Da unsere Welt schlecht ist, darf der Mensch nicht mit seiner Liebe und Neigung an ihrer Entwicklung beteiligt sein. Er muß kalt wie Eis werden – andererseits ist es besser, daß die Zeugungskraft zur Wirkung kommt, als daß ein Mensch durch Enthaltsamkeit das Werk der allmählich sich vollziehenden Welterlösung aufhält. Denn wer nicht sündigt, aber Begierde nach Sünde fühlt, ist ein ärgerer Sünder als der, der seiner Begierde freien Lauf läßt. Diese Lehre wird eifrig gepredigt, und du würdest staunen, wenn du mit mir sähest, wie sie die Lebewelt Alexandriens, die vornehmsten Damen wie die reichsten Bummler, anzieht, die glauben, daß sie bereits alles genossen haben, was es gibt. Hier finden sie trotz allem etwas Neues. Würdige Matronen lassen sich im Dunkel der Mitternacht in den Isistempel führen; aber oft genug gibt es auch etwas Knuspriges, bei dem man schon ordentlich aufpassen muß, daß man vorgeschriebenermaßen keine Freude empfindet über diese Art, den Kosmos zu vernichten, und daß man nicht mehr tut als seine Pflicht – oder doch beiderseits danach strebt, sich diesen Anschein einer ernsten, heilsamen Beschäftigung zu geben. Nun merkst du schon etwas, nicht wahr? Und dennoch sage ich dir: unsere Logik steht felsenfest. Enthaltsamkeit ist Sünde, und Liebesleidenschaft ist Sünde – in der Mitte zwischen beiden, durch den leidenschaftslosen Genuß, der nur der Vollendung und gleichsam Aufbrauchung des Weltprozesses dient, führt der richtige Weg. Wollte man es mit Enthaltsamkeit versuchen, so würde man nur in um so heftigere Flammen geraten. Im Gegenteil, es gibt Lehrer unter uns, die behaupten, man müsse alle Schandtaten verüben, die sich einem anbieten, da man sich auf keine andere Art von den Archonten der verschiedenen Weltsphären frei machen könne, als indem man jedem seine Gebühr durch Handlungen entrichtet, die der Alltagsmensch lasterhaft nennt. Übrigens unterscheidet ja nur das menschliche Urteil zwischen Gut und Böse. Wer wagt zu behaupten, daß das menschliche Urteil unfehlbar ist? Alles müsse man vielmehr unternehmen, so wollen es diese Lehrer – denn die Seele wandert nach dem Tode schmerzlicherweise durch viele niedere Körper, auch durch Tiere und Pflanzen, wenn sie nicht alle ihre Fähigkeiten bereits im ersten Leben erprobt und verbraucht hat. Man soll also vor dem Tode alles Schlechte bis auf den letzten Rest aus sich herausbringen, alles, das Gute wie das Böse, zur Tätigkeit entfesselt haben; andernfalls muß die Seele, die ihre Freiheit noch nicht ausgekostet hat, noch einmal und vielleicht noch ein drittes und ein hundertstes Mal in einen sterblichen Körper eingehen und dem unglückseligsten aller Schicksale, der Wiedergeburt, verfallen. So lehren uns jene großen Eingeweihten, den Sündenstoff in uns völlig aufzubrauchen. Damit schwächen sie die Archonten, bringen den Kosmos zu Ende, wie wir es bei unsern Gastmählern durch Verbrauch der hier eingekerkerten göttlichen Feuerkraft tun – und dann beten wir: ›Wir ließen nicht Spiel mit uns treiben vom Archon der Lust, sondern sammelten die Verfehlung des Bruders.‹ Dies getan, ist die Stunde des Ophis gekommen, der großen Schlange, die in einem Behälter als heiliges Tier gehalten wird. In dem Stolz, daß wir unsere fleischliche Begierde besiegt und nur die fromme Aufgabe der Weltauflösung und Beendung unseres Äons betrieben haben – in einem Stolz also, den ich nicht mit durchaus gutem Gewissen teile, wie du dir wohl denken kannst, mein Freund –, ergreift uns das Bewußtsein, daß wir uns aus dem bloß fleischlichen Menschen in die Richtung zum Göttlichen hin einen Schritt emporentwickelt haben; und um uns nicht zu überheben, werfen wir uns vor der großen Schlange nieder, dem Sinnbild des weltumfassenden Okeanos und des Kreislaufs alles Werdens, das vom Einen zum All und vom All zurück zum Einen strebt. Nun wird der Behälter geöffnet, und die Schlange windet sich hervor, wir singen einen Hymnos. Die Schlange nähert sich. Sie bedeutet uns geschlechtliche Vereinigung zwischen der Gottheit und dem Menschen, zwischen dem Leidenslosen und dem, was dem Leiden unterworfen ist. Die Schlange besingen wir als den Jüngling Attis, als lebenschaffenden Segen, der von oben kommt, der die Sphären der Sterne, die Erde und die Unterwelt befruchtet, um dann doch den Irrtum des Zeugungsdrangs zu erkennen und fromm wieder nach oben zurückzustreben im ewigen Kreislauf der Äonen. Die große Mutter der Götter liebt diesen Attis wie unsere Aphrodite den Endymion, und ihr bringt er freiwillig durch Entmannung sein Zeugungsglied dar, das wir in der Schlange verkörpert sehen. Das große Tier ist kalt, wie wir es zu sein wünschen, und es ist in seiner Linienhaftigkeit wie die Grenze zwischen Sichtbarem und Unsichtbarem, wie der Horizont, wie der Übergang in den Tod, dem es auch mit seinem allverzehrenden Gift dient. Es ist rätselhaft still, mit keinem irdischen Wesen tauscht ja die Schlange einen Laut aus, mit Ausnahme ihres Zischens, das nur wie eine gesteigerte Lautlosigkeit klingt und das ihr ganzes rätselhaftes, unnahbares Wesen nochmals ausdrückt, als sage sie: ›Ich spreche nicht, und mit mir spricht man nicht.‹ Auch mit einem Stern vergleichen wir die Schlange, weil sie niemals alt wird und in ihren Bewegungen auch ohne besondere Gliedmaßen leicht und schnell läuft wie die Sterne in ihren Bahnen. So beten wir denn kniend die Schlange an, und jeder ist glücklich, dem es gelingt (sie ist ja durch Beschwörung zahm gemacht), sie auf den züngelnden Mund zu küssen ...«

Angewidert und entsetzt warf Meleagros den Brief weg, der

noch viele Absätze enthielt. Er las nicht weiter. Nach einer Pause des Erschöpftseins packte er die Rolle und zerfetzte sie. Die Gesunkenheit eines an sich außergewöhnlichen Menschen, wie dieser Jason es war, preßte ihm Tränen ab. Durch die kühl scherzenden Wendungen der Schrift hindurch spürte er tiefes Unglück. Doch zugleich fühlte er sich in seiner Art, der er keinen Ausdruck geben konnte, gröblich beleidigt durch den einstigen Freund. Wie durfte er es wagen, ihm in solcher Art zu schreiben. Er zog ihn damit gleichsam in seine Ausschweifungen mit hinein, besudelte ihn. Ein tumultuöser Ekel durchrann seinen Leib, den er mit einemmal ganz kalt werden fühlte, wie erstorben, wie durch Schlangengift gelähmt. – Endlich riß er sich aus seinem Zimmer auf, lief ans Seeufer, versuchte, etwas von der frischen Wasserluft in sich zu ziehen, sich durch langsames Atmen reinzuspülen.

»Verrückt, verrückt. Er ist verrückt geworden«, begann er, vor sich hinzumurmeln; ward aber bald dessen inne, daß er damit das eigentlich Frevlerische in der neuen Denk- und Fühlart Jasons allzu wohlwollend entschuldigte. Seine eigene Aufregung stieg wieder an. Er erinnerte sich, daß ihm in seiner Kindheit die vorsorgliche Mutter manchmal den weißen Wurzelstock einer Pflanze zum Riechen vorgehalten hatte, die Hellèborus hieß. Ähnlich wie Knoblauch, nur schärfer, stach diese Nieswurzel mit ihrer Ausdünstung in die Nase. Und die Mutter sagte, daß sie die bösen Träume vertreibe. Oh, wenn ihm doch jemand hätte melden wollen, wo man sich hier rasch diese Wunderwurzel verschaffen konnte. –

Einige Tage später unterhielt ihn wieder einmal Metilius, der hochgebildete Beamte, mit seiner Schwärmerei für Griechenland, und nicht etwa allein für griechische Kunst, nein auch für den griechischen Menschen, für die griechischen Städte, deren einige er in seiner Eigenschaft als Unterjocher (doch das sagte er nicht) genießerisch und nuanciert-beobachtend bewohnt hatte. Er hatte unvergeßliche Eindrücke gewonnen, die, wie er hervorhob, seine ganze geistige Entwicklung bestimmten. In feinsinniger Weise, mit weich tupfendem und verwischendem Pinsel malte er Landschaft und Volk, die Sonne, die ockerfarbigen Felsen, die Säulen der berühmten Tempel, das Theater mit seinen Aufschreien und dem stampfenden Chor unter dem freien Himmel, das herzliche und erregte Beisammensitzen der Menschen auf den steinernen Bänken. – »Nur hier ist Glück«, sagte der Römer seufzend, »hier hat man das Gefühl, einen alten Wald zu durchschreiten, aus dessen herabgefallenen, welken Blättern der Humus der Schönheit sich bildet. Hier wird man gedankenschwer und dankbar für all das, woran eine lange Reihe von Geschlechtern hochgemuter Menschenbrüder geformt hat.«– Abscheuliche Zärtlichkeit, dachte Meleagros. Er sah in diesem Augenblick seinen Bruder Aristobul vor sich, ans Kreuz genagelt von eben jenen wölfischen Römern, die den essenzhaltigen Saft des freiheitsberaubten Hellas in tiefenhaft angeregten Gedankengängen durchschmeckten. Am liebsten wäre er dem Kujon an die Gurgel gefahren. Doch besann er sich – war er denn nicht sein Mitbeamter, im Gespann ebenderselben weltumfassenden Macht, welcher der Reiter neben ihm – mit besserem Gewissen – seine Kraft widmete, dieser schöne Jüngling mit der Adlernase, dem straffen, schwarzen, an der Stirn scharf geradgeschnittenen Haar, mit den broncebraunen, strengen Wangen?

Beide waren reitend längs des Ufers zu eben jenem Landsitz des reichen Eldad unterwegs, in dessen Bibliotheksschätzen sich auch die ›Schriftrolle der Siebzig‹, die berühmte ›Hebdomékonta‹, befinden sollte – jene Übersetzung der heiligen jüdischen Schriften ins Griechische, die, so hieß es, vor fast dreihundert Jahren in Alexandria auf zauberhafte Art zustande gekommen war. Zweiundsiebzig Übersetzer hatte der König Ptolomaios Philadelphos in zweiundsiebzig streng getrennten Zimmern zweiundsiebzig Tage lang beschäftigt – und obwohl die Greise miteinander keine Gemeinschaft gehabt, waren ihre Übersetzungen wörtlich genau gleich ausgefallen. Von den Juden Alexandrias fromm und legendarisch verehrt, war das vielberufene Buch der Mehrheit unter den Bewohnern Judäas ein Greuel, eine unerlaubte Götzendienerei, die man mit der Aufrichtung des goldenen Kalbes verglich, eine Entweihung des Heiligsten, das in der fremden Sprache nicht anders als entstellt werden konnte. Nur ein reicher und unabhängiger Mann wie Eldad, der überdies den Schutz der sadduzäischen Priesterschaft genoß – sie galt dem Volk ohnehin als abtrünnig, besaß aber die Macht –, nur er durfte sich erlauben, solch ein verfemtes Besitztum in den Mauern seines Landguts zu hegen. Man flüsterte davon. Und da er es wagte, sich von dem Schatz nicht zu trennen, erhöhte die ganze Sache sein Ansehen.

Nun hatte sein Haushalter mitgeteilt, daß der Herr für kurze Zeit zurückgekommen sei. Die Stelle in der Rolle des Propheten Jecheskel, die von ›Liebesliedern‹ und von den schlechten Hirten Israels handelte, hätte Meleagros gern im Griechischen nachgelesen – Schoschana hatte ihm von ihr erzählt, schon dieses teuren Andenkens wegen war er begierig, den Wortlaut kennenzulernen. Doch sein Geist war matt, in Trauer erstickt. Schoschana und er – welch ein Abstand! Nie mehr würde er sie wiedersehen. Auch fühlte er sich gar nicht würdig, mit ihr je wieder zusammenzutreffen. Seltsamerweise waren die abscheulichen Vorstellungen, die Jasons Brief in ihm erregt hatte, tiefer in ihn gefahren, als er wollte und als er anfangs gedacht hatte, waren gleichsam unter seine Haut eingedrungen. Er fragte sich, von Angst und Gewissensbissen gepackt, ob diese Vorstellungen wirklich von außen ihm zugekommen oder aus dem trüben Dunst seines Innern aufgestiegen seien – ob nicht vielleicht er selbst es war, der seine Seele mit all dem Häßlichen, Schändlichen heimsuchte, gegen das er sich verzweifelt wehrte. Er stellte sich ernstlich die Frage: Wem stehe ich näher, diesem grauenhaften Jason oder dem Mädchen, das mir einmal so vertraut und lieb war – am Ende ist mehr von Jason in mir als von ihr, von ihrem makellos klaren Gefühl?

Ein einziges Gutes hatte der alexandrinische Brief gebracht. Meleagros überdachte es, während der Römer einen Chor des Aischylos zitierte. Auf ihn hinzuhören, auf den gefühllosen Vers-Schmatzer inmitten einer zerstörten Welt von alten Heiligtümern – es wäre ihm ebenso überflüssig wie entwürdigend erschienen. Aber auf Schoschana hinhören – das war niemals überflüssig. Gerade durch den Gegensatz zum Wust und zu den wirren Absurditäten des Jasonschen Berichtes war ihm ihre Einfachheit, ihre Lieblichkeit, die holde leichte Freiheit ihres Herzens wie von einer unerwarteten Seite her neu dargereicht. Mehr noch, er glaubte mit einemmal die weltweite Bedeutung Israels, des kleinen Völkchens, zu verstehen, das seit Jahrtausenden inmitten afrikanischer, asiatischer und mittelmeerischer Greuel den harten, leuchtenden Kristall der einig-einzigen Gottesverehrung festhielt und sich ihn um keinen Preis aus den Händen winden ließ. Sittenreinheit – so hieß mit einem seiner vielen Namen dieser Kristall. Der Gott Israels war nicht Mann, nicht Weib, auch mannweiblich war er nicht, war überhaupt nicht wie die Götter aller andern Völker – er hatte keinen Anteil an irgendwelcher Trübung der Geschöpfe, daher auch nicht am Geschlecht. Der Zorn der Propheten gegen die ›fremden Götter‹ wurde hier dem Griechen als Zorn gegen alle Art von Unreinheiten des Lagers deutlich, gegen die ›Brunst unter den Terebinthen‹, gegen die Tempelhuren, gegen all die regellose Triebwelt, die immer wieder von den Nachbarn her wider Israel andrang oder auch mitten in Israel aufsproßte und die so leicht in Gewalttat, Ungerechtigkeit, Unersättlichkeit, in Rausch und Machtgier, in Kinderschlachtung, in Wahnsinn umschlug. Ein nüchternes kaltes ›Nein‹ diesem gesamten geilen Unwesen der Baale zu drohen – große Sendung und ein schweres Wort! In der geschlechtlichen Reinheit erprobt sich das Gold der Religionen – plötzlich wußte er das, verstand es bis in die Tiefe, bis ins privateste Erleben, bis zu den bescheiden ausweichenden Worten hinab, die ihm Schoschana einmal gesagt hatte und deren Sinn ihm erst jetzt aufging. Damals, als er sie gebeten, das Holzscheit aus der Flamme zu ziehen, sie dagegen ihm geraten hatte, unmittelbar mit Jeschua zu reden, damals hatte sie leise geklagt: »Ach, Meleagros, überschätze die Frauen nicht. Wir sind arme Geschöpfe. Ganz anderes gilt es zu tun, als uns zu beachten.« Immer waren ihm diese Worte im Ohr geklungen; jetzt erst schienen sie sich zu öffnen, wie eine Rose, die erblüht. Sie waren unrichtig, diese Worte, gewiß, das war ihm ganz klar, jetzt wie damals. Aber wie schon einmal, bei Betrachtung der Worte des Meisters, erahnte er, daß man in gewissen Fällen das Richtige vielleicht gar nicht anders aussagen kann, als indem man es übertreibt und damit bis mitten in das Richtige vorstößt.

Sie waren am Tor des Landguts angelangt. Seltsamer Ritt, sann Meleagros, als er vom Pferd abstieg, das ein Knabe davonführte – seltsamer Ritt, so allein bin ich schon lange nicht gewesen, obwohl in diesen letzten Wochen immer allein.
Sie wurden von zwei Dienern ins Peristyl der Villa geleitet, in dem Eldad, der Hausherr, wartete. In dem rechteckigen Wasserbassin spiegelte sich der blaue Himmel, der durch die breite Öffnung im Gebälk hereinschaute. Das Bassin war von schattigen Säulenhallen umgeben, gelbgeäderte und rosige Marmorplatten deckten den Boden, Marmor aus Jerusalem. Eldad erhob sich von seinem mit grünen Teppichen bedeckten Ruhelager, kam den Gästen entgegen. Ein anderer Gast blieb in halbsitzender Stellung, reckte nur den Kopf. Dienerschaft brachte auf kleinen Tischchen silberne Schalen mit Melonen, Datteln aus Jericho, Kuchen, Fruchtsäften.
»Dies ist Josef ben Kaiafa«, stellte Bar Eldad vor, »der Hohepriester, der mich beehrt und einige Tage bei mir verweilt. Ich habe ihn aus Jerusalem mitgebracht.« Dann nannte er die Namen der beiden Regierungsbeamten.
Unwillkürlich hatte sich Meleagros den Hohenpriester immer im Ornat, mit der weißen breiten doppeltgebauschten Haube, dem goldenen Brustschild und den zwölf großen Edelsteinen vorgestellt, von denen jeder einen Stamm Israels symbolisierte. Dabei wußte er ja, daß diese Amtstracht von den Römern in der Festung Antonia versperrt gehalten und dem Priester nur zu den hohen Festtagen ausgefolgt, nachher aber wieder unter Siegel gelegt wurde – eine der vielen überflüssigen Kränkungen, mit denen die Machthaber das Volk zu reizen für gut befanden. – All das war dem Griechen bekannt, er fühlte

sich aber doch etwas befremdet, den geweihten Mann im alltäglichen weißen Wollchiton vor sich zu sehen, in einer Tracht, die sich von seiner eigenen nur durch die blauen Borten des Ephod, eines leichten Überhangs, unterschied. Eine seidene Zipfelmütze von schwärzlich-roter Farbe umhüllte das Haar. Ben Kaiafa war klein und dick, nicht mehr jung, der Kopf stak tief zwischen den Schultern; das Auffallendste in diesem energischen gelblichen Gesicht war der breite Mund mit riesigen Lippen, dem auch noch ein mächtiger Überbau zwischen Oberlippe und Nase etwas Tierhaftes gab. Ein häßliches und energisches Tier, das sah man sofort, dabei klug und zumindest im Augenblick bestrebt, sich möglichst liebenswürdig zu erweisen. Mit der Sicherheit des Mannes, der seine Würde seit langem bekleidet, begrüßte er die Römer (denn auch Meleagros galt hier als Römer). Während sonst die Hohenpriester rasch, fast jährlich von den Prokuratoren ein- und abgesetzt wurden — die üblichen hohen Bestechungsgelder waren diesem raschen Wechsel förderlich —, hielt sich Ben Kaiafa schon über zwölf Jahre im Amt; ein Zeichen seiner mehr als durchschnittlichen Gewandtheit.

Metilius vermittelte die Wünsche des Meleagros. Eldad war überglücklich, dienen zu können. Der Pädagog seines Söhnchens (das griechische Wort machte ihm sichtliche Freude, er wälzte es langsam über seine Zunge hin), der Pädagog verwaltete die Sammlung der Schriftrollen. Er wollte sofort klingeln. — »Es eilt nicht«, begütigte der Grieche, dem solche Hast gegen den Strich ging. Auch fesselte ihn das Gespräch, das der Hohepriester mit Metilius begann. Es zeigte sich, daß der heilige Herr durchaus nicht nur eines Freundschaftsbesuches wegen zu Eldad gekommen war. Es ging, wie sich rasch herausstellte, um eine ganz bestimmte Sache: um Jeschua, um die ›Volksverhetzung‹, wie er es nannte. Der Jerusalemer Hohepriester wußte, daß zwischen Eldad, als dem reichsten Gutsherrn der Seeprovinz, und der römischen Lokalbehörde, also Metilius, gute Beziehungen bestanden. Nun sollte auf Metilius eingewirkt werden: Verhindre solche Aufläufe, wie sie sich kürzlich am See abgespielt haben — vor allem

aber riegle die Landschaft ab, damit die Unruhen nicht nach Jerusalem schlagen. Genug, daß die Nachrichten über diese Unruhen ihren Weg in die Hauptstadt finden; schon sie erzeugen Gärung genug. Fiele es aber Jeschua selbst einmal ein, mit seinem galiläischen Massenanhang nach Jerusalem hinaufzuziehen, so könne das unabsehbare Folgen haben. Es sei geradezu eine Empörung gegen den Kaiser.
»Auch ich halte den Mann nicht etwa für einen harmlosen Schwärmer«, präzisierte der Marktpfleger.
»Harmlos?« Dem Priester blieben die mächtigen Kiefer offen, mahlten Luft. »Er ist Gift für die Obrigkeit. Am See hier mag es noch hingehen, wenn er die Menschen verführt, von nützlicher Arbeit abhält und bevorstehenden Umsturz verheißt. Hier auf dem Land klingt so etwas verhältnismäßig ungefährlich. In Jerusalem aber würde sofort Aufruhr ausbrechen, man wartet ja dort gleichsam täglich auf das Ende der Welt, das heißt mit andern Worten: auf das Ende der Römerherrschaft, auf den Messias, den König der Juden, der die Ordnung umstößt und ein neues Königreich bringt.«
»Das Königreich des Himmels«, warf Meleagros höflich ein.
Ben Kaiafa hielt ihn sofort für einen Polizeispitzel und war davon angenehm berührt; oder er tat doch so. Eine Kopfneigung bei ausgestrecktem Arm drückte schrankenlose Bewunderung aus. »Ich sehe, der Gastfreund hat von den wirren Begriffen des Volkes vollkommene Kenntnis genommen.«
»Dann weiß er gewiß auch«, fuhr ihm der Hausherr ebenso schmeichlerisch, doch zugleich ängstlich beflissen in die Rede, »daß die Partei der Sadduzäer, der der große Priester wie auch ich angehören, derartige Umtriebe bekämpft. Wir sind für Ordnung, für nichts anderes als Ordnung nach dem Gesetz der Cäsaren. Alle Neuerungen kommen aus dem pharisäischen Lager. So auch diese Gaukler und Volksprediger, die immer wieder auftauchen und hetzen. Ginge es nach mir: wie einer den Mund auftut und vom ›Ende der Zeiten‹ spricht, schon würde ich ihn hängen lassen.«
Der Priester legte sich behaglich zurück. »Nicht so wild, mein Freund. Du vergißt, daß uns die Gerichtsbarkeit über Leben

und Tod genommen ist. Sie liegt, wie es sich ziemt, in der Hand unserer römischen Gebieter. – Doch warum nicht maßvollere Mittel anwenden? Den Weg nach Jerusalem sperren: das ist es, worum ich die Behörde bitte. Es genügt. Und zu dieser Bitte glaube ich berechtigt zu sein. Denn wer ist der römischen Statthalterschaft verantwortlich, wenn es zum Aufruhr käme? An wen würde sie sich halten, wen zur Rechenschaft ziehen? Natürlich das Synedrion. Es wäre daher nur recht und billig, verehrter Metilius, daß man dieser Körperschaft, die ich zu vertreten die Ehre habe, und ihren wohlgemeinten Ratschlägen rechtzeitig ein Ohr leiht. Mehr als raten können wir nicht. Die Machtmittel, unsere Ansichten durchzusetzen, hat man uns konfisziert – ich muß sagen, zum Glück.« Im zähen Schleim seiner Schmeicheleien blieb er beinahe stecken. Einen Augenblick sah es aus, als ob er nicht ein, nicht aus wüßte; doch geschwind schlug er einen Haken: »Im übrigen liegt doch über der ganzen Sache ein Schimmer von Lächerlichkeit. – Vergessen wir für einen Augenblick, daß wir Juden sind. Es ist schwer. Versuchen wir es trotzdem.« Über die rissigen Wangen hin, die wie mit einem Reibeisen bearbeitet aussahen, über all die Narben, Pusteln und Warzen suchte ein Lächeln seinen Weg. »Ein kleiner, bedeutungsloser Volksstamm, eine der hundert Zwergnationen der Erde – diesem Splitter beliebt es, seinen Untergang, der vielleicht nicht aufgehalten werden kann, seine ausweglose Lage – wenn besagtes Völkchen nicht klein beigibt, wenn es nicht auf seine Unarten verzichtet, wenn es nicht von Grund aus römisch wird –, dem Splitter also gefällt es, sein Ende mit dem Ende der Welt gleichzusetzen. Eine dümmere Überheblichkeit konnte den pharisäischen Brüdern wahrlich nicht einfallen.«

Immerhin ein Oberpriester, ein Haupt der Nation – und spricht auf eine Art, die unserem Tuscus Ehre machen würde. Peinlich berührt, wandte Meleagros den Kopf zur Seite, blickte ins blaue klare Wasser des Bassins. Es hätte ihn nicht gewundert, wenn gegenüber aus einem der roten goldgesäumten Vorhänge zwischen den Säulen hervor Tuscus selbst hervorgetreten wäre. Nötig war es nicht, die beiden wackern Landeseinwohner besorgten ja das römische Geschäft von sich aus mit einem Eifer, der nicht zu überbieten war.

Metilius lieferte ein Scheingefecht. Brillanter Freigeist, der er war, solange die Herrschaft Roms nicht in Frage gestellt erschien, fand er die Pharisäer nicht so übel. Auch sie seien eine Ordnungspartei, sähen bei ihren Anhängern auf strenge Zucht – das müsse man ihnen lassen. Er wußte, daß er die beiden Scharfmacher durch solche gutgespielte Unvoreingenommenheit ärgerte. Sie gingen denn auch gleich hoch. »Du wirst verzeihen, Römer«, hieß es mit süßlichem Komplimentieren, »daß wir hier Dinge sehen, die sich deiner Weisheit vorläufig entziehen. Man muß lange mit diesem Pöbel zusammengelebt haben, um zu erkennen, was ihre ›strenge Zucht‹ bedeutet. All ihre Regeln und Satzungen zielen auf eines: Absonderung von der römischen Art zu leben, von der Sitte der ganzen gebildeten Welt. Ein heimtückischer Kampf gegen Rom – das ist der Kern ihrer Frömmigkeit. Sie bauen das jüdische Gesetz aus – während wir Sadduzäer, wie du weißt, nur das gelten lassen, was aufgeschrieben ist. Nichts Mündliches, nichts Neues. Auf diese Art kapseln wir das Gesetz ein, es verfällt und stirbt langsam von selbst ab. Wir wollen nämlich nichts anderes sein als alle anderen Völker. Der Größenwahn vom ›heiligen Volk‹ – das ist das Übel, das hat uns immer wieder Unglück gebracht. Genug davon, ein Ende! Die Pharisäer aber wollen kein Ende, sie sind ein Anfang, kommen dauernd mit neuen Überspanntheiten, mit Phantasien. Unsterblichkeit der Seele, daran glauben sie – als ob der erleuchtete Epikur nie gelehrt hätte. Wir dagegen stimmen eurem Philosophen zu: Der Mensch stirbt wie das Vieh – wer weiß, ob der Geist des Viehs zur Erde hinabfährt, der des Menschen aber aufwärts steigt. Alles ist eitel.«

»Zeitgemäße Meinung«, bestätigte Metilius von oben herab.

Der Priester sprach ruhiger als Eldad, aber klüger, gefährlicher, noch verbissener in den Parteizank als der Hausherr. »Umstürzler sind sie, genau so wie Jeschua. Steht er ihnen denn etwa fern? In einzelnen Bestimmungen weicht er ab, streitet mit ihnen. Aber das tun sie auch untereinander, streiten um jede Regel. Eines wollen sie genau so wie Jeschua: die menschliche Natur ändern. Die Menschen sollen gut und göttlich werden. Torheit! Die Menschen ändern sich nicht. Sie waren immer böse und werden böse bleiben. Ich warne dich vor den Neuerungen der Pharisäer, mein Metilius. Ihre Zucht und Ordnung, die du lobst, sind nur als Mittel gedacht, Rom zu überleben — vielleicht ist ihre Art sogar unter allen Mitteln das wirksamste.«

»Rom wird auch mit ihnen fertig werden.«

Die beiden erschraken: »Gewiß. Wer kann daran zweifeln.«

Wäre es sozusagen salonfähig gewesen, vor dem stolzen Römer niederzustürzen und ihm die Sandalen zu lecken — die zwei hätten es jetzt getan. Offenbar hatten sie zu viel gesagt. Meleagros sah schon, wie sich der dicke Priester niederbeugte — er hatte allerdings nur einem Fisch ein Stück Weißbrot zugeworfen, um Unbefangenheit, leichte, gesellige Unterhaltung vorzutäuschen. Doch Meleagros sah den gekrümmten Rücken. In gewissen Lebensaugenblicken genügt eine kleine Bewegung — sie kann sogar eine mißverstandene Bewegung sein —, um einem die Entscheidung ins Herz zu hämmern. Weg von hier, wußte Meleagros plötzlich — nach Jerusalem! Dort wird sich zeigen, wer siegt. Hier in der überschwenglichen Sommerhitze geschieht nichts. In Jerusalem bereitet sich die Wende vor. Ich muß dabeisein — den Guten dieses Volkes helfen gegen den eigenen Auswurf, der so schwarz ist wie diese Guten selbst reines Licht. Ihnen helfen gegen Rom. Im Namen aller Menschen ihnen helfen. Die Weltwende darf ich nicht versäumen ...

Sein Entschluß war im Moment gefaßt.

Nur noch mit halbem Ohr hörte er den Ben Kaiafa, der den schlechten Eindruck seiner Entgleisung übereifrig verwischen wollte: »Wir Sadduzäer sind es gewiß nicht, die als Volk zu überleben wünschen. Freilich stellen wir uns nicht blind. Wir haben nun einmal das Unglück, ein Volk zu sein. Nun ja, man kann es nicht ändern, nicht ganz leugnen. Nicht ganz!

Das ist der feine Witz. Nicht ganz – aber fast ganz leugnen kann man es doch. Unsere Geschichte –«

»Es ist eine Unglücksgeschichte«, fiel Eldad ein, dem die Umschweife sichtlich nicht gefielen, der die Sache zu vereinfachen strebte. »Eine Geschichte unseres Unglücks und sie geht glücklicherweise gerade jetzt zu Ende. Wir verschmelzen mit der Umwelt. Das ist das Ende unserer Leiden. Sinnloserweise haben wir sie durch die Jahrhunderte geschleppt, unter ihnen geächzt. Zu Ende. Wir verschwinden, die Umwelt nimmt uns auf. ›Und wenn die Umwelt nicht mag?‹ wirst du fragen, mein Metilius. Dann müssen wir uns aufdrängen. Ich wage das Wort: Wir müssen uns möglichst unaufdringlich aufdrängen. Das ist die ganze Kunst unserer Zukunft.«

Meleagros fragte nach der Schriftrolle, die er sehen wollte. Eldad schwang ein silbernes Glöckchen.

Aus den Vorhängen zwischen den Säulen jenseits des Bassins trat ein Greis hervor, der Pädagog. Der sorgfältig gewellte Silberbart glitzerte in der Sonne. Eldad geleitete den Gast rund um das Bassin, gab dem Pädagogen Anweisung, kehrte dann zu Metilius und dem Hohenpriester zurück, während Meleagros mit dem Alten in die schattige Halle eintrat.

Da stürzte hinter einer Säule hervor ein Knabe auf ihn los. »Es ist nicht wahr, was der Vater sagt«, rief er schluchzend, »es ist nicht wahr, es ist nicht wahr.« Offenbar hatte er hier im Versteck gelauscht. Empörung verzerrte das schöne tiefbraune Gesicht unter den schwarzen Locken. »Solch eine Schande! Wenn wir wirklich so wären, wie der Vater sagt, würde ich mich lieber ertränken – und zwar sofort.« Er tat einen Schritt, der Greis faßte ihn am Arm, wurde aber heftig abgeschüttelt. Dicke Tränen liefen dem Kind über beide Wangen. Der Pädagog machte ein Zeichen der Ratlosigkeit. »Du darfst es nicht glauben, Fremder«, heulte jetzt der Junge, »du darfst solch eine Schmach nicht glauben.« Plötzlich hob er die Hand wie zum Angriff. Der starke, geschmeidige Körper war ganz Feindschaft geworden. »Wenn du es glaubst, zerkratze ich dir das Gesicht.«

»Aber, Joaw — wie oft habe ich dir Mäßigung empfohlen. Medén ágan, nichts zu viel — dieser Satz steht über dem Tor des Tempels zu Delphi.«
Der Knabe beobachtete ihn, den Graeculus, trotz seines ehrfurchtgebietenden Bartes nicht im mindesten. Mit dem Zutrauen der Jugend blickte er wild dem Meleagros ins Gesicht.
»Glaubst du meinem Vater oder mir?«
»Dir, mein Kind«, erwiderte der Grieche still und fest, als antworte er einer Stimme über den Wolken. »Ich bin auf deiner Seite.«
Im Klang seiner Worte mußte sich seine ganze Überzeugung, seine Redlichkeit ausgedrückt haben; denn der Knabe beruhigte sich rasch. »Das ist schön, das ist schön«, sagte er, immer noch leise weinend, doch nicht mehr trotzig. »Ich möchte mit dir sprechen, ich möchte dich wiedersehen.«
»In Jerusalem. Morgen reise ich. Begleitest du den Vater?«
»Gewiß. Ich werde ihn darum bitten.«
Meleagros reichte ihm die Hand, die der Junge stark drückte, voll Freude. Seine Augen leuchteten auf. »Jetzt wirst du nicht mehr weinen, Joaw?«
Joaw nickte stolz, als hätte er nie geweint, als wäre ihm so etwas nie in den Sinn gekommen. »Es ist gut, daß du nicht denkst wie mein Vater. Hier auf dem Landgut denken alle wie er. Aber es gibt andere.« Mit einemmal war der Junge dicht bei ihm, gab ihm mit der Faust zwei leichte, kaum merkbare Stöße gegen die Hüfte, wobei er ihn erwartungsvoll und offen anlächelte.
Blitzschnell fuhr es durch Meleagros' Kopf, was er in Jasons Brief über Geheimzeichen gelesen hatte. Warum sollte unter anständigen Menschen, Freiheitskämpfern nicht Ähnliches im Schwange sein? Unwillkürlich formte sich ein Wort auf seinen Lippen: »Owadjah.«
Der Knabe nickte entzückt.
Flüchtig überdachte Meleagros mit Wehmut, daß er also nicht ins Vertrauen gezogen war — all seine Freundschaft mit Owadjah und Schlomit, auch mit Schoschana hatte ihn nicht so weit gebracht. Ein Zufall, ein ahnungsvolles Einfühlen in

die Seele eines Kindes gab ihm das Zeichen in die Hand. Doch er drängte entschlossen das Mißgefühl zurück. Er wollte verstehen. Es war kein leichtes Spiel; die Leute mochten mit ihrer Übervorsicht recht haben.

Nun war es an Joaw, der ihm männlich frohgemut die Hand hinstreckte: »Auf Wiedersehen in Jerusalem.« Der Erzieher mahnte den Zögling, zu gehen. Während sich die beiden entfernten, sah sich der Knabe immer wieder munter nach Meleagros um. Dann kam der Greis zurück, zeigte den Weg.

Bald nachher saß Meleagros in einem wohlig abgedunkelten, kühlen Raum, er las in der griechischen Übersetzung der Verkündungen Jecheskels, des Propheten, bis er die von Schoschana erwähnte Stelle fand. Da hieß es denn — und verband sich auf vielfache Art mit allem, was er in letzter Zeit erlebt und gehört hatte: »Und siehe da, ihnen bist du wie ein Liebeslied, wie einer, der eine schöne Stimme hat und dessen Saitenspiel gut ist. Und so hören sie deine Worte an, tun aber nicht danach ... Und das Wort Gottes erging an mich: Menschensohn, künde über die Hirten Israels, künde und sprich zu ihnen. Also spricht zu den Hirten der Herr, mein Gott: Wehe, ihr Hirten Israels, euch selbst habt ihr geweidet. Sollen denn die Hirten nicht die Lämmer weiden? Die Milch habt ihr gegessen und mit der Wolle euch bekleidet, das Gemästete habt ihr geschlachtet, aber die Lämmer habt ihr nicht geweidet. Die schwachen Tiere habt ihr nicht gestärkt, das Kranke nicht geheilt, das Zerbrochene nicht verbunden, das Versprengte nicht zurückgeholt, dem Verlorenen nicht nachgefragt, sondern mit Härte habt ihr sie regiert und mit Tyrannei ... So spricht der Herr, mein Gott: Fürwahr, ich will an die Hirten, und ich verlange meine Lämmer von ihrer Hand, und ihrem Lämmerhüten werde ich ein Ende machen. Aus ihrem Mund reiße ich meine Lämmer.«

Pilatus, das Äffchen, war übellauniger als je. Die Hitze hatte sein Gliederreißen nicht behoben, zudem gab es in der hochgelegenen Hauptstadt oft eiskalte Abende, eine Erkältung war unvermeidlich. In Cäsarea am Meer dagegen tobte das

Sumpffieber. Er wechselte die Residenz, war mit beiden unzufrieden. Der Magen wollte auch nicht besser werden. Miserable Provinz! Wie oft hatte er um Versetzung nach Rom gebeten! – Die philologische Arbeit konnte allenfalls ein Sprungbrett abgeben. So empfing er den Meleagros und seine Horaz-Erstausgabe recht gnädig. Es sollte jetzt eifriger als bisher übersetzt werden. Ein Arbeitsplan wurde aufgestellt, dem der Grieche nachzukommen hatte. Er tat es mißvergnügt.

Das Zusammensein mit dem nägelbeißenden Tyrannen fand daher jetzt häufiger statt. Pilatus hatte sich auch der Gedichte Catulls bemächtigt, Meleagros fand noch mehr als bisher zu verbessern. Dabei war er von Wut randvoll, denn immer neue Schandtaten des Landpflegers wurden ruchbar. Politische Häftlinge ließ er umbringen, Kriminellen gab er gegen ein Lösegeld die Freiheit. »So werden die Kerker von Gefangenen leer«, rühmte er sich. »Und das Land von Räubern voll«, setzten die Juden hinzu. Früher hatten sich seine Erpressungen gegen Privatleute gewandt, in aller Stille. Jetzt richtete er ganze Städte zugrunde, ließ sie wegen kleiner Rückstände von seinen Soldaten ausplündern. – Meleagros schämte sich, daß er bei solch einer Obrigkeit aus und ein ging. Seine leichtblütige odysseische Art bewahrte ihn wohl davor, die Schicksalsfrage an sich zu stellen. Doch der Sinn des Lebens wich wieder einmal vor der ausgestreckten Hand in die Ferne zurück. Mit Schoschana und ihrem ›erhabenen Bruder‹ bestand nicht die geringste Verbindung. Owadjah war nicht zu finden. Schimon der Demütige wußte nicht, wohin er sich gewandt hatte. Er war mit seiner Familie weggezogen, vielleicht ins Galil. Die Tischlerei in Bet-Teena war geschlossen. – Bei Adoniram herrschte Trauer. Die Mutter war gestorben. Thirza zählte noch immer auf die Ankunft des Wundertäters in Jerusalem. Fast ein Jahr lang dauerte es nun, daß sie ihn täglich erwartete. Die Mutter, die seit dem Tod der Söhne nie ein Wort sprach, hatte wohl diese Hoffnung geteilt. Doch mußte sie hingehen, ohne die Heilung ihres letzten Kindes erlebt zu haben.

Einige Wochen später, bei beginnendem Herbst, kam die Überraschung: Briefe von Jason. Nicht einer, ein ganzer Haufen.

Und diesmal war das alles eine wirkliche Antwort, scholl nicht aus dem Leeren. Der Bericht des Meleagros hatte auf den Herzensfreund einen Eindruck gemacht, den er am allerwenigsten erwartet hatte. Habe ich diesen Bericht über Jeschuas Lehre nicht gleich nachher ungeschehen machen wollen, als unstatthaft empfunden? Was half alles Bedauern; der eine Brief schien in Jason eine ganze Welt von Gedanken entfesselt zu haben. Denn er schrieb seither sozusagen unaufhörlich, benützte jede sich darbietende Gelegenheit amtlicher und nichtamtlicher Art. Das Ganze war schwer zu übersehen, denn die Briefe kamen nicht in der richtigen Reihenfolge an, einer der spätesten langte zuerst ein, schien anfangs ganz unverständlich. Offenbar hatte sich der erste Eindruck zunehmend vertieft – eine ernste Sache. Und nun dauerte die Wirkung an, veranlaßte immer neue Ausbrüche der aufgewühlten Seele. Binnen zwei Wochen waren es fünf Antworten auf den einen Brief. Meleagros hatte seine Mühe, Ordnung in all die Geständnisse zu bringen.

Doch eine Sache stand fest: Jason meldete sich zu Jeschua. »Dein neuer Lehrer hat es mir angetan«, hieß es in einem der Schreiben. »Lange habe ich auf diese Stimme gewartet. Jetzt ist sie da. Dunkel ist sie in mir erklungen, hat sich selbst nicht verstanden, diese Sehnsucht nach dem andern, das sich mir nie enthüllen wollte – nach dem Ende der Welt. Da tönt sie mir klar entgegen. Sie ruft mich. Ich nehme das nächste Schiff und komme.«

Welch fürchterliches Mißverständnis – schrie eine Warnungsstimme in Meleagros auf. Wie hat sich denn überhaupt ein so grobes Danebentappen ereignen können! Es kann böse Folgen haben. Und er schrieb sofort, noch ehe er alle Briefrollen genau geordnet hatte, daß Jason auf keinen Fall reisen dürfe, daß er zumindest weitere Nachrichten abwarten solle, daß er völlig falsche Vorstellungen von dem Meister und seiner Wirksamkeit habe und sich die Sache erst einmal genau überlegen müsse. Das Mißverständnis mute geradezu wie eine groteske Fabel an. Er wollte ihm alles genau darstellen; nur jedenfalls die Abreise verschieben, darum flehe er ihn an. Übrigens würde er den Meister gar nicht antreffen, er sei außer Landes gegangen. »Was habe ich da angerichtet!« schloß der Brief, den er sofort durch Vermittlung des Landpflegers, der sich schon ganz als gelehrter Korrespondent fühlte, zugleich mit ein paar fachlichen Handschrift-Anfragen an die alexandrinische Bibliothek abgehen ließ.

Jetzt erst las er genauer. Und der Kopf wirbelte ihm, es gab Funken wie aus einer herumgeschwungenen Fackel.

Die Darstellung griff an irgendeiner Stelle — unklar, ob am Anfang oder in der Mitte — auf die alexandrinischen Orgien zurück. Sie hatten sich natürlich als ebenso läppisch wie trostlos erwiesen. Längst war Jason aus dem ›Thiasos‹, der mystosophischen Brüder- und Schwesterschaft entwichen. Er leugnete nicht, daß er am Anfang hinter den Schlangenzeremonien etwas Grandioses gewittert hatte. Es hatte sich als grandioser Unsinn entpuppt. Nun, das sei abgetan. »Du kennst doch meinen Leitspruch — in jeder Sache immer die äußersten Meinungen haben, diese aber unverbindlich.« Die bekannte Selbstironie des Freundes. Von da an verlor sich allerdings jede Spur von Ironie aus den Aufzeichnungen. Ein bei Jason ungewohnter Ton brach durch: Enthusiasmus und Ernst. »Dein Lehrer will das Aufhören alles Bestehenden«, hieß es, »er hat sich bereits auf das Ende der Welt eingerichtet. Was ich angestrebt habe, was mir aber nie gelungen ist: bei ihm ist es, wenn ich deinen Andeutungen glauben kann, Tatsache geworden. Wie schade, daß du mir so weniges Wort für Wort überlieferst! Aber auch für das Wenige bin ich dir dankbar. Bald werde ich selbst mehr hören, die ganze Wahrheit, zu seinen Füßen sitzend. Ich kann den Augenblick nicht erwarten. Wie ertrage ich es noch, hier in den Leichenhallen blödsinniger Bücher herumzugehen! Täglich eile ich dreimal zum Eunostos, um meinen Kapitän zu drängen. Du erwähnst da einen erhabenen Satz (verzeih, du scheinst noch selbst nicht ganz erfaßt zu haben, wieviel damit gesagt ist): ›Dem Bösen nicht widerstreiten!‹ Zum erstenmal in meinem Leben höre ich ein so entscheidendes Wort. Bisher habe ich in diesem Punkt immer nur Schwankendes vernommen, Kinderspiel. Hier ist nun wirklich ein Äußerstes und: diesmal keine Angst – diesmal erfasse ich es verbindlich, mein Freund. Oder der andere Satz: ›Liebet eure Feinde.‹ Ja, Begreifst du auch wirklich, daß damit das ganze Gerichtswesen aufgelöst ist, der Staat, die Gesellschaft, die Zeitlichkeit, der Mensch? Und da lese ich es ja ausdrücklich in deinem Bericht: ›Wer sein Leben liebt, der verliert es; wer sein Leben haßt in dieser Welt, der wird es für ein ewiges Leben bewahren.‹ Wie groß, wie richtig! Das Leben hassen, den ganzen Schwindel durchschauen – ich habe es gestammelt, dieser aber spricht es klar aus. Und all die ›Vertauschungen der Lichter‹. Die Letzten werden die Ersten sein. Wer sich selbst erniedrigt, wird erhöht werden. Die Leidenden sind es, die die eigentlich Glücklichen sind. Unsere Vernunft faßt die Weisheit nicht. Was sie faßt, führt uns bloß irre. Nur den Unmündigen, den Kindern ist die Weisheit gegeben. Nur im Widersinnigen liegt die Rettung. Das ist Futter für Jason, Futter für mich – glaube mir, mein Meleagros, ich werde ganz irrsinnig vor Freude, sooft ich deinen Brief lese. Habe ich nicht immer gesagt: Alles, was geschieht, ist lächerlich – schon deshalb, weil es geschieht, ist es lächerlich. Da ist mir unerwartet ein Bundesgenosse zugewachsen –«

Kein Bundesgenosse für dich, sprach Meleagros laut vor sich hin, indem er für eine Weile den Brief weglegte. – Er sah den Freund vor sich sitzen, im Mondlicht, auf dem Söller seiner Amtswohnung, der den Blick auf den Leuchtturm und das ägyptische Meer freigab – sah das schöne, bleiche, wehmütige Gesicht, breitflächig, mit hoher Stirn, über der das Haar sich ein wenig, nicht allzusehr lichtete, sah die schweren graublauen Augen, deren Blick so rasch zur Seite glitt, zu den zuckend tiefeingeschnittenen Mundwinkeln hinab. Und er hörte wieder die sanfte, sich ins Unhörbare verlierende Stimme, deren weicher Ton so gar nicht im Einklang mit den überscharfen Behauptungen stand, die dieser immerwache und unbarmherzige Intellekt äußerte, der ›zersägende Verstand‹.

All die Auseinandersetzungen zogen rasch am Strahl seiner Erinnerung vorbei. Und es war ihm deutlich: Keinen stärkeren Gegensatz konnte es geben als Jason und Jeschua. Der Gegensatz war so auffallend, daß es sich zu verbieten schien, die beiden auch nur in einem Atem zu nennen. Nein, es gab noch wildere Gegensätze: Jeschua und die Frevler an jenem blauen Bassin bei Tiberias, der Meister und alle Frevler überhaupt. Jason war kein Frevler. Auf seine Art war er uneigennützig, schenkte das Wenige weg, das er besaß, half gern dem vertrauten Freund — aber die düsteren weltvernichtenden Ängste, denen er sich überließ, machten ihn untätig, lange Zeitspannen hindurch raffte er sich nicht zum geringsten Entschluß auf, und das müßige Brüten verschärfte seine Erbitterung, sein monotones Neinsagen — tröstlicherweise erschien es, von hier aus gesehen, dem Meleagros wenig wahrscheinlich, daß Jason die so hitzig vorbereitete Reise wirklich durchführen werde. Er sprach nur immer, dieser Jason, zergliederte und sprach, floh vor den Menschen und sprach. Aber er führte nichts aus. Der andere ging durch die Lande, suchte die Menschen auf, heilte, rief zur Besserung, kannte keine Angst vor Mühe, vor Gefahr. Es war ein beinahe nur äußerliches Zusammentreffen, daß beide der heutigen Welt Krieg angesagt hatten, die morsche Gegenwart beenden wollten. Jeschua wollte die Welt des Unrechts wegfegen, um für einen Gottesstaat der Liebe Platz zu machen, in dem nur der Himmel allein der Gesetzgeber gerechter und gütiger Menschen war. Jason wollte die Welt zukunftslos auflösen, um das Nichts und die letzte Hoffnungslosigkeit triumphieren zu sehen. Jede Art von Heilung gehörte für ihn zu den ›kleinen Mittelchen‹, war ihm verächtlich, galt als Ausdruck der Mittelmäßigkeit. Der Retter und der Spießbürger — das war für ihn ein und dieselbe Person.

Futter für Jason sollten die lauteren Sprüche vom Berghang am See sein? Nur der gänzlich Verblendete konnte sie so verdrehen.

Meleagros las weiter. Da stand in einem Brief, den er bisher noch gar nicht entrollt hatte, das Erstaunlichste von allem.

»Wenn ich nun dem Ruf deines, unseres Meisters folge«, hieß es in dem Schreiben, »dann ist es nichts als Rückkehr. Ich kehre in meine Heimat zurück. Du meinst: geistige Heimat. Nein, es steht ganz anders damit, völlig körperlich. Nun rätst du natürlich auf die Dekapolis. Nein, auch das nicht. Ich bin nicht aus der Dekapolis, nicht aus der anmutigen Griechenstadt Gadara. Ich bin aus Judäa, da wo es am jüdischesten ist, aus dem dunklen Chewrón, einem Ort, dessen Namen dein helles Ohr noch nie mit seinem rauhen Klang verletzt hat. Ich bin nicht Jason aus Gadara. Gadara – das war der Anfang der Lüge. Ich stamme so wenig aus Gadara wie du. Ich sehe, wie du den Kopf schüttelst, mein Meleagros. Doch still, es kommt noch besser. Mit einem Wort: ich bin jüdischer Herkunft. Ja, leider gehöre ich dieser wertlosen, verworfenen Menschenart an. Nun ist es heraus. Das Folgende wird mir leichter vom Herzen gehen.
Meine Heimat liegt also in den Weinbergen von Chewrón, bei den Fremden Hebron genannt. Genauer gesagt, das Dörfchen Keriót bei Chewrón hat mich hervorgebracht. Dort war mein Vater der reichste Weinbauer der Gegend, übrigens ein unausstehlicher, eingebildeter Trottel. Sein Bruder war etwas besser, um ein Unbeträchtliches. Auch er Großgrundbesitzer, ein eingesessener Narr, wie sie alle da, aber er hatte außerdem Schiffe, trieb mächtigen Handel, kannte ein paar Zipfel der Welt. Das Beste an ihm: daß er mich einmal nach Athen mitnahm. Dort bin ich ihm bald davongerannt.
Wenn unser König Herodes einige seiner vielen Kinder, die er von seinen vielen Frauen hatte, auf die Weisheitsschule zu Athen schickte – warum sollte mein Vater sein Geld nicht ebensogut verwenden?! – Er hat mich aber enterbt.
Offen gesagt: Damals, als ich weglief, bin ich nur der Mode gefolgt. Eines aber habe ich in Athen doch gelernt: daß sie auch dort nichts wissen.
Diese Erkenntnis habe ich sehr gründlich studiert, wie du weißt. Sie ist das Beste an eurem Griechentum. Auf diese Art bin ich also mitten ins Griecheln hineingesprungen, bei diesem etwas wilden Sprung ist mir auch mein früherer Name ab-

handen gekommen. Ich heiße nämlich eigentlich gar nicht Jason, ich heiße Jehuda. Jüdischer kann man nicht heißen, das hat mich immer ganz besonders geärgert. Jehuda, der Jude schlechthin. Mein Name wird mir noch zum Verhängnis werden — das sagte mir ein dummes Vorgefühl. Also habe ich den Namen weggeworfen. Nach Art deiner ›Aristobolusse‹ und ›Eupolemosse‹ in Jerusalem, über die du dich mit Recht lustig machst. Wie mir zumute war, als ich damals deinen Brief las, kannst du dir ungefähr denken. ›Du wirst es nicht für möglich halten‹, schriebst du, ›aber es laufen hier sogar einige herum, die Jason heißen.‹ Bin bei diesen Worten von dir rot geworden, bis in meine Glatze hinauf. Übrigens muß ich zu meiner Ehre sagen, daß ich anfangs meinen Namen nur leicht gräzisiert habe, ehe ich mich zu Jason, dem Argonautenführer, aufrücken ließ. Zuerst war mein Name: ›Judas, der Mann aus Keriót‹, das ergab, da ›der Mann‹ bei uns ›isch‹ heißt: Judas Iskariotes. Aber bald ging ich zu Jason über.
Glaube überdies nicht, daß es deine Lobreden über die Juden sind, die mich dazu veranlassen, dir jetzt die Wahrheit zu sagen. Ich weiß besser, wer und was wir sind, als du. Ich kenne uns. Wir haben, nebst andern unheimlichen Eigenschaften, auch die Besonderheit an uns, daß wir es verstehen, uns Fremden von der besten Seite zu zeigen, wenn wir wollen. Halb unbewußt nehmen wir dann Stellungen ein, produzieren Tanzschritte, die Eindruck machen und die uns sogar mit einer trügerischen irrlichternden Atmosphäre umhüllen, die uns sehr fein und anziehend und edel und vielleicht sogar rechtschaffen erscheinen läßt. Nicht alle Fremden fallen darauf herein. Du bist hereingefallen. — Da ich, wie du nun weißt, mit zum Gelichter gehöre, will ich nicht etwa Wahrheitsliebe bei meinem Bekenntnis vorspiegeln. Es ist sehr einfach: ich komme jetzt nach Jerusalem, wo ziemlich viele mich kennen; was hätte es da für einen Zweck, dir weiterhin den Hellenen vorzuspielen. Das ging nur im Ausland. Schade!
Es wäre jetzt auch sinnlos, dir das vorzuenthalten, was ich immer mein ›erstes Geheimnis‹ genannt habe. Das ›zweite‹ ist die Glatze, das hat — überdies auch noch eine kleine geheime

Verbindungslinie mit dem ›ersten Geheimnis‹; ich komme gleich dazu. Mein Lieber, mein erstes Geheimnis – es hat mir ja immer viel Spaß gemacht, wie neugierig du warst, es zu erfahren, und wie du dich dabei hast an der Nase herumführen lassen –, mein erstes Geheimnis ist nicht etwa der Ärger darüber, daß ich Jude bin, wie du nun annehmen könntest. Mein erstes Geheimnis ist die stille Wut darüber, daß es überhaupt noch Juden gibt – und daß diese Tatsache in alles irgendwie mit hineinspielt, was ich anfange, ich mag mich stellen, wie ich will. Man entgeht dem nicht. Und das hat seltsame Folgen. Ja, durch eine Sache zeichnen wir uns wirklich vor allen andern Völkern aus. Und in diesem, nur in diesem fragwürdigen Sinn können wir uns als ›auserwählt‹ bezeichnen. Es ist die folgende Sonderheit: Bei jedem Volk kommt es einmal vor, daß einer abtrünnig wird. Nun gut, er fällt ab, geht seiner Wege, schweigt, wird vergessen, und alles ist in Ordnung. Bei uns aber fühlt jeder, der seine Abstammung auslöschen will, das Bedürfnis, seinen Abfall durch ebenso zahlreiche wie geistvolle, verwickelte und höchst sinnreiche Argumente zu erklären, ja als den einzig richtigen Weg gegenüber denen hinzustellen, die im alten Fahrwasser bleiben. Auch will er immer die andern mit sich reißen. Wir haben schon einmal einen Hohenpriester Jason, einen andern namens Menelaos gehabt. Sie wollten, daß alle Stammesgenossen zusammen zu Jasonen und Menelaossen würden, sie kämpften dafür. Man kann wohl sagen, daß dieses Schauspiel etwas Einzigartiges ist. Bei keinem der mir bekannten Völker wiederholt es sich. Die Mannigfaltigkeit, die feinen Sophismen, die weit hergeholte Ausgedachtheit der Gründe, ihre heftig zur Schau getragene ›Fortschrittlichkeit‹, die Leidenschaft, ja Wildheit, mit der der Apostat sie verficht – manchmal verbirgt sich diese Wildheit hinter der Maske des weltläufigen, erfahrenen, gütigen, abgeklärten ›Weisen‹ –, das alles hat sogar für mich, der diese Dinge von Grund aus kennt, etwas schlechthin Bestürzendes. – Nun glaubst du natürlich, daß ich eigentlich gegen mich selbst rede, da ich ja selbst so ein Abgefallener bin. Es könnte so aussehen, als ob ich mich selbst abschlachtete. Zugegeben! Das ist aber doch nur Nebensache. Das, worauf es ankommt, liegt in der Erkenntnis, daß gerade diese Fülle der vertrackten Argumente, der falschen Argumente sogar, wenn du willst, mich veranlaßt hat, diesem Volke den Rücken zu kehren. Ein Volk, das in allen Räumen des Geistes Gründe gegen sich selbst sucht, ist eben verflucht und zum Untergang verdammt.

Es wird ein fröhlicher Untergang sein. Die Welt wird aufatmen und wir mit ihr, die ganze Welt wird nämlich untergehen, und das ist der Augenblick, in dem auch für uns die Erlösung, das Ende gekommen ist. Die Zeiten sind erfüllt. Zu Ende der Unsinn der verschiedenen Völker, der Fahnen, der Feldzeichen, der Farben und Trompetensignale, der Sprachen, der Waffen – all das, woran die Menschheit gelitten und womit sie, in ihre Stämme gespalten, soviel blutigen Unsinn getrieben hat, all das ist zu Ende, und die Menschheit selbst ist zu Ende, das kann als nette Dreingabe betrachtet werden. Wir haben uns selbst gerettet, wir haben die ewige Seele der Menschheit gerettet — durch den Tod. Der Tod ist das wahre Leben. So hieß es doch dort am Seeufer, wenn ich es richtig verstanden habe? Und auch alle menschliche Eitelkeit und Dummheit und unsere vielen Bosheiten, die wir Menschen aushecken einer gegen den andern, auch das verschwindet im Kreisrund unseres Okeanosstroms, dessen Dröhnen endlich zum Schweigen kommt. Auch die Plage der Glatzen ist dann vorbei, das einzige Heilmittel gegen sie gefunden: wo keine Köpfe, da keine Glatzen mehr. Ja, das hätte ich fast vergessen, dir noch mitzuteilen: nicht an der Glatze selbst habe ich sooft gelitten, sondern weil ich fand, daß ich immer jüdischer auszuschaun begann, je mehr mir die Haare ausfielen. Als ich noch volles Haar hatte, habe ich wirklich beinahe ausgesehen wie einer von euch.«

Der Brief, den Meleagros so rasch wie möglich, sogar noch vor Beendigung der Lektüre dieses ganzen umfangreichen Jason-Jehudaschen Schrifttums, nach Alexandria geschickt hatte, kam zu spät an.

Er hatte sich innerlich noch nicht recht gefaßt, nicht erholt, die neue Gestalt des ihm so nahen Gefährten eigentlich noch gar nicht in sein Verständnis aufgenommen, als er ihn in eigener Person auf der Gasse sah. Seinem Amtsraum neben dem Turm Phasael schräg gegenüber hatte Meleagros seine Wohnung. Gelangweilt schaute er zufällig zum Fenster hinaus. Vor seiner Wohnung hält ein Leiterwagen. Und in der Wohnungstür steht Jason. Er hat sich offenbar bereits bei ihm einquartiert, sein Gepäck hinauftragen lassen, denn der Wagen ist leer. Nun bezahlt er eben den Fuhrmann aus. Da er den Blick des Meleagros auf sich gerichtet fühlt – es mag ein recht trauriger Blick gewesen sein –, sieht er hinauf und winkt frohgelaunt.

7
Wie einen seine Mutter tröstet

Er blieb nicht lange.

Es gab von Anfang an Zwist zwischen den Herzensfreunden. Jason-Jehuda hatte sofort die Absicht geäußert, ins Galil weiterzureisen, und war bitter erstaunt, als er erfuhr, daß Meleagros den jetzigen Aufenthaltsort des Meisters nicht genau wußte. »Irgendwo bei Cäsarea Philippi. Andere sagen, daß er sich im Phönikischen aufhält, im Gebiet von Tyros.« Jason-Jehuda hielt solch unklare Angaben für Ausflüchte. Voll von Mißtrauen, wie er war, glaubte er, aus den Worten des Griechen eine geheime Absicht herauszufühlen: »Du verbirgst ihn vor mir.« – »Nicht ich. Dein eigenes Herz verbirgt ihn vor dir. Du deutest alles grundfalsch, was ich dir über ihn geschrieben habe.« Und Meleagros bedauerte es, daß es keine schriftlichen Aufzeichnungen des Meisters gab. Wie Sokrates, dessen Schüler dann so verschiedenartige Anschauungen als ›sokratisch‹ weitergaben, schrieb Jeschua nichts nieder. Achtlos und beglückt formte er die Sätze, wie sie ihm sein reiner, stürmischer Drang auf die Lippen brachte – der Wind trug sie fort. Groß war das Vertrauen des Meisters darauf, daß das rechte Wort als Samen ins rechte Erdreich fallen, irgendwo und irgendwann den rechten Hörer finden werde – besondere Anstalten, es aufzubewahren, traf er nicht, da ihm ununterbrochen Neues, Gegenwärtiges zuströmte. Er lebte in seiner Lehre, heute, jeden Tag – »sorget nicht für den morgigen Tag!« – wie er es den Schülern gebot, so hielt er sich auch selbst daran.

»Ich hätte dir aus deinen Sätzen bewiesen ...«

»Gar nichts hättest du bewiesen«, fiel Jason ein. »Ich brauche dich und deine Beweise nicht. Mir mußt du den Meister nicht erklären. Er geht mich mehr an als dich, daher verstehe ich ihn auch besser als du.«

Naiv fragte ihn Meleagros, wie er diese plötzlich ausgebrochene Kennerschaft begründen wolle.

»Ich möchte dich nicht beleidigen, mein Griechlein«, meinte Jason-Jehuda, »aber das Ganze ist doch zunächst einmal eine jüdische Angelegenheit, nicht? Wir machen das untereinander aus. Am besten, wenn du dich gar nicht hineinmischst. Begreifen würdest du es ja doch nicht.«

Er war ganz so unerquicklich wie einst in Alexandria, hatte sich nicht geändert. Benahm sich ebenso taktlos, wie er an der noch warmen Leiche der kleinen Demó mit unverschämter Angriffslust geredet hatte, die er ›Aufrichtigkeit‹ nannte und für die er noch Anerkennung zu verlangen schien. Indes war der gute Junge Meleagros fest entschlossen, sich durch nichts um das gute Bild bringen zu lassen, das ihm durch alles Beiwerk hindurch als Kern von Jason-Jehudas Seele durchschimmerte. Schwer erträglich fand er es freilich, als der Freund ihm einmal mit weichem Flüstern seiner milden Stimme, die dem scharfen Inhalt ganz und gar nicht entsprach, zulächelte: »Willst du mich vielleicht hinauswerfen, da du jetzt weißt, daß ich kein Hellene bin?«

Er war immerhin froh, als der ›zersägende Verstand‹ seine Sachen packte und nordwärts abzog.

Das ist nun einer, der sich mit Kleinem nicht zufriedengibt, sann Meleagros ihm nach – einer, der Großes will und es auf seine eigene, selbständige Art sucht. Aber er stellt sich dabei so an, daß man seine Nähe nicht verträgt. Spitze Eissplitter sind in der Luft um ihn. Der schrullige Rohling mit dem süßen Ton in der Kehle, der Kauz Jason, dessen abgeklärte Wehmut etwas Betäubendes hat und dabei ihren Stachel in sich trägt — er ist einfach nicht auszuhalten. Einen Lastträger her! Mit dem über seinen kargen Verdienst reden oder die Kneipe, in der man den besten Wein kriegt! Seine einfältige Stimme, seine Späße hören, damit ich mich auslüfte ...

Einige Zeit später, schon gegen den Winter zu, kamen widerspruchsvolle Berichte aus den nördlichen Nachbarländern. Meleagros empfing sie bei Schimon dem Demütigen in Bet-Teena. Dort pflegten einander die Leute zu treffen, die aus dem Galil kamen. Einige nannten den guten alten Hufschmied ›Schimon den Aussätzigen‹, aber das lag nur an der undeutlichen galiläischen Aussprache, die den ›zanua‹, den Demütigen, mit einem ›zarua‹, einem Aussätzigen, verwechselte. Allerdings gab es in diesem äußersten Ostvorort Jerusalems auch eine Ansiedlung von Leprosen, aber außerhalb des Dorfes, da wo die Steinwildnis in großen Platten und Brocken gegen den Salzsee abfiel, zur menschenleeren Wüstenei des Toten Meeres hin. Bet-Teena, das ›Feigenhaus‹, war der letzte Vorposten, ehe diese Einöde begann. — Bei Schimon also erfuhr der Grieche, daß der Meister seinen neuen Anhänger Jason-Jehuda sehr freundlich aufgenommen habe. Nicht nur das: er hatte viele lange Gespräche zu zweit mit ihm geführt — dieser Ehre waren die ihm am nächsten Stehenden nur selten gewürdigt worden, meist sprach Jeschua mit allen oder doch einigen zugleich. Jehuda dagegen war von Anfang an bevorzugt. — Welche Geduld! seufzte Meleagros. Dann besann er sich darauf, daß der Meister immer mit jenen, die leidend, unregelmäßigen Geistes, verdüstert waren, sich besonders liebevoll abzugeben pflegte — wie er denn auch unter den Jüngern den trotzigen, eigenwilligen Petrus Kepha zwar oft rügte, doch niemals fallenließ. Nicht die Gesunden, die

Kranken bedürfen des Arztes. Damit etwa hätte Meleagros die Sache als erklärt hingenommen, wäre nicht eine weitere Nachricht eingelangt: der Meister, der bereits elf treue Schüler als seinen engsten Kreis ansah, hatte nun den Jehuda als den zwölften bezeichnet. Für jeden der Stämme Israels gab es von da an symbolischerweise einen, der gleichsam der Stammesvertreter in dieser Runde war – und am Tage des großen Gerichts, so sollte angeblich der Meister verheißen haben, würden die zwölf auf goldenen Stühlen sitzen, Kronen auf ihren Häuptern, im Abglanz der Gottesherrlichkeit, und würden mit ihm die zwölf Stämme richten. »Es ist ein gutes Zeichen, daß du zu uns gestoßen bist«, habe der Meister zu Jehuda gesagt; doch wollten einige bemerkt haben, daß seine Stimme dabei sehr traurig geklungen habe, als sei das von dem ›guten Zeichen‹ anders gemeint, als der landläufige Sinn besage, ja als bedeute es vielmehr ein schlechtes und auf das Ende hindeutendes Zeichen, wenn man die Dinge nach der Weise der Welt nahm. – Hieran nun schloß sich eine Flut von Verdächtigungen gegen den ›Neuen‹, der sich so ganz anders gab als die schlichten Hirten, Fischer, Handwerker und die frommen Frauen in der Umgebung des ›Messias‹. So nämlich wurde er von seinen Gefolgsleuten immer häufiger genannt. Jehuda aber pflegte zu widersprechen, nicht nur gerade in dieser Angelegenheit des gesalbten Königs und Davidssprossen, der als Messias ausersehen sein sollte – auch in vielen andern teils geringfügigen, teils wichtigen Dingen, die der Herr anordnete. Alle sahen das ungern, alle mißtrauten ihm. Hochmütig ging er über den Widerstand hinweg, den sie ihm entgegensetzten. Er war ihnen unverständlich; schon seine städtische Bildung und seine ausländische Ausdrucksweise machten ihn zu einem Fremden in dieser Umgebung. Nur der Meister selbst fuhr unbegreiflicherweise fort, ihn vertraulich ins Gespräch zu ziehen. Er verlor viel Zeit an ihn, wie einige mißgünstig murmelten. Doch so unehrerbietige Rede erreichte das Ohr des Lehrers nicht, der nicht zu bemerken schien, was die andern flüsterten, gegen den Eindringling vorbrachten.

Zugleich mit diesen Erzählungen wurden noch andere Gerüchte in Schimons des Demütigen Stube bekannt. Auf einem hohen Berg habe sich der Rabbi dreien der Jünger, dem Kepha, Jaakow und dem jungen Jochanan, in seiner wahren, verklärten Gestalt gezeigt, silberglänzend die Kleider, sonnenhaft leuchtend das Angesicht. Moses und Elijahu seien erschienen und hätten sich mit ihm unterredet. Kepha habe sofort drei Zelte aufschlagen wollen, eines für den Meister, eines für Moses, eines für Elijahu. »Herr, hier ist für uns gut sein!« war sein freudiger Ausruf. Dann habe man wieder, wie damals am Jordan, eine Himmelsstimme aus einer Lichtwolke gehört, die die Psalmworte sprach: »Dieses ist mein Sohn, an dem ich Wohlgefallen habe.« – Nicht wenige waren überzeugt, daß nunmehr bald die großen Dinge geschehen würden, die man erwartete. Der Meister aber habe in aller Stille gesagt, daß der Sohn des Menschen viel werde leiden müssen, wie es der Prophet über den ›Knecht Gottes‹ geschrieben. »Gemißhandelt wie ein Lamm, das zum Schlachten geführt wird und das vor seinen Scherern verstummt« – so werde er sterben. »Und man gab ihm bei den Gottlosen sein Grab und bei den Übeltätern, als er dahinstarb.« Ob solcher Worte waren alle entsetzt, und Schimon Kepha schrie in seinem Gram und in seiner Widersetzlichkeit laut auf gegen den Meister. – Die Zurechtweisung blieb nicht aus.

Da ist mit einemmal Schoschana in Schimons des Demütigen Stube getreten.

»Dich suche ich. Ich bin froh, daß ich dich gleich gefunden habe.« So spricht sie ihn an. »Es ist wegen dieses Jehuda aus Keriót.«

»Nur seinetwegen?«

»Vor allem seinetwegen.«

Doch dann verschlägt's beiden die Rede, während sie den Weg antreten. Sie wandern schweigend über die breitgeschwungene Kuppe der Vorberge, dann über den Ölberg selbst, die Felsenstraße zwischen Fruchtbäumen empor, endlich langsam gegen Jerusalem hinab. Der Tempel mit seinen riesigen Hö-

fen bietet sich den Augen, sein Golddach, von der römischen Festung Antonia mit ihren vier Türmen hoch überragt. Rechter Hand nimmt sie das Nordwesteck des Tempelbergs ein. Alle Hoffnung, alle Not verrät der eine, der erste Blick.
Nun geht's über viele Felsstufen hinab, die wie Rippen aus der kahlen Erde ragen, dann über den Kidron auf einem Damm mit seiner Schleuse hinweg. Die Winterregen haben das sonst trockene Bachbett mit strömendem, milchiggrauem Wasser gefüllt.
Südlich der Tempelmauern betreten sie in weitem Umweg die Stadt.
Ein Traum geht in Erfüllung. Hier bin ich mit Schoschana umhergegangen. Noch oft habe ich mir sie herangeträumt, wenn ich einsam hinschlich und der schönen, milden Zeit gedachte, die bald ein Jahr zurückliegt. Und jetzt ist Schoschana da.
Sie sitzen auf Steinen, im Schatten von breitdachigen Sykomoren. »Ich habe dir das nicht nachgetragen — das, woran du jetzt denkst, mein Grieche. Mein Retter damals. Auch mein Arzt. Mein Geselle in Owadjahs Werkstatt.«
Er neigt den Kopf, kann nicht reden.
»Das in Nazaret hast du aus Liebe getan, ich weiß es. Es war häßlich. Wie jeder Zwang. Du aber dachtest: sie ist zu tief eingesponnen in die Welt ihres Bruders. — Gestatte, daß ich ihn immer wieder meinen Bruder nenne, aus alter Gewohnheit. — Wenn du nun den Bann brichst, wird es besser mit mir stehen. Das war deine Meinung. Aber es war ja kein Bann, ist es auch heute nicht. Es ist Erkenntnis und Licht. Meleagros, wenn du das wüßtest, wenn du mir glaubtest, wäre alles gut.«
»Wie einen seine Mutter tröstet —« Das ist alles, was er spricht.
Nach kurzer Rast gehen sie weiter. Gäßchen und Stiegen. »Wie einen seine Mutter tröstet«, wiederholt Schoschana — und zum erstenmal, seit er sie diesmal gesehen hat, kommt wieder etwas von der inneren Helligkeit ihres Wesens hervor, die ihn immer so entzückt hat. Sie lächelt nicht. Das

Lächeln hat sie wohl ganz verlernt, in den Bergen oben? Aber ein Schein des untergegangenen Lächelns, des ›Festlichen‹ – so hat er es wohl genannt –, schimmert doch noch um die blassen Wangen. Schwach zeigen sich die Grübchen. Und ein Rest der Schalkhaftigkeit blitzt in ihren dunklen Augen unter den langen Wimpern hervor. »Ich merke, du hast inzwischen in unseren Schriften gelesen.« Er fühlt, was das in ihrer immer nur zart andeutenden Art bedeutet: Du hast meiner gedacht. – Und so etwas würde Schoschana nicht einmal andeutungsweise sagen, hätte nicht auch sie an ihn gedacht.

Plötzlich sind sie auf einer Plattform, die den Aufstieg einer Treppengasse unterbricht. Alte Ölbäume vor einem Haus. Auch der Tisch steht noch da. Und rechts der verfallene Torbogen, die Gartenmauer aus unbehauenen Steinen. – Es ist Owadjahs Werkstätte. Beide haben augenblicklich erkannt, wo sie sich befinden. Das Haus ist notdürftig ausgebessert, Soldaten lungern vor der Tür, lümmeln zum Fenster heraus. Wie damals im Morgengrauen, als sie das Haus überfallen hatten; nur haben sie jetzt offenbar ständiges Quartier bezogen. ›Decima Legio Fretensis‹: so steht es über der einstigen Werkstätte in großen Buchstaben. Ein Splitterchen nur der römischen Kriegsmacht, eine Handvoll Mannschaft aus dem fernen Sizilien. Am ›fretum‹, an der Charybdis lag ihre Heimat, am ›schaudervollen‹ Wirbelmeer, das Platon seines geliebten Dion wegen dreimal gekreuzt hat, nie ohne der Gefahren des Odysseus zu gedenken. Auf den Schildnabeln führen die sizilischen Legionäre einen Schweinskopf. Zur Verhöhnung der Juden? Diesmal ist es unbeabsichtigt. Doch so oder so – was die Hauzähne des Imperiums einmal gefaßt haben, und sei es so dürftig wie Owadjahs einstiges Heim, das lassen sie nicht mehr los.

Sie steigen die Treppe weiter, wortlos. Endlich finden sie ein Plätzchen, an dem die Gartenmauer zerfallen und ganz niedrig wird. Da setzen sie sich in einen halboffenen schadhaften Schuppen, auf einen Holzstoß, der als Bank dienen mag. Der Wind schüttelt Regentropfen aus den Platanen.

Erinnerungen verbieten sich von selbst. Wo die gegenwärtige Wirklichkeit allzu herzkränkend ist, der Feind einen offen und vor lauter Gelingen geradezu gleichgültig anstarrt, dort erinnert man sich nicht. Es ist nicht die Zeit dazu. Auch scheint ihm, daß Schoschana härter geworden ist, als sie je war. Die reine Stirn trägt schwache Andeutungen von Linien, noch kaum sichtbar bereiten sich Sorgenfalten vor. »Du hast diesen Jehuda hergebracht. Du mußt ihn auch wieder von hier fortbringen. Er ist ein grauenerregender Mann.«
Meleagros stellt dar, daß er ihn durchaus nicht hergebracht habe, erzählt, wie das Ganze gekommen ist.
»Einerlei. Du mußt dafür sorgen, daß er in seine ›Weltstadt‹ zurückgeht, von der er soviel redet. Wir wollen ihn nicht.«
»Man sagt, daß dein Bruder große Stücke auf ihn hält.«
Sie beginnt zu zittern, sie weint. Es stellt sich heraus, daß sie ohne Wissen Jeschuas hier ist, daß sie entschlossen ist, auf eigene Faust zu handeln. »Mein erhabener Bruder muß gerettet werden. Um jeden Preis. Deshalb bin ich gekommen. Ich sage nicht, daß dieser neue Schüler Einfluß auf ihn gewonnen hat. Fernab von mir, so etwas zu glauben. Mein Bruder bestimmt sein Schicksal selbst, niemand hat Einfluß auf ihn – außer Gott, der ihn uns gesandt hat.«
»Und doch –«
»Nein. Nichts davon. Das ist ein Irrweg.« Sie denkt angestrengt nach, kommt zu keinem Ergebnis. Da ist die geliebte Bewegung wieder, der schlanke Zeigefinger in der Einsenkung zwischen Kinn und Unterlippe. Doch diesmal findet Schoschana das Richtige nicht, wie es scheint. Da, wo es immer vorbereitet war, in der lieblichen Rinne – da ist es nicht. Sie senkt die Hand, kehrt die halbgeöffnete Innenfläche nach außen. Sonst war das wie bei einem Kind, das eine gefundene Münze vorzeigt. Diesmal wirkt es anders, die leere Hand wird vorgezeigt. Ratlosigkeit, nichts. »Wenn die Regen vorbei sind, zum Pessachfest, will mein Bruder nach Jerusalem heraufziehen. Will hier mit den Jüngern das Pessachlamm essen. Das darf nicht geschehen. Es bedeutet ganz klar seinen Tod.«
Sie klammert sich krampfig an Meleagros. Zum erstenmal

merkt er, daß die Angst um den Ziehbruder sie halb wahnsinnig gemacht hat.
»Die Regen haben ja kaum erst begonnen«, sagt er, nur um das Mädchen mit irgend etwas zu trösten. Er wird verlegen, da er merkt, wie unwichtig sein Einwand sich ausnimmt, wie töricht.
Sie geht natürlich auch gar nicht auf das ein, was er gesagt hat und was er etwa noch hinzufügt. »Ich will ihn unbedingt retten, das ist alles. Und ich sehe das Unheil kommen. – Habe ich dir nicht immer gesagt, daß ich ihn nicht verstehe, mein Meleagros? Und jetzt verstehe ich ihn vielleicht noch weniger als je. Aber ich fühle ihn. Nun sagt man, daß Gefühl oft irregeht. Meines nicht, meines nicht – das weiß ich. Und ich weiß, daß sich alle gegen ihn verschworen haben. Alle – oder doch viele. Die Römer und die Söldlinge der Römer unter den Priestern. Ein Netz spannen sie aus. Und der neue Schüler treibt ihn vorwärts, treibt ihn an, mitten ins Netz. Ja, in Jerusalem, da können sie ihn greifen. Bei uns in den Bergen, unter seinem ergebenen Volk, da trauen sie sich nicht an ihn heran.«
»Und bist du denn nicht überzeugt, Schoschana, daß Jeschua weiß, was er will, und daß er auch fähig ist, die richtigen Mittel für seinen Endzweck zu wählen?«
Gequälten Gesichts überlegt sie. Sie scheint durchaus nicht so sicher wie dereinst. Etwas, was zu groß, zu schwer ist für ihre Kräfte, drückt sie nieder. »Er soll nicht sterben«, bringt sie endlich heraus – und die Stimme ist so heiser wie damals nach dem Überfall, vor der Umwallung des Römerlagers von Kolonia. »Sie sagen, es ist das Volk, für das er stirbt. Er bringt sich als Opfer dar. Er selbst wird das Festlamm sein. Aber eben das darf nicht geschehen. Die ganze Menschheit ist es nicht wert, daß er für sie stirbt.«
»Du redest immer vom Sterben, Schoschana. Ich habe einen andern Eindruck: er will die Entscheidung herbeiführen. Die Zeit der Vorbereitung ist eben zu Ende. Aber Entscheidung muß ja nicht gerade Tod bedeuten; sie kann auch Sieg heißen.«

Das Mädchen seufzt tief auf.
Meleagros faßt ein wenig Mut, will breit ausholen: »Wie Sokrates mutig vor die Athener trat –«
Sie fällt ihm in die Rede. »Der Giftbecher. Du hast es mir selbst erzählt. – Entscheidung! Für den Gefühllosen bietet sie einen schönen Anblick. Dem, der mitfühlt, zerreißt sie das Herz. – Entscheidung! Es ist doch kein Kampf, der Aussicht hat. Es ist eine Abschlachtung. So wie die Dinge liegen, muß die Entscheidung gegen ihn fallen. Ist dir das nicht klar? Sieh, mein Freund, über all das habe ich mit keinem Menschen geredet. Ich kann es nicht. Du bist der erste, der mir Erleichterung bietet. Ich kann endlich wieder sprechen. Ich war vor lauter Stummheit innen schon ganz schwarz. Meine Pflegemutter ist nun ganz auf seiner Seite. Ich sagte dir ja: Hat sie einmal erkannt, daß ein Wille unzerbrechlich ist, so steht sie nicht mehr dagegen. Sie fühlt dann, daß nichts mehr zu wehren ist. Daß es nichts nützen würde, zu widersprechen. Früher war Mirjams Weisheit meine Bundesgenossin, ich konnte ihr meine Sorge um ihn anvertrauen. Jetzt geht sie mit ihm, opfert wie Abraham ihr Kind. Wird ihr dann aber im letzten Augenblick der Widder gezeigt werden – und das Dickicht hält seine Hörner fest?« Sie schluchzt, sie lehnt die Wange an seinen Hals, er fühlt ihre warmen Tränen rinnen. Er hat mit einemmal das Gefühl, daß sie ihm noch nie so nah gewesen ist.
»Sprich nur«, sagt er und wagt sogar, einmal über ihren Arm zu streichen. Dann erschrickt er darüber, daß er das getan hat. Glücklicherweise hat das Mädchen nichts bemerkt. Ja, jetzt weiß er es: Diese Nähe ist trügerisch. Sternweiten liegen zwischen ihr und ihm, wiewohl sie auf demselben verregneten Holzstoß nahe beisammen sitzen, denselben welken Blätterduft atmen. Leise, mit zitternder Stimme fährt er fort, als könne er durch freundliche Worte dies Gefühl der Ferne wegschwemmen: »Sag alles, was du dir in dieser langen Zeit gedacht hast. Es sind ja viele Monate vergangen, seit unserem letzten Gespräch, unabsehbar viele. Vertrau mir völlig, wie

du es mir einmal zugesagt hast. Vertrauen statt Liebe. Um Gottes willen, schweige jetzt nicht.«
»Daß es nicht zu ihm paßt«, stößt sie wie aus verschnürter Kehle hervor. »Das ist die Hauptsache. Und daß es nicht gut enden kann, wenn er es doch versucht. Es paßt nicht zu ihm, denn im Grunde ist er ein fröhlicher Mensch.« Sie hält lange ein. Vielleicht spürt sie, daß sie nicht das Richtige sagt, nicht das, was ihr eigentlich vorschwebt. Es ist wohl schwer in Worte zu bringen, vielleicht überhaupt nicht. Als ob man eine Wolke in Stricke einfangen wollte — so scheint es nun auch ihm, trotz seiner klargeschliffenen griechischen Denkkunst. Er will ihr helfen: »Du meinst wohl, daß er gern ein fröhlicher Mensch geworden wäre — unter andern Umständen.« — »Ja, ja«, nickt sie eifrig. »So ist es, wie du eben gesagt hast. Er ist so stark, so glückhaft, er lebt in der Natur auf wie die Klänge eines Liedes. Unter Bäumen, auf Bergeshöhen, mit den Blumen, mit Kindern, die ihn jubelnd, ohne Scheu umringen. Bei Hochzeiten hättest du ihn sehen sollen, zu Hause bei uns im Dorf — wie er sich mit dem Einfachen freute, mit den Ärmsten. Alle kamen, ihre Gesichter hellten sich auf, wenn er sie ansprach. Unerschöpflich viel hatte er ihnen zu sagen, er tröstete sie, er erhob sie. Und wie glücklich er war, als er merkte, daß Heilkraft von ihm ausging. Es kann doch nicht sein, daß immer gerade die reichsten Herzen, die kraftvollsten Menschen, die für das Leben und alles Gute am dankbarsten sind — daß gerade sie das dunkelste Schicksal trifft. Und es ist nicht wahr, daß es so furchtbar ausgehen muß. Bei Jeschua gewiß nicht. Die Propheten meinen einen andern, nicht ihn, wenn sie von einem niedrig entwürdigenden Ende, von Verrat, von dreißig Silberlingen reden, von den Kleidern des Gehängten, die man verteilt und über die man das Los wirft, und von all dem andern ... Denn auch voll Lebensklugheit ist er, voll Besonnenheit. Er kann ganz ruhig werden, schlicht und voll innigsten Vertrauens zu allem, was er sieht, was ihm begegnet — völlig wach und klar erzählt er dann und dabei so scharfsichtig, so nahe am Quell des Wirklichen. Du hast selbst einmal gesagt, daß er immer

überrascht. Richtig! ›Die Söhne dieser Welt‹, so habe ich ihn einmal sagen hören, ›sind klüger als die Söhne des Lichts‹. Wer würde solch ein Lob der argen Welt von seinen Lippen vermuten! Die Weisheit einer vernünftigen Lebensführung schätzt er hoch ein. Und solch einer will nun nach Jerusalem, tollkühn in den sicheren Untergang.«

Sie vergißt, was sie selbst einmal über seine ›heilige Ungeduld‹ gesagt hat – diese Bemerkung hält Meleagros zurück, um die wie besinnungslos sich Verströmende nicht zu kränken.

Sie fühlt, daß er nicht einverstanden ist; auch ohne daß er spricht, fühlt sie es. Das verwirrt ihre Rede ein wenig. »Kluge Lebensführung ist ihm natürlich nicht das Höchste. Aber gering schätzt er sie auch nicht. Neulich noch, als er die zwölf Jünger aussandte, um die Lehre rings zu verbreiten, sagte er: ›Seid klug wie die Schlangen‹.«

»Und ohne Falsch wie die Tauben – das war der Zusatz. So hat man es im Haus des Demütigen berichtet.« Die Gedanken des Griechen schweifen für eine Weile ab, zu Jeschua, den er einen Moment lang wie körperlich vor sich sieht. Die wirbelnde Tiefe der graublauen Augen, die einen unwiderstehlich anzieht, in sich zieht. In feuriger Liebe drückt der Meister die schöne Welt an seine Brust. Sie soll nicht länger leiden! Sofort, heute soll der Gottesstaat erstehen. Wenn die Menschen aufhören, das Böse zu tun, wenn sie in Gerechtigkeit Gottes Wort tun und hören – dann antwortet Gott, dann sind ja im Augenblick Leid und Tod überwunden. Heilige Ungeduld! Heilig fester Glaube! Es muß geschehen. Wenn nicht jetzt, wann dann! Und sollte er sich dafür hingeben müssen, wie einst der Weise in Athen – es muß geschehen. So wie ein anderer Rabbi des hiesigen Volkes es ausgesprochen hat: »Ich will lieber ein Leben lang ein Narr sein in den Augen der Welt als eine Stunde lang ein Frevler vor Gott.« – Es ist die makellose Kristallklarheit der Seele, um die es geht. »Mein Reich ist nicht von dieser Welt«, das hat Meleagros einmal als eines von Jeschuas Lieblingsworten überliefert erhalten. Oh, gewiß nicht von d i e s e r Welt! Weil diese

Welt ja eine verdorbene Welt ist. Aber in der reinen, frei atmenden, holden Welt Gottes, da ist sein Reich und das Reich aller Gotteskinder. Einer muß den großen Umschwung herbeiführen. Er, der Meister, fühlt sich stark genug dazu. Alles beflügelt ihn, jede Blume, jeder klare Kinderblick, jede Schönheit und Richtigkeit, die sich zeigt, ruft ihn zur Tat auf. Muß er es also nicht versuchen?

Während Meleagros glaubt, eine Einung mit dem fernen Meister vollzogen zu haben, berichtet Schoschana weiter von der Entfremdung, die zwischen ihr und dem Verehrten eingetreten ist. »Ein anderes Leben war ihm vorbestimmt, für das er besser paßt. Ich habe es ihm gesagt. Er antwortet mir nicht. Ich habe es den Jüngern entgegengeschrien. Kepha ist wild geworden. Fast hätte er mich geschlagen. Er meint, ich hätte den rechten Glauben verloren. Und dein Jehuda, der hat mich ausgelacht.«

Meleagros zuckt zusammen. »Hat er dich ausgelacht?« Er ballt die Faust.

»Es ist mir gleichgültig. Was ich aber genau beobachte, ist, daß Unruhe von diesem Neuen ausgeht, ein verzehrendes Feuer. Er will alles vernichten, auch den Meister.«

»Daß er alles vernichten will, ist richtig. Nur tut er nie das geringste dazu. Er redet nur. Er ist unschädlich.«

Sie sieht ihn mit ungewohnter Schärfe an. »Verteidigst du ihn? — Du hast ihn also doch hergebracht?«

»Habe ich dir nicht schon gesagt —«

»Auch du bist mir gleichgültig«, schneidet Schoschana plötzlich ab, Kälte und fast etwas wie Haß gehen von ihr aus, während sie auf der Bank um einen kleinen Abstand von ihm abrückt. Er versteht: Auch das geschieht aus Leid, aus unerträglichem, beinahe übermenschlichem Leid. Sie hat das Bedürfnis, mir zu zeigen, daß sie mir durch die Entfernung vom Meister nicht etwa nähergekommen ist. — Ich habe das ja auch gar nicht vermutet, habe nicht etwa angenommen, daß ich gewinne, wenn drüben das Einvernehmen sich trübt. Klagend denkt er das, will nichts als ihr in ihrer entsetzlichen Herzensnot ein wenig beistehen, ein rechtschaffener Helfer wie damals, als er die Unbekannte, noch gar nicht recht Angeschaute, gegen die Soldaten verteidigte. »Sprich weiter«, sagt er sanft. Sie fühlt seine Ehrlichkeit, die seelische Verbindung zwischen beiden ist doch noch durchaus ungeschwächt. – »Verzeih mir. Wie ich dir verziehen habe, verzeih auch du. Müssen wir einander immer wieder wehe tun und beleidigen! Es ist traurig.«

»Sprich weiter, bitte. Ich höre. Du tust mir nicht wehe.«

Sie sucht sich zu sammeln. »Das ganze Volk in seiner Gesamtheit herumreißen – alle ohne Ausnahme, auch die Sünder, es ist ihm nicht gelungen. Und es kann auch nicht gelingen. Nicht so sehr, weil das Volk schlecht wäre. Nur Jehuda hält das Volk für schlecht. Auf nichts schmäht er so sehr wie auf sein eigenes Volk. Es schauert mich vor ihm, vor seinem Haß. Wer sein eigenes Volk haßt, ist zu jedem Verbrechen fähig. Das fühle ich, wenn ich ihn anschaue. Am Anfang, als ich noch mit ihm zu reden pflegte, sagte er mir einmal: ›Wenn ich nur diese Gesichter da um uns herum sehe, dann weiß ich: noch nie war ein Unternehmen so aussichtslos.‹ – Damals habe ich ihn als einen grauenerregenden Mann erkannt und ihn nie wieder angeblickt. Das Volk ist nicht böse. Im Gegenteil. Ich finde es bewundernswert. Es ist in seines Herzens Grund wahr und aufrecht gesinnt. So viele haben sich dem Meister angeschlossen, wollen seinem Wort der Liebe und Gerechtigkeit genügen – es ist ein Ereignis, das man anstaunen muß. Was würde aber geschehen, wenn alle kämen? Die Römer würden das Schwert ziehen und dreinschlagen. Unter fremder Herrschaft kann das Volk sein Leben nicht so einrichten, wie es will. Es macht einen guten Schritt – schon sind die fremden Büttel da. Die haben wahrlich ganz andere Ziele als ein Königtum Gottes. Sie werden es nie gestatten, daß wir etwas Gutes und Gesundes tun. Nur ein freies Volk kann das. Also ist jetzt nicht die Zeit zu solch einem Umschwung. Das muß doch jeder verstehen. Jetzt nicht – jetzt stille sein! Gehe in deine Kammer, mein Volk, hat der Prophet gesagt, und schließe die Tür hinter dir zu. So werde ich es nicht zulassen, daß mein Bruder sich den römischen Bütteln preisgibt.«

»Wenn er es nun aber doch für nötig hält, wenn es zu seiner Aufgabe gehört – wirst du ihn hindern?«

»Ja.«

»Das wäre gut. – Doch vielleicht wäre es auch sehr schlecht.«

Sie ist aufgesprungen: »Solche griechischen Feinheiten kümmern mich nicht.«

»Du kannst ihn auch gar nicht hindern.«

»Das will ich sehen!« Sie glüht. »Ich werde selbst zu den Behörden gehen. Zu den Römern. Oder ich werde dich bitten, an meiner Stelle zu ihnen zu gehen. Du kennst den Tuscus.«

»Die Hölle um Hilfe bitten?« Nun verläßt ihn denn doch die Geduld. »Solch einen Streich wider alle Vernunft traue ich dir nicht zu. Es wäre das Schlimmste, was du tun kannst.«

»Du mißverstehst mich.« Sie setzt sich nun wieder, ist ruhiger, spielt mit einer Falte ihres Kleides. »Ich meine nicht etwa meinen Bruder. Hältst du mich für so kindisch, daß ich gegen ihn die Römer hetzen wollte? Aber gegen Jehuda – mit tausend Freuden! Den Jehuda können sie ja auch wirklich fangen. Meinen Bruder nicht, solange er im Bergland ist. Alle würden für ihn kämpfen. Aber den Jehuda wird das Bergland gern ausliefern. Niemand wird ihn verteidigen, niemand auch nur die Hand für ihn heben. Er haßt uns alle und zeigt es uns auch. Welcherlei Bruderschaft schulden wir ihm demnach?«

»Und diese Auslieferung, Jehudas Tod – so meinst du es doch? – soll Jeschua abhalten, nach Jerusalem heraufzuziehen?«

»Sie werden weiter ins Bergland flüchten, die ganze Gemeinde, bis an die Schneefelder des Chermón. Wo es keine Menschen gibt, dort sind sie sicher.« Schoschana krümmt sich zusammen, macht sich ganz klein, wie gegen einen vernichtenden Schlag. »Dort sind sie sicher«, wiederholt sie keuchend.

»In unwürdigem Zustand kann ich mir den Meister nicht vorstellen. – In Einöden gar?«

Schoschana sieht ihn fremd an. »Petrus Kepha meint, ich bin

vom rechten Glauben abgekommen. Furcht hat mir den Glauben gestohlen — so spricht er. Menschenfurcht.«
»Vielleicht hat er recht. Vielleicht bist du wirklich vom Glauben abgekommen. Wer etwas Großes durchsetzen will, muß frei von Menschenfurcht sein, völlig frei. — Dich aber würde ich lieben, Schoschana, auch wenn keine Spur mehr von Glauben und Größe an dir zu finden wäre.« Er sagt das leise, hoffnungslos.
Sie hört ihn denn auch nicht, setzt ihren Gedankengang einsam fort. »Mag auch sein, daß nicht ich abgewichen bin, sondern Kepha. Wer kann das entscheiden? In letzter Zeit beginnt er von meinem Bruder als von einem Gott zu sprechen, von Gottes eingeborenem Sohn. — Die römischen Kaiser haben solch ein Gerede von Vergöttlichung nötig, mein Bruder nicht. Der Cäsar will Divus Julius genannt sein, braucht Opfer und Tempel und Priester. Weil er sich schwach fühlt, bedarf er des Getöses. Der römische Hauptmann in Kfar Nachum, der zu den Unseren gehört, hat uns Bilder aus Rom gezeigt, Glasmalerei — die eine Hälfte des Gesichts stellt das Gesicht des Kaisers dar, die andere Hälfte zeigt den göttlichen Alexander oder den Jupiter. Darüber haben wir gelacht. Auch über ein Spottbuch auf diese Vergöttlichung, das ›Die Verkürbissung‹ hieß. Der Hauptmann hat es aus Rom gebracht.«
»Euer Lachen beweist nichts. Trotz eures Lachens kann der Meister sehr wohl Gottes Sohn sein.«
Der Grieche sagt es in vollem Ernst. Schoschana wendet sich ab, das Gesicht verhüllt. Sie ist fassungslos.
Vorsichtig lenkt er ein. »Du hältst das vielleicht für eine heidnische Ansicht? Aber auch viele von euch sprechen es aus, ich habe es schon mehr als einmal gehört. Es ist nicht meine Sache, euren Streit zu entscheiden. Ich bin zu jung, ich bin ein Ausländer — mir ziemt es, bescheiden in der Ecke zu stehen und zuzuschauen, wie sich die Sache entwickelt. Nur in dem einen will ich dir raten: Zu Tuscus gehe nicht! Ihn laß ganz aus dem Spiel! Es wäre Verblendung, von ihm irgend etwas Gutes zu erhoffen. Der Römer hilft nie, er zerstört

nur. Übrigens ist er auch gar nicht in der Stadt. Seit langem habe ich ihn nicht gesehen.«

»Du wirst mir einen Boten schicken, wenn er zurückkehrt.« Eigensinnig beharrt sie darauf, wiewohl er mehrmals die entfernteste Möglichkeit einer solchen ›Rettung‹ zurückweist. Irren Blicks gibt sie ihm an, daß sie in Bet-Teena Unterkunft gefunden hat, nicht weit vom Häuschen des Demütigen. In Eleasars Hütte. Zwei Schwestern, Mirjam und Marata, pflegen da den kranken Eleasar, ihren Bruder, den man auch den »armen Lazarus« nennt. In seiner Hütte werde sie sitzen und auf die Botschaft warten: Tuscus ist in der Stadt eingelangt.

»Wenn du das Unheil beschleunigen willst, dann zieh den Tuscus in die Angelegenheiten. Sonst nicht.«

»Du hast doch gesagt – du mit deiner griechischen Feinheit –: es ist zwar schlecht, wenn das Unheil herangebracht wird, es ist aber auch gut.« Mit einemmal ist sie wieder das gesunde Landmädchen mit ihrem klaren Bauernverstand, überlegen in ihrer Helligkeit, die Schoschana von einst. Nicht als ob das nun eine haltbare Gestalt wäre. Es ist vielmehr wie mit der Flamme, die hinter dem Gitter des Herds züngelt: einmal sieht sie wie ein glühender Goldschatz aus, dann wie eine Nebelfahne, dann wie ein roter Regen oder ein abendlicher Wolkenstreif, ein Palast; plötzlich ist der Anblick des Goldschatzes wieder da, aber man weiß nun schon, daß das sofort im Rauch vergeht, daß das Bild sich nicht rahmen und an die Wand nageln läßt.

Es liegt trotz allem eine Lockung darin. Man möchte das liebe Bild festmachen. Meleagros versucht mit dem Mädchen so zu reden, wie es in friedlicheren Tagen geschah, am Anfang ihrer Begegnung, in verständigem Gespräch. Hat er sie denn nicht einmal die Philosophin des Möglichen genannt? Diesem verwildertem Menschenkind gegenüber ist das heute freilich eine ganz unwahrscheinliche Erinnerung. »Was ich mit dem ›auch gut‹ gemeint habe, will ich dir erklären. Ich habe an einen andern Lehrer gedacht. An Sokrates. Gewiß wollte er nicht durch ungerechtes Urteil sterben; man kann keinesfalls sagen, daß er es von Anfang auf seinen Tod angelegt hatte. Er wollte die Wahrheit lehren. Aber er wollte doch auch dem Tod nicht ausweichen. Er nahm es eben auf sich, wie es kam. Eines ist dabei sicher: ohne seinen Opfertod wäre seine Lehre nicht zu solch einem Glanz und Beispiel geworden. Durch seinen Tod hat er in dem jungen Platon den Platon erweckt. Das musterhafte Leben hat ihm Hunderte von Schülern gebracht, das musterhafte Sterben Hunderttausende.«

»Was willst du damit sagen? – Daß ich meinen Bruder hergeben soll? – Nie!« Die zierliche Gestalt geht gegen ihn los, eine Schulter voran, wie ein Straßenjunge, der eine Rauferei beginnt. Alle Besinnung scheint sie verlassen zu haben. Die Augen flammen. – Plötzlich bricht sie zusammen, über den Holzstoß hingestreckt, jammernd. Wie ein Opfertier am Altar, fährt es ihm durch den Sinn, während er bemüht ist, ihr auf die Beine zu helfen, die Zitternde aufzurichten. Sie dankt mit einem Blick, in dem sie ihre frühere Sanftheit allgemach zurückgewinnt. Lange sieht sie ihn an. »Wie einen seine Mutter tröstet«, flüstert sie, indem sie kleine Aststückchen von ihrem naß gewordenen Kleid abstreift. »Du bist gut, Meleagros.«

»Diese Aufgabe hatte ich eigentlich dir zugedacht. Den Dienst einer tröstenden Mutter. – Eine Weile lang hatte ich vergessen, daß Meleagros eine sehr böse Mutter hat. Daß sie den Scheit in die Flammen stößt. Erbarmungslos.«

»Das sind Märchen. Die Wirklichkeit ist nicht so grausam.«

»Oder noch grausamer.« Ein paar Regentropfen fallen. Ein Vogel beginnt zu singen, einige scheue kurze Töne. So klang es immer aus diesem Garten, nur voller, länger, all die Abende lang, wenn sie in gutem Gespräch mit Owadjah und Schlomit hier saßen, ein paar Stufen tiefer, unten auf der Treppen-Plattform, am Tisch vor dem Haus, oft bis zur Mitternacht.

»Leb wohl«, sagt Schoschana, ohne Regung, kaum hörbar.

Seine Worte stocken. »Es war uns nicht vergönnt, miteinander zu sein.« Schweigen. – Dann fügt er noch hinzu: »Wir wären glücklich gewesen.«

Sie nickt ernst.
Doch es ist nicht sicher, ob sie an dasselbe denkt wie er.
Der feuchte Blätterduft nimmt in der dunklen Luft zu. Ein Wind kommt auf, läßt die halbleeren Äste aneinanderschlagen.
Wortlos gehen beide dann noch eine lange Strecke nebeneinander her. Es ist nichts zu sagen. Sie sehen einander kaum an, ehe sie verschiedene Wege nehmen.

Ein so gutes Wesen – zerstört. Es ist der schwarze Magnetberg, der alles außer Rand und Band bringt, wenn das Unglücksschiff sich ihm nähert. Der Schatten Roms, der die ganze Erde verfinstert und den Menschen den Verstand raubt. Alles reißt sich los, tobt der Vernichtung entgegen. Es gibt kein anderes Ziel als die Vernichtung – und alles fliegt, eilt, dreht sich aus den Fugen, um möglichst rasch in den Falten des Nichts angelangt zu sein. Es geht den Dingen wie den Menschen gar nicht schnell genug.
Keine Rettung, kein Rat ist sichtbar. –
Unerwarteterweise scheint sich eines Tages doch etwas wie ein Ausweg zu bieten. Es ist ein stürmischer Regentag mit Wolken, mit Dunkelheit und ununterbrochenem Plätschern stundenlang. Gießbäche stürzen durch die steilen Gassen der Stadt, große Luftblasen treiben auf ihnen und platzen. Schieferfarbenes Wasser sprudelt die Steine hinab, es trägt Stroh und Gerümpel mit sich, traurige kleine Reste von Hausrat, an irgendeiner Schwelle mitgenommen, an einer andern abgelagert – sinnlose Beute, Zerstörung ohne Triumph.
In seinen völlig durchnäßten Mantel eingehüllt, tritt Jehuda in die Schreiberwohnung gegenüber dem Phasaelturm. Meleagros blickt von den Rollen der Anthologie auf, an der er arbeitet – er streckt die Hand aus.
»Ich bin enttäuscht«, erklingt es, noch ehe der Grieche sprechen kann. »Es ist die peinlichste Enttäuschung meines Lebens. Der Mann ist ja ein Moralprediger! Den Waisen und Witwen helfen, den Armen den letzten Rock schenken. Recht schön, recht schön. Das alles habe ich mir in meiner Jugend

längst an den Schuhsohlen abgelaufen. Hat es mir je zum Seelenfrieden verholfen? Die alte Leier, die uns bei allen Völkern verhaßt macht. Plattheiten, wenn man's genau nimmt. Und deshalb aus Ägypten hergesegelt! Es ist, um den Verstand zu verlieren. Zuerst hat er ja einigen Eindruck auf mich gemacht.« – Er hielt ein.

»Und später?«

»Er ist mir zu jüdisch.«

Völlig erschöpft warf sich Jason-Jehuda aufs Bett, verlangte trockene Kleidung, erhielt sie. Dann schlief er eine Nacht und den folgenden Tag lang, ohne zu erwachen. Erst gegen Abend kam er wieder zu sich.

»Aber ich werde ihn schon noch umkrempeln.« Das waren seine ersten Worte, als habe er auch zwischendurch im Traum an nichts anderes gedacht als an die Auseinandersetzung mit dem angeblich so unbedeutenden Gegner. »Ich geb's nicht auf.«

»Es ist wohl hart auf hart gegangen?« erkundigte sich der Schreiber.

»Als Lehrer kann ich ihn nicht annehmen. Weit mehr sollte er mich als Lehrer annehmen«, rühmte sich der Herzensfreund – und seine tiefeingeschnittenen Mundwinkel zuckten schmerzlich. »Ich kann mir nicht helfen. So liegt die Sache. Wozu es leugnen? Das hat keinen Zweck.«

Dann glitt sein Blick ab, verlor sich wie seine Stimme ins Wesenlose. Er machte einen müden, mürrischen Eindruck.

Allmählich erfuhr Meleagros, daß es da oben im Norden herzhafte Meinungskämpfe gegeben habe. »Mich an den Provinzialismus dieser Schüler zu gewöhnen«, erklärte Jehuda, »das kann mir niemand zumuten. Er selbst, der Meister, ist ja von anderem Schrot und Korn als seine Anhänger. Das gebe ich gern zu. Aber warum duldet er dann solch einen alten Zeloten Schimon um sich, der im Grunde nichts will als einen jüdischen König, um die Römer aus dem Lande zu jagen und die alte einheimische Dynastie Dawids wiedereinzusetzen? Ein Lokalkrieg als letzter Sinn des Daseins? Ich danke. Und der andere Schimon, der Kepha, hat zwar etwas bessere

Einsichten, zuzeiten redet er aber auch nicht viel anders als der alte Eiferer. Und die ›Donnersöhne‹! Die Feuer vom Himmel regnen lassen möchten, wenn eine Stadt die Lehre der Liebe nicht annimmt! Die alle werden ihn erst verstehen, wenn er lange tot ist. Ich verstehe ihn schon heute, das ist der ungeheure Unterschied. Ich liebe ihn ja, diesen Jeschua. Nur ich liebe ihn wirklich. Man muß ihm nur noch ein wenig helfen, ihn in die klare Richtung drängen. Er ist noch nicht entschieden genug. Immerhin weiß er etwas von den geheimen Dingen. Die um ihn aber – im Grunde wollen die meisten, die ihm folgen, nichts anderes als einfach spießbürgerlich im Frieden sitzen, jeder unter seinem Weinstock und unter seinem Feigenbaum. Das hätte sich der Mühe gelohnt! Statt daß alles zerfällt und mit den Wolken des Himmels etwas ganz anderes, etwas Grundneues begonnen wird – daß ein Auslöschen hereinbricht, unfaßbar groß über unserer schmutzigen, durch und durch verlorenen Welt mit ihren Staaten, ihren Körpern, ihren Gruppen und Grenzen, ihren Völkern, ihren Waffen, ihren Sicherungen – ihren Menschen mit einem Wort. Das alles muß weg! Erst wenn das Nichts anbricht, werden wir sehen, was nachfolgt. Mit der Freude des Spielers, der den höchsten Einsatz wagt, warte ich auf das Nichts.«
Die hellenische Logik des Meleagros war bemüht, die Meinungen zu sondern und zu vergleichen. Er stellte für sich selbst die Lehre des Meisters in einigen wenigen Sätzen zusammen; er wollte damit nicht etwa die Verantwortung dafür übernehmen, daß nun alles gesagt sei, was der Meister wollte – für ihn aber, für sein attisches Verständnis, soweit er eben die ihm doch noch ungewöhnliche östliche Welt fassen konnte, war sie in diesen Leitsprüchen übersichtlich ausgedrückt, nämlich: »Die Menschen tun sehr wenig aus Liebe – viel aus Haß – das meiste aus Gleichgültigkeit. Das muß sich ändern, und zwar sofort. So will es unser Vater im Himmel. Also kehret um und tut Buße.«
»Ganz falsch«, erklärt Jehuda. »Du wirst es nie begreifen.« Seine Stimme klang weich, gut, sanft, fast wie die Stimme einer Mutter – so einschmeichelnd; und in verwirrendem Ge-

gensatz zu dem Ton seiner Rede war ihr Inhalt geradezu tränenreizend scharf und entschieden. Die verhangenen graublauen Augen blickten dazu groß und melancholisch, immer ein wenig verlegen. Vor Verlegenheit begann er auch manchmal heftig zu schwitzen. Dann aber riß er sich zusammen, legte den Kopf schief, schaute einen prüfend an – da war man schon verworfen und verurteilt. »Nicht ändern sollen sich die Menschen, sondern ganz aufhören«, lispelte er zart.
»In jeder Sache die extremste Ansicht, diese aber unverbindlich – ich kenne dich nun.«
»Du mich kennen!« Nein, dieser Jehuda, dessen Blick nun schmerzlich-hochmütig zur Seite glitt, war ganz und gar kein ›guter Junge‹. War kühl und wild zugleich, war zerrissen und dazu stolz auf seine Zerrissenheit. Seine scheinbare Bescheidenheit war nichts als Eitelkeit in ihrer gefährlichsten Form. Tue ich ihm jetzt etwa Unrecht, wie ich ihn früher, in Alexandria, überschätzt habe? sagte sich Meleagros. – Er schillert ja in allen Farben. Er erschreckt und rührt zugleich. Ich muß ihn im Aug' behalten, sonst stellt er noch ein Unglück an.
»Du irrst in jedem nur möglichen Punkt«, verneinte ihn der Herzensfreund mit reizvoll tröstlichem Stimmzauber. »Einerlei. Die Menschen sollen sich in Staub auflösen, das meine ich. Das ist der Kern des Ganzen: auflösen, sage ich. Alles andere ist Nebensache. Aufhören, sonst gibt es keinen Frieden. Jeschua predigt Demut. Das gefällt mir, denn das ist der Anfang der Auflösung. Ein böser Gott hat die Welt geschaffen, der gute Gott wird sie vernichten: darin wenigstens hat mein alexandrinischer Thiasos recht gehabt, waren auch die Brüder und Schwestern im übrigen stumpfsinnig genug. Auflösung: das ist das große Signal, das heute gegeben wird. Die Endzeit ist angebrochen. Das, wovor ich immer Angst gehabt und wonach ich immer Sehnsucht gehabt habe – jetzt ist es da. Jetzt weiß ich wenigstens, daß meine Angst kein Wahn, nicht grundlos war. Wer dieser Angst und Beendigung der Welt widerstrebt, wer insonderheit auch nur im entferntesten Anstalten trifft, das Aufhören des Judentums zu verhindern

— der ist der Sünder wider den guten Gott. Und rings um Jeschua sehe ich viele solcher Sünder.«

»Sie wollen das Volk retten, und das ist gut.«

»Sie wollen die Pein des Volkseins verlängern, das ist schlecht.«

»Vielleicht sind sie sich über die Mittel nicht klar, die Jeschua anwenden will. Er will die Rettung von innen heraus. Wenn wir jeder begonnen haben, uns zu reinigen, tätig zu büßen, in Umkehr, dann wird Gott das Seine tun — das ist der tiefe, liebevolle Glauben, der ihn beseelt. Zu hoch für mich, fast unbegreiflich, das gestehe ich. Und auch viele der Schüler möchten sich vielleicht mit äußerer Rettung begnügen. Jeschua will mehr, will die grundlegende Rettung durch völlige Sinnesänderung seines Volkes, und möglicherweise würde dann auch die Rettung der ganzen Menschheit folgen. Im Ziel stimmen seine Schüler mit ihm überein. In der Methode allenfalls nicht so ganz. Du dagegen hast vielleicht einiges in deiner Methode, was ihm analog ist; ich meine deine Neigung zum Äußersten, darin ähnelst du ihm. Dein Ziel aber ist dem seinen fern, ja entgegengesetzt.«

»Deine griechische Klugrederei habe ich immer gehaßt«, erwidert Jehuda mit leiser Höflichkeit. »Übrigens kommt es heute glücklicherweise gar nicht mehr auf Redensarten und Worte an, sondern auf die Tat.« Nun enthüllt er, daß zwischen dem Meister und ihm wirklich die ernstesten Unbehaglichkeiten sich ereignet haben. Diese ›Unbehaglichkeiten‹ — mehrmals kommt er auf das abschwächend zweideutige Wort zurück — hätten schließlich dazu geführt, daß er, Jehuda, den Meister verlassen habe. »Aber er wird mich zurückrufen. Er kann nicht mehr ohne mich sein.« Er glaubt voraussagen zu können, daß Jeschua entweder selbst nach Jerusalem kommen würde — oder er würde einen seiner Vertrauten schicken, um ihn an seinen ›Hof‹ zurückzuholen.

Flüchtig denkt Meleagros daran, daß er einmal mit Schoschana ein ähnliches Spiel gespielt habe: Wer wird es länger ohne den andern aushalten? Ein lächerliches Spiel im Grunde. Bald genug hatte sich damals herausgestellt, daß Schoschana nur

in seiner Phantasie mitgetan habe. O die lang verflogene Zeit! – Doch nun muß Meleagros aufhorchen, die Sache wird ernst. »Und will er nicht mein Freund sein«, droht Jehuda, »dann werde ich ihm schon zeigen, was für ein Feind ich bin.«
»Du nimmst den Mund ziemlich voll.«
»Nicht zu sehr. Ich sage ein einziges Wort: Pilatus.«
»Was soll das bedeuten?«
»Daß ich die Römer darüber aufklären werde, was Jeschua politisch im Sinn hat.«
»Dann laß dir von mir fünf Worte gegen das eine sagen: Vorher bringe ich dich um.«
Das ist der Augenblick, in dem sich der unerwartete Ausweg zeigt, das unglückliche Mädchen aus dem Schatten des Magnetberges herauszuholen, ihr Erleichterung zu schaffen, sei es vielleicht auch nur für kurze Zeit. Diesen Jason-Jehuda unschädlich machen – das ist der Weg. Wenn man ein unheilvolles Ereignis verzögert, diesen Aufbruch Jeschuas nach Jerusalem, also in den Mittelpunkt der Gefahr – einen Aufbruch, auf den Jehuda, der Künder des Untergangs, hinarbeitet (so sieht es Schoschana, vielleicht irrigerweise) –, wenn man diese Entscheidung aufschiebt, indem man den Jehuda einfach abschafft, dann wird vielleicht Raum für eine unvorhergesehene günstige Wendung. Aufschub ist in solchen Fällen eine Einladung an das bessere Schicksal. – Und diesem Jehuda ein Schwert in die Rippen rennen, ehe er aus lauter Eitelkeit zu seiner Angeberei ansetzt – wäre das nicht ein gottgefälliges Werk? – Gleich darauf fällt ihm ein: Jehuda wird ja bestimmt nichts tun. Er droht nur immer, freut sich an den Gebärden des Schrecklichen. Zur Ausführung kommt es nie. Das ist seine Art: alles zerreden, zersägen, bis einem das Holzpulver der Untätigkeit durch die Finger rieselt. Jehuda wird nicht zu den Römern gehen. Das wäre eines der ›kleinen Mittelchen‹, die ihm ja gar nicht liegen, die er verachtet. Nein, Jehuda tut nichts. Er droht nur, das ist alles. Hat er nicht auch mich einmal in Alexandria mit dem Dolch bedroht! Schon hatte er ihn aus der Scheide gerissen. Ein

Blick konnte ihn zur Vernunft zurückführen. In Menschen, die so wütend gegen die Vernunft reden wie dieser Jason, siegt immer die Vernunft. –

Die Herzensfreunde stehen Aug in Auge. »Sage, daß das mit Pilatus ein Scherz war.“

»Wenn ich es sage, war es ein Scherz.«

»Das ist keine Zurücknahme.«

»Das Gegenteil einer Zurücknahme. Also ihr doch irgendwie ähnlich.«

Die beiden sind zu wohlerzogen, um das Gespräch zur Siedehitze zu treiben. Sie wissen jetzt, daß sie in diesem Augenblick beschlossen haben, einander zu überwachen. Sonst wird sich nichts ändern. – Ändert sich wirklich nichts? Als Meleagros am Abend heimkommt, findet er die Ecke leer, in der Jehudas geringe Habseligkeiten lagen. Er hat sich eine andere Wohnung gesucht.

Die Winterregen sind vorbei. Eine zarte goldene Sonne singt vom Himmel. Die Windstöße duften, als schwebten da oben im Blau riesige Gärten. Wochenlang hat Meleagros weder Jehuda noch Schoschana gesehen. Der Meister ist nicht in die Hauptstadt gekommen – vielleicht wird der Entscheidungskampf unausgekämpft bleiben? Und ist es denn überhaupt ein Kampf, wie Jehuda sich ihn ausmalt? Meleagros weiß: Wenn der Meister nach Jerusalem käme, um das Volk in seinem Mittelpunkt aufzurufen, dann kommt er nicht, wie der vorwitzige Schüler meint, um zu zerstören – sondern um aufzubauen. Um sokratisch darzutun, daß der Tod besser ist als ein unwürdig geführtes Leben. Um zu siegen oder sich für das wahre Leben zu opfern. Dennoch würde es der Grieche wünschen, daß der Meister irgendwo dahinten bliebe, daß er das Schicksal nicht auf die Probe stellte. Es sieht übrigens ganz so aus, als würde alles Drohende im Sande verlaufen. Niemand weiß, wo der Meister und sein engster Kreis sich aufhalten. Jetzt, mit Beginn des Frühlings sind freilich die Wege besser geworden, das Pessachfest naht. ›Und die

Stimme der Turteltaube wird in unserem Lande gehört‹ – so heißt es im Lied.
Eines Abends stößt Meleagros unerwartet auf den Herzensfreund. Es ist im ›Vorhof der Völker‹, auf dem Tempelberg, an derselben Stelle, an der Meleagros einst die Freude des Wasserschöpfens mitgefeiert und die er auch sonst häufig besucht hat, der Erinnerungen wegen. – In der Ostkolonnade gibt es einen Blick, den er besonders liebt, schwindelerregend steil geht es ins Kidrontal hinab. Diesmal steht Jehuda da, winkt von weitem, sein Blick triumphiert. »Dies ist Natanael«, sagt Jehuda, indem er seinen jungen Begleiter vorschiebt, »er kommt aus Kana im Galil. Solch ein großer, tüchtiger Bursche, ein Turm wie alle dort.«
Er spricht es nicht aus, aber Meleagros merkt, daß es erraten werden soll (und deshalb der triumphierende Blick): der Meister hat diesen geschickt, um mich zu suchen, zu holen. Der Meister hat klein beigegeben.
Indessen wird es gleich nachher wieder unklar, ob sich die Sache wirklich so verhält, ob Jehuda nicht ein wenig schwindelt – oder doch die Tatsachen so anordnet, wie es in seinen Kram paßt. Wohl ist Natanael gestern aus dem Galil in Jerusalem angelangt, und er gehört zu den Anhängern des ›Rabbi‹, wie er ihn nennt, doch nicht gerade zu den vertrautesten. Er ist gern bereit zu erzählen, wie er den Meister kennengelernt hat. Einer der Jünger habe ihm die frohe Botschaft überbracht: Wir haben den gefunden, von dem Moses und die Propheten geschrieben haben, den König Israels, Jeschua, Sohn Josefs aus Nazaret. Darauf habe er gesagt: »Aus Nazaret, kann da etwas Gutes herkommen?« Dann aber habe man ihn zu dem Rabbi geführt, und der habe ihn liebreich begrüßt: Siehe da, ein Sohn Israels, an dem ist kein Falsch. – Da habe er sofort seinen Irrtum eingesehen, den Gegensatz seiner gehässigen Gedanken, die ein einzelnes Dorf beschimpften, und der liebreichen Worte des Meisters, die das ganze Volk lobten. Und das Weinen sei ihn angekommen. Doch ein Wink, ein Fingerheben des Meisters habe ihn geheißen, gutes Muts zu sein. Und auf den ersten Blick habe

er ihm gehuldigt: Rabbi, du bist der Sohn Gottes, du bist König von Israel.
»Und er? – Du wirst Größeres als dies sehen – das hat er dir bedeutet.« Jehuda warf es mit merklicher Hast ein. »Oder etwa nicht? Vergiß die Antwort des Meisters nicht, die Antwort auf deine allzu engbrüstige Huldigung. Was sprach der Meister? – Wahrlich, ich sage euch (das war seine Rede, so hast du selbst sie mir berichtet), ihr werdet den Himmel offen sehen und die Engel Gottes hinaufsteigen und herabsteigen auf den Sohn des Menschen.«
Der junge Natanael errötete, der Vorwurf saß, denn die Worte eines Rabbi, eines Meisters mußten mit äußerster Sorgfalt und genau weitergegeben werden, wenn man sie anführte. Es galt als schweres Vergehen, etwas zu ändern oder auszulassen. Wer aber die Worte richtig und vollständig überlieferte, der hatte, so hieß es, Anteil an der kommenden Welt. Meleagros verstand auch, worauf Jehuda hinauswollte – welchen Unterschied er hervorhob. Ob aber der breitschultrige, sonnverbrannte Bauer aus dem Galil diesen Unterschied begriff, ob er ihn, wenn begriffen, irgendwie wichtig gefunden hätte – das hätte der Grieche nicht so ohne weiteres entscheiden mögen. Das, was weiterhin geschah, führte ihn eher zu einer entgegengesetzten Annahme. Er spürte nämlich plötzlich zwei leichte Faustschläge an seiner Hüfte. Neben ihm stand der schöne schwarzlockige Knabe vom See, Joaw, des reichen Eldad Sohn. Der Knabe, der ihn am blauen Bassin so heftig angesprochen hatte, im Peristyl der Villa bei Tiberias. Die ganze Zeit über hatte er ihn in Jerusalem nicht gesehen. »Mein Vater hat mich eingesperrt gehalten«, erklärte er lachend, »aber ich bin ausgerissen. Ich wohne längst nicht mehr bei ihm.« Dann wandte er sich Natanael zu. Die beiden waren ja Landsleute, beide Galiläer. Und am Ende war Natanael gar nicht vom Meister in die Hauptstadt geschickt, sondern von Owadjah? Denn der Knabe nahm den Sendboten zur Seite und hatte ihm rasch sehr viel zu berichten.
Welche Fäden gingen da wohl hin und her? Vielleicht bereitete sich das ganze Volk zu einer großen Erhebung vor.

und seine verschiedenen Gruppen, so entfernt ihre Gedankenwelten voneinander schienen: im glühenden Wunsch nach Befreiung, nach einem wahren Frieden ohne den Cäsar und gegen ihn standen sie einander näher, als man dachte. Ihre Parteisucht andererseits, die Sucht, kleinste Unterschiede vergrößernd herauszuarbeiten, mochte einer solchen Einigung entgegenstreben. — Meleagros war sich bewußt, daß ihm für ein sachgemäßes Urteil über diese Widersprüche im Volkscharakter noch manche Voraussetzung abging. Er hielt sich verschlossen — auch mit Jehuda wechselte er nur einige bedeutungslose Worte, während die zwei andern sich eifrig unterredeten.
Natanael verabschiedete sich von dem Knaben, kam zurück. Etwas anderes schien seine Aufmerksamkeit zu beschäftigen, hatte ihn plötzlich ergriffen. Er sah in das tiefe Felsental des Kidron hinab, in dem schon Nachtdunkel braute. »Joaw sagt, daß dies die Stelle ist«, brachte er endlich heraus, versank in andächtiges Schweigen.
»Welche Stelle, mein Bester?« erklang Jehudas Stimme mit gewohnter Süße.
»Nach der Begegnung mit dem Täufer Jochanan soll der Meister vierzig Tage und vierzig Nächte in der Wüste gefastet haben. Ist das wahr?«
Jehuda nickte. Je wunderreicher etwas klang, desto besser gefiel es ihm. Erst wenn der Kreis des Alltags, der Eisenring der Vernunft gesprengt war, lebte er auf.
»Und dann entführte ihn der Teufel in die heilige Stadt«, erzählte der Bauer, »und seine Flügel waren zackig wie Fledermausflügel, sie reichten bis an den Himmel, sie verfinsterten die Sterne, und der Mond sah aus wie in ein Fischernetz gefangen. — Ja, der Satan war es. Und er stellte den Meister auf die Zinne des Tempels, diesen Abgrund hier vor Augen. Ja, diesen Abgrund, in den wir jetzt hinabschauen. Wenn du Gottes Sohn bist, so stürze dich hinab — so sprach der Versucher —, denn es steht geschrieben: Er wird seinen Engeln Befehl geben und sie werden dich auf den Händen tragen, daß dein Fuß auf keinen Stein stoße. Jeschua ant-

wortete: Wiederum steht geschrieben: Du sollst den Herrn deinen Gott nicht versuchen.«
»Futter für Jason«, konnte Meleagros nicht umhin mit leichtem Spott fragend einzuwerfen. Dann ernsthaft: »So wird er wohl auch der Versuchung widerstehen, nach Jerusalem zu kommen.«
»Du weißt es anders«, beharrte Jehuda; seine hohe Stirn, die wehmütigen breiten Wangen verschwammen im Nebel zu einem mächtigen Wappenschild des Trotzes. »Jenes hat der Teufel eingeflüstert. Als etwas Sinnloses. Wenn es aber vom guten Gott kommt und einen guten Sinn hat, dann wird der Meister sich in den Abgrund stürzen.«
Natanael sah die beiden verständnislos an.
Der Knabe war davongeglitten. Rasch einbrechende Dunkelheit schleifte ihren weiten Mantel von den Bergen Moaws her, mit windigen Rucken und Staubwirbeln schleifte sie ihn durch den Hof. –
»Er ist hartnäckig geblieben«, sann Meleagros vor sich hin, als er allein heimkam. »Das bedeutet: auf alles vorbereitet sein.«
Nun war noch eines durchzuführen – abgesehen von erhöhter Wachsamkeit, mit der er jeden Schritt des einstigen Herzensfreundes zu umgeben gedachte. Dieses eine war eine kleine Sache, er hatte dennoch lange genug gezögert, sie zu erledigen. Seine Anthologie, sein ›bestes Geheimnis‹, lag in der Schublade; die Regentage hatten geholfen, sie zu vollenden. Jetzt war die Rolle bereit, die erste Schrift, seit Menschen schrieben, die kein Einzelgewächs war, die einen Chor vieler Dichter vereinte, einen Kranz, die Auswahl des Besten, das viele geschaffen hatten: Sappho, Archilochos, Anakreon, Erinna, Kallimachos, Platon, Theokritos und viele andere. Eine brüderliche Lobpreisung des Schönen auf Erden, des Frohsinns wie der Schwermut, zum Honig der Ermutigung geläutert durch die untadelig klare Form. Die Widmung lautet noch an Jason, von Alexandria her. Das Wort Jason strich er nun langsam durch, setzte Diokles ein, den seinem Herzen Fernen, der, sei es noch so grämlich und vertrocknet, noch

so langweilig und stelzbeinig, mit einer eigentlich unbegreiflich einfachen Entschlossenheit das gute Streben in ihm ermuntert hatte. Von dem Nahen, der dies gute Streben in ihm gefährdete, galt es nun endgültig Abschied nehmen. Obwohl es sich nur um einen einzigen Strich handelte, wurde ihm die Hand schwer. Jason hatte von dieser Widmung nie gewußt. Nie hatte Meleagros gewagt, dem Spottlustigen auch nur ein Wort über seine Absicht verlauten zu lassen. Wie wäre er ausgelacht worden! Vielleicht auch jetzt, da er beim Durchstreichen einen Stich im Herzen empfand. – Nochmals las er das Schlußgedicht:

»Ich, das Schnürchen aus Bast, verkünde das Ende der Rolle,
Diene den Biegungen treu, heg' das Geschriebene fest.
Und so meld' ich, daß dies, aus vielem zur Einheit gesammelt,
Des Meleagros Müh, hier sich zu Ende gefügt.
Seinem Jason flocht er aus Blumen den Kranz, des man ewig
Denken wird, da als Gunst Musengeleite ihm ward.
Ich, die geknüpfte Schnur, dem gewundenen Drachen vergleichbar,
Teile des Drachen Thron, hohen Wissens Genoß.«

›Seinem Jason‹ wurde nun entfernt. Und die fünfte Zeile sollte für alle Zeit beginnen: ›Dem Diokles flocht er . . .‹

Drei Ereignisse traten fast gleichzeitig ein und störten den Meleagros aus einem Zustand auf, den man allerdings nicht Ruhe nennen konnte – eher stumpfes Zuwarten, Warten auf den entscheidenden Schlag. Gerade jetzt, da er sich innerlich von dem gehaßten und geliebten Herzensfreund losgelöst glaubte, überkam ihn etwas, was ihn ahnungsweise verstehen ließ, wie es diesem Verzweifelten zumute sein mochte – Jehudas Gefühl der Nichtigkeit von all dem, was geschah, von der Vergänglichkeit mitten im scheinbaren Bestand schlich ihm wie ein Fluch in die Seele. Was können wir tun? Sitzen und zittern und das Unabwendbare herannahen sehen. Das war Jehudas Angst. Etwas von dieser Angst lag nun auch auf dem Griechen.

Drei Ereignisse stören ihn dann aus seinem Brüten auf: Jeschua soll in der Nähe Jerusalems eingelangt sein. Wie immer hatte er es richtig gemacht. Und auf eine ganz unerwartete Art, wie immer. Mit der Strategie eines großen Feldherrn hat er die Spähtruppen und Häscher umgangen, die Metilius und der Hohepriester Ben Kaiafa im unteren Galil, am See ihm entgegengeschickt hatten. Er ist dem Feind ausgewichen. Durch die Jordanwälder östlich des Flusses führte sein Weg, den Jüngern voran, die zagten und gern umgekehrt wären. Er schritt demütig, gesenkten Hauptes, doch mit einer Bestimmtheit und Ruhe, gegen die ein Widerstand, eine Auflehnung ganz undenkbar gewesen wäre. Auch die, welche sich fürchteten, die Jerusalem als Stätte des Kampfes und der Entscheidung lieber gemieden hätten, fühlten, daß sich hier etwas vollzog, dessen Notwendigkeit keinem willkürlichen Klugheitsgebot mehr unterworfen war, das stärkere Gesetze in freier Hingabe aufstellte.
Er kommt, er kommt, heißt es schon in Jericho. Die ganze Stadt begrüßt ihn. In Bet-Teena will man ihn gesehen haben. Dann hat er sich wieder, wie nach einem Heeresvorstoß, nördlich in einen Ort zurückgezogen, der abseits aller Landstraßen liegt, nach Ephraim, am Rande der Wüste. Nahe dort, bei den Bergen von Baal-Hazór war einst, in grauer Urzeit, die fürchterliche Schafschur festlich gefeiert worden, bei der Prinz Awschalóm, Dawids Sohn, seinen trunkenen Bruder Amnon, den Verführer seiner Schwester, hatte niederhauen lassen. Immer noch lag Schrecken auf den öden Felslehnen, deren Blöcke in langen weißen Reihen wie Drachenzähne bleckten. Wie ein starr gewordener Fluch, ein im Todesschrecken offengebliebenes Auge lag der einsame Bergort da. Wer es konnte, vermied ihn. Vielleicht hatte es der Meister für nötig gehalten, seine Anhänger nochmals durch mahnendes Wort zu stärken, nochmals in Ernst und grauenvoller Stille fest an die große Sache zu binden, ehe sie ins ablenkende Menschengewimmel der Hauptstadt tauchten. Vom wütenden Brudermord Awschalóms sprach er und der Tat Kajins wider seinen Bruder Háwel verglich er ihn. Dann hob er davon an, wie

viele Propheten schon den Tod durch die Bruderhand ihrer Mitmenschen erlitten hätten – denn der Prophet will allen ein Bruder sein, sie aber stoßen ihn zurück. Das Klagelied seiner großen Liebe erscholl: »Jerusalem, Jerusalem, die du tötest die Propheten und steinigst, die zu dir gesandt sind, wie oft wollte ich deine Kinder versammeln, wie die Henne ihre Küchlein unter die Flügel. Und ihr habt nicht gewollt.« – Er verstummte in tiefer Bewegung. Er weinte. Dann wandte er sich um und sah lange in die tote Landschaft, ohne daß jemand gewagt hätte, ihn anzureden.

Man atmete auf, als er wieder in den lebhaften Wanderschritt, die frisch ausgreifende Bewegung seiner jungmännlichen Glieder geriet.

Wieder in Bet-Teena eingelangt, war er von den Schwestern Mirjam und Marata angefleht worden, ihren Bruder Eleasar aufzuwecken, den der Tod erreicht hatte. Die lange Krankheit hatte ihn aufgezehrt. Aber ein fieberndes Gerücht bestand darauf, ja viele wollten selbst dabei gewesen sein, wie auf Jeschuas Wort der Tote aus seinem Felsengrabe lebend hervorkam, den Hauch beginnender Verwesung um sich, die Füße und die Hände mit den Totenbinden zusammengebunden und das Gesicht mit dem weißen Leinentuch bedeckt.

Dann nahm Jeschua im Hause des demütigen Hufschmieds Schimon Aufenthalt, bei dem viele Galiläer zu wohnen pflegten, wenn sie nach Jerusalem kamen. Die Jünger wie die wenigen vertrauten Freunde, auch die Frauen, wurden in der Nachbarschaft untergebracht. Da die herannahenden Pessachtage eines der drei Wallfahrtsfeste darstellten, hatte man sich überall auf Zustrom vorbereitet. – Übrigens trafen auch die Römer ihre Vorkehrungen. Zu den Festen gab es immer Unruhen des aufsässigen Volkes, also wurde die Garnison verstärkt, und der Gubernator Pilatus war bereits aus Cäsarea eingetroffen, um Überraschungen aller Art entgegenzutreten.

So werde ich den Verehrten wiedersehen – und mit ihm auch Schoschana, die wohl noch immer bei Eleasar wohnt. – Auch lockte den Meleagros das große Wunder, das dem Vernehmen nach in Bet-Teena geschehen war. Sein immer klarer, steinern-griechischer Tatsachensinn, seine witzige Zweifelsucht ruhten nicht. An Ort und Stelle wollte er den Geschehnissen auf den Leib rücken, dieser Erweckung eines Toten, die die Pforten der Natur aufbrach. Da erfuhr er die beiden andern Überraschungen. Schoschana wie auch Jehuda waren von den Römern verhaftet und ins Gefängnis geworfen worden.

Hatten sie sich der Staatsgewalt zu sehr genähert? Wußten sie nicht, daß man sich am grellen römischen Licht die Flügel versengt, wenn man ihm nicht ausweicht? War Schoschana gegen Jehuda eingeschritten, allen Ratschlägen zum Trotz – ein Opfer ihrer Angst um den Bruder, mit dem sie nun wohl in Bet-Teena wieder beisammen gewesen war? – Niemand konnte auf diese Fragen Antwort geben. Unwahrscheinlich dagegen dünkte es dem Meleagros, daß Jehuda irgend etwas gegen den Meister unternommen hatte. Damit hätte er ja sich selbst den Römern in die Hand geliefert, als ein besonders gefährlicher Anhänger des Galiläers, der sogar aus der Ferne herbeigeeilt war, um zu ihm zu stoßen. Dieser Eifer sowie seine hohe Bildungsstufe mußten ihn den Römern schon bei der flüchtigen Erhebung des Falles verdächtig erscheinen lassen, daher durfte er sich einem Gericht gar nicht aussetzen. Das wußte er sehr gut. Übrigens hatte Meleagros mit dem jungen Joaw ben Eldad ein Abkommen; Freunde Joaws beobachteten jeden Schritt Jehudas – und man hatte ihn nie mit Römern beisammen gesehen, bis zur Stunde, da er in den Kerker geholt wurde. Nein, Jehuda drohte zwar immer, fraß aber ebenso regelmäßig alle Erbitterung in sich hinein, führte nichts durch.
Nicht er, das wirre Mädchen hatte in der Absicht zu retten das Unheil in Bewegung gebracht. Dies schien dem Griechen klar. Jehuda hütete sich wohl, blieb still; hatte er denn nicht auch noch von früher her etwas auf dem Kerbholz, dem Tuscus gegenüber, den er in Athen hinters Licht geführt hatte – damals war er wirklich mein Herzensfreund gewesen, dachte Meleagros mit innigem Bedauern. Nun ist ja freilich von

Tuscus nichts zu spüren, seit langem hat er sich in Jerusalem nicht gezeigt. In der Registraturabteilung merkt man durchaus nichts von dem frischen und leise betäubenden Herbstduft, mit dem er Unauffälligkeit, liebenswürdiges Absterben der Sinne um sich verbreitet. Dennoch glaubt Meleagros die Hand des Tuscus in dieser Doppelverhaftung zu spüren. Und bald zeigt sich, daß er darin nicht irrt.

Doch ehe er sich um den Freund kümmert, muß er Schoschana retten. Da ist sein Liktorenring. Ihr Amulett hat sie ihn einmal genannt. Vorher war er auch einmal ihr Verlobungsring gewesen. – Nun läßt er ihn in ein Laib Brot backen, bringt es selbst zur Gefängniswache. Mit reichlichem Geld hilft er bei den Soldaten nach, dem Aufseher zeigt er irgendein Schreiben des Pilatus vor, gleichgültigen Inhalts, doch die Unterschrift sticht dem Mann in die Augen.

Man wird die Unglückliche dann ins Galil zurückbringen müssen. In der Hauptstadt geht sie unter, bringt sich und andere in Gefahr.

Joaw wird zu gegebener Zeit helfen, wird ihr Geleit geben, er kennt die geheimen Wege in die Schlupfwinkel der Nordberge. Häufig erzählt er von den großen Vorbereitungen gegen Rom, die dort im Gange sind. Meleagros ist einer seiner Vertrauten geworden. In den Schluchten von Arbeel, landeinwärts vom Tiberiassee, sammeln sich die Kämpfer, die Owadjah befehligt. Waffenschmieden und Waffenlager gibt es da in Fülle. Bei Arbeel, so sagt ein altes Wort, wird ein großes Licht aufgehen und der Messias erscheinen, der Israel befreit. Menachem, der Tröster, wird sein Name sein – Menachem, Sohn Ammiels; und die Erzengel Michael und Gabriel werden aus dem Himmel zu seiner Hilfe herabsteigen, wenn er den Erzteufel, den Bewaffneten, den Armilos besiegt. – Andere Voraussagen, an die die Menge glaubt, beziehen sich auf zwei Messiasse. Der eine Messias, Sohn Josefs, fällt im Kampf. Der andere, Sohn Dawids, führt dann die gute Sache zu Ende. Hat Jeschua nicht vorhergesagt, daß er sterben muß, ehe die Rettung gelingt? Ein dunkles, schmerzvolles Gerücht dieser Art eilt ihm voraus. Und ist er nicht ›ein Sohn Josefs‹?

Jedenfalls gilt der Volkssage immer wieder das Bergland des Galil oder eine Familie oder eine Volkserhebung dort als der Ausgangspunkt messianischer Erwartungen. An diese im einfachen Volk lebenden Hoffnungen denkt Meleagros in letzter Zeit immer häufiger. Gern würde er die kranke Schoschana im Schatten der galiläischen Freunde bergen. Doch Joaw, der dies bewerkstelligen könnte, wenn die Befreiung des Mädchens geglückt ist — Joaw ist gerade jetzt am gewohnten Ort nicht zu finden.

Wahrscheinlich verbirgt er sich, da die beiden Verhaftungen in der Umgebung des Meisters Sturmzeichen sind.

Vielleicht in der Korbflechterhütte, bei Adoniram? Häufig hat Meleagros ihn dort angetroffen.

Ungern geht er hin, die Hütte erinnert ihn zu sehr an die glücklichen Tage mit Schoschana. Und immer noch harrt die bleiche Thirza auf ihre Genesung. Aber solch weichherzigen Bedenken darf er sich jetzt nicht hingeben, da Schoschanas Befreiung und Sicherheit sein Ziel sind.

Ehe er den Weg antritt, erreicht ihn in seinem Zimmer eine seltsame Nachricht. Eine kleine Negerin verbeugt sich vor ihm, ihr Haar ist hinter zwei hohe Elfenbeinkämme gesteckt, silberne Kettchen baumeln von den Handgelenken — der Herr möge den Laden des persischen Perlenhändlers Charuna aufsuchen, im fünften Haus der zweiten Seitenstraße des Tyropäon, linker Hand. Dort werde er etwas erfahren, was für das Leben seiner Freunde wichtig sei. Ehe er richtig aufblickt, ist das schwarze Kind rasch davon. Den Weg muß er allein erfragen.

Bald darauf betritt er den Laden. An dem tänzelnden Schritt des Mannes, der ihm aus dem Dunkel des fensterlosen Raumes bis fast an die Schwelle entgegenkommt, erkennt er sofort den Tuscus. Tuscus beliebt also jetzt ein Perser zu sein. ›Zum König der Perlenfischer‹ — so ist der enge Keller mit den mächtigen Quadergewölben benannt, die sich gegen den Hintergrund erweitern, ins Unabsehbare verlieren, wie mitten in den Felsen hinein. Einige kleine niedrige Tischchen gewahrt dort hinten das Auge, das sich allmählich an die Finsternis gewöhnt. Über einem der Tischchen, auf dem blitzende Schmucksachen in Schatullen ausgebreitet sind, brennt ein sparsam flackerndes Öllicht. Dorthin führt Tuscus den Gast. Sie sitzen auf weichen Teppichen. Tuscus trägt einen schwarzen Bart, der fächerförmig ausgebreitet die ganze Brust bedeckt. Ein Burnus aus dunkelgrüner Seide, mit schmalen scheitelrechten schwarzen Streifen, gibt der sonst behäbigen Gestalt eine fremdartige Schlankheit. Nichts von der Niedlichkeit des braunen Knebelbarts, der zierlich gefalteten Toga zeigt sich; Perückenmacher und Kostümkünstler haben ihr Werk getan. Es ist einer der Grundsätze des großen Jägers, nie zweimal in gleicher Gestalt in derselben Stadt zu erscheinen.

Er nimmt an, daß Meleagros ihn erkannt hat, begrüßt ihn mit stark hervorgehobener Freundlichkeit. »Wir haben dir für viele wichtige Mitteilungen zu danken, die du uns geschickt hast«, beginnt er.

Der Grieche beherrscht sich. Er weiß, daß es jetzt darauf ankommt, dem Gegner nicht um das Geringste mehr einzugestehen, als er schon ohnehin weiß. So unterdrückt er sogar einen fragenden Blick. Selbst in diesem Halbdunkel kann einen jede Miene verdächtig machen. Das Halbdunkel lichtet sich übrigens in dem Maße, in dem das Auge sich daran gewöhnt. Vielleicht hat Tuscus absichtlich für seine Verhöre die sonderbare Örtlichkeit gewählt, die den neu Eintretenden mit verwirrender Finsternis schlägt, während der Ausfragende den Vorteil des bereits angepaßten Sehvermögens für sich hat.

»Durch deine Mittelsleute hast du uns ganz besonders gute Berichte zukommen lassen. Der Lohn wird nicht ausbleiben.«

Immer noch schweigt Meleagros, läßt den andern reden, der nach einer Pause fortfährt: »In dieser Hinsicht wirst du nur durch deinen Freund Jason übertroffen. Ja, es ist Jason, wir wissen es längst. Es hätte keinen Sinn, es zu leugnen. Jason aus Alexandria, früher Athen, vorher Keriót bei Hebron. Ich habe ihn gleich wiedererkannt, als er bei dir Wohnung nahm, mein Meleagros. Warte einmal, wann war das? Der ganze Winter liegt dazwischen.«

»Ich muß wiederholen, daß ich diesem Jehuda aus Keriót erst in Alexandria begegnet bin. In Athen habe ich ihn nie gesehen.« – Eines hat der Spürhund vergessen: Daß er behauptet hat, nicht selbst unter dem Namen Kreophylos in Athen gewesen zu sein, als er mich damals packen wollte – daß dieser Kreophylos sein Angestellter, nicht er selbst gewesen sein sollte. – Kreophylos, den ich persönlich nie gesehen habe, dem Jason damals in Athen ohne mein Zutun den gewaltigen Bären aufgebunden hat. Ihm diese Entgleisung vorhalten. Damit er sich um so schneller aus dem freundlichen Tanzmeister in den kleinen Jupiter mit dem Adlerblick verwandelt? Blitzbündel und Donnerkeile sind ja vorläufig in die Ecke gelegt. Vielleicht kann ich in der Ruhezeit etwas über Schoschana erfahren. Und auch jedes Wort über Jehuda-Jason wäre wichtig.

»Ich will auf unser attisches Zwischenspiel nicht zurückgreifen«, lächelt der angenehm tuende Tyrann und zieht seinen bekannten Unauffälligkeitsschleier um sich. »Bleiben wir also bei der Gegenwart. Jehuda hat uns über alle Pläne des Mannes unterrichtet, den man ›den Meister‹ nennt. Er wird heute oder morgen Jerusalem betreten. Wir werden erfahren, wo wir ihn zu finden haben. Am Donnerstagabend muß er jedenfalls innerhalb der Mauern sein, denn an diesem Abend wird das Pessachlamm gegessen, das nur innerhalb des Weichbilds von Jerusalem verzehrt werden darf. Und auch diese ganze Nacht über darf der Gläubige die Stadt nicht verlassen. Es ist nun heuer ein ganz besonderes Jahr. Der erste Tag des Pessachfestes fällt auf den Schabbat. Das Opferlamm sollte am Schabbat-Vorabend, also am Freitagabend geschlachtet und gegessen werden. Doch das ist, wie du weißt, unmöglich, es wäre eine Entweihung des Schabbat. Also wird heuer das Festmahl ausnahmsweise bereits einen Abend früher, in diesem Fall am Donnerstagabend eingenommen werden. Und der Freitag bleibt trotzdem ein Wochentag, gilt nicht als erster Tag der ungesäuerten Brote. Zwar gibt es darüber einen

Streit zwischen den Schulen der Schriftgelehrten, die Entscheidung aber ist die, die ich dir eben dargelegt habe.«
»Wie immer bewundere ich dein Eindringen in die uns so fernliegenden Gebräuche dieses seltsamen Volkes.«
»Jehuda hat mich darauf hingewiesen. Es liegen heuer besonders günstige, beinahe einmalige Umstände vor. Rom muß sich auf alle Fälle dieses Aufrührers entledigen. Zur Festzeit wäre das Aufsehen zu groß, zu viele Menschen strömen in der Stadt zusammen, es könnte ein wirklicher Aufstand daraus werden, den wir natürlich blutig unterdrücken würden. Das bedeutet Krieg. Rom liebt den Frieden, wie du weißt. Besonders wenn es durch den Frieden ebensoviel erreichen kann wie durch den Krieg. Wir wenden auch diesmal unsere kräfteschonende Taktik an. Bei Tag kann man den Mann nicht festnehmen, er ist zu beliebt. Bei Nacht kann er sich in einem der vielen Dörfer der Umgebung verbergen. Nur in dieser einen Nacht, am Donnerstag nach dem Festmahl, darf er sich nach dem Gesetz, das er strenge einhält, nicht aus der Bannmeile der Stadt entfernen. In dieser Nacht und am folgenden Tag bis zum Abend haben wir Zeit genug für Gericht und Exekution, denn da hat das Fest trotz Festmahl noch nicht begonnen. Ein Glücksfall sondergleichen.«
»Darf denn in der Nacht ein ordentliches Gericht zusammentreten?« Die Frage kommt schaudernd hervor. So nahe hat Meleagros Roms Zugriff nicht geglaubt, sosehr er sich die ganze Zeit über auf das Schlimmste vorbereitet hat. Aber wozu erzählt ihm Tuscus das alles, macht ihn zum Vertrauten seiner Pläne? Es muß etwas dahinterstecken, offenbar verfolgt der Jäger eine bestimmte Absicht. Aber welche? — Und daß Jehuda sich mit verräterischen Auskünften in die Angelegenheit eingemischt hat, ist eine weitere Überraschung; ist ein beklemmender Schmerz. Solch einen Sturz einer unbotmäßigen, aber doch groß veranlagten Seele hat er nicht erwartet.
»Wer spricht von Gericht?« geht des Tuscus scheinbar unbekümmerte Rede weiter. »Es genügt etwas Unregelmäßiges, das man knapp zur Not Gericht nennen kann oder Vorunter-

suchung oder sonstirgendwie – etwas Notstandartiges, das die Sache rasch abtut. Irgendeine auf gut Glück zusammengerufene Versammlung, ein paar Leute, die zum Synedrion gehören, vielleicht in einem Privathaus oder bei einem der Priester. Da gibt es den sadduzäischen Klüngel, die gefälligen Boethusianer, die tun, was man ihnen anschafft.« Der Hohepriester Ben Kaiafa kommt dem Griechen in den Sinn – wie er, am blauen Bassin, dem Metilius beinahe die Sandale geküßt hätte. Tuscus hat recht. Sie tun, was man ihnen anschafft. – Plötzlich sieht er das Unheil vor sich, das Grauen, das Volk, das sich nicht wehren kann und das für alle Zukunft oder doch auf viele Jahrhunderte hin schweren Anschuldigungen und Verfolgungen ausgesetzt sein wird, die in diesem Augenblick sich drohend zusammenziehen – das Volk ist nicht schuld am Tod eines seiner besten Söhne, einige wenige nur sind es, die ›tun, was man ihnen anschafft‹, das Volk hat gar keine Ahnung von dem, was vorgeht. Er blickt auf, um sich nicht in Träume zu verlieren. Doch diese niedrigen Tische, einige leer, andere mit Schmuck bedeckt – es sind sehr viele, wie er jetzt merkt, und überall stehen sie in der Tiefe der Felsöffnung, im Dämmern, soweit der Blick reicht – gleichen sie nicht viel eher Gräbern! Ein Friedhof, der sich weit in die Eingeweide des Berges erstreckt, auf dem oben die Stadt steht. Wie der dunkle Sitz der Erinnyen in den Höhlen unter der schimmernden Akropolis, wie dieses Geheimste, von dem Aischylos Kunde gab in schaurigem Gleichnis. –

»Wir haben daher diesen Jehuda freigelassen«, hört er noch, einer Ohnmacht nahe. »Das hat ihm nicht genügt. Er hat einen Preis verlangt. Dreißig Silberlinge. Die hat man ihm denn ausgezahlt. – Nun habe ich dich zu mir gebeten, als unsern bewährten Freund. Es wäre gut, wenn auch du in nächster Zeit alles aufbieten würdest, um die feindlichen Umtriebe dieser staatsgefährlichen Rotte auszuforschen. Damit wir alles im Frieden erledigen.« Er grinst, diesmal nicht ganz so beherrscht wie sonst. »Ich weiß, daß du dir bei ihnen Zutritt verschafft hast, lobenswerterweise – daß du bei ihnen aus und ein gehst –«

Plötzlich ist dem Meleagros klar, daß alles, was hier gesprochen wird, einen ganz andern Sinn hat – daß es anders verstanden werden muß, als es gesagt worden ist. Man wandelt wie auf Rauchsäulen, kein fester Boden ist unter den Füßen. Man muß sich fassen, sehr vorsichtig sein. – Trotzdem kann er sich nicht enthalten, um Schoschanas Freilassung zu bitten. Sie sei doch ganz gewiß unschuldig, ein armes Wesen, nicht ganz klar im Kopf. Wie er eigentlich fast sicher vorausgesehen hat, weicht Tuscus hier, wo man auf etwas Wirkliches stößt, sofort aus. Er weiß nichts von Schoschana – er habe mit ihrer angeblichen Festnahme nichts zu tun, wahrscheinlich sei sie gar nicht festgenommen. Es gebe jetzt so unabsehbar viel Gerüchte in der Stadt. – Er bleibt liebenswürdig, das Blitzbündel liegt weiterhin in der Ecke. Eine einzige Falschheit durch und durch, das ist dieser Tanzmeister der Hölle – denkt Meleagros, und der Polizeigott brauchte das Folgende gar nicht mehr hinzuzusetzen, um ihn auf die richtige Fährte zu lenken. Die richtige Fährte hat er bereits, ehe Tuscus wohlberechnet äußert: »Es ist alles für den Empfang des Wühlers vorbereitet, wie du siehst. Nun kann er nur noch eines tun: auf das Betreten Jerusalems verzichten. Bei seinen Anhängern würde er damit freilich viel Ansehen verlieren. Aber alles besser als gehängt, nicht wahr, mein Liebster.«

Es ist deutlich: die Römer wünschen die Auseinandersetzung nicht. Sie fühlen sich im Augenblick schwach. Unruhen züngeln an allen Grenzen des Weltreichs; im Land steht nicht einmal eine ganze Legion; Joaw hat neulich davon gesprochen, er ist gut unterrichtet. Meleagros fühlt: Er hat mich so liebenswürdig behandelt, mir die Lügen geleisteter Dienste an den Kopf geworfen, um mich dumm zu machen – ich soll ihm als Werkzeug dienen, den Getreuen des Meisters eine Warnung und abschreckende Nachricht zutragen. Auch Nachricht, die zersetzt. Denn das mit Jehuda ist erfunden, vom ersten bis zum letzten Wort. Jehuda hat gar nichts gesagt, nichts verraten. Was hat denn eigentlich dieser überschlaue

Tuscus als kostbare Auskundschaftung vorgeführt? Daß der Meister in den nächsten Tagen in die Stadt zu kommen gedenkt. Wenn er schon in Bet-Teena angelangt ist – welche Weisheit, seine Ankunft in Jerusalem vorauszusehen! Ein Preis für den, der es nicht schon vorher erraten hat! Die auf den ersten Blick etwas verwirrenden Einzelheiten über den Festbeginn – auch sie waren leicht in Erfahrung zu bringen, jedermann in der Stadt hatte sich mit ihnen vertraut gemacht; sie schnitten ja als Gebote in das Alltagsleben jedes einzelnen ein. Auch gab es Römlinge genug, bei denen man sich genauer erkundigen konnte. Bedurfte es eines besonderen Spions? Ganz abgesehen davon, daß Tuscus bekanntlich all diese Dinge des Ritus mit einer Art von Jagdfreude seit langem zu seinem Spezialstudium gewählt hatte. Es brauchte auch niemand den Römern zu raten, wie man ein Standgericht macht oder wo Jeschua anzutreffen sei, dessen Leben sich in der Öffentlichkeit abspielte, vor den Augen des ganzen Volkes, wenn er nicht absichtlich gerade Orte aufsuchte, die fern von Jerusalem und andern Mittelpunkten lagen. Hier aber, in Jerusalem und nahe bei Jerusalem, konnte nichts verborgen bleiben, was er tat. Verdächtig, daß all diese selbstverständlichen Auskünfte als besondere Errungenschaften und Verrätereien Jehudas ausgegeben wurden. Was aber die Sache ins hellste Licht stellte, das waren die ›dreißig Silberlinge‹.

Sie waren nicht aus Silber, sondern aus Pergament. Ein Zitat aus den Versen Secharjahs, des Propheten. Schoschana hatte diese ›dreißig Silberlinge‹ mehr als einmal erwähnt. Was geschrieben stand, war die Geschichte eines Hirten, der seine Herde aufgibt, seinen Stab zerbricht, seine Arbeit verrät. Er wendet sich an die Schafhändler mit den Worten: »Wenn es in euren Augen gut ist, gebt mir meinen Lohn, und wo nicht, so laßt es. Und da wogen sie mir meinen Lohn zu: dreißig Stück Silber.« Seither galten dreißig Silberschekel als Lohn dessen, der die Rettung verraten und vereiteln wird, der die gute Sache verkauft. Natürlich war Tuscus mit der Art des Volkes vertraut, das die Ereignisse gern mit Vorhersagen der alten gotterwählten Propheten in Verbindung brachte. Derartiges fand am leichtesten Glauben. Tuscus wußte aber auch, daß Jehuda unter allen Jüngern jener war, der weitaus am selbständigsten dachte, der einzige, der sich gelegentlich den Ansichten des Meisters entgegenzustellen wagte. Die Kunde, daß zwischen dem Meister und gerade diesem Jünger eine sich letztens deutlich genug ausdrückende Meinungskluft entstanden war, daß Jehuda mit wüsten Drohungen nicht sparte, mochte dem großen Aufpasser durch einzelne seiner zahlreichen Verbindungsmänner zu Ohren gekommen sein. Welch gute Gelegenheit, die engste Gruppe um Jeschua, die treueste Anhängerschaft, zu spalten, zu lähmen, in Unruhe und Mißtrauen zu versetzen. Die Freilassung Jehudas war nun sein Kainszeichen. Und was konnte die Jünger ärger entmutigen und schwächen als der Gedanke, einen Verräter unter sich zu haben. Und warum nur einen? Vielleicht waren es mehrere. Jedenfalls setzte es den ganzen Kreis in den Augen der Masse herab, wenn es sich herumsprach, daß er nicht lauter Heilige umfaßte.

Schon an der Schwelle des Höhlenkellers kehrt Meleagros um. Sein Gewissen erlaubt ihm nicht, so ohne weiteres wegzugehen. Es kämpft gegen seine Vorsicht; und es siegt. Die Vorsicht bewirkt immerhin, daß er seinen Protest zugunsten des Herzensfreundes in die Form der Besorgnis und des unbefangen spöttischen Rates kleidet. »Ich weiß nicht«, sagt er und nimmt eine bekümmerte Miene an, »ob du diese falsche Perle vorteilhaft verkaufen wirst. Ich meine das mit den Silberlingen.« Hier steckt er ein wissendes Lächeln auf, das sich auf die Tatsache des Zitierens, auf den Propheten Secharjah bezieht. »Das mit den Silberlingen wird man am wenigsten glauben. Jedermann weiß, daß Jehuda-Jason nie geldgierig war. Das Wenige, was er besaß, hat er gern verschenkt. Ich kenne einen armen Mitstudenten, den er in Athen hatte, mein Kreophylos – verzeih die alte Gewohnheit –, mein Tuscus, wollte ich sagen –, diesem seinem Mitstudenten hat Jason einmal einen neuen Mantel geschenkt, und selbst hat er nur einen schlechten alten zurückbehalten. Einen andern Freund hat er aus der Fechtschule freigekauft. Seine

Seele war immer vornehm. Man mag gegen seine menschenfeindliche, zerstörende Art einwenden, was man will – habgierig war er nie. Ich fürchte sehr, man wird dein Märchen nicht glauben.«

»Man wird es glauben, das laß ruhig meine Sorge sein«, versetzt Jupiter, nicht gerade unter Anwendung des Blitzstrahls, aber hochfahrend genug. Die beiden kleinen Finger seiner weißen dicken Händchen reckt er dabei affektiert in die Höhe. Achtung! aufgepaßt! – das besagt die Geste – und: Nun kommt, wenn auch nur nebenbei, die größte Weisheit hervor. »Das Volk glaubt alles. Es kommt nur darauf an, daß man es ihm richtig zu fressen gibt. Wenn man die entsprechende Macht hat, so kann man ihm sogar verfaulte, übelriechende Sägespäne vorsetzen, und verlangen, nicht nur daß es das Zeug schluckt, nein, daß die meisten, wo nicht alle, begeisterte Lobsprüche auf den köstlichen Braten anstimmen. Das ist ganz leicht durchzusetzen. Glaube mir, man kann mit den Menschen machen, was einem beliebt. Die tatsächliche Macht hat die Kraft, sich in jede gewünschte Erkenntnis sogenannter Wahrheit zu verwandeln. Noch etwas stärkerer Druck – und die Sägespäne schmecken den Menschen sogar. Dieser Sache wegen kannst du also unbesorgt sein, mein Freund aus ... aus Gadara.« Nun kam zum Schluß doch der Stich, der besagte: »Trage lieber Sorge um dich selbst.«

Das kleine Negermädchen trat ein, überreichte eine gesiegelte Rolle, die der Herr rasch öffnete. Vielleicht war auch das eine Schauspielszene und sollte verblüffen? An diesem Orte war alles zweideutig, was einem gezeigt wurde. Es konnte sogar auch wahr sein, wenn es nur dem Hauptakteur nützlich war. »Ich erhalte eben eine Nachricht, die dich freuen wird, Meleagros. Du sprachst von einer gewissen Schoschana. Es scheint, daß du vorhin doch recht gehabt hast. Ich hatte die Sache vergessen, es geht in diesen Tagen allzuviel vor. Sie war wirklich ins Gefängnis gebracht worden, diese Schoschana, sie soll eine Ziehschwester des Judenkönigs sein. Da hat man ein Auge auf sie haben müssen. Nun aber ist sie aus dem Gewahrsam entwichen.«

Meleagros machte eine rasche Bewegung.

»Ich habe dir ja gesagt, daß du dich freuen wirst. – Natürlich wird man ihr nachsetzen, sie aus ihrem Versteck holen. Dann wird es ihr schlecht ergehen, ich bedaure das sehr. Jetzt hat sie sich ja erst recht verdächtig gemacht. Es ist da übrigens noch ein merkwürdiger Umstand: Die Wache sagt aus, diese Schoschana hätte Erlaubnis gehabt, sich zu entfernen. Zum Zeichen dieser Erlaubnis hat das Mädchen einen römischen Siegelring vorgezeigt, der die Insignien der liktorischen Gewalt trug.«

Wie absichtslos legt der Grieche im Weitersprechen seine Hand auf das Tischchen vor sich hin. Er war nun lange genug vertraut mit der römischen Macht, er wußte, was sich gehörte. So trug er eine Nachahmung des Rings mit den Fasces. Joaw hatte darauf bestanden, sie schon vor einiger Zeit vorsorglich bei einem befreundeten Juwelier anfertigen zu lassen.

Tuscus nickte flüchtig verabschiedend. Es lag ihm nichts daran, eine allfällige Fälschung aufzudecken. Das konnte vielleicht später einmal wichtig werden, für diesmal wünschte er mit dem Griechen im Guten auseinanderzugehen.

Der nächste Tag führt den Meleagros nach Bet-Teena. Wenn irgendwo so mußte Schoschana dort zu finden sein. Eine Umfrage in dem kleinen Ort war rasch durchzuführen. Da ist ja auch das Haus Eleasars, des so wunderbar vom Tode Erweckten. Diesem Geschehnis nachzufragen fühlt sich Meleagros heute nicht stark genug, nicht wach genug. Er sucht mit aller Kraft der aufgepeitscht sehnsüchtigen Seele Schoschana, nur sie, die bei diesem Eleasar und seinen beiden Schwestern Wohnung genommen hat, als sie im Winter aus dem Nordbezirk hier eintraf. Vielleicht hat sie sich auch diesmal an die gleiche Stelle gewandt.

Die Hütte ist von einer dichten Menge umlagert.

Er erfährt, daß der Meister in der Hütte drinnen zu Gast ist. Nein, Schoschana ist nicht mit ihnen. Niemand hat Schoschana gesehen. Aber alle Jünger seien mit ihrem Herrn versammelt. Meleagros läßt sich die Namen nennen. Alle zwölf werden genannt, auch Jehuda. Das römische Gift hat sich hier also noch nicht verbreitet.

Der Blick durch die kleinen Fenster ist verstellt. So viele versuchen, ein Wort des Verehrten zu erhaschen. Meleagros bleibt abseits. Es ist nicht seine Art, sich durchzudrängen, um einen günstigen Platz zu ergattern. Noch weniger kann er die Schwelle überschreiten, da er nicht zu den Geladenen zählt. Und was sollte er denn sprechen? Mit welcher Miene dem Manne gegenübertreten, über den er zwar einiges zu wissen glaubt, den er liebt und in Gedanken gegen alle verteidigt, die ihn mißverstehen, der ihm aber bei all dem unsagbar fern, der ihm und seiner Denkart einfach nicht erreichbar ist?

Er begnügt sich damit, einen Rundgang durch das Dorf zu machen. Überall fragt er nach Schoschana. Auch bei Schimon dem Demütigen. Auf diesen letzten Weg hat er noch einige Hoffnung gesetzt – auch sie wird enttäuscht. Aber am Tisch bei Schimon sitzt der andere Schimon, der Fischer, der Sohn des Jona, Schimon Kepha mit den trotzigen dichten braunroten Locken. Der Jünger begrüßt den Eintretenden mit Freundlichkeit, sie kennen einander von Nazaret und noch von früher her, auch bei Owadjah sind sie ja einmal zusammengetroffen, damals als Kepha entsetzt die Kunde von der Festnahme des Täufers Jochanan brachte. – Das Gastmahl bei Eleasar ist beendet, bekümmerten Gesichts sitzt Kepha dem Hufschmied gegenüber, er hält mitten in einem Bericht. Ehe sich Meleagros, aus ganz anderen Gedanken herkommend, in diese Erzählung hineinfindet, überblickt er das vollblütige, kräftige Gesicht des Jüngers. Es trägt viele starke Furchen, trotz seiner Jugend, Spuren innerer Kämpfe, frischen Leids. Dieses bärtige Gesicht zeigt dabei etwas sehr Großes: wie weit man vorwärtskommen und sich emporbauen kann, selbst wenn die Grundlage nicht die günstigste, ein Gemisch von Erdgebundenheit, Widersetzlichkeit und überstarken Trieben ist. Aber die stete Arbeit an sich, die Hingabe an den Meister hat dieses ursprünglich recht grobe Gesicht eines einfachen Arbeitsmannes, die knollig vorspringende Stirn, den struppigen Bart, die knorrige Baumrinde der Wangen, doch sehr zart und auf eine rührende, wenn auch immer noch recht unsichere Art veredelt – begeistertes Warten, Liebe tragen es wie mit unsichtbaren Händen himmelwärts. Das Gesicht Jehudas dagegen (es tritt einen Moment lang in Meleagros' Sinn), es ist edel, schön, großflächig angelegt, doch von zuckenden Mundwinkeln her zerfrißt es sich, zerfällt. Es sinkt, während Kepha, der rückhaltlos Bemühte, steigt – niemand weiß, wie hoch und zu welchem Glanz.

»Die eine Schwester Eleasars, Mirjam«, so berichtet Kepha, »setzte sich zu den Füßen des Herrn und lauschte auf sein Wort. Die andere, der das Haus gehört, Marata heißt sie, machte sich mit vieler Aufwartung zu schaffen. Beide Schwestern wie auch der Bruder sind dem Herrn herzlich lieb. Nun gab es aber so viele Gäste da. Es war ja keine Kleinigkeit, wiewohl wir alles, was wir brauchten, in die Hütte des armen Lazarus selbst mitgebracht hatten. Da hatte denn Marata keine Zeit, so viel war zu tun. Und sie trat an den Herrn heran, zu dessen Füßen die Mirjam saß. Und sagte: Herr, findest du es in Ordnung, daß meine Schwester mich allein bedienen läßt? Sage ihr doch, sie soll mit mir angreifen. Der Herr aber antwortete: Marata, Marata, du sorgst und beunruhigst dich um vieles. Es braucht aber nur wenig oder eines. Mirjam hat das gute Teil erwählt. Das soll nicht von ihr genommen werden.«

Meleagros seufzte aus tiefstem Herzen auf. Welch ebenmäßig stiller Wellenschlag in diesen Sätzen, die Wellen des taubengrauen Sees von Tiberias schmeicheln mit leisem Planschen an Ufersteine ... Wer doch auch so ruhig fühlen könnte, so einfach und von allem unbeirrt.

Doch Kepha scheint nicht zufrieden. Wie sie es gewohnt sind, haben die Schüler die neuen Eröffnungen des Lehrers gleich nachher untereinander heftig besprochen. Und einige hätten geäußert, daß der Meister vielleicht andeuten wollte, man solle von dem geplanten Einzug in Jerusalem absehen. Die

Errichtung des Königtums Dawids, des Gottesreiches, das sei die vielfache Sorge und Beunruhigung, die der Herr zurückgeschoben habe. Das Königreich Gottes werde leise kommen, von innen, ohne Gewalt, ohne Ansehen — das habe er ja immer wieder vorausgesagt. Und vielleicht auch diesmal wieder, gleichnisweise? Kepha neigt dazu, den Sinn der Herrenworte in dieser ihm unliebsamen Richtung zu suchen; sie widerspricht allem, was er von dem gesalbten König und Retter Israels erwartet. »Die eingesunkene Hütte Dawids wird er wieder aufrichten, so steht es geschrieben« — er klagt, als schwinde ihm ein Traum dahin. Einem tatenlosen, untergehenden Messias zu folgen — das wolle er nicht erleben. Nicht den Messias ben Josef: den Messias ben Dawid habe er gesucht und zu finden geglaubt. Er gesteht ganz offen, nicht aus noch ein zu wissen, er vergeht in Trauer und Ungeduld.
Auf dem Heimweg begegnet Meleagros einer Schar von Jüngern, die auf einem Saumpfad den Berg heraufkommen, recht langsam, wie von einem Spaziergang zurückkehrend, den sie nach dem Mahl bei Eleasar gemacht haben. Einige Schritte hinter ihnen die bekannte Gestalt, alle um Haupteslänge überragend, in einem weißen Linnengewand. Der Lehrer schreitet hinter den Schülern einher. Aus Demut — er liebt es nicht, an der Spitze zu sein, außer wenn es einer Gefahr entgegengeht oder einer guten Tat, zu der es ihn zieht. In friedlicher Ruhestunde wünscht er der Diener aller zu sein, der Hintenan-Bleibende, der weniger Wichtige, der nicht auffällt. Das ebenmäßige Gesicht ist bleicher und schmäler geworden, seit Meleagros es zuletzt gesehen hat. Doch auch der Frieden, der immer auf diesen Zügen lag, hat sich verstärkt und mildert den schmerzlichen Ausdruck, sänftigt das Licht der grünlich-blauen, unausdeutbaren Augen unter den dichten dunklen Brauen. Der ganze Frieden des einbrechenden Abends, die durchsichtig strahlende Weite der baumlosen Landschaft scheint in diesem azurnen Blick gesammelt, der sich verhüllt und dann wieder plötzlich hell auflodert, als wolle er sich an die ganze sichtbare Welt hingeben. Im Vor-

beischreiten fühlt Meleagros den kraftvollen Augenstrahl freundlich auf sich gerichtet. Es ist ihm fast, als hätte der Meister ihn erkannt. Er errötet. Grüßend senkt er den Kopf, bleibt stehen, läßt die hohe Gestalt vorbeigehen.

In der Korbflechterhütte Adonirams spricht man bis zum Morgengrauen darüber, wie man den Meister retten kann. Noch in der gleichen Nacht nach den Eröffnungen des Tuscus hat Meleagros den Weg zu dieser Hütte angetreten, auch hier fragt er vergebens nach Schoschana.Doch Joaw ist anwesend, der schlanke schwarzlockige Knabe, mit ihm die beiden Freunde Owadjahs, das Brüderpaar Ezbon und Jerimot, die Kupferarbeiter. Der alte Adoniram sitzt am Bett seines Kindes. Thirza stöhnt, sie ist weiß wie die Bettlaken; würde ihr farbloses Gesicht nicht immerfort zucken, so sähe man es kaum. Flach und wie körperlos liegt es da, schmiegt sich an den niedrigen abgenützten Polster. Ihre Krankheit hat sich so erhitzt, daß man stündlich ihren Tod erwartet. »Der Prophet ist nahe, der Prophet wird mich heilen«, flüstert sie im Fieber. »Ich will zu ihm, führt mich hin zu ihm.«
»Wie soll man das tun? Es ist unmöglich«, murmelt der Alte, im Gebetston. »Ich bin zu schwach, dich nach Bet-Teena zu tragen. Und allein kannst du nicht einen Schritt machen.«
Verzweifelt blickt Thirza vom Bett aus ringsum. »Diese jungen Leute werden mich auf eine Bahre legen und zu ihm hintragen.« Sie verbessert sich, streicht mit der schmalen Hand ihr wirres Haar zurück. »Nein, nicht in das Dorf. Wenn der Prophet an die Stadtmauer kommt, an das Osttor –, dann will ich dabeisein. Erlaubst du es, Vater?«
Sie weiß, daß dem Vater in jüngster Zeit Bedenken gekommen sind. Der ›Gerechte von Nazaret‹ hat Fehler begangen, so sagen einige seiner pharisäischen Freunde, er nimmt es mit dem Händewaschen seiner Schüler vor der Mahlzeit und mit andern Vorschriften nicht genau genug. Bitter beklagt man es. Einige stellen die Tatsachen in Abrede, die ihnen nicht behagen – während andere unbedingt am Meister festhalten, gerade die einflußreichsten im Synedrion, Vornehme

wie Nikodemus ben Gurion, Josef von Ramatajim und noch manch einer sonst. Sie haben nicht die Majorität, sie können von ihren sadduzäischen Gegnern, gemeinsam mit jenen ängstlich gewordenen Freunden, leicht überstimmt werden; aber sie können für den Rabbi sprechen und streiten. Es soll nun eine Gruppe der Ältesten gebildet werden, die für ihn eintritt. Daß es zu einem Zusammenstoß mit der Obrigkeit kommen muß, wenn Jeschua die Hauptstadt betritt, daß sich der Rat mit der Sache beschäftigen wird: so viel ist allen klar. Daher werden Schutzmaßnahmen erwogen, die Anträge, die man abwehrenderweise im Rat stellen wird. Auch Adoniram fühlt sich der Gruppe der ruhig Denkenden angehörig, in dieser Hinsicht ist er nicht schwankend geworden. Nur die Worte, mit denen der ›Gerechte‹ viele seiner Reden einleitet: »Die Alten haben gelehrt – ich aber sage euch«, die behagen ihm nicht. Zu viel Neuerung! Zwar ist es gut zu erneuern, und es heißt sogar, daß ein Gebet, in dem keine Neuerung vorkommt, überhaupt nicht ehrlich gemeint, gar kein rechtes Gebet sei. Aber die großen Propheten haben doch nie von sich selbst gesprochen, immer nur von dem Auftrag Gottes, der sie zu sprechen zwinge. Eigensinnig kommt Adoniram auf den Einwand zurück, ist zwar entschlossen, alles zu tun, um den ›Gerechten‹ nicht einer Lebensgefahr zu überliefern – seine Tochter aber möchte er dieser Hand nicht anvertrauen, die vielleicht doch nicht den Willen Gottes, sondern den eigenen Willen tut. In diesen Dingen der Gottesfurcht kann man nicht vorsichtig genug sein. Lieber soll die Tochter sterben, wenn es der Ratschluß des Himmels ist.

Thirza fühlt den Widerstand. »Erlaubst du es, Vater?« wiederholt sie.

»Ich habe dir schon gesagt, daß du davon nicht reden sollst.«

Müde fällt das Haupt des Mädchens ins Kissen zurück.

Joaw erklärt, nicht zum erstenmal in dieser Nacht, daß der Alte nachgeben sollte. Die Hand des Meisters sei rein, immer gebe er Gott die Ehre, und mehr als einmal habe er auf Fragen erklärt: Das weiß ich nicht, das weiß nur Gott allein. Einen noch entschiedeneren Ausspruch will Jerimot aus seinem Munde gehört haben: »Meine Lehre ist nicht mein, sondern dessen, der mich gesandt hat.« Und der andere Kupferarbeiter, der viel in den Schriften forscht, bringt vor, daß auch der Prophet Jeschajahu sich einen ›Gesalbten‹ genannt habe. »Ferner hat ein Seraph seine Zunge mit einem glühenden Stein berührt, den er mit einer Zange vom Altar genommen hat. Dessen hat er sich gerühmt. Und war doch gewiß kein Frevler.«

Doch Adoniram bleibt starr. Die Tochter wird er dem Wundertäter nicht anvertrauen. Andererseits gibt er den Gerechten, mag er auch irren, nicht preis. Auch der Fromme wird manchmal vom rechten Wege abgeführt. Heißt es denn nicht: »Auch der Fromme sündigt täglich siebenmal«? – Daß sich die Römer und die romergebenen Priester an Jeschua nicht vergreifen, dafür will er weiterhin eifern und alle beeinflussen.

In diesem Punkt stimmen alle Anwesenden überein. Es scheint sich eine Art gemeinsamen Strebens zwischen den Gemäßigten unter den Gesetzesfrommen vorzubereiten, zu denen Adoniram zählt, und den gemäßigten Freiheitskämpfern, die wie Owadjah den Frieden wollen, den Kampf nur im äußersten Notfall aufzunehmen gedenken; eine Übereinstimmung, die auch die Bestrebungen Jeschuas mit einschließt, wie man sie hier versteht: Er will keine Gewalt, doch soll die Reinigung der Seelen zu dem gleichen Ziel der Freiheit führen. Wie einst der Prophet geheißen: »Alle im Lande werden dann Schüler Gottes sein.« Ist dasselbe nicht auch das Endziel der andern Bewegungen, die sich gegen das römische Joch auflehnen, gegen den ›Herrn dieser Welt‹, den Satan? Meleagros hat dieses Sichannähern der Richtungen in letzter Zeit wiederholt bemerkt. Würde es langsam ausreifen, so könnte es gute Ergebnisse bringen. Doch dafür besteht nicht viel Hoffnung; zu rasch, zu feurig dröhnend schreitet schon die Zeit. Und die Not drängt. Joaw hat soeben Mitteilungen von dem Gemetzel in Cäsarea gebracht, das die Seelen wie in einen eisernen Ring des Entsetzens einschmiedet; an diesem Ring werden sie zu Taten vorwärtsgezerrt, in den Kampf geschleift, den sie gar nicht wünschen. — In Cäsarea gibt es seit langem Mißhelligkeiten zwischen Griechen und Juden, sogar zu kleineren Straßenkämpfen ist es schon gekommen. Unter dem Vorwand für Ordnung und Gesetz verantwortlich zu sein, schüren die Römer den Streit zwischen zwei dienstbaren Nationen, ihrem Grundsatz gemäß: ›Teile und herrsche!‹ Bald schafft die Macht des Prokurators Pilatus dem einen, bald dem andern Teil die Oberhand. Die Heiden sind ihm im allgemeinen lieber, doch gelegentlich hat er sich auch der Juden bedient, um die andern zu dämpfen. Selbsthilfe verbietet er beiden Parteien; damit wächst nur die allgemeine Unsicherheit, und er kann von Fall zu Fall als Retter, als Schiedsrichter erscheinen. Alle sollen fürchten, daß die römischen Kohorten abziehen; dann werde das Chaos anbrechen, verkündet er und tut mit Eifer alles dazu, damit seine Voraussage in Erfüllung gehe. Gern hilft er dem Chaos ein wenig nach. Nun sind des Festes wegen wirklich die Truppen aus Cäsarea nach Jerusalem abgerückt; sofort hat ein Mensch, den niemand kennt, an der Schwelle der Hauptsynagoge ein Vogelopfer dargebracht. Ein Heide, der ein Opfer nach jüdischer Art darbringt — Spott und Hohn! Wer hat ihn angestiftet? Den Scharfmachern auf beiden Seiten ist nicht beizukommen, nach vollbrachter Tat pflegen sie in der Menge zu verschwinden. Die Würde des Gotteshauses ist mißachtet; und nicht dies allein — die besondere Form des Opfers enthält eine beleidigende Anspielung, die jedermann versteht. Ein Vogelopfer bringt nach jüdischem Ritus der geheilte Aussätzige dar — und rings um die Juden raunt ja die alte ägyptische Anschuldigung, sie hätten ihren Auszug aus Ägypten nicht ertrotzt oder ihrem Gotte zu danken, sondern seien als Aussätzige aus dem vornehmen, sauberen Lande hinausgetrieben worden. Jüdische Jugend zieht nun, in ihrer Ehre gekränkt, die Waffen. Die Griechen sind vorbereitet, stürmen die Synagoge. Der Prokurator läßt seine Truppenabteilung, die in Sebaste steht, in den Kampf eingreifen. Eine jüdische Abordnung, die um Einhalt bittet, weist er schroff ab, wirft die Gesandten ins Gefängnis. Das ermutigt die Heiden, war auch nicht anders gemeint. In Cäsarea fällt ein beträchtlicher Teil der jüdischen Einwohnerschaft, das jüdische Viertel geht in Flammen auf. Wer am Leben bleibt, flieht. Schon sind ganze Scharen in Jerusalem eingetroffen. Die Freude des bevorstehenden Frühlings- und Auszugsfestes ist durch tiefe Schatten verhäßlicht.

Diese Tyrannei länger ertragen — wer brächte es über sich! Meleagros wird um seine Meinung befragt. »Wir zählen dich längst zu den Unsrigen, gib deinen Rat.« Der junge Joaw hat in diesem Kreis erzählt — es bleibt dahingestellt, ob seinem Wunsch oder der Wahrheit gemäß —, daß Meleagros sich in die Gemeinschaft der ›Verehrer des höchsten Gottes‹ hat aufnehmen lassen, der ›Sebómenoi ton theón hypsiston‹, wie sie sich in griechischer Sprache nennen. Ohne ihre Zugehörigkeit zum Griechentum zu verleugnen, halten sie den Sabbat und die ethischen Gebote der jüdischen Lehre ein. — Einen Rat nun weiß Meleagros freilich nicht. »Ich sehe eine grauenhafte Tragödie sich vorbereiten« — dabei eilen seine Gedanken zu dem blassen Manne hin, dem er vor wenigen Stunden in der Felswüste von Bet-Teena begegnet ist. »Man muß nun jeden Schritt aufs sorgsamste überlegen. Nichts unbesonnen tun, doch auch jede Versäumnis ist unbesonnen.«

»Es sind die Geburtswehen des Messias«, sagt einer der Kupferarbeiter. »Soll unser Geschlecht gewürdigt werden, die vollkommene Erlösung zu sehen, so müssen wir noch viel Not erleiden. So ist es geschrieben.«

»Das jüdische Volk als Held einer Tragödie — das ist griechisch gedacht«, bemerkt der Knabe Joaw, nicht ohne jenen Stolz, wie man ihn in einer solchen Lage nur der Jugend glauben und zugute halten kann.

»Ja, auch das jüdische Volk.« Meleagros fährt aus seinen Träumen auf. »Vielleicht ist dieses Volk sogar der eigentliche Held der Tragödie. Es befindet sich in einem Stand, in dem

es, allen Regeln der Historie zufolge, vor dem Untergang nicht mehr zu retten ist.«
Rings flüstert es: »Das verhüte Gott – sein Name sei gesegnet.«
»In dieser unmöglichen Lage, eigentlich schon verloren, schafft sich das Volk Werkzeuge, die hart am Rande des Unmöglichen vielleicht trotz allem eine Wendung herbeiführen sollen. Einige in eurem Volk freilich haben den Kampf um den Gottesstaat aufgegeben, wie dieser im Herzen abtrünnige Hohepriester, dem es genügt, für seine Person zu überleben. Andere verzichten auf eine edlere Art; mein Freund Jehuda träumt angstvoll-sehnsüchtig vom Ende der ganzen Welt, da er sich und alle zu schwach fühlt, das Leben anständig aufrechtzuerhalten. In euch aber sehe ich die heilige Schar von Chäroneia, die sich lieber von den Lanzen der Feinde zusammenstechen ließ, als vom Platze zu weichen. Dabei habt ihr mehrere Arten des Widerstands ausgebildet. Die Frommen wollen mit Hilfe des strengen Gesetzes und des Erbarmens aus dem Abgrund heraus; ihr drei seid mit Owadjah, der die Schärfen der Schwerter schleift; und jener glaubt mit aller Kraft seiner Liebe an die Rettung durch Umkehr allein, durch die Reinigung der Seelen, viele schreiben ihm eine übermenschliche Kraft der Reinigung und Erlösung zu, nennen ihn deshalb den Sohn Gottes.« –
»Das nicht! Das nicht!« Man widersprach gereizt, rief durcheinander. Doch es zeigte sich, daß in der Tat von vielen die größten Hoffnungen auf den Meister gesetzt wurden. Man berichtete, was im Volk geredet wurde. Alle Armen glaubten, daß jetzt das Ende des Unrechts gekommen sei, unter dem sie litten. Wer mit Ächzen lebte, sah die Wegwälzung aller Last am Horizont. Die Kranken sprachen von Schließung ihrer Wunden, die Müden zogen frischere Luft in ihre Lungen.
»Vielleicht denkt jeder zu sehr an das Unrecht, das er leidet«, meint der bedächtige Adoniram. »Jeder sollte mehr an das Unrecht denken, das er tut, als an das, das ihm widerfährt. Dann käme wohl für alle eine bessere Zeit.«

Ein heller Klang spritzt durch die Stube wie das Kreischen eines Vogels, nein, einer riesigen Vogelstatue, aus deren erzenem Schnabel plötzlich ein gläsern klirrender Ton von unvorstellbarer Kraft hervorbräche.
Alle blicken auf Thirza, die wild aufgeschrien hat. Sie steht aufrecht im Bett, ein weißer Engel, wie ein Lichtstrahl, der durch eine Ritze zwischen den Dachsparren eingedrungen ist. »Der Prophet hat die heilige Stadt betreten.«
Ihre Hand tastet, als stütze sie sich auf ein unsichtbares Geländer. So schreitet sie rasch vom Bett ins Zimmer, schwebt nieder. Seit mehr als einem Jahr hat sie die Füße nicht auf die Steinfliesen der Hütte gestellt. Jetzt geht sie langsam, doch ohne zu schwanken, bis an die Türe. Sie streckt die Hand weit vor, stößt die Türe auf – die Augen unnatürlich weit geöffnet in das frische Licht des jungen Tages. »Er reitet auf einem Eselsfüllen. Sie singen, sie haben ihre Kleider wie Teppiche über den Weg gelegt. Ich sehe sie. Ich höre sie jubeln. Sie schwenken grüne Büschel, auf den Feldern gepflückt, grünes Baumlaub. ›Hoschiana‹ singen sie. ›Hilf uns doch!‹ Gesegnet, der da kommt im Namen des Herrn. Gesegnet sei das Reich unseres Vaters Dawid, das da kommt. Hilf uns doch, du in der Höhe.«
Sie ist schluchzend in die Knie gebrochen, der alte Adoniram umfängt sie, er stammelt etwas von einem König, der einzieht – »gerecht ist er und siegreich, demütig ist er und reitet auf einem Esel.«
»So steht es bei den Propheten geschrieben«, flüstern einige.
»Ich sehe ihn«, ruft Thirza und richtet sich auf, ohne daß man ihr helfen muß. – Von ihrem Vater geführt, schreitet sie nun langsam, sicher durch die Straße vor der Hütte, die Straße mit den vielen schadhaft-alten Häuschen entlang – schreitet gegen die Stadt hinab, dem Empfang entgegen. Die noch tiefstehende Morgensonne, rötlich, in einem feinen Nebel, der die bläulichen Berge in der Ferne gleichsam verdunsten läßt – die Morgensonne bestrahlt, ohne zu sengen, einen wolkenlosen Tag.

Am Osttor wird das Mädchen mit ihrem Vater die Einziehenden nicht mehr finden, da diese schon mitten in der Stadt, auf dem Markt angelangt sind.

Der Gesang verhallt. In den lärmerfüllten Gassen versickert er allmählich. Die große Stadt hat ihn aufgeschluckt.
Sie ist mit den Vorbereitungen zum Wallfahrtsfest stürmisch beschäftigt, wie in leidenschaftlichem Ausbruch einer allgemeinen Erregung. Täglich treffen Scharen von Pilgern ein. Die Menge aus dem Galil, aus Jericho, die dem Meister folgt, erscheint in dieser wimmelnden Umgebung geringfügiger als in den weiten Ebenen und Bergen längs des Kineretsees. Manche der einziehenden Bauern blicken verschüchtert auf die ungeheuren Quadern, aus denen die Tempelmauern gefügt sind.
»Wie für ewig«, stammeln sie.
Einige warnen: »Der Feind ist nahe. Seid demütig. Wachet in Angst. Von diesen Steinen wird nicht einer auf dem andern bleiben. Es ist die Art des Irdischen, daß alles ein Ende nimmt, auch das Größte – daß nichts bestehen bleibt außer dem Herrn, Gott.«
Viele haben das Haus, das Gott sich zur Ruhestätte erkoren hat, nie zuvor gesehen. Andere antworten ihnen: »Wie kann es die Wohnstätte seiner Herrlichkeit sein, die das Weltall beseelt! Der Himmel ist sein Thron, die ganze Erde der Schemel seiner Füße. Hat der Prophet Jeschajahu nicht gesehen, wie schon die untersten Säume am Gewand Gottes den ganzen Raum der Tempelhöfe füllen!« Fromme Legenden werden ihnen entgegengehalten: Dieses Haus hat zwar nicht ein gottgeliebter König gebaut, wie das erste, und auch nicht ein Schriftgelehrter wie das zweite. Dieses Haus ist nach dem Willen des ruchlosen Herrschers entstanden, des Herodes, des Edomiters. Dennoch: der heilige Name ist über dem Bau ausgesprochen worden. Und der Himmel hat die Arbeit sichtbar gesegnet; in all den achtzehn Monaten, die dem Hauptgebäude galten, ist Regen nie bei Tag, immer nur bei Nacht gefallen, um die Maurer und Werkleute nicht zu stören.

»Wehe um das Haus, wenn Rechtschaffenheit nicht den Boden bereitet. Die feindliche Flamme wird es fressen. In die Unterwelt stürzt dein Stolz hinab, das Rauschen deiner Harfen. – So hat Jesaja es geweissagt.«
Derart erheben sich Stimmen des Unmuts; alte Klänge aus den Warnungen der Propheten werden wach. Jeschua spricht gegen die Heuchler unter den Pharisäern, die Dill und Kümmel und jedes Kraut verzehnten, doch vorbeigehen am Recht und an der Liebe Gottes. Er spricht mit Entschiedenheit, doch im Grunde maßvoll. Er stellt die alten Formen hin und daneben ihren Sinn, ihren ewigen Gehalt: Almosengeben, Demut, Menschenliebe. Was er verlangt, ist die Beobachtung beider Arten von Vorschriften, der Gebote, die das Äußere heilsam regeln, wie der Mahnungen, die das Innere zu reinigen streben. Eindringlich wiederholt er: »Dieses gilt es zu tun und jenes nicht zu lassen.« Dann entbrennt er gegen die Stolzen, die sich mit den Vordersitzen in den Synagogen brüsten, mit Ehrenplätzen bei Gastmählern, den Begrüßungen auf den Märkten. Übertünchten Gräbern gleichen sie, außen ist alles wohl geglättet und anmutig, innen aber wimmelt es von Knochen und Würmern. Sie seihen eine Mücke und verschlukken ein Kamel. Die Häuser der Witwen leeren sie aus, und tun groß mit endlos langen Gebeten. »Wehe euch, die ihr die Menschen mit schwer zu tragenden Lasten plagt, ihr selbst aber tupft die Lasten nicht mit einem eurer Finger an.«
Beifall und Murren erhebt sich im Vorhof des Tempels. Ein paar Stimmen rufen: »Man sollte ihn steinigen.« –
»Ich habe euch gute Werke sehen lassen, vom Vater her«, erwidert der Meister. »Meine Geheilten umgeben mich. Für welches meiner guten Werke wollt ihr mich steinigen?«
Die Gegner ducken sich. Aber jetzt bedürfte es einer ungeheuren Einheit, der Einigkeit des zerknirschten Volkes, um den großen Umschwung zu vollziehen. Es genügt nicht, daß viele für ihn sind und daß die Gegner sich vorübergehend zurückhalten. Sie müßten alle im Augenblick vor Liebe entbrennen, sich in lauter Bekennende, Sühnende verwandeln.

Im Augenblick – und alle ohne Ausnahme. Das ist es, worauf der Meister wartet.
Und sein Glauben steht fest: Geschähe diese Umkehr, dann geschähe auch das Wunder. Ein Stein würde sich von einem Berg losreißen, ohne Zutun von Menschenhand, und das große, furchtbare Standbild aus Eisen, Erz, Ton, Silber und Gold zertrümmern, dessen Glanz einst den König Nebukadnezar im Traum erschreckt hat, das vierte Reich, das heute wie damals die Welt regiert, das heidnische Gewalt- und Haßgebäude. Es zerstiebt, es fliegt davon, wie die Spreu im Sommer von den Tennen spritzt. Der Wind trägt es fort, keine Spur davon ist zu finden. So hat der Prophet Daniel es bezeugt ...
Wenn nun aber die Umkehr ausbleibt – wenn das Salz der Erde taub wird und die Liebe erkaltet ...
So faßt ihn, am zweiten Tage, der Schmerz um des Ungeziemenden und Unreinen willen, das es überall auf Erden gibt und das vor dem Tempel des Herrn nicht haltmacht. Das wirre Geschäftsgetriebe und die unberührbare Heiligkeit dieses hochgelobten Orts – die beiden Gegensätze verspreizen sich in ein peinigendes Bild. Zwar ließen sich Entschuldigungen finden. Für alles auf Erden gibt es ja Entschuldigungen, wenn man will. Doch in Augenblicken, in denen die Seele freudig dem Einen, dem Einzig-Seienden entgegeneilt, fällt all dies zugleich mit den irdischen Notdürften und Bedürfnissen wie Zunder ab. Unter dem Blitz der Begeisterung strahlt die Seele weiß auf. Sie leuchtet in die Finsternis. Die Läden mit Turteltauben, wie man sie für das Reinigungsopfer braucht, sind mit ihren Holzlatten häßlich zwischen die eben erst fertiggewordenen blanken Riesensäulen eingepreßt; Gestank, Schmutz und angstvolles Flügelschlagen dringt aus den Verschlägen hervor – die Ruhe des Berglands und das Sausen des ewigen Windes sollten allein hier hausen, auf den weiten Hofflächen, die wie die Hochebene des Galil sind. Ewige Stille müßte hier majestätische Flügel spreiten, wenn man es schon unternimmt, künstliche Berge zum Lobe Gottes aufzuschichten, wenn man schon wagt, auf menschliche

Art dem Unsagbaren zu nahen. Aber ehrfurchtverletzend kreischen die Stimmen der Geldwechsler auf der andern Seite der Halle – gewiß, man muß den Pilgern, die die Tempelabgabe, den Halbschekel, zahlen wollen, die Möglichkeit geben, ihre fremden Münzen, auch die heidnischen, götzendienerischen mit dem Kaiserkopf, die der Tempel nicht annimmt, gegen die gängige Währung umzutauschen. Aber hier im Angesicht des Tempels! In der Nähe der göttlichen Ruhestätte, in deren Anblick alle Not und Enge des Fleisches vergessen werden soll – gerade hier die Satansmusik der klirrenden Geldstücke! – Früher war es anders. Schon beim Betreten des äußeren Tores pflegten die Frommen die Schuhe auszuziehen. Es war verboten, den Tempelplatz mit einem Geldbeutel zu betreten oder den Platz auch nur zur Abkürzung eines Umweges, als Durchgang zu benützen, irgendein weltlichen Zwecken dienendes Gefäß über ihn hinzutragen. Wollen wir den guten Weg der Väter verleugnen? »Keine Krämer mehr im Tempel der Heerscharen«, hatte Secharjah verheißen.

Jeschua sinnt nicht lange, seine Seele strahlt weiß auf. Den nächsten Tisch eines Geldhändlers wirft er um, die Münzen rollen herab. Die Menge räumt die andern Tische aus dem Wege, die Verschläge der Taubenverkäufer werden zerstört. Die geängstigten Tiere flattern auf, in die Freiheit, der Schwarm kreist flügelschlagend hoch oben um den Platz. Sein Schatten streift immer wieder über die Häupter des lauschenden Volkes hin, Wolke und Licht, Wolke und Licht – während die Verkäufer und Käufer schimpfend die Stiegen hinabdrängen. Das Volk aber hat sich um den Künder gesammelt und mit Tausenden hört auch Meleagros die Stimme, deren Klang bei aller Entschiedenheit mild ist – etwas vom Wehen der Abendluft unter Bäumen hat sie an sich: »Steht nicht geschrieben: Mein Haus soll ein Bethaus für alle Völker sein? Ist es nun zur Räuberhöhle in euren Augen geworden? Hat Jirmijahu, der Prophet, euch vergebens gewarnt?«

Etwas später sieht Meleagros, wie der Meister, von den Zwölf umgeben, an eine Balustrade gelehnt, Ruhe hält. Der Arbei-

ter hat seine gute Arbeit getan, hat das Anrecht auf seine Rast, er legt die Hände vor sich auf die Knie, blickt ins Weite, nun unbekümmert darum, wohin der Same gefallen ist und was aus ihm wird. Wie damals am Abend in Nazaret, als nicht alle Wundertaten glückten. Sorget nicht um den morgigen Tag. Seid getrost, geschehen ist, was geschehen sollte – wer auf die Führung von oben her vertraut, geht ohne Hast seinen Weg voran. Frieden und Heiterkeit sind wieder auf das Gesicht des jugendlichen Helden eingekehrt, der nur für Augenblicke gezürnt hat.
Jehuda bemerkt den Herzensfreund, löst sich von der Gruppe. Nie hat Meleagros seine Miene so leuchtend, so siegesbewußt gesehen. Die zuckenden Mundwinkel sind fast zur Ruhe gekommen. Nichts mehr von den ›Unbehaglichkeiten‹, die zwischen ihm und dem Meister einst vorgefallen sind. Er glaubt mit ihm ganz einig zu sein, ist glücklich darüber. »Das ist nur der Anfang«, flüstert er dem Griechen zu. »Nun beginnt erst das große Hinausfegen. Zuerst kommen die blutigen Opfer an die Reihe. Die werden aufhören. Die Priester mit ihren Rangstufen gehen allesamt wie vertrocknetes Gras im Ofen auf. Diese Unterscheidungen unter den Menschen, diese Unredlichkeiten – vorbei. Von Nationen und Staaten wird bald nur die Sage berichten. Mit allen Grenzen und Bauwerken wird dann auch dieser ganze Tempel zertrümmert.«
»Aber geschah es denn nicht um der Würde des Heiligtums willen – das, was wir eben gesehen haben?«
»Unser Heiligtum ist die Wüste. Der Ehebrecher Dawid hat den Tempelbau beschlossen. Aber Jonadaw, der Sohn Rechaws, hat befohlen, überhaupt kein Haus zu bauen und immer nur in Zelten zu wohnen. Der Tempelbau war eine Sünde, ein Staatsstreich gegen Gott. Die Nachkommen dieses Rechaw werden vom Propheten Jirmijahu hochgepriesen.« Mit Staunen sieht Meleagros den einstigen Gefährten in einen Schriftkundigen verwandelt. Zurückverwandelt. Die Erziehung seiner Kindheit scheint in ihm aufgewacht zu sein. An seinem Gedankendüster hat dies freilich nichts geändert. »In die Wüste,

auf in die Wüste!« ruft Jehudas lockend verbindliche Vernichtungsstimme in das Ohr des Griechen. »Nur dort ist die Erde rein von ihrem Aussatz, der ›Mensch‹ heißt. Der Tod wäscht die Schmach unserer Bosheiten und Gewaltbauten weg. In der klaren Luft der Wüste verschwindet alles Leben, das wir kennen und mit dem wir uns befleckt haben. Dann kann das Neue, das wir nicht kennen, beginnen. Blendender Silberhimmel über der reinigenden Wüste, du machst diese mißglückte Schöpfung rückgängig – du beginnst einen besseren Traum, ganz anders, ganz ungeahnt.«

Jehuda ist wie verzaubert. Er hebt steif die Beine, hebt beschwörend die Handflächen, es sieht wie ein sonderbarer Jubeltanz aus, irgendeiner Todesgottheit geweiht. So geht er im großen Kreis stockend, sich bäumend, langsam um den Meister herum, der in die Ferne schaut, nichts Nahes bemerkt. Nur der Grieche verfolgt mit seinen Blicken schaudernd den langsamen Zauberreigen, den Wahnsinnskreis, den der Jünger um den stummen Lehrer zieht.

Das Fieber der Erwartung zuckt in Jehuda, wie in Meleagros. Nur der Meister ist ruhig, unberührt.

Auch die andern Jünger warten gespannt. Etwas Großes soll sich ereignen, so fühlen sie – das Eigentliche, das ihnen die ganze Zeit über vor Augen steht. Kepha vor allem erhofft es. Die Austreibung der Händler war nur der erste Schritt. Nun wird die Herrlichkeit des Messias verkündet werden, der den königlichen Thron seines Vaters Dawid in Besitz nimmt. Die Tat, die große Tat!

Von den Gefahren murmeln die andern. Die Römer haben von ihrer Burg Antonia aus beobachtet, was vorgefallen ist. Von dort oben sieht man alles, was rings um den Tempel vorgeht. – Auch die Priester werden nicht ruhig bleiben, wenn man in ihrem eigentlichen Machtbezirk, in den Tempelhöfen eine neue Ordnung ausruft. Den Ängstlichen gibt Kepha die Worte des Propheten Hoschea zu bedenken: »Wenn Gott uns zerfleischt hat, wird er uns auch wieder heilen. Er wird uns nach zwei Tagen neu beleben, am dritten uns wieder aufrichten.«

Eine bange Stunde verstreicht.
Der Meister erhebt sich von der Balustrade. Schweigend nimmt er den Weg nach Bet-Teena, in seine Wohnung. Die Menge hat sich längst zerstreut, da ihr nach etlichem Warten klar geworden ist, daß hier im Augenblick nichts Aufregendes bevorsteht.

Es gibt Seelenzustände, zu deren Erfassung die tageshelle griechische Logik nicht mehr ausreicht. Der beflissen lernende Mensch, Meleagros genannt, muß es erfahren. Als guter Junge hat er ja nachgerade bewiesen, daß er sich in vielerlei einzuleben vermag. Wenn nun aber eine ganze Stadt, ein Volk außer sich gerät! – Er fühlt, daß er an die Grenze seines Mitverständnisses gelangt ist und den Gleichtakt mit der Umwelt verliert. Wohl hat er selbst in dem Bild vom scheiternden Schiff und vom Magnetberg die unselige Verwirrung gezeichnet, die unmittelbar dem Verderben vorauseilt und das Opfer noch vor dem Tode betäubt, in seine Bestandstücke auflöst – doch die Wirklichkeit packt ihn noch ganz anders an der Kehle, als er sich's im Bild vorgestellt hat.
Die Stadt ist verstört. Man will Zeichen sehen. Man wünscht es. Andere behaupten, diese Zeichen schon bemerkt zu haben, Flammen auf den höchsten Berggipfeln und ein süßtönendes Schreiten auf den Hügeln, wie von den Füßen der Boten, die den Frieden verkünden; dann wieder dumpfe Erdstöße im Innern der Straßen, deren Pflasterung jäh aufklafft. Es erhebt sich Streit, und die Meinungen gehen hundertfach auseinander. Ist der Meister jener gesalbte König, jener Messias, Maschiach oder Christós, den die Propheten verkündet haben? Einige Schriftkundige wollen beweisen, daß erst die geschehene Tat, die erfolgte Rettung des Volkes, ja, der ganzen Menschheit dies Geheimnis des Ja oder Nein enthüllen werde. Anders könne es gar nicht sein. Denn diese Rettung sei weniger eine Sache der Bemühung als der Gnade von oben. Und habe der Meister nicht selbst darauf hingewiesen, daß menschliche Einsicht hier versage – habe man nicht so rätselhafte Aussprüche von ihm gehört wie den, daß ›Schnell-

sein nicht zum Laufen hilft‹? Oder solche, gegen die sich das gewöhnliche Gerechtigkeitsgefühl auflehne, so daß man eine tieferliegende Wahrheit und Weisheit hinter ihnen vermute — so den in gewisser Hinsicht schrecklichen Satz: ›Wer hat, dem wird gegeben, ja in überschwenglicher Weise gegeben werden. Wer aber nicht hat, von dem wird auch genommen werden, was er hat.‹ Wie sei das zu fassen? Welchen überirdischen Kräften sei man ausgesetzt, wenn man sich in diesen Bezirk wage, in dem Gott und der Erlöser regiere? Klar, daß die gewohnten Begriffe hier versagten. Den Messias dürfe man sich nicht mit Trompetenklang und mit der Krone vorstellen, sondern als den demütigen Knecht Gottes, den niemand erkennt, den alle verachten und treten, dessen Segenstat erst nach seinem Tode offenbar wird. — Andere dagegen verwarfen solche Reden als Spitzfindigkeit, behaupteten schlicht und frei, Jeschua und Gott seien das gleiche Wesen, nur in zwei verschiedenen Formen, als Vater und als Sohn. Und niemand erkenne den Vater als nur der Sohn. Oder Jeschua sei der Logos, das göttliche Wort, durch das der Vater wirke. Scharen gewaffneter Engel umgeben die Stadt, rufen andere — wir werden es in den nächsten Tagen erleben, wie unter ihren Feuerschwertern die römischen Soldaten niedersinken. Vorher aber werde Jeschua als Opfer fallen, entgegnen die Gläubigen der ersten Gruppe — als Sühnelamm für das ganze Volk, als Auslösung für die Sünden aller falle er — dann erst werde die Gemeinde rein sein, und die Vergeltung gegen die Bösewichter könne ungehindert losbrechen. — Hoch geht das dunkle, schaumgekrönte Meer der Hoffnungen und der Angst. Der große Teil der Volksmenge begehrt inzwischen von seinem Liebling, auf den alles hinstarrt, stürmische Heilungswunder. Bescheidenere kommen mit Fragen zu ihm; von denen scheinen etliche ernsthaft gemeint, Gewissensnot spricht aus ihnen — andere sind vielleicht nur listige Fangfragen, um den Meister in Widersprüche zu verwickeln oder irgendeiner Autorität gegenüber schuldig werden zu lassen.

»Meister, wir wissen, daß du wahrhaftig bist und den Weg

Gottes in Wahrheit lehrst.« Selbstbewußt schaukelnd nähert sich einer der Gelehrtenschüler, dem der ›Mann vom Lande‹ verächtlich erscheint. Der Mann vom Land glaubt, alles selbst erlernt zu haben, hat nie ordentliche methodische Unterweisung genossen. Auch wenn Bilhan, der Gelehrtenschüler, nicht schwerhörig wäre, würde er den andern nur wenig hören, denn er, Bilhan, ist ja derjenige, der ohnehin alles besser weiß. Genauer gesagt: er ist einer der vielen hier, von denen jeder sich für den Einzigen hält. Vorkippenden Ganges kommt er heran, wie beschwert von der wuchtig-breiten Stirn, die in ein Nichts von Kinn und einen überschlanken Körper ausläuft. Meleagros erkennt ihn wieder, unser nicht eben harmloses ›Rasiermesser‹. Der Fanatiker lächelt süß, heuchlerisch, leutselig, er will nur ganz kurz mal diesem Neuankömmling zeigen, wie man solche Sachen hier ›bei uns‹ nach allen Regeln der Kunst behandelt, wie man das macht, wenn man etwas gelernt hat. »Du kümmerst dich um niemand«, sagt Bilhan, »bei dir gibt es kein Ansehen der Person. So sage uns doch, was dünkt dich? Ist es erlaubt, dem Cäsar Steuer zu geben oder nicht?«

Es ist eine der Grundfragen. Sagt Jeschua ›nein‹, so hat er's mit den Römern zu tun. Sagt er ›ja‹, so verliert er die Gunst des Volkes.

Nie hat Meleagros den Hochverehrten so leicht, so einfach gesehen – wiewohl seine Überlegenheit und Ruhe ihn oft genug bezaubert haben.

»Zeig mir eine Münze«, sagt der Meister, der selbst nie Geld berührt. Jetzt aber tut er es, des Gleichnisses wegen, hält wie etwas ganz Fremdes den silbernen Denar in der wohlgebildeten blassen Hand mit zwei schlanken Fingern. »Wessen ist dieses Bild und die Aufschrift?«

»Des Cäsars«, ruft einer.

Mit einem dünnen Schatten von Verachtung in der Bewegung reicht er die Münze dem zurück, der sie gebracht hat. »So gebet dem Cäsar, was des Cäsars ist, und Gott, was Gottes ist.«

Alle verstehen ihn, selbst Bilhan weicht wie erschrocken vor dieser Lichtfülle zurück. Nur das gebt dem Cäsar und nichts mehr, alles andere gehört Gott – dem römischen Cäsar das Wertlose, glänzend Flackernde, Gleichgültige, diesen Kot und Grind der Erde, das Geld –, denn man kann ja ohnehin nicht gleichzeitig Gott dienen und dem Mammon, so hat er es zuvor schon viele Male gesagt; dem Cäsar also das Wertlose, euren Dienst aber, den wahren Glanz, der nicht flackert, dürft ihr nur dem Einen und Höchsten geben.

Viele lächeln erfreut. Wie klug der Meister die tückische Falle vermieden und doch das Rechte gesagt hat! Gelobt sei der Ewige, der den Menschen von seiner Weisheit mitteilt! Manche erinnern sich an ein anderes der Meisterworte: »Der Herrscher der Welt ist bereits gerichtet.« Das gehört mit zu der eben gefällten Entscheidung: »Gebet dem Cäsar, was des Cäsars ist.« Der Cäsar ist längst gerichtet. Mag also der Herrscher der Welt, der Teufel, immerhin noch ein paar klappernde Geldstücke in seinen Untergang mitnehmen! Wie wunderbar fügt sich eines zum andern. – Andere rügen, daß Jeschua sich nie ausdrücklich gegen die Römer kehrt. Auch die Austreibung der Krämer zielte nicht gegen Rom, sondern gegen uns selbst, die eigene Verfehlung. Meleagros findet bewundernd, daß ja gerade dies in Übereinstimmung mit der Absicht des Meisters ist. Jeschua will die Läuterung der Seelen, die Gottesnähe des Volkes, nichts anderes sonst. Alles andere wird dann, dahin geht sein tiefer Glaube, der Vater vollführen, wenn wir dessen würdig sind. Mag man solchen bergeversetzenden Glauben teilen oder nicht, den Glauben eines von Liebe bis an den Rand erfüllten Herzens: klar ist, daß der Meister auf unbegreiflich zarte Weise die ihm eigene Richtung einhält, ohne nach der einen oder andern Seite zu blicken.

Man staunt ihn an. Man umgibt ihn verehrungsvoll. Doch das Schicksal der Größten ist es, daß selbst jene, die sie bewundern, ihnen zu nahe treten, ihnen in gewissem Sinne beleidigendes Unrecht tun.

Es ist verwirrend. Hätte die Natur dem Griechen nicht eine gewisse odysseische Leichtbeweglichkeit mitgegeben, er würde

jetzt bei der unmittelbaren Anteilnahme, mit der er sich in Jeschuas Leben hineindenkt, den Verstand verlieren. Ich kann es mir vorstellen (sagt er sich), daß ich einem Menschen helfe – einem, einigen, vielleicht zehn von ihnen –, daß ich ihnen so sehr im Innersten ihrer Seele und ihres Leibes Befreiung bringe, daß man es ›Erlösung‹ nennen kann. Schwer nur kann ich mir es vorstellen, vielleicht aber doch. Das aber ist die Grenze. Wenn man nun von mir verlangen würde, daß ich es immerfort tue, dies Helfen, ohne Unterbrechung? Nicht einem oder zehn Verzweifelnden helfend – sondern Hunderten, Tausenden? Nie allein sein, immer reden, immer Schüler um sich haben, die Leute dringen laut ins Zimmer, treten einander auf die Füße – am Morgen beginne ich schon –, der Tempelplatz ist die weit ausgedehnte Szene, in aller Öffentlichkeit verlangt man immer wieder meinen Entscheid – bei den Mahlzeiten liegen gierige Blicke auf mir. Selbst wenn ich schweige, spüre ich die stumme Frage: Was wirst du jetzt sagen? Bei Tag und bei Nacht die Hellenen retten – o Epikur, heiliger Epikur!
Auch Schoschana versteht er nicht mehr. Er sehnt sich nach ihr; sie entschwindet. Überall sucht er sie. Da und dort auf Stiegen, unter Ruinenhaufen glaubt er sie auftauchen zu sehen. Sie eilt vor ihm weg; mit dem raschen Flügelschlag einer Schwalbe, wie er ihr eignet, ist sie um die nächste Ecke entwichen. Der Mond scheint, die Straße liegt leer. Die Seele der verstörten Stadt scheint ihm in diesem Mädchen verkörpert, das vor ihm flieht. Manchmal spricht er mit ihr wie mit einer Geistererscheinung. Ein leeres Bild, ihm vorgespiegelt – oder ist sie es wirklich? Dort eilt sie den Berg hinauf, zwischen Bäumen, die im Wind rauschen. Den Ring, den er ihr ins Gefängnis geschickt hat, hat sie vom Finger gezogen, wirft ihn hoch und fängt ihn wieder auf wie einen Ball, der glitzernd das Mondlicht widerspiegelt. Lieblich ist ihr Lächeln. Sie antwortet nicht, sie sieht ihn vielleicht gar nicht. Schon weht nur ihr Schleierzipfel, sie ist davon. Wenn er wenigstens wüßte, wo sie wohnt! Vielleicht in gar keiner Menschenwohnung mehr? In den Höhlen, im Gestein? – Wenn sie nicht

dabei ist, spricht er sie an: »Wie soll das alles werden, Schoschana? Wie soll es enden? Werden wir nie mehr in Freude atmen?« Der Wind gibt Antwort. Bis einmal in der Nähe der Gräber des Kidrontals ihre Stimme erklingt, fein und leicht. Sein Name wird gerufen. Das Mädchen ist ganz nahe. Sie steht, gibt ihm ein Zeichen, näherzukommen. Sie schüttelt den Kopf, fast spöttisch, da er zögert. Vom Mondschein übergossen gleicht die zierliche Gestalt einem Kind im weißen Kleid, das sich in Blüten gelagert hat. Sie wirft den Ring in die Luft, fängt ihn auf und freut sich des kindlichen Ballspiels, wenn sie ihn wieder in den sicheren, geschickten Fingern hält. Dann beginnt sie zu singen:

»Ich tat meinem Geliebten auf,
Doch mein Geliebter war verschwunden.
Meine Seele verließ mich, als er sprach.
Ich suchte ihn, aber ich fand ihn nicht;
Ich rief ihn, aber er gab mir keine Antwort.
Mich fanden die Wächter, die in der Stadt umgehen.
Sie schlugen mich, verwundeten mich;
Meinen Schleier nahmen mir die Wächter der Mauern.«

Sie eilt auf ihn zu, schlingt die Arme um seinen Hals, zutraulich legt sie ihre Wange an die seine und singt wieder im Volksliedton:

»Ich beschwöre euch, ihr Töchter Jerusalems,
Wenn ihr meinen Geliebten findet.
Was werdet ihr ihm sagen?
Daß ich krank von Liebe bin.«

Er fühlt, daß eine heiße Träne ihre Wange entlangrieselt. Er fühlt diese Träne an seiner Wange, als hätte er selbst sie geweint. Ein Zittern überläuft ihn, das er bis in seine Fingerspitzen spürt. Sie aber reißt ihn an sich, kräftiger als ihre zarte Gestalt es erwarten ließe. Sie preßt ihn. Er soll nicht zittern — das bedeutet der Druck, mit dem sie ihn hält. Er soll sich freun wie sie, er soll fühlen, wie sie sich freut. Die Stimme ist lauter, deutlicher als bisher:

»Kaum daß ich an ihnen vorüber war,
Da fand ich ihn, den meine Seele liebt.
Ich faßte ihn und will ihn nicht lassen,
Bis ich ihn in meiner Mutter Haus gebracht.«

Ihre Lippen sind den seinen nahe. Er könnte sie küssen. Doch etwas Unnennbares hält ihn zurück.
»Schoschana«, ruft er, wie um sie zu wecken. Sie ist noch wie schlafbefangen. Ganz leise singt sie:

»O daß du mir wärst wie ein Bruder,
Den meiner Mutter Brust gesäugt.«

Dann erschrickt sie. Es ist, als ob sie erst jetzt die Augen aufschlüge. Sie entfernt sich ein wenig. Ihre Zähne klappern. »Ich muß dir auch noch danken, daß du mir den Ring geschickt hast. Du hast wieder mein Leben gerettet. Wie damals, am Römerlager, als es begann. Oh, daß ich dir doch danken könnte, mein Guter, mein Guter!« Sie springt heran, sie packt seine Hand und küßt sie. Wie am Anfang ist es. Nur so heiß, so wild. »Da – der Ring. Fang ihn! Nein, ich fang ihn selbst.« Sie springt und spielt, nun wieder hell und unbesorgt. Doch dann durchfährt ein Schauder den schlanken Leib. Die Haare öffnen sich, eine schwere dunkle Flechte muß sie mit den Handrücken aus den Augen streifen. »Quälen sie ihn schon? Quälen sie ihn? Oh, sag es mir, mein Meleagros. Verschweige mir nichts. Ich will stark sein. Diesem Guten, der alle liebt wie sonst keiner, wird ja so viel Unrecht angetan wie sonst keinem. Wir müssen es hinnehmen. Oder kann es einer ändern? Ich nicht, ich beileibe nicht.«
Sie lacht und wirft wieder den Ring hoch, fängt ihn geschickt auf. Es ist, als ob sie dabei ein paar Tanzschritte machte. »Quält ihn nicht, ihr bösen Menschen.« Ihr Gesicht verzerrt sich plötzlich, sie schreit. »Ihr werdet es bitter bereuen, wenn

ihr ihn quält.« Dann wird sie still, denkt nach, die Hand anmutsvoll an der Rinne unter der Lippe. »Ihr werdet es bitter bereuen«, wiederholt sie nachsinnend, als lausche sie dem Echo ihrer allzu laut hervorgestoßenen Worte. Jetzt klingt ihre Rede nur wie ein Säuseln, vom Nachtwind übertönt. »Er stirbt. Ja, er stirbt. Und nachher, nach seinem Tode werden sie ihn dann mit Liebe überschütten wie keinen andern. Zu spät, ihr Menschen, zu spät! – Zu spät ist es ja auf jeden Fall, ihr Menschen, schon zu spät!«

»Wir wollen ihn gemeinsam aufsuchen, Schoschana. Wir wollen ihn bitten –«

»Zu spät, schon zu spät.« Sie lächelt. »Zu spät.« Und mit einer leichten Bewegung ist sie längs der Felsspalte neben einem der Grabdenkmäler emporgeschlüpft, verschwindet zwischen den klippenhaften Felsen. Er bleibt noch lange, sucht sie vergebens in der ganzen Umgebung.

Ein paar Stücke Mörtel fallen. Aber es ist nur ein Fuchs, der sich durch die Ritze einer verfallenen Mauer durchwindet.

Der einzige, an den er sich in diesen Tagen des Zusammenstürzens halten kann, ist Joaw. Der schwarzlockige Bursch ist in letzter Zeit seltsam gereift. Zwei senkrechte Furchen haben sich über der Nasenwurzel in der braunen feingewölbten Stirn aufgetan. Wenn er die Brauen runzelt, vertiefen sich die altklugen Falten. Das Gesicht ist scharf und mager geworden. Die Augen sehen geradeaus, es ist ein gleichsam müheloses Gleichgewicht in dem ernsten Blick, dessen stille Sachlichkeit wortlos und rasch überzeugt, ohne je aufdringlich zu werden. Gebieterisch ist nur das Zurückstreifen des Mantels, das Hervorzucken der knochig-mageren Hand, des schmalen sonnengebräunten Arms.

Sie sehen einander jetzt häufiger, schließlich jeden Tag. Joaw hat an Meleagros einige Fragen gestellt, die die griechische Sprache betreffen. Die Beantwortung wird zu einem großen Gespräch. Joaws Wohnung liegt nahe der Antoniaburg, blickt in eine enge, gewundene Gasse hinab, die tief, kantig in den Fels geschnitten ist. Der Jüngling erklärt, wozu er die fremde

Sprache benötigt. »Wir brauchen Bundesgenossen. Der Krieg gegen die Römer wird lange dauern, vielleicht Dezennien, vielleicht jahrhundertelang. Wir müssen mit der Welt zu reden wissen.« Meleagros, der immer Lernende, ist froh, mit seinem Wissen einmal auch nützlich sein zu können. Und das kommt nun freilich anders heraus als aus dem Mund des schönfrisierten Pädagogen mit dem Silberbart. Joaw ist entzückt. Weitab schweifen nicht selten die Gedanken des Griechen von den Rollen, die er und sein Schüler in dem kleinen Zimmerchen auf dem Tisch, auf Sesseln und auf dem Fußboden ausgebreitet haben, weitab zu den Schätzen des Wissens, der Dichtung. Doch dann immer wieder — Schoschana! Wohl geschieht, was nur geschehen kann. Joaw und seine Freunde suchen das Mädchen. Eine Karte Jerusalems liegt auf dem Tisch, sie ist in Bezirke geteilt, jeder der jungen Männer hat einen Bezirk übernommen, forscht der Verschwundenen nach. Meleagros selbst ist mit dabei, bis ihn die Füße nicht mehr tragen. Doch bisher ist alles vergebens gewesen. Und auch die andere Sorge, die um das Schicksal des Meisters, steht dem Griechen wie der Gruppe Joaws mit gleicher Dringlichkeit vor Augen — auch sie ohne Aussicht auf eine lindernde Wendung.

»Wir werden ihn entführen«, sagt Joaw. »Wir haben es uns zugeschworen, ihn zu retten. Auch gegen seinen Willen, mit Gewalt, wenn es sein muß. Hier in Jerusalem geht er ja mit offenen Augen dem Tod entgegen und sieht es nicht.«

Meleagros gefällt sich darin, seinem Schüler Knabenhaftigkeit vorzuwerfen. Auch wenn er fühlt, daß dieser Vorwurf nur zum Teil trifft. »Ihr traut euch ziemlich viel zu. Auch geheimnisvolle Wege zu kreuzen scheut ihr euch nicht. Vielleicht sieht der Meister mit seinen wissenden Augen mehr als ihr alle miteinander.«

»Er mag sehen, was er will. Trotzdem ist es unsere Sache, ihn zu schützen. Wir haben nicht viele seines Ranges.«

»Was habt ihr mit ihm zu schaffen? Seine Lehre ist Liebe und die eure Kampf — das sind doch äußerste Gegensätze.«

»Mag sein! Obwohl es vielleicht nicht so einfach liegt, wie du es eben ausgesprochen hast. Wir kämpfen ja dafür, daß Menschen seiner Art sich in unserem Volk frei entwickeln können. Unter der Römerherrschaft sind die edelsten Bestrebungen von Beginn an zum Scheitern verurteilt. Wir müssen daher für Jeschua einstehen, ihn verteidigen — selbst wenn sein Weg ein anderer ist als der unsere.«
»Warum nur gerade ihr? Aus allgemeiner Menschlichkeit muß jeder für solch einen reinen Menschen eintreten. Oder glaubst du, daß Sokrates nur den Athenern gehört?«
»Das gewiß nicht. Aber gib zu: es hätte nichts geschadet, wenn damals in Athen eine Kämpfergruppe den Sokrates aus dem Gefängnis herausgeholt hätte.«
»Er hätte diese Kämpfergruppe, wie du sie nennst, mit Fußtritten aus seinem Gefängnis hinausgeworfen. In höflicherer Form hat das Platon in seinem ›Kriton‹ geschildert.«
Das bestürzte Schweigen dauert nicht lange.
»Es ist jetzt nicht die Stunde des Messias«, erklärt Joaw mit ruhiger Bestimmtheit. »Der Meister gehört zu uns ins Galil. Dort spart er sich für eine bessere Epoche auf. In der kann er dann durchführen, wonach ihm der Sinn steht. Nur in einem freien Volk kann er das Große erzielen, das er will.«
»Vielleicht steht ihm der Sinn nach nichts als nach dem Tod.«
»Nein. Er will nicht sterben. Ich fühle es. Ich fühle seine gesunde Kraft in seiner Liebe. Er hat nicht das Recht zu sterben. Er muß wirken. Sein Werk ist noch nicht vollbracht, noch nicht einmal vorbereitet. Er gehört in die Höhlen von Arbeel. Von denen soll ja das Licht ausgehen. Im Galil sammelt sich jetzt alles, was an Zukunft und Widerstand glaubt. Wir haben schon einige tausend Mann unter Waffen. Weitere Übergriffe werden wir nicht dulden. Owadjahs Losung lautet: ›Wir werden uns wehren.‹ — Nicht Krieg, aber Abwehr.«
»Er wird sich nicht wehren. Er nicht.«
»Daß er an Abwehr denkt, weiß jeder. Er hat die Jünger gefragt, wie viele Schwerter sie haben.«
»Und als einer sagte: zwei — war seine Antwort: Es ist gut. Klingt das nicht eher wie Spott?«

»Nein. Es ist ernst gemeint. Zwei Schwerter genügen wirklich. Die Knechte der Priester, die Tempelgarde, die Häscher des Synedrion, alle sind nur mit Stöcken bewaffnet. Und die Römer tun nichts, solange die Stadt von Pilgern wimmelt. Gleich nach dem Fest bringen wir ihn in Sicherheit, nehmen ihn mit ins Galil. Dort mag er mit Überlegung warten, bis die Sterne günstiger sind.«
»Überlegung? Das ist geradesowenig seiner Art gemäß wie Abwehr. Welch ein rätselhafter Mensch! Den Schülern hat er befohlen: Ihr sollt eure Verteidigung nicht voraus einüben, für den Fall, daß man euch greift. Daran hält er sich auch. Er empfiehlt nichts, was er nicht selber tut.«
»Sein Teil mag sein, nicht für die Verteidigung zu sorgen — unserer ist, ihn gegen die Sünder zu schützen.«
»Gibt es denn Sünder für ihn? Alle liebt er, keinen läßt er fallen. Das ist das Größte. Er sitzt bei den Ungebildeten, die ihre Triebe nicht zu zähmen wissen, vor Zöllnern und Dirnen, vor Verbrechern scheut er nicht zurück, wenn er merkt, daß sie Umkehr tun wollen. All diese nennt er seine ›Kranken‹, zu denen er als Arzt gerufen ist. Sogar um eine so verlorene Seele wie diesen Jehuda bemüht er sich, will ihn retten, zum Leben des lebendigen Gottes zurückführen. Erstaunlich.«
Des Knaben Blick verdüstert sich: »Ich habe gehört, daß dieser Jehuda den Meister verraten hat. Er will ihn den Spürhunden des Ben Kaiafa überliefern.«
»So, hast du das gehört?« Meleagros stutzt. »Was ist denn da eigentlich zu verraten? Das Leben des Meisters liegt vor aller Augen auf der flachen Hand. Von jedem seiner Schritte wissen Tausende. Ihn ausliefern? Täglich lehrt er auf dem Tempelplatz. Man weiß, auf welchem Weg er jeden Abend heimkehrt und wo er übernachtet.«
»Es gibt Orte, wo er ihn abseits des Volkes ausliefern kann. Ohne Widerstand der Menge. Vor allem in der Nacht des Festmahles. Da sind alle in ihren Häusern, die Gassen leer. Und aufs Land flieht man nicht in dieser Nacht, das verbietet die fromme Sitte. Man bleibt in Jerusalem.«
»Auch das braucht niemand den römischen Behörden zu sa-

gen.« – Das Gespräch im Felsinnern, mit Tuscus! Er hat Joaw längst Mitteilung davon gemacht. Er erinnert ihn daran.
Joaw lacht. »Sie wollen uns schrecken. Aber wir sind auf der Hut. Dieser Jehuda wird nicht lebend davonkommen. Er war im Gefängnis. Dann haben ihn die Römer freigegeben. Warum? – Man sollte den Meister vor ihm warnen.«
Nun findet Meleagros den Knaben mit den altklugen Stirnfalten, den dünnen braunen Armen doch ein wenig zu eigensinnig, ja vorwitzig. »Ihn warnen? Wenn du nur fühltest, wie sinnlos das klingt! Selbst wenn Jeschua überzeugt wäre, daß irgendeiner das Böseste gegen ihn im Schild führt, würde er dasselbe sagen, was man so oft als ein Stoßgebet aus seinem Munde gehört hat: ›Vater, vergib ihnen, sie wissen nicht, was sie tun.‹ Es ist das Unbegreiflichste von allem, das Erhabenste. Es geht über meinen Verstand.«
Joaw senkt bescheiden den Blick. »Verzeih, vielleicht kommt nur dir als Griechen so etwas ganz unbegreiflich vor. Aber auch unser Prophet Jona hat Rettung für seine Feinde erwirkt; ja für das Volk, das unseren Staat zerstört hat. Für Assur, für Ninive brachte er Umkehr und Erlösung. ›Die Gedemütigten, die keinem andern mit Demütigung heimzahlen, und die, welche Schmähung anhören, ohne die Schmähung zu erwidern, gleichen der strahlenden Sonne‹ – so sagen unsere Weisen. – Ich selbst habe nicht die Kraft, mich danach zu richten. Und vielleicht ist heute das Volk allzusehr in Gefahr, vielleicht d a r f man heute diese Kraft gar nicht haben.«
»Menschlich gesprochen, nicht. Hat man sie aber, ist man göttlich. Und dann gilt das Herrenwort, daß bei Gott alles möglich ist. Mein Joaw, vielleicht ist gerade das, was uns unmöglich scheint, der gute Weg – vielleicht ist es sogar der einzig mögliche Weg.«
»Glaubst du, daß man den Gegner durch Güte entwaffnen kann? Stirbt das Böse aus, wenn man es nicht erwidert?«
Es ist klar, daß sie heute nicht mehr die Probleme der griechischen Syntax behandeln werden. Lächelnd räumen sie die grammatischen Rollen weg. Und des Meleagros Herz wallt über: »Wer so fragt, der steigt schon hinab. Teilt die Ebene

mit dem Bösen. Das eben ist es ja, was vermieden werden soll. – Übrigens bin auch ich zu schwach, genau wie du. Ich sehe nur: Manchmal geschieht trotz allem das Unmögliche. Sokrates hätte fliehen können. Die Pforten des Gefängnisses standen offen, die Wächter waren bestochen. Er ist nicht geflohen. Ich begreife es nicht. Es übersteigt bei weitem mein Verständnis. Und wenn ich mir das Ganze genau vorzustellen suche, faßt mich ein tosender Schwindel – Dunkel tritt in die Augen wie vor dem Abgrund am Tempelberg. Ich fasse es nicht, was Sokrates damals empfunden und getan hat. Aber so ist es geschehen. Er konnte fliehen und ist nicht geflohen. Das ist die einfache Tatsache. Wir müssen uns an sie halten, auch wenn sie ein verschlossenes Gesicht hat wie ein Felsblock.«

»Ob er aber nicht gerade dadurch die Blutschuld über die Athener gebracht hat, die ihn richteten? Er hat sie zu Mördern gemacht.«

»Das ist der Knoten, den ich nicht auflösen kann. Der Kopf schwirrt mir davon. Aber meinst du wirklich, daß die Richter weniger schuldig wären, wenn Sokrates entwichen wäre?«

Der Knabe dachte lange nach. Dann ballten sich seine Fäuste. »Wir werden ihn retten, ob er will oder nicht. Viele im Volk denken wie ich. Auch wenn wir seinen Weg des geduldigen Wartens nicht gehen können oder nicht gehen wollen – wir werden nicht zulassen, daß ein so großes, liebevolles Herz vorzeitig bricht. Wie Owadjah sagt: Wir werden uns wehren.«

»Für den, dessen Wunsch ist, daß man sich nicht wehrt? Der Kopf schwirrt mir davon. Es geht über die Kräfte der menschlichen Vernunft. – Vielleicht doch klüger, an den grammatischen Übungen weiterzuknabbern? Was meinst du?«

Und sie öffnen seufzend, wie mit schlechtem Gewissen, die schön geschriebenen Rollen. Es ist ihnen aber unmöglich, auch nur eine Zeile zu Ende zu lesen. Die Buchstaben brennen, zucken vor ihren Augen. Überall Fackeln! Wenn man nur wüßte, ob sie die Wölbungen des Paradieses erleuchten oder die der Hölle!

*

In der nächsten Nacht, in der Pessachnacht ist es leer in den Straßen Jerusalems. Jedermann liegt mit seinen Freunden, seinen Verwandten beim Festmahl. Selbst der Ärmste soll an diesem Abend angelehnt liegen, auf weiche Polster hingestreckt, ein freier Mann, frei mit Weib und Kind. In jedem Haus sind die Armen der Familie und die Armen der Nachbarschaft als Gäste eingeladen. Es gibt keine Standesunterschiede in dieser Nacht der Befreiung, des Überschreitungsopfers. In dieser Nacht hat Gott das Volk Israel aus Ägypten geführt, dem Hause der Knechtschaft. Alle gleichmäßig hat er befreit.

Rettung aus der Fronarbeit unter dem Stab der Pharaonen – einem Ereignis, das weit über ein Jahrtausend zurückliegt, gilt die Festfreude. Die Natur selbst nimmt an dieser Befreiung teil, denn der laue Frühling ist angebrochen, die Regengüsse und kalten Stürme haben aufgehört. Wohl waren sie ein Segen für das ausgedörrte Land. Doch jetzt ist es genug; jetzt wollen wir uns freuen, wenn mit den letzten, schon ganz schwachen Tropfenschauern die grünen Halme aus dem dick getränkten Boden sprießen. Nun am Abend glänzen in allen Fenstern Dankgebete, es leuchtet betender Gesang. Vom Auszug aus der Sklavenschaft, vom Neubeginn, vom Aufbau tönen die Verse. Man bricht das ungesäuerte Brot, denn in der Hast des Auszugs hatten die Väter keine Zeit, die flachen, dünnen Brote zu säuern, jenes letzte Mahl auf ägyptischem Boden, das sie stehend aßen, mit den Gedanken schon mehr draußen in der befreienden Wüste als im stickigen Haus, von Fremden überwacht. Bebend vor Freiheitsglück sagt man die Segenssprüche über Brot und Wein. Man wendet sich an alle Armen, an die Bedrückten der ganzen Welt: »Wer hungrig ist, komme und esse. Jeder, der bedürftig ist, komme und feire das Fest mit uns.« Es ist ein Brauch, am Anfang des Mahls alle Türen zu öffnen, eine Zeitlang offenzuhalten.

Nach festen Regeln, nach bestimmten Gesängen nimmt man den ersten, zweiten, dritten, vierten Becher Weins. Auch die Mahlzeit selbst ist genau vorgeschrieben, zum Teil symbolisiert sie Fernes, Vergangenes, das aber immer gegenwärtig bleibt. Bitterkraut soll an die Leiden in Ägypten erinnern – ein Brei von kleingehackten Früchten unter Zusatz von Gewürzen ruft durch Farbe und Weichheit die Lehmziegel ins Gedächtnis, die man für die unersättlichen Bauherren des Niltals endlos zu formen hatte. Das im Tempel als Opfer geschlachtete Lamm hat man nach Hause gebracht, es wird als Hauptstück der Gerichte aufgetragen. Über jeden der altüberlieferten Bräuche wird gesprochen, man erklärt den Kindern die Bedeutung dessen, was sie an diesem Abend zu sehen bekommen, man geht allmählich zu schwierigen Fragen für die Erwachsenen über. Das vergeltende Gericht, das Gott über den einzelnen Menschen und, sei es auch spät, über ganze Völker bringt, wird in immer neuen Beziehungen vorgezeigt. Manch ein Hausvater, den der Geist treibt, fügt für seine Tischgenossen eine neue Sitte, ein Gedenken dem bisher gesammelten Schatz der Erinnerungen zu.

Niemand in den mondbeschienenen Gassen hügelauf, hügelab.

Erst später in der Nacht hallen die Pflastersteine von den Schritten der Heimgehenden. Man hat das Gastmahl und das Gespräch mit dem Halel, dem Lobgesang, beschlossen, der aus einigen Tehilim, Psalmen, besteht. Ein Sprichwort sagt: »Selbst wenn das Pessachmahl nicht mehr als eine Olive ist, tönt der Lobgesang so stark, daß er das Dach zerbricht.« – In vielen Kreisen ist es Sitte, bis zum Morgengrauen beisammenzubleiben. Die Kinder weinen, sie wollen nicht zu Bett geschickt werden. Auch wollen sie ganz zum Schluß den ›Epikomon‹ suchen, ein kleines Stück des ungesäuerten Brotes, das der Vorsänger unauffällig versteckt hat – wer es findet, gibt es nicht heraus, ehe man ihm ein Geschenk versprochen hat. – Doch wir sind noch weit vom Ende der Nacht. Die Erwachsenen überbieten einander an frommen Wundergeschichten, an sinnreichen Auslegungen der Schrift. Und je mehr einer zu erzählen weiß, desto höher rühmen ihn alle. Die Gelehrten sind unerschöpflich in ihren selbstaufgefundenen Schwierigkeiten, in ihren Unterweisungen, die von

manchen gelangweilt, von andern durstig angehört werden, bis mit beginnender Dämmerung die verschlafenen Schüler eintreten und sie mahnen: »Rabbotenu, ihr unsere Meister, es ist die Zeit gekommen, das Morgengebet zu sagen.«
In den Häusern geht es lebhaft und fröhlich zu, in den leeren Gassen läßt die Angst ihr Kleid aus dünnem, löchrigen Gewebe flattern.
Wir sind noch weit vom Ende dieser Nacht, die ›verschieden ist von allen Nächten‹, wie es im Lied heißt. Weit auch vom Ende jener Nacht, die als Fremdherrschaft das Volk zusammenschnürt, daß alle Muskeln weh tun. »Wächter, wie spät ist's in der Nacht?« ruft eine Stimme geheimnisvoll. Es ist die Nacht der Jahrhunderte. Und eine andere Stimme antwortet von ferne: »Es kommt der Tag für euch, für eure Zwingherrn die Nacht.« Der Hüter Israels schlummert nicht. Er hat längst vor Erschaffung der Welt den Messias geschaffen, den Boten der Erlösung, den Menschensohn in den Wolken des Himmels. Wer weiß, ob er nicht gerade in dieser Stunde zur Rettung des Volkes aufbricht. Zu jeder Stunde in jedem Jahr kann es geschehen. Dann finge die selige Zeit an, in der Unrecht und Böswillen aus der Welt verschwinden. »Laß nahen den Tag«, so ruft man zu Gott, »der nicht Tag ist und nicht Nacht. Erhabener, mache es kund, daß dein der Tag ist und die Nacht. Wächter setze ein für deine Stadt den ganzen Tag und die ganze Nacht. Erleuchte wie Tageslicht das Dunkel der Nacht.« Doch der Chor fällt immer wieder nach einigen Zeilen dumpf ein: »Es war um Mitternacht.« Dunkles Murmeln schließt jede Strophe. Was das Weltrund füllt, ist immer noch Mitternacht, weit vom Tag – die Nacht der römischen Waffen liegt über dem Volk Israel, das einst frei war. Und es ziemt Männern nicht, die Dinge anders zu sehen, als sie wirklich sind. So trauert denn und wachet!
Leere Straßen. Eine Angst ohne Namen in den Wolken. Da und dort blickt sie körperlos um die Ecke, winkt aus einem raschelnden Baum. Seit Israel unfrei lebt, ist fast an jedem dieser Dank- und Freudenabende immer wieder Unheilvolles geschehen. Was droht uns diesmal? Der Feind ruht nicht.

Man betet die Lieder der Freiheit – und hört Ketten rasseln. Man lobt den Erneuerer der Welt – und die Hände sind gebunden.
Meleagros hat die Einladung zu Joaw und seinen jungen Freunden nicht angenommen. Er fühlt sich ihnen fremd wie schon lange nicht. Nach Mitternacht jagt ihn die Angst und Einsamkeit aus seiner Behausung. Vielleicht ist Joaw vom Schmaus bei den Freunden schon heimgekehrt. – Wirklich trifft er ihn auf der Stiege an. Er war schon zu Hause, will eben davonstürzen.
Ein Schrecken in seinem Mund: Der Meister ist ins Gefängnis gebracht worden. Oder gar schon zum Verhör, in die Zitadelle.

Einige, die mit der Nachricht gekommen sind, jagen nun mit Joaw und dem Griechen davon. Man will in Erfahrung bringen, wo der Meister sich befindet. Vor wenigen Stunden haben sie ihn noch gesehen. Man macht sich auf, ihn zu suchen.
Im Dachzimmer eines Hauses, das der Meister den Jüngern im voraus als Stätte des bescheidenen Festmahls bezeichnet hatte, waren die Teppiche und Polster geordnet worden. Das Obergemach diente sonst einem einfachen Mann, einem Wasserträger, zur Wohnung; einem der vielen, die den Erläuterungen Jeschuas auf dem Tempelplatz in dieser Woche gefolgt sind und die Herzensmilde des Meisters in die Seele eingesogen haben wie erfrischende Milch. Der Wasserträger gehört zu den einfachen Frommen, die nicht viel grübeln und freudig das Wort Gottes erfüllen, wie sie es verstehen. Nun hat der Meister gar auch noch seine Einladung angenommen – gerade die seine, die allergeringste, die er ohne Hoffnung auf Zusage geäußert hat. Der Meister liebt die Armen. Und jetzt ist also der Wasserträger Hausherr, sitzt beglückt mit Jeschua und den Zwölfen am gleichen Tisch. Der Meister hat den Segen über das ungesäuerte Brot und den Wein gesagt, das Lammfleisch wird gegessen. Dann wird sein Wort ahnungsschwer: »Mich hat herzlich verlangt, dieses Pessach-

mahl mit euch zu essen, bevor ich leide. Denn von der Frucht des Weinstocks werde ich nicht mehr trinken, bis auf den Tag, da ich ihn neu trinken werde im Reiche Gottes.« – Wie, ist das Königreich Gottes so nahe? fragen die Jünger. – »Das Reich Gottes kommt nicht mit Aufsehen. Man wird nicht sagen: siehe hier oder da ist es; denn das Königreich des Himmels ist in euch, wenn ihr den Willen eures Vaters im Himmel tut.« Er sagt, was er schon oft gesagt hat, doch unerschöpflich ist seine Sehnsucht, es in immer neuer Form und immer klarer zu sagen. »Bemüht euch darum, jedes Geschöpf Gottes zu lieben. Betet um nichts anderes als um diese Kraft, daß ihr mit unvermischt reinem Herzen alles auf Erden lieben könnt. Denn das ist die höchste Gabe, die verliehen werden kann. Und bemüht euch ebenso darum, niemanden zu hassen. Auch das ist eine Gnade, die von oben verliehen werden muß. Wenn einer nicht von oben her geboren wird, so kann er das Reich Gottes nicht sehen. Betet darum und wachet. Denn wer hat, dem wird gegeben, ja in überschwenglicher Weise gegeben werden. Wer aber nichts von dieser Gnade hat, dem wird auch noch das Wenige genommen, das er hat.« – Die Jünger lauschen den Geheimnissen, die scheinbar so einfach, leicht und bereitwillig dargeboten werden, doch mit einer seltsamen Strenge im Kern, deren abweisenden Blick man erst bei längerem Hinschaun bemerkt. Und ist einem erst dieser Kern der Lehre aufgegangen, dann fühlt man, daß man eine kaum bis ans Ende durchzuführende Aufgabe ins Herzblut aufgenommen hat. Auch die schlichte Seele spürt diese geheimnisvolle Schwierigkeit, nicht anders als die denkgeübte. Und so fragen denn die Jünger: »Wie können wir alles lieben und alle? Auch das Böse? Auch unsere Feinde? Und das sagst du uns heute nacht, da wir das Fest des Triumphes über unsere Feinde feiern? Haben uns die Ägypter nicht verfolgt bis ans Schilfmeer, und sind sie nicht mit ihrem König, mit ihren Streitwagen und Rossen ertrunken? Sind die Wellen nicht über ihren Köpfen zusammengeschlagen?« – Der Meister greift auf eine alte Legende zurück: »Ist euch nicht überliefert, daß die Engel des Dienstes eine Jubelhymne anstimmen wollten, als die Ägypter ertranken? Aber der Schöpfer der Welt, er sei gelobt, verwies es ihnen und sprach: Die Geschöpfe meiner Hand versinken im Meer, und ihr wollt Danklieder singen?«

Diese Schriftergänzung ist den Jüngern nicht neu, sie wurde ihnen schon im Vaterhaus erzählt, mit noch manch andern Überlieferungen ausgeschmückt. Doch im Zusammenhang mit dem, was der Meister soeben geredet hat, überrascht das leuchtende Himmelsbild. Betreten sehen sie einer den andern an. Wird man leben, wird man atmen können, wenn man solche Beschwerung des Gewissens ernstlich durchführt? Der große Lehrer merkt ihr Staunen und fährt fort: »Es gibt keine irdische Strafe. Es soll unter Menschen nur Verzeihen geben. Hütet euch aber, daß ihr euch durch Verzeihen nicht über jene erhebt, die an euch gefehlt haben. Denn auch das ist eine Gefahr: daß man zu stolz auf die eigene Vortrefflichkeit wird, indem man verzeiht. Deshalb haben unsere Väter um unserer Herzenshärte willen etwas befohlen, was uns selbst herabsetzt, indem wir es üben: andere zu strafen. Manchmal müssen wir Strafe üben, um uns vor dem zu demütigen, der gefehlt hat. Verzeihen ist zu grob, verletzend fast, eine Beleidigung. Es liegt eine Überhebung darin, wenn man sagt: Ich verzeihe dir. Siehe, du bist ein Sünder, ich bin groß und rein vor dir. – Dies muß manchmal ausgeglichen werden, man muß selbst sinken. Indem man straft, sinkt man. Man vermeidet es, allzu offen mehr zu sein als der andere. Man flieht die Selbstgerechtigkeit. Dann aber ist Strafe nichts als die mildeste, zarteste Art der Verzeihung.«

»Und dieser Mann, der allen nur Liebe erweisen will«, ruft Joaw, »steht jetzt vor grausamen Richtern.«

»Vielleicht w e i l er allen nur Liebe erweisen will«, sagt einer. Und »die Welt ist entsetzlich« fügt tiefseufzend ein ganz Junger hinzu, dem vielleicht nach ahnungsloser Kindheit in diesem Augenblick zum erstenmal die Augen geöffnet werden.

Meleagros muntert alle auf, die jetzt mit ihm durch die leeren Straßen ziehen, er will sich in die Burg Antonia einschleichen.

Seine vielen Besuche bei Pilatus haben ihm wenig bekannte Hinterwege gezeigt, steile Fußsteige nicht vom Tempelberg, sondern von der Talsohle aus. Sie werden nicht bewacht. Oder man könne durch Bestechung den Weg zum Gefangenen frei machen; das Sokrates-Beispiel spukt ihm im Kopf. »Dein Entführungsplan, Joaw!« Doch Joaw meint, man müsse erst in den Versammlungshäusern der jüdischen Behörden Nachschau halten, im Synedriongebäude, das an der Tyropöonbrücke liegt, oder im Hause des Hohenpriesters oder bei Chanan ben Seth, dem früheren Hohenpriester, der immer noch die beste Verbindung mit den Römern hat. Es ist sehr wahrscheinlich, daß der Meister an einem dieser Orte in Gewahrsam ist. Andere wollen eine Abordnung zum Landpfleger schicken. Doch Pontius Pilatus, das weiß jeder, ist viel zu stumpfsinnig und träge, um sich mit derartigen Angelegenheiten gründlich zu befassen, die nicht unmittelbar das Imperium betreffen, die nicht unabweisliche Pflichten sind oder Geld einbringen. Und der eigentliche Lenker der römischen Politik, Tuscus, der Geheimagent des beim Kaiser allmächtigen Ministers Sejanus, ist nie aufzufinden; er läßt sich nur sprechen, wenn es i h m beliebt.

Die kleine Gruppe ist ziemlich ratlos zum Beratungshaus der Ältesten unterwegs. Dabei geht der Bericht weiter. Von dem und jenem der Jünger, die sich jetzt versteckt halten, hat man die erhabenen und die trüben Worte gehört, die der Meister beim Mahle und nachher gesprochen hat. Nicht alles konnte aufbewahrt werden, vieles verstand man nicht. Doch das eine hatten sich alle gemerkt, die überaus entschiedene Rede von Lieben und Verzeihen, ferner die zarte Bitte, in Hinkunft bei Wein und Brot seiner zu gedenken und der Erdentage, die sie gemeinsam verbracht, die Jünger mit ihrem Lehrer. Ebenso klar stand allen als seltsamstes aller Geschehnisse des Abends vor Augen, daß Jeschua vor den Schülern niedergekniet war, um ihnen die Füße zu waschen. Er hatte das Himation abgelegt und sich eine Schürze umgegürtet, dann Wasser in einen Waschkrug gegossen, jedem einzelnen demütig die Füße genetzt und sie mit der Schürze abgetrocknet. Als wolle er ihnen in einem starken Bild das eine als wichtigstes Erbstück hinterlassen: Kinder, liebt einander gegenseitig, seid demutsvoll einer vor dem andern. Als er, in der Reihe fortwandelnd, zu Schimon Kepha kam, sei der entsetzt aufgesprungen: »Herr, du mir die Füße waschen! Das soll in Ewigkeit nicht geschehen.« Da antwortete der Meister: »Wenn ich dich nicht netze, hast du keinen Teil an mir.« Und Kepha, übereifrig wie immer, so daß alle gutmütig lächelten – nachgerade kannten sie ihn ja schon, diesen Kepha –, Kepha setzt sich so heftig nieder, daß die Lagerstätte in allen Fugen kracht. »Herr, dann netze mir nicht bloß die Füße, sondern auch die Hände und den Kopf.« – Mild habe der Meister den Dienst getan, doch dann wiederum sehr nachdrücklich von der verzeihenden Liebe gesprochen. »Alle haben Verzeihung nötig«, habe er gesagt, »auch ihr, meine Kinder.« Und dann, nach langem Stillschweigen: »Einer ist unter euch, der mich verrät.« Das Aufbrausen des Entsetzens, das unter den Zwölf losbrach, habe der Meister mit schwachem, schmerzlichen Lächeln abgewehrt. »Ihr werdet alle in dieser Nacht Anstoß an mir nehmen. Denn es steht geschrieben: Ich werde den Hirten schlagen und die Schafe der Herde werden sich zerstreuen.« So war es ja dann um weniges später wirklich eingetroffen. Jeder der Jünger steckte jetzt in einem Unterschlupf. Kepha aber, in gewohnter Auflehnung, wollte die traurige Voraussage nicht hinnehmen: »Wenn sich alle an dir stoßen, so doch ich nicht.« Darauf der Meister: »Wahrlich, ich sage dir: In dieser Nacht, ehe ein Hahn kräht, wirst du mich dreimal verleugnen.« – Dann hätten alle nach Absingung des Halel und Beschluß des Mahles das freundlich-bescheidene Obergemach verlassen. Auf dem Heimweg nach Bet-Teena kommen sie auf ein Grundstück namens »Ölpresse« oder Gat-Schemanim, rasten dort, noch innerhalb der Stadtgemarkung, jedoch schon über das trockene Bett des Kidronbachs hinweg, auf der ansteigenden Lehne des Ölberges. Der Meister geht dann mit drei auserwählten Jüngern, nämlich mit Schimon Kepha und den beiden Donnersöhnen, tiefer ins Wäldchen, um mit ihnen zu beten. Sie sollten ihm beistehen in der

Angst, die ihn nun plötzlich befiel. »Bleibet hier und wachet mit mir.« Dann geht er eine kleine Strecke und beginnt»Abba, Vater.« Diese drei aber sind in solcher Not nicht die besten Helfer; statt ihm das Gefühl menschlicher Nähe zu geben, schlafen sie ein, vom Wein ermüdet. Auch das habe der Vielverzeihende zu entschuldigen gewußt, nur sanft klang sein Verweis an Kepha, den immer Gescholtenen und immer wieder huldreich Aufgenommenen: »Schimon, du schläfst? Vermochtest du nicht, eine Stunde mit mir zu wachen? Der Geist ist willig, aber das Fleisch ist schwach.« Dann wendet er sich an Gott allein. Was er da gesprochen, habe man nur undeutlich gehört. Denn die drei, die nur einige Schritte weit von ihm waren, schliefen wieder ein – und die nicht auserwählten Jünger, die am Rand des Gehölzes auf und ab gingen, waren allzu weit entfernt. Nur einer gab später an, er habe die Worte verstanden und sie seien so rührend gewesen, daß er sie nicht wiederholen wolle. Doch man bat ihn solange, bis er sie unter Tränen herausbrachte: »Das waren die Worte: ›Mein Vater, wenn es möglich ist, so möge dieser Kelch an mir vorübergehen. Aber nicht wie ich will, sondern wie du‹.« –

In einem entscheidenden Punkte hatte Joaw die Römer unterschätzt. Sie warten nicht bis zum Ausgang der Festwoche und lassen ihre vollbewaffneten Soldaten mit dem Fangtrupp der Tempelbehörde ausrücken, der nur mit Stöcken und Fackeln ausgerüstet war. Mit den Tempeldienern wäre man rasch fertig geworden, aber die Leute der Kohorte standen dicht hinter ihnen bereit. Man konnte die Schwerter und Schilde durch die Lücken zwischen den Baumstämmen sehen, im roten Licht der prasselnden Fackeln, von denen sich immer mehr entzündeten, eine an der andern. Schon sah es aus, als ob der ganze Hain der Ölbäume in Flammen stünde. Kepha fühlt: Jetzt oder nie; ungestüm zieht er das Schwert, verwundet einen der Knechte. Doch der Meister will kein Blutvergießen. Mit den Worten »Wen sucht ihr?« tritt er rasch hervor, der Rotte entgegen. Und zu Kepha sagt er: »Stecke dein Schwert ein. Denn wer zum Schwert greift, soll durch das Schwert umkommen.« Dann wendet er sich an den bewaffneten Trupp: »Wie gegen einen Räuber seid ihr mit Schwertern und Stöcken ausgezogen, mich gefangenzunehmen. Täglich bin ich im Tempelhof gesessen, habe öffentlich gelehrt, und ihr habt mich nicht gegriffen.« Die Römer verstehen ihn nicht. Sie wissen, daß diese Juden immer Ausflüchte bereit haben, wenn das Gericht sie packt. Ihr Kommando tönt. »Den Mann da binden!« Einige der Tempelknechte finden, daß Jeschuas Worte ihnen richtigerweise ihre Schmach vorhalten. Einer lenkt ein, will mit dem römischen Hauptmann verhandeln: »Ein Irrtum hat sich ergeben.« Er bekommt einen Peitschenschlag ins Gesicht. Der Meister sieht es und tritt zu ihm: »Getrost, mein Freund. Das alles ist so gekommen, damit die Schriften der Propheten erfüllt werden.« Während er mit den feindlichen Leuten spricht, ist Todesschrecken unter die Jünger gefahren, und alle fliehen.

Von Rettungswünschen getrieben, hat die kleine Gruppe den Südteil der Oberstadt erreicht. Im Palast des Ben Kaiafa sind alle Fenster erleuchtet. »Sollte der noch beim Festmahl sitzen, mit Familie und Freunden?«

»Der Sadduzäer! Unsinn. Die machen es so kurz wie möglich. Aufgeklärte Leute, so nennen sie sich.«

»Apikorsim. Epikurs Anhänger.«

Sie treten in den Hof. Bei einer römischen Behörde stößt man auf eiserne Absperrung, eine Reihe unbeweglicher Legionäre. Hier, vor einem jüdischen Magistrat, geht es läßlicher zu. Das Ereignis hat sich in der Stadt herumgesprochen. Leute strömen ein, Neugierige und wirklich Anteilnehmende. Man schreit sie an, sie kommen wieder, schlüpfen an der Wache vorbei oder klettern über das Gitter. Ein allzu lebhaftes Volk. Auch Kinder sind dabei, wie immer. Sogar mitten in der Nacht.

Man erfährt von den Umstehenden, daß mitten in der Nacht eine Eilversammlung des Sanhedrin hierher einberufen ist. Und den Frommen aus Nazaret hat man hergebracht, unter starker militärischer Bedeckung.

Einige Verspätete treffen ein, hastig, erregt. Da ist auch der

Pharisäer Nikodemus, reich gekleidet, hoch gewachsen, mit einem Gesicht, auf dem edler Gram liegt, der noch nie einem Lächeln gewichen ist – am wenigsten jetzt, da er bestürzt, ja verzweifelt blickt. Mit ihm der alte Adoniram. Sie durchschreiten die Menge, ohne zu sprechen, laufen atemlos die Stufen zum Beratungssaal hinauf. Die Sitzung hat schon begonnen. Was ist es denn eigentlich für eine Sitzung? Ein Gericht kann doch nach den Vorschriften nachts nicht zusammentreten. Es ist nur eine Voruntersuchung. Man verhört drinnen Zeugen. Ohne Ergebnis, heißt es. Die Zeugen widersprechen einander. Eine Vorbereitung des Verfahrens also – oder wie man das Unding nennen mag. Ein ungesetzliches Tribunal, wie in Standrechtszeiten? Aber wer hat denn je gehört, daß sich Sadduzäer und Boethusianer um Vorschriften kümmern! Sie tun, was Rom befiehlt. Oder sie erraten gar Roms Wünsche, kommen ihnen zuvor. Die Pharisäer, die Hüter der Vätersitte, haben seit langem die Minderzahl im Sanhedrin, sind machtlos. Und auch unter ihnen gibt es Ängstliche. Vor dem Ausbruch von Unruhen fürchten sich fast alle, denn die Römer schlagen dann gern mit Eisenfäusten zu, fragen nicht viel, wer schuldig, wer unschuldig ist. Wie immer in einem besetzten Land suchen viele der Einheimischen nur Vorwände, um sich an die herrschende Macht anzuschließen, ja krampfhaft anzuklammern. Der eine gesteht es schamlos ein, der andere zögert noch, müht sich um Begründungen seines Umfalls. Keine Sorge, er wird sie finden. Die Tapferen, die der Macht widerstreben, bekommen zu hören, daß sie mit ihrer Tugend nur glänzen wollen, daß sie eitel sind, Leichtsinnige, die das Volk in Gefahr bringen. Gewissenlos nennt man sie, unklug nennt man sie, Verbrecher nennt man sie. Es wird ihnen nicht undeutlich zu verstehen gegeben, daß der ›vernünftige Teil des Volkes‹ sie zu allen Teufeln wünscht. Dem vernünftigen Teil des Volkes liegt vor allem daran, daß Ordnung und Gesetz aufrechterhalten bleiben. Was aber Ordnung und Gesetz sei, darüber erkundigt man sich am besten bei den Besatzungsbehörden. Da erhält man die richtigen und wahren Auskünfte. Wer sich mit solch leuchtender Wahrheit nicht zufriedengibt, der mag sich hundertmal als ein Tapferer vorkommen – für uns ist er ein Aufwiegler, mehr nicht, ein erbärmlicher Patron, ein Räuber, ein Schädling, ein Schwein. Ihn trifft mit recht der Tod; aber das ist noch zu wenig; ihn trifft mit Recht die allgemeine Verachtung. –

Die Frühlingsnacht in den Bergen Jerusalems ist kalt. Je näher der Morgen rückt, desto kälter. Mitten im Hof des Priesterpalasts ist ein Feuer angezündet, an dem wärmen sich die Soldaten und die Büttel und noch ein paar, die nicht aus bloßer Neugierde gekommen sind. Meleagros und Joaw erkennen den Kepha. So ist doch einer geblieben, oder ist dem Zug, der den Gefangenen fortführte, wenigstens vom weiten treulich gefolgt, während die Jüngerschar auseinanderlief. Die braunroten Locken fallen dem jungen Mann in die Augen, das Gesicht ist wie aufgerissen, durch tiefe Falten raucht alle Jugendlichkeit davon. Der Unglückliche drängt sich ans Feuer, hockt selbstvergessen unter den Feinden – wo alle Lebensregungen in einer großen Trauer vereisen, sucht man wenigstens körperlich etwas Wärme und weiß gar nicht mehr, was um einen vorgeht. Es ist einem auch gleichgültig. Man möchte sich in ein brennendes Getreidefeld mitten hineinlegen, um nicht so entsetzlich zu frieren. Während Schimon Kepha unruhig, halb bewußtlos vor sich hinbrütet, wird er durch eine schrille Stimme aufgestört. Eine Magd des Ben Kaiafa ist herangetreten. Im Feuerschein erkennt sie ihn: »Da ist ja so ein Apostel!« So haben sie sich ja wohl genannt, diese kindisch lächerlichen Menschen, solange ihr Oberherr noch in Ansehen stand, solange man ihnen glaubte. Die Magd wendet sich scheltend an ihn: »Du warst auch mit dem Nazarener, dem Jesus.« Kepha fährt auf. Plötzlich faßt ihn die Angst um sein Leben – obwohl es für ihn ja ohnehin keinen Wert hat, jetzt, da der Meister den Feinden, dem Tod verfallen ist. Aber gerade weil das, was seinem Leben Wert gab, ihn enttäuscht hat, klammert er sich ans nackte Leben; das bloße Tier in ihm, das lange zurückgedrängte, spricht seine einfältig stockende Ursprache, gleichsam ohne Zutun seines menschlichen Verstandes. »Ich weiß nicht und begreife nicht, was du meinst«, sagt er langsam der Magd, wie lallend.

Wankend erhebt er sich, verläßt den Lichtkreis des Feuers und tritt in die dunkle Vorhalle dicht am Tor. Im Notfall hat er es von da nicht weit zur Flucht.

Doch die Magd scheint tückischerweise sich verdoppelt zu haben, sie sperrt ihm nun den Weg zum Tor – ist es dieselbe Magd, die schon einmal so feindselig geredet hat, oder ist es eine andere, ihr ähnlich? Es ist eine junge Magd, voll von Energie, wie es scheint. Sie hat ihn nun einmal aufs Korn genommen und läßt nicht locker. Vielleicht macht es ihr Spaß, seine Verwirrung zu sehen, vielleicht hat sie besondere Gründe, den Leuten aus dem Galil nichts Gutes zu wünschen. Jedenfalls hört er aufs neue: »Das ist einer von ihnen.« Die Magd faßt ihn scharf ins Auge dabei, und sie ist jetzt nicht allein, sie hat drei oder vier der Knechte neben sich, die sie aufhetzt. Mit wachsender Gefahr wird Kepha eifriger, döst nicht mehr so ganz ohne Achtsamkeit vor sich hin, wenn er auch nur halbwach ist. »Ich kenne den Menschen nicht«, murrt er, diesmal schon ganz deutlich. Und da ihnen auch das noch nicht genügt, fügt er einen Schwur bei – wiewohl ihm ja wiederholt eingeschärft worden ist, niemals zu schwören. »So wahr meine Seele lebt, ich kenne den Menschen nicht.« Aber lebt denn seine Seele noch? Ist sie nicht gestorben? Mitten in seiner Bedrängnis hat sie ihn verlassen. Jetzt mischen sich die Umstehenden ein, die herangetreten sind. Sie lachen, ihre Verachtung ist grenzenlos. Solch ein Feigling, ein Schuft! Nun gut, er wird der Strafe nicht entgehen. Sich auch noch in den Hof zu uns hereinzudrängen – welche Frechheit! Stimmen werden laut: »Du bist wahrhaftig einer von ihnen, ein Galiläer. Man braucht ja nur auf deine komische Aussprache zu hören.«

Kepha läßt nun rasch sogar ein paar Flüche hören, um den Verdacht von sich abzuwälzen. Er ist jetzt wirklich ganz der, der er war, ehe er dem Meister begegnet ist, dort bei Kfar Nachum, bei den Fischernetzen. Ein Rückfall in sein ungebändigtes Fleisch, wie es ehedem war. »Zum Asasél mit euch!« schreit er. »Zu allen bösen Geistern und Nachtkobolden und zu allen Teufeln! Ich kenne den Menschen nicht.« Noch ein Augenblick, und er wird mit den Fäusten auf sie losgehen. — Da kräht irgendwo ein Hahn, wiewohl die Sonne noch fern ist. »Du wirst mich dreimal verleugnen, ehe ein Hahn kräht.« Die Voraussage des Meisters — eingetroffen. Von Schluchzen geschüttelt windet sich Kephas Leib. Es ist, als wehre sich dieser unwürdige Leib zuckend gegen die ewige Seele, die wieder in ihn zurück einfahren will — die in der Raubvogel-Gestalt eines ungeheuren Reuegefühls heimkehrt und ihn bezwingt. Sein lautes, rücksichtsloses Weinen schallt über den Hof. »Er ist verrückt geworden«, denken die Knechte und lassen von ihm ab. Meleagros und Joaw fassen ihn, führen ihn in einen abgelegenen Winkel, halten den Zitternden fest, ohne ihn mit Trostsprüchen zu behelligen.

Diener kommen hie und da aus dem Beratungssaal, gehen wieder hinein, bringen verstohlen Nachricht in den Hof. Die Versammlung drin, so heißt es, kann kein Ergebnis finden. Man will den Angeklagten den Römern übergeben, das steht fest — aber unter welcher Beschuldigung? Gotteslästerung? Das interessiert die Römer nicht; häufiger als einmal hat ein römischer Richter die Juden angewiesen, sie mögen ihre Religionsstreitigkeiten hübsch unter sich ausmachen und ihn nicht belästigen. Ein Zeuge tritt auf: Man habe Jeschua sagen hören: Ich will diesen mit Händen gemachten Tempel abbrechen und in drei Tagen einen andern aufbauen. — Die Römer würden sich ins Fäustchen lachen, wenn man ihnen mit so etwas käme. So ungebildet sind sie freilich nicht, daß sie in solchen Worten das poetische Bild verkennten, das, was sie in ihrem Kauderwelsch eine ›Metapher‹ nennen. — Aber allzuviel gegen eine Zerstörung des Tempels einzuwenden haben sie wohl auch nicht. —

Außerdem widersprechen einander auch weiterhin diese dummen Zeugenaussagen. — Drinnen im Saal wird man verlegen. Das Ganze bringt uns keine Ehre, rufen einige der Frömmsten — wie darf man einen Sohn des Volkes den unbeschnittenen Heiden ausliefern!

Und einer der Angesehensten erhebt sich: »Laßt ab von diesem Menschen. Erinnert euch an Theudas; der gab sich für einen Propheten aus, und das Volk ging mit ihm an den Jordan. Er versprach, den Fluß zu teilen, wie einst Moses das Schilfmeer, und das Volk in die Freiheit der Wüste zu führen. Aber eine Abteilung römischer Reiter hieb ihn und seine Anhänger nieder. So auch hier. Ist das Werk von Menschen, so wird er zunichte werden. Wenn es nun aber Gottes Werk ist — dann nehmt euch in acht.« So spricht der Ehrwürdige, ein Mann aus Hillels Familie, des großen milden Lehrers. Aber da kommen flink die andern mit ›Ordnung und Gesetz‹. »Wir tragen die Verantwortung. Uns wird der Römer blutig zur Rechenschaft ziehen, wenn Unruhen ausbrechen.« — »König der Juden« haben einige den Meister genannt, damals als er auf dem Eselchen durch das Osttor eingeritten kam. Das wäre etwas, was die Römer schon eher verstehen — es ließe sich als Aufruhr gegen den Cäsar zurechtdrehen, als Staatsverbrechen. Wie wäre es mit so etwas? Der Angeklagte hat bisher keine der Fragen zur Kenntnis genommen. Er schweigt. Er hat Mühe, seinen Ekel niederzuringen. Sind dies die Menschen, denen er Liebe erwiesen hat. Liebe bis zur zündenden Kraft der Heilung! Wenn Meleagros von all den krausen Behauptungen und Gegenreden nicht viel versteht, die aus dem Saal sickern: das Schweigen des Meisters versteht er durchaus. Es ist wie das Schweigen der Berge rund um den taubengrauen See — es ist wie ein Stück des ruhigen unermeßlichen Galil, hereinragend in den wirr-geschäftigen Ameisenhaufen Jerusalems. Dieses Schweigen, so erleuchtet es sich dem Meleagros, hat eine merkwürdige Verwandtschaft mit dem Redefluß des Sokrates vor seinen Richtern, der lauter Dinge sagte, deren Ironie den Richtern unzugänglich bleiben, sie aber doch reizen mußte. Dieses Schweigen wie dies unaufhaltsame Reden deuten beide mit gleicher Strenge dasselbe an: daß es keine Vermittlung gibt zwischen solch einem Angeklagten und solchen Richtern. Keine Brücke führt über den Abgrund.

Zudem ist es hier auch noch ein bloßes Puppengericht. Die Athener hatten immerhin zu entscheiden, zu richten. Es war ihr Machtbezirk. Dieses Rumpf-Synedrion dagegen – eine Entscheidung kann es nicht fällen, höchstens eine schleimige Anzeige absondern. Das letzte Wort liegt beim römischen Gouverneur. Die ganze Komödie hier, die schon allzu lange dauert, ist nicht bloß abstoßend gemein, sie ist obendrein sinnlos.

In der Ferne über den Bergen Moaws beginnt das Himmelsdunkel fadenscheinig zu werden.

Joaw soll am Ort bleiben – so beschließt man in der Gruppe, die weiterhin auf gewaltsame Rettung sinnt. Soll überwachen, was bei den Priestern und Schriftgelehrten geschieht, damit nicht neuerdings eine Überraschung eintritt. Meleagros übernimmt den Kampf auf der andern Seite, ist noch vor Tagesanbruch auf dem Weg zum Prokurator, zur Zitadelle Antonia.

Nicht weit vom Fischtor, da, wo die Straße nach Cäsarea abgeht, wird er angehalten. Die bekannte überhöfliche Stimme: »Genau der gleiche Plan wie ich, Freundchen! Ans Meer, hinaus in die Welt.«

»Wie ist das gemeint?«

Die Augen, deren Blick schwermütig zur Seite gleitet, zeigen im Morgengrauen ihren graublauen Schimmer; er ist wie mit Tau gesprenkelt. Etwas Erloschenes, Leeres braut in ihnen, wie rasch gleitendes Wasser. Nur verstohlen, nur gleichsam versuchsweise schauen einen diese Augen an, wenden sich sofort wieder weg, haften nicht. Die breite, hohe Stirn mit dem schwach gelichteten Haar darüber hat wohl ihre Macht, ihre edle Anlage behalten; um so verwirrender der Spuk der haltlosen Blicke unter diesem Fels. »Wie ich es meine? Nun, sehr einfach. Weglaufen oder sich umbringen. Etwas anderes ist hier nicht mehr zu holen. Ob ich es nochmals von vorn anfange, was glaubst du, Herzensfreund? Ist es der Mühe wert?«

»Ich eile, laß mich!«
»Alles sinnlos, mein Guter. Wo alles Unsinn ist, können wir auch gemeinsam gehen. Warum nicht? Alle Wege – ein einziger Weg. Willst du? Wohin gehst du?«
»Ich denke, daß der Landpfleger mich empfangen wird.«
»Ein Gnadengesuch. Wunderbarer Einfall. An deiner Beliebtheit beim Oberwolf ist nicht zu zweifeln. Hundert Verse Horaz in der einen Waagschale, ein Kopf in der andern.« Er bleibt stehen, mit theatralischem Gehaben stößt er den andern vor die Brust. »Nein, da kann ich nicht mitgehen. Zu den Römern nicht. Man könnte sagen . . ., man könnte vermuten . . . Du weißt doch, was man vermutet.« In das grimassenhaft wehe Zucken um die Mundwinkel tritt plötzlich ein Anhauch von Ernst. Es ist zum Staunen, wie menschlich ein Gesicht wird, wenn es den kalten, öden Witz beiseite läßt. »Bei Pilatus wirst du dasselbe hören. Nein, in die Burg kann ich nicht mitkommen. Überallhin mit dir, mein Meleagros, wenn du willst. Nur gerade dahin nicht. Tut mir leid, damit kann ich nicht dienen. Selbst noch mitspinnen am Netz des Verdachts – nein, das verlangst du gewiß nicht von mir. Hör eines, mein Freund – nun mußt du mir aber versprechen, daß du das eine nicht vergessen wirst. Nie, solange du lebst. Versprichst du mir das?«
Der Grieche weiß nicht, wie er sich des Mitwanderers entledigen soll, der immer wieder stehenbleibt, ihn mit dem Ansturm der Worte festhält und gleichsam darauf wartet, zur Seite geschleudert zu werden wie ein Schlagbaum, wenn man die Straße weiterbenützen will. Immer wieder muß sich Meleagros den Weg frei machen, den der andere wie in Geistesabwesenheit sperrt.
»Das also mußt du mir versprechen: Wenn du etwa morgen hören solltest, daß ich mich erhängt habe, so wirst du natürlich meinen, das sei wegen der Verleumdungen geschehen, die gegen mich umlaufen. Versprich, daß du es nicht glauben wirst. Daß du dieser grundunrichtigen Meinung nie Raum gewähren wirst.«

Meleagros äußert wahrhaftigerweise seine Überzeugung, daß von diesen Verleumdungen kein Wort zu glauben ist.
Er kennt ihre Quelle. Er sucht den Freund oder einstigen Freund zu beruhigen – wie die Sache dieser Freundschaft steht, das weiß er im Augenblick nicht, hat auch keine Zeit, es gerade jetzt nachzuprüfen. Er spricht von Tuscus – wie leicht, die Absicht des Abtrünnigen zu durchschauen! Ja, Tuscus ist der wahre Verräter, er fühlt sich als Römer, hat völlig vergessen oder leidet nicht im mindesten mehr daran, daß er als Nicht-Römer geboren wurde. Jason-Jehuda hört nicht auf, daran zu leiden, daß er Jude ist. Also ist er nicht bis in den Grund seines Herzens abtrünnig. Er hat nicht vergessen. Nun aber dies für nächstens! Er möge sich doch fassen, zu Verzweiflung sei kein Anlaß. »Wir treffen einander nachher alle in Joaws Zimmerchen. Komm hin, du bist dort unter Menschen, die dir wohlgesinnt sind.«
Jehuda zieht einen schiefen Mund. »Dank für die gute Absicht. Leider verstehst du mich nie. Auch diesmal nicht.«
Einen gewissen Ärger kann der Grieche nicht unterdrücken. »Was ist denn da viel zu verstehen!«
»Das ist wahr. Die Sache liegt sehr einfach. Für dich aber scheint sie immer noch zu schwer. Verzeih, ich wollte dich nicht beleidigen.« Das verbindliche Lächeln, urban und unzuverlässig, ja auf seine Falschheit stolz. Jason-Jehuda pflegt ja seine schlimmsten Keckheiten mit dieser schillernden Freundlichkeit zu verbrämen. Die Stimme nähert sich zirpend und weich der Unhörbarkeit. »Du hältst mich für verzweifelt. Wäre ich es doch! Verzweiflung ist mein Lebenselement, in ihr blühe ich auf. Sieh, das ist es, was du nicht und nicht verstehst. Die Schwierigkeit liegt ja eben darin, daß ich auf dem Sprung bin, meine schöne Verzweiflung zu verlieren. Ich werde nämlich berühmt. Das ist es, ich werde berühmt. Das Demütigendste, was mir widerfahren kann – ich werde zu Judas, dem großen Verräter, eine Weltberühmtheit geradezu. Die römische Maschine hat schon begonnen zu arbeiten. Propaganda, hemmungslos. Sie arbeitet, wenn nicht alle Zeichen trügen, ziemlich gut. Was tausendmal gesagt wird,

das glaubt jeder. Wird es aber hunderttausendmal gesagt, dann klingt sogar Widerspruch wie Zustimmung oder, was dasselbe ist, wie pure Ziererei. Vielleicht glaubt sogar er selbst ... er hat etwas Derartiges beim Festmahl gesagt. Zumindest kann es so verstanden werden. Ob er es glaubt, weiß ich nicht. Nie wird man es wissen. Seine Worte waren vieldeutig. ›Einer unter euch ...‹ Es täte mir leid, wenn auch er an den Schwatz glauben sollte. Es täte mir leid – denn ich habe ihn geliebt. Soweit ich Liebe nicht für das lächerlichste aller lächerlichen Dinge halte – doch mag das hingehen! Jedenfalls habe ich ihn weniger gehaßt als alle andern Menschen. Einerlei. Das ist unwichtig. Tut nichts zur Sache. Aber meine Berühmtheit, die ich schon in allen zehn Fingerspitzen fühle – wie entwürdigend! Nur das eine vergiß mir nicht: auch das ist noch kein Grund, mich aus der Welt zu wünschen. Im Gegenteil, hier spielt sogar etwas mit, was mir die Sache versüßt. Berühmt werden, das wollte ich freilich nicht, darin liegt ein äußerst ärgerliches Mißverständnis – aber die Juden vernichten, die ganze Judenheit zum Auslöschen bringen, das habe ich immer redlich gewollt. Dafür kannst du Zeugenschaft ablegen, nicht wahr? Schon von Alexandria her. Und nun – meine Name! Er hat mir immer zu schaffen gemacht. Daß er mir aber zuletzt noch eine gewisse Befriedigung bereiten würde, das konnte ich freilich nicht ahnen. Denke dir nur, wenn ich beispielsweise Taddai oder Kleopas oder Schimon oder Joram hieße – dann wäre alles so ziemlich gleichgültig. Nun aber bin ich mit einem so auffallend jüdischen Namen behaftet – Jehuda, der Jude schlechthin. Ist das nicht ein guter Streich des Zufalls? Wenn das mit dem Verrat und den dreißig Silberlingen Verbreitung gewinnt – und es sieht ganz so aus wie der Keim eines Welterfolgs, es wird sich wohl durchsetzen –, dann bringe ich nach meinem Abscheiden mit meinem bloßen Namen das über meine Mitjuden, was seit je mein heißester Wunsch war und was ich eigentlich mit meinem ganzen Wirken zu Lebzeiten auf keine Weise erzielen konnte: das Ende. Sie werden verflucht und gehaßt, schließlich vernichtet werden um meines

Namens willen. Einfach weil sie ›Jehudim‹ heißen, weil sie so heißen wie ich.«
Er lachte fast tonlos auf und hustete. »Ich hätte ihnen immerhin einen weniger grausamen Untergang gewünscht. Unwichtig. Die Hauptsache: daß sie verschwinden.«
Meleagros wollte etwas erwidern, aber Jehuda fuhr ihn mit einem wie vom Blitz verzerrten Gesicht an, diesmal ganz unhöflich und laut, ja wie von einem Dämon geschüttelt, in einem gelben starren Glanz, der die verkrampften Wangen erfaßt hatte: »Dränget das Ende – sage ich. Das Ende! Führet mit aller Macht das Ende herbei!« Kurz zuvor war Jehuda dem Griechen als ein Nicht-Abtrünniger erschienen. Jetzt sagte er sich, ob nicht ein völlig und gewissermaßen gesund Abtrünniger wie Tuscus einem solchen Nicht-Abtrünnigen wie Jehuda tausendmal vorzuziehen sei.
Der Dämon schien einen Augenblick später den Mitwanderer verlassen zu haben, der nun wieder ruhig sprach, wie es meist seine Art war: »Du siehst, jedes Ding hat zwei Seiten. Die Berühmtheit beißt mich, aber sie legt auch etwas Balsam auf die Wunde, einen – so können wir es ruhig ohne Umschweife nennen – einen teuflischen Trost. So gleicht sich der Schmerz aus. Und eine Veranlassung wegzugehen läge also keinesfalls vor. Tue ich es doch, so sollst du den Grund wissen. – Weil er weggeht.« Jehuda zitterte, mit aller Mühe konnte er es nicht verbergen. »Weil er geht, deshalb sterbe ich. Und weil ich ihn geliebt habe. Nicht sentimental geliebt – pfui, das weißt du doch. Aber er war mir nötig. Meine Hoffnung hatte ich auf ihn gesetzt, meine ganze Hoffnung. Daß er mit mir gemeinsam den Weltbau auflösen wird. Hätte er meine ganze Lehre angenommen, so wäre die Welt errettet worden. Das Ende wäre gekommen. Schluß der Grausamkeit, der Angst, des Mordens, Schluß des Todes – im großen allgemeinen Tod. Der böse Gott hat diese elende larvenhafte Welt erschaffen, der gute Gott hätte sie vernichtet und damit alles Fleisch erlöst. Beide zusammen waren wir dieser gute Gott. Das ist unser Mysterium. Ich der klare Gedanke, er die Kraft und die Jugendlichkeit, die den Gedanken

ausführt. Allein richte ich nichts aus. Hätte er auf mich gehört – und wie nahe war er daran! Hat er denn nicht gesagt, er sei gekommen, Feuer auf die Erde zu werfen? ›Und wie wollte ich, es wäre schon entzündet!‹ Dies seine Worte. Noch näher aber kam er meiner Lehre mit seiner übermenschlichen Sanftmut, mit seinem Satz: ›Liebet eure Feinde!‹ und dem andern: ›Dem Bösen nicht widerstreben‹, und all dem Übrigen! Zu Ende gedacht, löst es wohltuend die schmerzlichen Knoten auf, alle Formen. Es bedeutet Schluß des Staates, des menschlichen Zusammenlebens, des Menschen selbst, aller Gestalt, ja des ganzen Alls, des unsauberen und verderbten Alls. Aber bis an dieses Ende ist er nicht gegangen. Unbegreiflicherweise ist er knapp vor den letzten Schlußfolgerungen stehengeblieben. Mit der windigen Ausrede: verzeihen und lieben. Worte, die ich nicht hören kann. Ihre Heuchelei macht mir Bauchgrimmen. – Er ist nicht ans Ende gegangen, war nicht scharf genug. Und nun verschwindet er. Das tut mir wirklich leid. Ja, gemeinsam mit mir hätte er viel erzielt. Allein bin ich nichts. Was mich ja, genau genommen, freuen sollte. Wie jede Huldigung, dem Nichts dargebracht, trägt es den Stempel des Wahren auf der Stirn. Auch er wird allein nichts ausrichten, er noch weniger als ich. Das ist mein Trost. Er ist in den Klauen des Pilatus. Rheuma gegen Pneuma – wenn du einen schlechten Witz willst. Aber das Rheuma siegt. Das arme Pneuma – was ist es ohne mich!«

Meleagros fühlte sich eisig werden. »Merkst du denn eigentlich nicht, wie anmaßend du redest? Anmaßend und verblendet. Vermessen bis zur Absurdität. Weil du dir angewöhnt hast, mit süßer Stimme zu flöten, meinst du, daß man deine Frechheit über sich ergehen lassen muß?«

Erstaunt sah Jason zu ihm auf: »Ach, du magst Wortspiele nicht. Verzeih, ich hatte das vergessen. Ich aber sage dir« – seine Stimme klang unangenehm parodistisch –, »Wortspiele sind manchmal klüger als Worte.« Er machte nun ein ganz klägliches Gesicht, sah aus wie ein Taschenspieler, dem ein Kunststück nicht geglückt ist. »Übrigens ist es immer gut«

— und er verbeugte sich dabei —, »wenn man erfährt, wie die Freunde so recht eigentlich im Herzen über einen denken.«

Meleagros spürte Mitleid aufkeimen. »Du bist heute in einem wirren, zerstörten Zustand. Leg dich ins Bett, schlaf dich aus! Wenn du morgen aufwachst, wirst du einsehen, daß es die größte Eselei gewesen wäre, das zu tun, was du jetzt vorhast. Es gibt ja nichts, womit du den Verdacht, das falsche Gerücht gegen dich stärker bekräftigen könntest.«

»Meinst du wirklich, daß mir daran etwas liegt?« erwiderte Jason, der plötzlich keinen Versuch mehr machte, seine Traurigkeit zu verhüllen. Er senkte den Blick, er sprach zur Erde hinab. »Ich glaube doch, daß du mich ein wenig unterschätzt, mein Lieber. Gerücht hin, Gerücht her — daß ich den Mann verloren habe, das ist es, worauf es ankommt. Aber es ist schön, daß du um mich und die üble Nachrede ernstlich besorgt bist . . .«

Er machte eine Bewegung, als wolle er ihm die Hand hinstrecken, hielt aber ein. »Oder doch so tust, als ob du besorgt wärst. Mit Erfolg so tust. Wohlgelungene Täuschung . . . Doch auch das ist einerlei. Was bin ich denn? — — Es müßte mich geradezu freuen, wie gesagt, wenn ich überlege, wie folgenlos alles war, was ich gewollt habe. Nichts bleibt von mir. Weniger als nichts — eine Lüge. Eine vielgeglaubte Verleumdung, die möglicherweise einmal platzen wird — oder auch nicht. Ein verdrehtes Bild von mir. Außerordentlich passend! Vielleicht freut es mich auch wirklich. Versuchen wir's, obwohl in dieser grimmigen Morgenkälte jede Freude einem verdammt schwerfällt.« Er zog seinen alten, schadhaften Mantel enger um die Schultern. »Es freut mich, ich spüre es schon. Aber meiner Lehre verhilft es eben nicht zum Sieg. Das Ende kommt wieder einmal außer Sicht. Was liegt daran! Ein anderer wird ausführen, was mir mißlungen ist. Mit mir ist es eben nichts gewesen. Und das ist in einem gewissen Sinne das Richtige. Es soll nichts mit einem sein, denn es soll überhaupt nichts sein. Man sollte ewig nur das eine Wort ›nichts‹ sagen und das eine Wort ›nichts‹ denken. Das Nichts ist das einzig Anständige auf der Welt.«

Er schien die Anwesenheit des Griechen gar nicht mehr zu bemerken. Ohne sich zu verabschieden, schlug er den Weg in eine Seitengasse ein, die in freies Feld hinausführte. Er wanderte gleichsam seinem Blick nach, der gewohnheitsmäßig zur Seite glitt, nie den, mit dem er sprach, in die Mitte nahm. Es war ein scheues und eigentlich ganz zartes Zur-Seite-Weg-schleichen, das ebensowenig wie seine fein vibrierende Stimme zu seinen scharf verletzenden Reden paßte. Mit seinen hochgezogenen Schultern, dem eng heraufgeschlagenen grauen Mantel machte er sich in der silbernen Morgendämmerung davon, in der taufeuchten, kühlen Luft, in der einem die Finger erstarrten.

Das Gespräch hatte den Meleagros doch über Gebühr aufgehalten. Als er vor dem Prätorium, dem Sitz des Prokurators, anlangte, herrschte mit den ersten Sonnenstrahlen schon reges Getriebe auf dem Vorplatz. Soldaten in Reih und Glied. Die Abordnung der Ältesten war schon im Hof, sie hatten den Gefangenen gebracht. Man wollte den Staatsschreiber nicht einlassen. Auch der gefälschte Ring fruchtete zunächst nichts. Nach langem Hin- und Herreden gestattete ihm ein Militärtribun den Eintritt hintenherum in die Privaträume des Pilatus. Er hatte sich auf einen alten Diener berufen müssen, der ihn von früher her kannte und der auch über die Übersetzungskünste seines Herrn so ungefähr Bescheid wußte. »Ja, so ist es, dieser Mann pflegt sich mit dem Prokurator über irgendwelche Verse und gelehrten Schnickschnack zu unterhalten.« Erst das gab ihm den Weg frei.
Doch das Zimmer, in dem Meleagros vor langer Zeit eine Audienz gehabt hatte – damals als Pilatus die dreißig samaritanischen Edlen, ihren unbekannten Messias unter ihnen, zum Tode verurteilte –, das Zimmer war leer. Er fragte den Diener. Der Herr sitze im Hof zu Gericht, das Verfahren gegen den jüdischen Aufwiegler sei sehr eilig, da das Fest herannahe oder der Sabbat oder beides. Wer kenne sich da aus! »Die Priester haben in den Palast nicht eintreten wollen. Es würde sie verunreinigen, des Festes wegen – das haben

diese Unverschämten geäußert. Ich an Stelle meines Herrn hätte ihnen die Schnauzen gestopft – daß sie das Haus verunreinigen und nicht das Haus sie. Ich sage dir, Herr, das ist ein Volk, mit dem kein gesitteter Mensch zusammenleben kann.«

»Wie steht es um das Verfahren, mein Lieber?«

»Nun, das ist doch klar, der Mann wird gekreuzigt.«

An Kreuzigung hatte der Grieche bisher nicht gedacht. An den Tod des Meisters wohl. Aber daß er ihm nach römischer Art bestimmt sein sollte, mit kalt ausgesonnener Grausamkeit – dieser Gedanke war ihm bisher nicht gekommen. Daß diese zarte, adelige Hand, immer nur zum Helfen und Segnen ausgestreckt, nun dazu bestimmt sein sollte, von einem langen Eisennagel durchbohrt, von einem Hammer an ein Stück Holz geklopft zu werden ... »Ist dir nicht wohl?« sagte der Diener, »einen Augenblick nur, setz dich. Ich bringe dir Wein.« – Meleagros trank nicht, er konnte die Hand nicht ausstrecken, sie war wie von einem schweren Nagel durchpfriemt. War gelähmt. Die ganze, von Barbaren ausgeheckte Folterung erlitt er am eigenen Leib. Wer gekreuzigt wird, wird vorher gegeißelt – so will es römischer Brauch. Man schindet ihm mit stacheligen Peitschen die Haut vom blutenden Körper. Er stirbt zwanzigmal, ehe er stirbt. Wie mein armer Bruder! Mein Unschuldiger! – Und die zweitausend Kreuze des Varus fielen ihm mit dem gleichen Donnerschlag ein. War es denn faßbar für ein halbwegs wohlgefügtes Hirn, daß der, dessen erste barmherzige Tat es gewesen war, Unschuldige vom blutigen Holz herabzunehmen, nun selbst am Ende seiner Tage die unvorstellbare Qual langwieriger Zerreißung und Befleckung dulden sollte! »Die Strafe – als zarteste Art der Verzeihung.« Dies gefühlt und jenes erlitten – ein Mißklang, der den Erdball sprengt!

Die Sinne vergingen ihm. Und erst eine geraume Zeit später merkte er, daß er immer noch an demselben Tischchen in derselben Ecke saß, zu dem der gutmütige alte Diener ihn hingeleitet hatte. Ihm gegenüber aber hatte ein Fremder Platz genommen, den er erst allmählich erkannte, während die Nebel der Ohnmacht sich verzogen: der Landpfleger, der eine Rolle in der Hand hielt und auf ihn einsprach. Er schien recht gut gelaunt, sah auch besser aus als sonst, befaßte sich weniger mit seinen Nägeln. Er erzählte, daß ihm gestern eine gute Übersetzung gelungen sei. Das berühmte Gedicht des Catullus, über den Sperling der Lesbia. Er wollte es gleich vorlesen, Meleagros möge selbst urteilen, ob es im griechischen Klang nicht wie ein Original wirke. Und noch ehe sich Meleagros ganz aus dem Gegenwind seiner Fassungslosigkeit hervorrudern konnte, hatte der andere begonnen:

»Sperling, süßes Vergnügen meines Mädchens,
Du, mit dem sie zu spielen pflegt, und den sie
An den Busen zu legen pflegt, und den sie
Mit dem Finger zu scharfen Bissen anreizt,
Könnt auch ich, so wie sie jetzt, mit dir spielen
Und die Zuckungen meines Herzens lindern.«

»Sehr schön«, sagte Meleagros. »Doch gestehe ich, daß ich heute eigentlich einer andern Sache wegen, einer Bitte wegen . . .«

»Warte«, fiel ihm der Prokurator ärgerlich ins Wort. »Statt mich zu beglückwünschen, sprichst du schon von andern Dingen. Ich bin ja nicht gerade eitel. Immerhin hätte ich deine Anerkennung etwas ausführlicher gewünscht. Ekelhafte Angelegenheiten genug habe ich zu erledigen. Warte. Ich muß mich erholen, deshalb habe ich diese kleine Pause eingelegt. Du solltest froh sein, daß ich mich entwickle, daß du in letzter Zeit schon viel weniger Mühe mit der Ausfeilung meiner Zeilen hast als am Anfang. Höre erst das zweite Werkchen –.«

Um die vielleicht günstige Stimmung nicht zu zerstören, war der Grieche gezwungen, ein artiges Gesicht zu machen. Graeculus! schalt er sich – und wußte doch keinen Ausweg, als in die Luft zu starren und eine Miene des Beifalls vorzubereiten, die am Schluß dieses andern Gedichtes überzeugender in Erscheinung zu treten hätte als nach dem ersten. Sonst fiel er mit seinem Ansuchen gewiß durch. Und was ging inzwischen

unten im Hof vor? — »Wie einen seine Mutter tröstet«, fuhr es ihm plötzlich durch den Kopf, unvermittelt. Ja, wenn es so wäre! Aber der rohe Gegensatz solchen Trostes ist auf Erden heimisch und rückt uns immer wieder mit eisernen Krallen an den Leib, in die Haut.
Inzwischen hatte der Mächtige mit seiner piepsenden Stimme, die aber diesmal zufällig nicht übel angebracht war, die vielbewunderte Trauerklage Catulls zu lesen begonnen, allerdings in abscheulichen griechisch-sein-sollenden Verrenk-Versen.

»Weint, ihr Grazien und Amoretten,
Und ihr freundlichen Menschen alle, weinet!
Der Sperling meines Mädchens ist gestorben. —«

Unmöglich, die Aufmerksamkeit beisammenzuhalten. Meleagros setzte seinen eigenen Gedankengang fort, notgedrungen. — Ja, wenn es so wäre — mit dem Trost der Mutter. Aber es ist nicht so. Meine Mutter haben diese Wölfe irgendwo umgebracht. Und die Schwester — ich darf daran nicht denken. Das Leben bringt keinerlei Trost. Es ist ein abscheuliches Netz, das über den Menschen geworfen wird, wenn er zur Welt kommt — wenig Aussicht, den Unglücksmaschen zu entgehen. Man muß sehr geschickt sein. Und auch das hilft nur einem Odysseus. Mir nicht. Eine häßliche Sache in jedem Fall. Vielleicht hat Jason recht, man sollte mit all den Geburten und Erziehungen Schluß machen. Im Ganzen! Nie hatte er die Ansicht des Verneiners so nah an sich herankommen gefühlt als in den angstvollen Minuten, da ihm die Verse vorgelesen wurden. Sie gehörten seinem Lieblingsdichter, wiewohl einem Lateiner. Sie waren voll von unsterblichem Reiz, wenn sie in ihrem ureigenen Leben blieben, nicht ungeschlacht verdreht wurden. Aber doch nicht jetzt! Verdreht oder unverdreht, doch nicht jetzt!
Was half es — bis zum Schluß hatte er sie zu hören:

»O das Unglück! Armer kleiner Sperling!
Deinetwegen röten sich in Tränen
Nun die reizenden Augen meines Mädchens. —«

Dann sprang er auf, alle Klugheit beiseite setzend. Und ohne ein Wort über das eben Vernommene zu sagen, begann er um die Freilassung des Meisters zu bitten. »Er ist unschuldig.«
Die Äffchenfalten erschienen in dem glattrasierten verfallenen müden Gesicht des Prokurators. »Willst du mich quälen wie meine Frau?« Er war ernstlich beleidigt. »Sie schickt mir aus der Wohnung eine Dienerin. Freilassen! Unschuldig! Als ob es in meiner Macht stünde. Seine eigenen Landsleute klagen ihn an. Ich wasche meine Hände, ich habe nichts damit zu tun. Ich führe nur die Wünsche der Bevölkerung aus. Und Cäsars Pläne, selbstverständlich. Meine Frau hat mir einen Zettel geschrieben: sie hat schlechte Träume gehabt, wegen dieses ›Gerechten‹ – so nennt sie ihn. Hast du vielleicht auch Träume gehabt? Meine Frau schwört auf die Stoiker, ich auf die Philosophie der Gärten – wie du, mein Meleagros. So streiten wir immer. Man muß doch froh sein, wenn der Streit diese ferner liegenden Gegenstände betrifft. Mein Collega oder Vorgesetzter in Syrien, dieser Vitellius, der hat's ärger. Die Frau will nicht dulden, daß er mit Sklavinnen schläft. Nun, darüber wären wir hinaus. – Au! Das Zipperlein sorgt schon dafür, daß mir derartige Gedanken vergehen.«
Altes Plappermaul! Meleagros sah ihn verständnislos an. In dieser Stunde – »Ich weiß, daß er unschuldig ist«, wiederholte er schwach, ohne Hoffnung, hob bittend die Hände. Er bog das Knie, er fiel vor dem Römer zur Erde.
Pilatus wich zurück. Er schien zu erschrecken. So viel Eifer war verdächtig. »Woher weißt du das? Du kennst ihn?«
Am meisten erschrak er darüber, daß ihm hier vielleicht die Arbeit einer Voruntersuchung blühte. Derartig schwierige Unternehmungen überließ er gern seinen Untergebenen. Die Geringfügigkeit seiner Geisteskräfte schätzte er wenigstens in dieser einen Richtung nicht ohne Wirklichkeitssinn ein.
Meleagros erzählte knapp, daß er einige Male mit dem Meister zusammengetroffen sei. Jeschua sei ein großer Weiser – ein Philosoph, sagte er, um es kurz zu machen. Die Gespräche

mit ihm hätten ihm wie allen andern viel Belehrung verschafft. »Steh auf«, sagte der Prokurator, ohne Freundlichkeit, als sei der Kniefall eine Beleidigung gewesen. Der Grieche gehorchte. Um die Sache nicht ganz aufzugeben, fügte er einige ausführende Worte hinzu, wiewohl er sich bewußt war, mit seiner Erklärung auf ein ganz falsches Geleise geraten zu sein: »Einer von der weltflüchtigen Art, kein Aufrührer, keiner, der dem Weltreich gefährlich werden kann.«

»Draußen sagen sie das Gegenteil. Wenn du Cäsars Freund bist, sagen sie, seine eigenen Landsleute – so darfst du diesen nicht loslassen.«

»Ich aber sage die Wahrheit.«

Pilatus wandte ihm den halben Rücken: »Was ist Wahrheit?« – Trotz allem schien er etwas wankend geworden. Da trat ein Offizier ein, fragte, ob die Truppe zur Hinrichtung antreten solle. Sie sei bereit. Pilatus machte dem Mann ein Zeichen zu warten, dann kehrte er zu dem Griechen zurück, in seiner Miene die Aufforderung, er möge diese hohe Gunst zu schätzen wissen, die darin liege, daß er sich weiter mit ihm beschäftige und nicht mit Amtsgeschäften. Wohlwollend legte er ihm die Hände auf die Schultern. »Es ist dir doch wohl klar, daß es immer so viele verschiedene Wahrheiten gibt, als du willst. Man darf sich nicht in die Methode der ›einzigen Ursache‹ verlieben – das hast du doch bei Epikur gelernt?«

Von da an war es dem Griechen gespenstischerweise zumute, als ob er das alles genau so schon einmal erlebt habe, als rolle es nach einem Gesetz ab, das in diesem Zimmer schon einmal wirksam gewesen. Schon das vergebliche Eingreifen der Frau hatte Erinnerungen erweckt – und nun der Eintritt des Henkerobersten. Und von da an alles, der Reihe nach. Wie der alte Mann mit der Zunge über die dünnen zitternden Lippen hinstrich. Die Augen funkelten katzenhaft. »Erst die Geißelung, dann das Kreuz«, warf er dem Offizier leise, sachlich, als Selbstverständlichkeit hin. Und zu Meleagros gleichgültig: »Beleidigung der Kaiserlichen Majestät. Ich kann mir nicht helfen. Er hat sich einen König der Juden genannt. In diesem Punkt ist der göttliche Tiberius sehr feinfühlig. Und

seine Ohrenbläser – noch empfindlicher als er. Du mußt das einsehen. Der Prätor Sejanus ist streng und durchaus nicht mein Freund. Soll ich etwa die eigene Haut zu Markte tragen?« Er stockte, schien nachzudenken. »Doch weil du es bist, mein Freund – es gibt noch ein Mittel, ich will es versuchen. Einen von zweien muß ich freilassen. Es ist nämlich noch einer da, der Raubmörder Barrabas. Und der Mißbrauch hat sich seit Jahren eingebürgert, daß ich vor dem Fest einen Mann freigebe, der zum Tode verurteilt ist. Nachgerade wäre es an der Zeit, einmal mit all diesen sogenannten Vorrechten der Juden aufzuräumen. Aber vorläufig gelten sie – mag also das Volk entscheiden. Es gibt noch zwei andere Verbrecher im Gefängnis, die ans Kreuz sollen; aber die hat Vitellius verurteilt, der Legat, mein syrischer Vorgesetzter. Denen ist nicht zu helfen, sie kommen für Begnadigung nicht in Betracht. Die Sache liegt ganz einfach: Barrabas oder Jesus. Das ist die Auswahl. Dir zuliebe versuche ich's. Ich frage also das Volk.«
»Was für ein Volk denn?« rief Meleagros, sich völlig vergessend. »Es wird doch niemand in die Burg hereingelassen. Nur die Ankläger sind da. Und wahrscheinlich ein paar Schreier, die sie mitgenommen haben.«
Pilatus sah ihn strafend, doch nachsichtig an. »Du nimmst dir viel heraus, Bester. Auch eine hochliterarische Freundschaft hat ihre Grenzen.« Er trat an die breite Fensternische, schaute auf den steingepflasterten Platz hinaus. »Ich sehe da eine ganze Menge Menschen.« – Meleagros machte einen Schritt. Plötzlich befiel ihn die Furcht, er könne den gefesselten Meister sehen, halbnackt, entehrt, geschlagen, verhöhnt, bespien – er fühlte, daß das seine Kräfte überstieg. Dieser höllische Anblick war nicht auszuhalten. Die römischen Soldaten pflegten mit dem Verurteilten tierisch umzugehen. Es war ihre rauhe Sitte, ihnen vom heimischen Saturnalienfest her geläufig, bei dem die Sklaven von ihren Herren bedient und Verbrecher zu Königen gekrönt wurden. Unter dem Rufe ›Jo Saturnalia‹ wurde alles auf den Kopf gestellt. Der Brauch war

in abscheulicher Entartung in die Provinz gekommen. Man zerfleischte den Rücken der Verurteilten mit Geißeln, die Folterknechte hatten darin eine besondere Geschicklichkeit erlangt, und daß ›die Geißel der halbe Tod sei‹, war zum Sprichwort geworden. Dem Halbtoten hängte man dann einen Mantel um, der so etwas wie einen Purpurmantel vorstellen sollte, setzte den Ärmsten auf eine Art Thron, drückte ihm als Zepter einen Rohrstock in die Hand, beugte lachend das Knie vor ihm. Nein, das alles wollte Meleagros nicht sehen. Seine Feigheit als Stachel fühlend, blieb er im Hintergrund des Gemachs, als sei das Fenster eine ansteckende Krankheit, atmendes Gift. – »Es sind wirklich zu wenig«, sagte Pilatus, voll vom Hochgefühl der eigenen Gerechtigkeit. »Sind meine Klienten schon da?« Der Diener bejahte. In der Vorhalle pflegten um diese Zeit immer einige Höflinge zu warten, sadduzäische Pflastertreter, die nach römischer Sitte den Tag mit einem Besuch bei ihrem hochmögenden Beschützer begannen. Auch Petenten und Müßiggänger fanden sich immer ein. »Sie sollen auf den Platz hinunter und sich bemerkbar machen.« Der Diener gab den Befehl an einige Beamte in den Vorzimmern weiter; wie eine trappelnde Herde wurden die Wartenden über die kurze Treppe in den Hof gejagt.
Da ist ein Aufschub! Eine unvorhergesehene Möglichkeit! – Meleagros schrak aus seiner Betäubung auf, löste die Hände von der Zimmerwand, an die er sich gleichsam angeheftet hatte, als sei das eine Stütze, ein Schutz. Er machte nochmals die wenigen Schritte durch den Saal bis zu dem Landpfleger, der sich in seinem Sessel zusammenkrümmte, übellaunig, von einem neuen Anfall seines Podagra geplagt.
Nochmals legte der Staatsschreiber seine Gründe dar. Jeschua sei nicht als ein Politiker, nicht als Kämpfer anzusehen. In seiner Herzensangst brachte Meleagros Verfälschungen, Entstellungen vor. Einerlei – wenn sie nur noch retten konnten, im letzten Moment. »Gebet dem Cäsar, was des Cäsars ist« – das habe er selbst aus dem Munde des seltsamen Predigers gehört –, man solle dem Cäsar den Zins zahlen. Nein, so einer war doch gewiß kein Aufwiegler ...

Pilatus hörte gar nicht zu. Dieser närrische Judenrabbi, bettelarm – Reichtümer konnte man dem wahrlich nicht abschröpfen – er war ihm herzlich gleichgültig. Eine Gefahr? – nun, die war nicht durchaus auszuschließen. Es kam ganz darauf an, wie man die Sache dem halbverrückten Kaiser in Rom zutrug. Doch Ärgeres als solche Erwägungen: eine starre, gläserne Langweile hatte sich in den Augen des Pilatus festgesetzt. Mit einem dieser Besiegten, dieser Judensklaven Umstände machen? Der Landpfleger schien jetzt für Augenblicke ganz geistesabwesend. Dann kam wieder eine Art Bewegung in seine Züge. Aus seinen Fingern und Lippen war zu sehen, daß er seine verunglückten Verse wiederholte, nochmals die Silben zählte, ihre Längen maß ...

Man meldete, daß alle Vorbereitungen getroffen seien.

Nun hinkte Pilatus auf den Balkon hinaus, über sein Zipperlein seufzend, das Mitleid aller guten Menschen anrufend – und seines Freundes Meleagros vor allem. Die weiße Toga mit dem schmalen Purpurrand schlotterte um die dürre Gestalt. Schwächlicher Zuruf von unten empfing ihn. Er streckte die Rechte schräg empor und begann eine Lobrede auf den Kaiser Tiberius. Keine der vorgeschriebenen Wendungen fehlte. Ein Herold half aus, wo seine piepsende Stimme versagte. »Wollt ihr nun, daß ich euch den König der Juden freilasse oder den Barrabas?« schloß er matt, blasiert, mit der Routine des unbeteiligten Beamten.

»Den Barrabas, den Barrabas!« kam ein dünnes Rufen von unten. Freudlos, ohne Schwung. Auch einige Kinder schrien mit. Der Landpfleger kehrte ins Zimmer zurück.

»Du hörst es«, sagte er zu Meleagros, der wieder an der dem Fenster entferntesten Zimmerwand stand. Pilatus verzog erst einmal ausführlich das Gesicht, da ihm ein Luftzug, so sagte er, in den Arm gefahren war. Dann gab er dem Offizier einen Wink.

*

Mein Gott, mein Gott, warum hast du mich verlassen?
Fern von meiner Errettung verhallen die Worte
meines Schreiens.
›Mein Gott‹ rufe ich bei Tag und du antwortest nicht –
Bei Nacht, und Stillung wird mir nicht.
Und du bist doch der Heilige,
Der auf den Lobgesängen Israels thront.
Auf dich vertrauten unsere Väter,
Vertrauten, und du sorgtest für ihr Entrinnen.
Zu dir schrien sie, und sie entkamen,
Auf dich vertrauten sie, und wurden nicht zuschanden.
Ich aber bin ein Wurm und kein Mensch,
Ein Hohn der Leute und verachtet vom Volk.
Alle, die mich sehen, verspotten mich,
Verziehen die Lippe, schütteln den Kopf.
Sie sagen: ›Wälze deine Sache auf Gott. Er soll ihn entrinnen
lassen,
Er soll ihn retten, er hat ja Gefallen an ihm.‹
Doch wie Wasser bin ich verschüttet,
Auseinandergegangen sind alle meine Knochen,
Trocken wie eine Scherbe ist meine Kraft
Und meine Zunge angeklebt an meinen Schlund.

*

Meleagros bringt atemlos die grausige Nachricht in das Zimmerchen, in dem Joaw und die andern jungen Menschen warten. Für Pläne ist nicht mehr viel Zeit. Außerdem erscheinen im Augenblick alle Vorschläge aussichtslos. Die Tausende im Galil, die Waffen haben – ehe sie einlangen, ist hier alles vorbei.

Die Gasse, die in Windungen tief unten am Haus vorbeiführt, beginnt sich zu beleben. Hier sammelt sich das wirkliche Volk, Verwünschungen gegen Rom werden laut. – Die dunkle Stimme der Bronzetuba ruft; Römer zu Pferd, ihre Rüstungen klirren; die Feldzeichen, die Adler mit ausgespannten Flügeln, zeigen die schreckenerregenden Buchstaben, die über den ganzen Erdball hin gefürchteten und verfluchten: SPQR –

die Buchstaben des Gottesnamens, gleich an Zahl, die Israel der weltlichen Macht entgegenzustellen hat, die Buchstaben JHWH – sie scheinen heute ihren Glanz und ihre sanfte Kraft verloren zu haben. Heute siegt SPQR über JHWH. Denn schon hat der Zug der Soldaten begonnen. Zur Richtstätte geht der Zug, im vollen Licht des beginnenden Vormittags. Unter krächzenden Rufen eines Hornes, mit dem schrittmäßigen Schütteln der Lanzen und Schilde. Die Straße liegt tief und die Ecken der Häuser am Fels der Antoniaburg winkeln sich vor, es bleibt nur ein schmaler Ausschnitt, in den jeweils eine Gruppe der Vorübermarschierenden eintritt – wie ein Bild vom Rahmen der weißen Häuserwände eingefaßt, an denen die Sonnenstrahlen augenschmerzend aufspritzen.
Jetzt weicht Meleagros nicht zurück, jetzt will er kein Mitleid für sich zurückbehalten – alles Mitleid strömt wie warmes Blut aus seinem erkaltenden Körper dorthin, dem bleichen Manne zu. Das Gesicht dort fern unten trägt eine Dornenkrone und ist von dunkelroten Strömen überrieselt, auch das lange weiße Leinenkleid zeigt große frische Blutflecken, die Schultern der hohen Gestalt beugen sich unter einem derben breiten Holzpfahl, der dem Rücken aufgepackt ist, die Hand, schlaff, trägt das Querholz des Kreuzes und die Stricke. Soldaten treiben ihn mit ihren Lanzenspitzen, fluchen roh. Vorbei. Nein, eine Störung ist eingetreten. Jeschua ist unter dem Balken zusammengestürzt. Da springt einer aus dem Volk hervor, das am Straßenrand steht. »Schimon, Schimon!« ruft das Volk, aufmunternd. Nicht Schimon Kepha ist es. Einer, der Schimon heißt. Einer der Tausende im Volk, die Schimon heißen. Er nimmt den Kreuzpfahl und lädt ihn sich selbst auf den Rücken.
Andere brechen durch die Sperre, sie helfen dem Meister auf. Die Soldaten treten schimpfend dazwischen. Schon blickt sich vom Pferderücken her streng der Befehlshaber um, der voranreitet. Eine noch ärgere Störung läßt ihn gar den Pferdeleib mit voller Wucht herumreißen. Ein Mädchen hat den bleichen Mann umschlungen, der mühsam vom Boden aufsteht. Sie

will ihn fortzerren. Sie fordert die Umstehenden laut schreiend, heiser auf, ihr zu helfen – den andringenden Soldknechten zeigt sie einen Ring vor, den sie am Finger trägt –, man wird nicht zulassen, daß man den Meister tötet. Auf, alle zu Hilfe! Wir siegen! Und jubelnd wirft sie den Ring in die Höhe, um ihn wieder aufzufangen. Der Hauptmann hat sein kurzes Schwert gezogen, spaltet dem Mädchen mit einem wuchtigen Hieb den Kopf.

Soldaten packen den Leichnam, tragen ihn schnell fort.

Einige Augenblicke später ist das Ganze aus dem weißen Bildrahmen der Häuser verschwunden.

Joaw und die Freunde halten den tobenden Meleagros fest, der auf die Straße fortstürzen will.

Schwarze Wolken peitschen über die Stadt hin, der Steppenwind ist losgebrochen, der Chamsin, der die schweren Sandmassen aus der östlichen Wüste bis über das Meer hin schleppt. Am hellen Tage ist es unter Sturm und Erdbeben finster geworden. Laute Klagerufe durchhallen die Stadt – und es heißt, daß es die Geister der Toten sind, die aus den Gräbern aufstehen und darüber weinen, daß sie nicht verhindern konnten, was hier geschieht.

Meleagros hat sich den klammernden Händen entwunden.

Es hat zuletzt einen richtigen Ringkampf mit einem der jungen Leute gegeben, die ihn auf Joaws Geheiß nicht freilassen wollten. Rasend bricht sich der Grieche Bahn, mit Fäusten und Füßen gegen alle trommelnd, die ihn bändigen wollen.

Die Straßen liegen öde in der heißen Luft, leer und wie in Staub zerfallen. Meleagros hat nicht den Eindruck vorwärtszueilen. Dazu ist er zu schwach, die Sohlen zu kraftlos. Aber die Straßen stürzen ihm entgegen, an ihm vorbei. Es ist, als ob sie ins Nichts stürzen, verschwinden, wegeilen wollten. Die ganze Welt scheint sich zu schämen. Sie will nicht dabei sein, zerbricht, strebt in weißglühendem und rötlichem Nebel dem Abgrund zu. Halbsichtbare Hände schieben alle Dinge von sich weg. Im Sand und Dunst, der an den Häuserwänden vorbeisaust, tauchen diese schattenhaften Hände auf, die das

Körperliche fortdrängen, zur Flucht treiben. Nur schwarze Löcher bleiben in der Luft, wirbelnde hohe Säulen. Und all dies in furchtbarer Stille, die dann wieder von plötzlichem Krachen und Seufzen abgelöst wird. Erst an der hohen westlichen Stadtmauer, an der Stadtgrenze befreit man sich ein wenig von dieser Hölle des Untergangs. Hier zieht der Weg nordwärts nach Sebaste, ins offene Land.

»Habt ihr das Mädchen gesehen? Das Mädchen?« schreit Meleagros allen zu, die an ihm vorbeikommen oder an denen vielmehr er vorbeisaust. »Das Mädchen? Und wohin haben sie den Meister geschleppt?«

»Sie ist tot. Die Römer haben sie hier in die Schlucht geworfen.«

Meleagros klettert über Steine und Schotter hinunter, umfaßt Schoschanas kalten Körper. Einer von Joaws Leuten hütet den Leichnam. Eine gütige Freundeshand hat den Kopf mit einem weißen Tuch umhüllt. Die klaffende rote Wunde ahnt man; doch zu sehen ist nur das von Blut durchtränkte Schleiertuch. Der junge Wächter öffnet stammelnd, zitternd den Mund, deutet aufwärts: »Schon gekreuzigt!«

Der Schreiber fährt auf – eine Nadel tief im Rücken.

Auf dem holperigen Weg oben reißt es die Landschaft ein paar Schritte an ihm vorbei. In düsterer Ferne, eben noch sichtbar – da, wo man die Stadt durch das Fischtor verläßt, auf einem Platz voll von Tonscherben, Unrat und Steinen erhebt sich Golgolta, der Schädelhügel, eine sachte Anhöhe in der ungefähren Form eines riesigen Totenkopfs.

Hier hört für Meleagros das Fließen der Landschaft auf, sie steht mit einem Ruck still – er kann keinen Schritt mehr machen.

Drei Kreuze ragen in der Ferne vor dem schwefelgelben Himmel, keines ganz aufrecht, die schwarzen Stämme sind einander unordentlich zugeneigt.

Die beiden Opfer des Legaten Vitellius sind also mitgekreuzigt worden. Sie schreien mit durchdringender Gewalt, der Wind führt die Klagelaute von weitem durch die allgemeine Stille deutlich heran.

Vom mittleren Kreuz kommt kein Laut. Schon tot? Meleagros stürzt in die Knie, er sieht überhaupt nichts mehr. In seinem Kopf tobt die Blutwärme. Der plötzlich wiederauflebende Sturmwind hat sich zu einem schwarzen Vorhang verdichtet. – Dann, etwas später, unterscheidet Meleagros die drei nackten Körper. Sie sind verrenkt, zerbrochen, nicht mehr menschlich, nur Fetzen von Menschen. Die Bewaffneten, die niemanden heranlassen, bilden eine blitzende Mauer. Dunkel, viel weiter zurück, auf einem andern Hügel, eine Gruppe von Frauen. Einige weinen, heben die Hände, andere stehen erstarrt. Über ihnen fließt eine bleigraue Wolke, schwankend, wie in Krämpfen. Und der ruhige Himmel, rund um diese Schmerzenswolke – in einem seltsam matten, kranken Goldglanz scheint er über einer vergifteten Welt im nächsten Augenblick einstürzen zu wollen.
Die nackten drei Körper schrillen als die einzigen helleren Flecken durch die vom Sandsturm verdunkelte Gegend. Hier, von der Ferne sieht man das geronnene Blut auf den Körpern nicht, nicht die Fliegen in scheußlichen Trauben an den offenen Wunden. Aber man spürt das alles deutlich genug, spürt den immer neu hervorbrechenden kalten Schweiß der Gepeinigten. Man hat nicht die Schamlosigkeit, näher heranzutreten. Die Stätte ausgesuchter Qual schreckt wie ein Zauberbann. Doch auch fliehen kann man nicht, so gern man das wollte. Man steht wie gelähmt.
»Zwei von ihnen haben den Rauschtrank genommen«, flüstert einer neben dem Griechen, vor Grauen bebend.
»Die frommen Frauen haben ihn allen angeboten.«
»So hat Jeschua ihn abgewiesen?«
»Er wollte nicht trinken.«
»Aber er hat durch ein Kopfnicken gedankt.«
»Herr, verzeih ihnen, obwohl sie wohl wissen, was sie tun. – Das hat er gesagt, zu den Römern gewendet.«
»Sie haben ›König der Juden‹ auf die Tafel geschrieben, ihm zu Häupten.«
»Um uns zu verhöhnen, das ganze Volk.«
»Der Messias, Sohn Josefs, stirbt«, sagt eine starke Stimme.

»Er stirbt, um als Messias, Sohn Dawids, aufzuerstehen.«
»Er wird unsern Krieg zu Ende kämpfen, er wird uns retten.«
Einer schluchzt laut auf. »Schade um ihn!«
Das schlichte Wort trifft den Griechen mit aller Kraft. Jetzt erst kommt er zum Bewußtsein. Welch ein einfältiges Wort! Aber nicht ohne Grund hat der Meister die Einfältigen immer besonders geliebt. Schade um ihn – zarter Klageruf! Wie wenig gesagt! und wie viel! Plötzlich sieht Meleagros den Arzt im Fischerboot, den heiter-ernsten Lehrer in der Kraft seiner Jünglingsgesundheit, von Tausenden umringt, selbst voll von Hoffnung und daher Hoffnung spendend, tröstend. Er sieht ihn am taubengrauen See des Galil in aller Lieblichkeit, in einem milden silbernen Licht, das wie Fischschuppen glänzt. Man fühlte damals einen ewigen Frühling in der Luft. Welcher Klageruf wäre groß genug, dies alles zu umfassen? Ein einfältiges Wort vermag es am ehesten. Ja, schade um ihn, schade, tausendfach schade im Angesicht von Zeit und Ewigkeit.
»Er ist unsterblich«, spricht jemand mit namenloser Innigkeit. Meleagros wendet sich um. Es ist Jerimot, der Kupferschmied aus Owadjahs Kreis.
Einer erwidert: »Aber man hat Worte der Verzweiflung aus seinem Mund gehört. ›Mein Gott, mein Gott, warum hast du mich verlassen‹ – das waren die Worte. Sind das Worte des Messias, der uns retten soll?«
»Ein Fluch Gottes ist ein Gehängter«, führt ein dritter dumpf an, verzweifelt.
»Und wir, die wir gedacht haben, er sei unser König ...«
»Kleingläubige«, schilt Jerimot. »So wißt ihr nicht, was Schimon Kepha gesagt hat? Damals als die Krämer aus den Vorhöfen vertrieben wurden. Als uns nachher der Mut sank, hat Kepha an Hoschea erinnert. ›Wenn Gott uns zerfleischt hat, wird er uns auch wieder heilen. Er wird uns nach zwei Tagen neu beleben, am dritten uns wieder aufrichten.‹ – ›Uns‹, damit ist der Messias gemeint. Denn das Volk und der gesalbte König, sie sind eins.«

»Wir werden ja sehen, was am dritten Tage geschehen wird!« brummt einer, in dem der Grieche den Mageren, den Dolmetsch und Spion aus Nazaret wiederzusehen glaubt. »Zwei Tage zumindest könnt ihr nun wohl Ruhe geben. Oder auch das nicht, ihr Windbeutel? Haben euch die Römer euer Rettungsgeschwätz noch immer nicht genügend versalzen?«
Alle weichen zurück. Lassen um den Gegner und Angeber einen freien Raum, ohne zu antworten. Es ist heute nicht die Stunde, Hohn mit Hohn zu erwidern.
In diesem Augenblick hörte man einen hohen, messerscharfen Schrei. Er kam aus der Ferne, von dem höchsten der drei Kreuze, dem Königskreuz in der Mitte, an dem bisher Ruhe geherrscht hatte. Infolge der großen Entfernung war der Schrei nur schwach zu vernehmen, trotzdem hörte man genau, daß es ein mit aller Kraft hervorgepreßter, orgelhaft hervorgestoßener und langausgehaltener Schrei war, fast nicht mehr ertragbar laut. – Man sah, daß der mißhandelte Körper sich emporwarf und streckte, dann zusammenfiel. Das Holz schien ihn nicht halten zu wollen. Es senkte sich nach vorn. Eilig stürzten Soldaten heran, um es zu stützen.
Die Frauen vor dem gelben Himmel fielen mit den Gesichtern zu Boden. Ihr Heulen drang als fernes Sausen bis an die Stadtmauer her, gegen die Meleagros das Gesicht preßte. Dann hörte er aus den Worten der Umstehenden, daß die Soldaten nun darangingen, den beiden andern Gekreuzigten mit Keulenhieben den Garaus zu machen. Es gehörte zu ihren verbrieften Rechten, die Leiden der Gequälten abzukürzen oder zu verlängern. Sie machten sogar auch daraus noch ein Geschäft, ließen sich die letzten Habseligkeiten der Verurteilten für diesen Dienst versprechen. »Bei ihm ist es nicht nötig«, hörte der Grieche eine ruhige, erstaunlich unbewegte Stimme in seiner Nähe. »Bei ihm hat es nicht so lange gedauert wie sonst.« Die Stimme eines Fachmannes, der zu Hinrichtungen zu gehen pflegt. Meleagros riß sich herum, sah einem Bekannten, einem Mitbeamten ins rundlich aufgeschwemmte, sanftgerötete Gesicht.
Eine wahnwitzige Welt! In dem trüben, ätzenden Trichter

drehten sich einige Brocken von Gedanken herum, ohne klar zu werden. Etwas von Lieblosigkeit, kaltblütiger Einordnung des Unfaßlichen in den täglichen Weltlauf – das ist es, woran wir zugrunde gehen. Das Unsinnigste wird vor unsern Augen Wirklichkeit – und wir lehnen uns nicht auf, sagen ›Ja‹ dazu. Einer ist so voll Demut, daß er seinen Schülern die Füße wäscht. Zum Lohn werden ihm von Hochmütigen die Füße mit Eisennägeln durchbohrt. – Glühende Totenklage erhob sich in der Seele des Griechen. Da geht einer aus, um immer nur Liebe zu spenden. Und das Ende ist: Es hat nicht so lange gedauert wie sonst ...
Eine andere innere Stimme mischt sich in diese Totenklage ein. »Dies, o Echekrates, war das Ende unseres Freundes, des Mannes, der, wie uns scheint, von allen damaligen, die wir erprobt haben, der beste gewesen ist und auch sonst der erkenntnisreichste und der gerechteste.«
Adelige Worte. Und ein adeliger Tod. Sokrates im Kreise seiner Jünger, bis zum letzten Augenblick Unsterblichkeit lehrend. – Hier aber, Schmerz und Schmach! Ein Zertretener, einsam, der Schande preisgegeben. Unter römischen Halbtieren, nicht unter Athenern, deren Grausamkeit und Irrtum immer noch etwas Gesittetes behalten. Hier war nur Kot, nur Entsetzen. Und doch war hier vielleicht noch mehr gewollt worden als selbst damals in Athen; der Blindheit hat jener den Krieg erklärt, dieser aber dem größten aller Feinde, dem Haß. So war jener ein Opfer der Erkenntnislosen geworden, dieser ein Opfer der Haßgierigen. Der Weise fällt unter den Klauen der Dummheit, der Gütige unter den Hufen der Bosheit. Wir wollen an den Pfosten des Weltalls rütteln, damit alles einbricht und untergeht. Man darf nicht länger leben, nicht länger das Tageslicht ertragen. Es sei denn, daß eine unerhörte Vergeltung käme, von der wir keinen Begriff haben. Der Gute, der auf die grausamste Art vernichtet worden ist, müßte eine glorreiche Erhöhung finden, die noch niemand ahnt. Jetzt müßte der Himmel sich öffnen! In fieberhafter Verzückung wartet der Grieche, wartet die Volksmenge mit ihm. Himmel, öffne dich!

Meleagros war von Rachegedanken durchströmt. Doch es lichtet sich in ihm, während man am Spätnachmittag den Meister in die Felsengruft bettet, die ein vornehmer Pharisäer, Josef von Ramatajim, zur Verfügung gestellt hat. Der Grieche nimmt an der feierlich stillen Bestattung teil und beweint dann auch die Schwester, der man in einem Höhlengrab nahebei eine kleine Abteilung, ein Lager vergönnt. In seinem Herzen hat sich etwas, zunächst nur schwach, in einer neuen Richtung bewegt. Sollte er so wenig gelernt haben, daß er auf Rache sinnt, während ihm doch eben gezeigt wurde, wie einer immer nur vorwärts, vorwärts eilte, immer nur Liebe gebend und letztlich ganz unbekümmert darum, was aus ihm und was aus allem werden mag, wenn nur die Quelle reinster Liebe immer weiter sprudelt? Sollte wirklich kein Abglanz solcher Liebe, die nichts mehr von menschlicher Schwäche hat, die überirdisch rein ist, sollte nichts von ihr in seine sonst so leicht beeinflußbare Seele eingedrungen sein? — Er glaubt zu fühlen, daß Jeschua erst jetzt, da er nicht mehr unter den Lebenden ist, in ihm zu leben beginnt. Der demütige Knecht Gottes, der unbeirrbar den guten Weg nahm — niemand kann ihn aufhalten, denn den Tod sucht er zwar nicht, hat ihn aber in seinen Weg von Anfang an einbezogen —, dieser Lichtkristall hat den Tod und alle Verderbtheit der Welt in sich gesogen und damit überwunden.

Der Grieche dämmt seine Begeisterung: Ich werde ihm nachfolgen, ich werde ihm in meiner Brust Wiederauferstehung und neues Leben bereiten. Tausende werden es tun wie ich. Die Schoschana der Zukunft wird um ihn nicht mehr zittern müssen; um so befreiter wird sie ihn erkennen und lieben, von geschwisterlichen Ängsten unberührt.

Er versucht, noch tiefer in sich hineinzuschaun: Was habe ich erlebt? Das Wunder des Menschen. Man kann diesen Menschen ebensogut einen Gott nennen. Mir widerstrebt es nicht. Die Juden haben ihre Bedenken gegen diese Vorstellung. Das zu prüfen ist nicht meine Sache. Für mich als Hellenen war immer alles dichtgedrängt voll von Göttern. Mir ist nun ein

Gott in Gestalt eines Menschen erschienen, im Wort und im Fleisch, das die Kraft hat, sich hinzuopfern, wenn sein Weg der Liebe dahin führt, wo das Opfer nötig wird. Da ich das erlebt habe, erblicke ich den Menschen, jegliches Menschenwesen in einem neuen Sinn und Glanz. Des Menschen Herz ist unzerstörbar. Wohl scheint die Welt keine Aussicht auf ein reines Leben zu bieten. Aber der Gott unternimmt es trotzdem. Und das Unmögliche – diesmal gelingt es. Und bleibt dabei unmöglich. Das ist ebenso groß, wie es widerspruchsvoll ist. Die Brücke des Geistes, der ewigen Liebe führt über das Nichts hin. Der Atem bleibt einem weg, wenn man es sich bis zu Ende vorstellt. Noch gelingt es mir nicht. Noch weiß ich nichts. Ich erhoffe es nur. Aber demütig erlebe ich: Eben diese Hoffnung ist in mir von nun an aufgerichtet. Vielleicht würde ich, das kleine Mückendichterlein, nicht diesen wilden Weg gewählt haben, den der Heros Jeschua gegangen ist. Anders würde ich gegangen sein. Schlechter, menschlicher. Ich weiß nicht, um wie viel schlechter. Aber eben der unmenschliche, der wilde Weg leuchtet durch die Nacht. Er ist jetzt da. Ich habe diesen Weg für Aberwitz gehalten, für Wahnsinn, aber nun habe ich das Licht gesehen. Und da dieses geschehen ist, dürfen wir einen ungewöhnlich starken Mut fassen. Stark wie der Tod ist die Liebe, habe ich die Juden sagen hören. Ich habe es nicht verstanden. Jetzt habe ich es erlebt.

Es ist diesem ewig lernenden, odysseischen Meleagros zumute, als höre er gerade jetzt, im Augenblick auf, der ›gute Junge‹ zu sein, als den er sich nicht gerade selten spöttischerweise gescholten hat. Ich beginne, ein Erwachsener zu werden, wenn nicht alles trügt – ein wirklicher Mensch. Das sollte mich freuen. Es ist gewiß noch weit von der Wahrheit. Das, was ich empfinde, erscheint mir als ein geringfügiger Versuch, mehr nicht. Der Versuch, ein Mensch zu sein. Immerhin ein Versuch, der sich lohnen könnte. –

Darin kann er nun freilich noch am gleichen Abend eine Probe bestehen. Mit Joaw hat er zwar einen rauhen Wortwechsel. Er ist enttäuscht. Mit diesen allzu vorsichtigen Plänen – so

drückt er sich aus — will er nichts zu tun haben, sie zielen auf Jahre, und im Augenblick der Entscheidung versagen sie. — Von Joaw und den jungen Freunden verabschiedet er sich. Aber etwas anderes geschieht. Er begegnet dem Tuscus.
Es ist schon Nacht. Tuscus ist ihm wohl nachgeschlichen, spricht ihn unversehens an. Er trägt jetzt Waffen — hat den Rang eines gewöhnlichen Legionärs. Nicht unmöglich, daß er bei der Hinrichtung irgendeine untergeordnete Handreichung vollzogen hat. Es würde zu ihm passen, der immer das Unauffällige liebt.
»Diesmal weniger zufrieden mit dir«, beginnt er. »Hast dich lange bei uns nicht sehen lassen. Das Zutrauen verloren? Mit Unrecht, wie du jetzt siehst.«
Rühmt er sich am Ende noch seiner Schandtat? Erwartet er Anerkennung? — Die Wut darüber, daß auch so etwas an unmenschlicher Gesinnung möglich ist, preßt dem Meleagros den Dolch in die Hände, den er unter dem Kleid trägt. Da, wo der Halsschuppenpanzer endet, da wird er zustechen. — Im letzten Augenblick läßt er die Hand sinken, im Gedenken der ewigen Liebe, die er wandeln gesehen hat. Es wäre ja eine vortreffliche Schülerleistung, das neue Leben, das Leben als Mensch, mit einem Mordstich zu beginnen.
Das Gespräch findet an einem wohlbekannten Tisch statt, auf einer geräumigen Plattform, die eine Treppe unterbricht, neben einem verfallenen Torbogen und einer Gartenmauer aus klobigen Steinen. Auf der andern Seite die verlassene Tischlerwerkstätte — jetzt eine Art kleiner Kaserne, eines der vielen tausend Postenhäuser des Weltreichs, das von Britannien bis an den Euphrat reicht. Von einem Keller her wird der wohlbekannte Tisch unter den Efeuranken bewirtschaftet, er gehört jetzt zu einer Militärkantine. In dieser Nacht, in der er keine Ruhe findet, ist Meleagros bei seiner Wanderung in die vertrauteste aller Jerusalem-Landschaften gelangt, ist hier niedergebrochen — das Glas Wein, das die Wirtin gebracht hat, ist unberührt. Er sucht zu fassen, was er verloren hat. Das alles kann er ohnehin niemals zu Ende denken. Es ist eigentlich gleichgültig, ob er es heute in Angriff nimmt

oder später einmal. So denkt er an gar nichts, starrt unbeweglich vor sich hin.
»Warum hast du uns in letzter Zeit keine Nachrichten mehr gebracht?« nimmt Tuscus ruhig wieder das Wort. »Allerdings war deine Aufgabe diesmal, zu warnen. Er hat sich wohl nicht warnen lassen? Wie du siehst, sind wir trotzdem mit ihm fertig geworden.«
Er ist vom Sieg geschwellt. Rom siegt immer. Rom und Sieg – das sind überhaupt nur zwei verschiedene Worte für denselben Begriff. Fürchterlich ist nicht so sehr die einzelne Forderung des räuberischen Senats oder Kaisers: Liefert Zoll, liefert eure Flotte aus, schlagt eurem Führer den Kopf ab, er gefällt uns nicht – fürchterlich ist vielmehr das Gefühl, daß Rom, auf seine Macht, seine besseren Waffen gestützt, schlechterdings alles verlangen kann, was es will, ohne Schranken und ohne ein Ende in der Zukunft. Daß es keine übergeordnete Instanz über diese Waffenmacht gibt. Tuscus scheint die Gedanken des Griechen zu erraten, er rückt näher, in sein süßlich duftendes Herbstparfüm gehüllt: »Hast du endlich eingesehen, daß neben dem Weltregiment, das wir führen, alles andere nur schöne Phrase ist – Worte, an denen man sich ein Weilchen berauscht, aber die nüchterne Wirklichkeit steht schon vor der Türe und läßt sich durch Deuteleien nicht wegtreiben. Kommst du endlich darauf?«
Ja, ich bin verzweifelt, sinnt er. Und es ist aller Grund, auf dieser Erde verzweifelt zu sein und ihre Sache aufzugeben, ihre gute Sache, an die man geglaubt hat. Erst im Himmel wird diese gute Sache aufblühen – dann werden wir sie genießen, früher nicht. Gewöhnen wir uns daran, unsere große Liebe ausströmen zu lassen, ohne Antwort. Eine verlorene Sache haben wir geliebt, die Liebe und den Geist. Haben sie hier, in diesem Tal der Tränen geliebt, wir Toren, hier, wo nur das Böse und die Gewalt herrschen. Die Liebe muß sterben, erst im Tod triumphiert sie. Erst im Tod ist sie stärker als der Tod.
Doch ein beflissener Ton in den Worten des Tuscus läßt ihn plötzlich aufhorchen. Tuscus fragt ihn über seine neuen

Freunde aus, über Joaw, über die Waffenschmiede in den Schluchten von Arbeel, über das Zusammenströmen von Waffen und Männern im Galil. Meleagros erinnert sich daran, daß er schon früher einmal, am Anfang, Nachrichten an Tuscus weitergegeben hat, der Weisung Owadjahs gehorchend, Nachrichten über Kämpfer in Sepphoris, die dann zur rechten Zeit verschwunden waren; nur ein wenig altes Gerümpel fand man auf. Auch jetzt kann der Grieche dem Feind manches Irreführende preisgeben. Wichtiger noch, daß er auf diese Art erfährt, wie weit des Tuscus Kenntnisse reichen. Offenbar weiß er einiges, hat einiges erspitzelt, doch nicht den zehnten Teil all dessen, was sich in den stillen Tälern des Hochlandes vorbereitet. Tuscus will selbst mit zwanzig, dreißig Mann aufbrechen, um die geheimen Schlupfwinkel der Empörer aufzuspüren. Wundervoll! Er geht in die Höhle des Löwen, in den sicheren Tod. In den Schluchten von Arbeel, die sich unterirdisch weit verzweigen, wird Tuscus verschwinden und nie mehr ans Licht kommen.
Das Gespräch beendet der Grieche frohlockend, nach außen hin völlig beherrscht. Wie in eine Falle läuft dieser Tuscus hinein. Nicht ich habe ihn umgebracht, er bringt sich selbst um. Das Licht scheint in die Finsternis, aber die Finsternis hat es nicht begriffen. Das Böse kann nicht zum Guten überredet werden. Es muß ausgerottet werden. Das ist arg. Es widerspricht vielleicht der Lehre des Meisters. Wenn es sich nun aber selbst ausrottet, wenn es wie dieser Tuscus an den eigenen Freveln erstickt – soll ich ihm dann etwa in die Hand fallen? Soll ich bei solch einer besondern Glückswendung das Schicksal aufzuhalten suchen?
Er hat sich verabschiedet, ist ein paar Stufen der Treppe hinaufgestiegen, stadtwärts. Sein Herz ist nun doch etwas leichter als vor einer Stunde, da er völlig niedergeschlagen und erschöpft diesen Ort betreten hat. Er empfindet sogar eine Art lockender Freude. – Da packt es ihn, zieht ihn gleichsam am Haar. Er hat seiner Pflicht nicht genügt, der neu übernommenen Liebespflicht. Er muß zurück, er muß den Tuscus warnen. Ja, warnen! Man darf einen Menschen nicht in eine Ge-

fahr hineinrennen lassen, die er nicht kennt und von der man genau unterrichtet ist.
Tuscus empfängt ihn unwirsch. Er hat inzwischen mit zweien der Soldaten ein angeregtes Würfelspiel begonnen.
Meleagros tritt an den Tisch heran, legt beide Hände auf die Tischplatte, beugt sich vor, blickt dem andern eindringlich ins Gesicht: »Bei der ewigen Liebe beschwöre ich dich, laß von deinen Verfolgungen ab. Es wird nicht gut mit dir enden, Tusce. Ehe es zu spät ist, laß ab.«
»Zu viel getrunken, Liebster?«
»Laß ab, ich bitte dich. Ich flehe dich darum.«
»Hast du Angaben zu machen, so tu es in einem respektvolleren Ton.« Der kleine Jupiter greift nach dem Blitzbündel. »Im übrigen morgen früh – bei meinen Perlen. Du siehst, daß du mich langweilst.«
Er ist verabschiedet. Unabweislich spürt er zugleich, daß er keinesfalls auch nur einen Schritt weitergehen darf. Alles Weitere wäre Verrat an Joaw und den Freunden. Hier ist deutlich eine Grenze gezogen. Vielleicht hat er sich schon allzu nahe an diese Grenze vorgewagt. Es ist gerade noch knapp Zeit, einzuhalten. –
Um Mitternacht ist er in dem kleinen Zimmerchen bei Joaw. Der Knabe steht im Mantel da, reisefertig. Die jungen Freunde nageln eben Kistendeckel zu. Die neuen Anschläge des Tuscus kommen ihnen nicht überraschend, sie sind vorbereitet.
»Ich will mit euch gehen. Wann brecht ihr auf?«
»In dieser Stunde. Du bist gerade zurecht gekommen. Eine Stunde später hättest du die Stube leer gefunden.«
»Ich will für die Freiheit kämpfen. Nehmt ihr mich mit?«
»Du bist willkommen.«
»Ich weiß nicht«, gesteht Meleagros freimütig, »weiß nicht, ob dies der beste Weg ist, den ich nun beschreite. Das sage ich euch offen, damit gleich von Beginn an nichts als Offenheit zwischen uns ist. Dies zum Gedächtnis einer Toten. – So hört denn: Vielleicht gibt es bessere Wege. Die völlig lauteren Wege der Liebe, für die ich nicht reif bin. Für mich ist ein anderes vorgezeichnet und natürlich. Wie einen seine

Mutter tröstet, so fühle ich mich unter euch. Ich will mit euch gegen die Unterdrücker kämpfen. Was ich daheim in Phokis begonnen habe, fast noch ein Knabe – hier mit euch beginne ich es nochmals, als Mann.«
»Du weißt, was Owadjahs Spruch ist: Wir wehren uns. – Hier in der Stadt wäre es eine sinnlose Niederlage geworden. Aber das Galil wartet.«
Was sie an diesem Tage erlebt haben, hat den Ausschlag zu ihrem Aufbruch gegeben. Die Worte des Sterbenden vom Kreuz her blasen in ihre tätige, feurige Liebe, fachen die Flammen an mit der Stimme des tiefsten Grams. Diese unergründlich trostlosen Worte: »Mein Gott, mein Gott, warum hast du mich verlassen?« Aber Kepha, den sie in der Nacht umherirrend getroffen haben, war nicht trostlos, er hat trotzig den Kopf aufgeworfen: »Dieser Psalm geht weiter. Lest ihn zu Ende, und ihr werdet auf die Worte stoßen: ›Elende werden essen und satt werden. – Preisen werden Gott, die ihn suchen. – Euer Herz lebe auf für immer‹.«
»Euer Herz lebe auf für immer«, wiederholte Joaw, während sie das Stübchen abschließen und die Gasse betreten, im Nachtdunkel, ohne Lärm. Die senkrechten Furchen über seiner Nasenwurzel vertiefen sich, er blickt wie ein Mann, sachlich, müheloses Gleichgewicht im Blick. Es deutet sich nach all den Schrecken sogar eine Art von leiser Hoffnung an. »Euer Herz lebe auf für immer. Haus Jaakow, so wollen wir gehen und für die Freiheit kämpfen.«
»Für die Freiheit der ganzen Welt«, fügt einer aus dem Dunkel hinzu, leise und mit schwerem Klang.
Sie klettern den Steig hinab, schreiten aus. Dann wieder steil aufwärts, durch Dornen, niedriges Buschwerk. Bald blicken sie vom Kundschafterberg, dem Skopus, auf das nächtlich schweigende Jerusalem nieder. Nur da und dort ein Lichtlein, rötlich matt in einer Hausmauer. Die drei Kreuze vor dem Tor stehen noch, flackern schwarz und feindselig in den von Sternenlicht mild durchatmeten Himmel.
»Und für die ewige Liebe«, seufzt Joaw.
»Für die Freiheit – für die Liebe«, ein leiser Tanzgesang durch

die Schar. Sie haben einander an den Händen gefaßt. Nur wenige Schritte, dann rasten sie kurz, jeder seinen Gedanken überlassen, mit dem Blick auf die dunkle Stadt.
»Die ewige Liebe wird nicht auslöschen. Sie ist stark wie der Tod.« Die kühle, opferbereite Reinheit des schlanken Jünglingskörpers richtet sich auf, seine Entschlußkraft teilt sich allen mit wie das Licht unsichtbarer Tautropfen. Meleagros nickt, er kann nicht reden. Die kleinen trüben Lichter in der Stadt unten scheinen zu zittern, abzufallen wie Staubkörner von einem Samtmantel, den man schüttelt. Das Niedrige, Verächtliche erlischt. Alles Verächtliche ist abgetan. Der Bergwind rauscht, zieht seine Kreise um die große Stadt. Meleagros zögert noch. Sie haben ihn nicht gefragt, wie er dazu kommt, sich als Bundesgenosse anzuschließen. Am Abend noch hat er mit ihnen Streit gehabt, ihnen die Freundschaft gekündigt. Ihre Pläne waren ihm zu vorsichtig, zu langsam. Jetzt um Mitternacht meldet er sich in ihre Reihen. Und sie erkundigen sich nicht nach den Gründen seiner Wandlung. »Habt ihr denn gar kein Mißtrauen gegen mich?« bricht er schließlich los.
Joaw drückt ihm rasch und kräftig die Hand. Sie haben den Gipfel erreicht, sie gehen nun schneller.

NACHWORT

Eine D i c h t u n g und nicht etwa ein Werk, das den Anspruch macht, historische oder theologische Darstellung zu sein, wird hiermit der Öffentlichkeit übergeben.

Der Verfasser legt auf diesen Unterschied den größten Nachdruck. Er ist nämlich der Meinung, daß ein Dichter das Recht und somit, wenn er dem im Bereich der Dichtkunst waltenden Gesetz und nur ihm treulich folgt, auch die Pflicht habe, mit den Daten der Geschichte in derselben Freiheit umzugehen, die er auch den Erfahrungen gegenüber anwendet, die er in seinem persönlichen Leben macht.

Auch das Studium der Weltgeschichte bringt ihm — genauso wie sein gelebtes Leben — Erfahrungen besonderer Art, Erlebnisse, die er nach den Weisungen der Kunst zu ordnen versucht.

Er tritt also an die Weltgeschichte mit einer ganz andern Intention heran als der wissenschaftlich forschende Historiker. Der Dichter wie der Historiker suchen wohl beide die Wahrheit und Wirklichkeit, das, was wirkend geworden ist — doch beide suchen in ganz verschiedener Art. Sehr oft kommt der Wissenschaftler an einen Punkt, an dem er darstellen muß, daß sich das von ihm Geschilderte auf die oder jene oder etwa noch auf eine dritte mögliche Art abgespielt haben könnte. Diese Möglichkeiten wägt er dann vorsichtig gegeneinander ab, bezeichnet die eine oder die andere Hypothese als die wahrscheinlichere. Einen solchen Weg hat der Dichter nicht. Er muß sich einer einzigen Linie des Geschehens hingeben, muß sich entscheiden, kann nur eine der vielen Möglichkeiten verkörperlichen, vergegenständlichen. Er hat sich imaginierend mit allen herumgeschlagen, schließlich aber für die eine entschlossen, die einzige, an der er seine Kräfte wachsen fühlt, die einzige, an der er diese Kräfte mit aller Leidenschaft sich entzünden sah. Dieser einen konkreten Möglichkeit folgt er dann — ohne sie damit etwa dem Leser als etwas historisch Erweisbares vorlegen zu wollen. Genug, daß diese eine Möglichkeit mit dem Geist der Zeitepoche, die er studiert hat, mit der Landschaft und mit tausend geheimnisvollen Zwischentönen, die das Thema ihm zuflüstert, nicht in Widerspruch gerät.

Der Abstand vom wissenschaftlichen Historiker ist klar gegeben — jedoch durchaus nicht so breitklaffend, wie er vielleicht auf den ersten Blick erscheint. Auch der Geschichtsschreiber wird ohne Phantasie nicht auskommen. Er hat Lücken in den Quellen auszufüllen, muß Zeitspannen überbrücken, von denen die Quellen nichts sagen, Begründungen erahnen, die nicht überliefert und vielleicht gar nicht überlieferbar sind. Allerdings tut der Historiker dies alles in Form von Hypothesen, von denen er oft auf mehreren gleichzeitig spielt wie auf den Saiten einer Harfe. Der Dichter dagegen geht nur den einen Weg der Gestaltung, blickt, nachdem ihm nun einmal die Vision geworden ist, nicht nach rechts oder links. Es ist eine Straße mitten ins schreckhaft schwebend Ungewisse hinein; der Dichter geht diese Straße, indem er sie gleichzeitig bahnt. Steht freilich der Historiker nicht oft genug vor ähnlichen Schwierigkeiten? Wie unbefriedigend hat er manchmal Quellen miteinander zu vergleichen, die einander widersprechen! Oder er mißtraut den Quellen, wie etwa Eduard Meyer dem Josephus Flavius (meiner Ansicht nach durchaus zu Unrecht) prinzipiell mißtraut. Oft erklärt ein Gelehrter das für eine Interpolation aus viel späterer Zeit, was einen andern gerade als das Urtümliche, Urfrische einer Quelle wahrheitsbeseligend anmutet. In solchen Trübnissen bleibt dann wohl auch dem historisch exakten Forscher nichts übrig, als auf den reinigenden Blitzstrahl der Intuition zu warten. An dieser Stelle wird dem Theologen wie dem Gläubigen die Offenbarung als Gewißheit zuteil. Dem Dichter aber wurde nichts gegeben als die eine Straße, die man bahnt, indem man sie geht.
Das mag, von außen gesehen, den Eindruck einiger Willkür machen. Innerlich, von sich aus gesehen, weiß der Dichter sich im Gesetz, oder er ist ein kleiner Mensch, also kein Dichter. Dichtermäßig weiß er sein Schreiben als notwendig hervorströmend und einer höheren Macht überantwortet.
Aber die Dokumente! — wird man einwenden.
Der ungeheure Zauber und die Kraft der Dokumente ziehen den Dichter nicht minder an als den wissenschaftlichen Forscher. Ja, in einem gewissen Stadium der Vorarbeit muß sich der Dichter in einen historischen Experten verwandeln — und dieses Vorstadium folgt ihm in abgewandelten Formen mitten in die Arbeit hinein, verläßt ihn eigentlich nie, ist eine der Spannungen, die er unweigerlich auszuhalten hat. Der Dichter macht sich die Dokumente zu eigen, studiert sie mit der gleichen eifrigen Besessenheit bis ins kleinste, wie sie auch der Geschichtsschreiber studiert; weshalb man wohl finden mag, daß eine gute Strecke Weges lang Geschichtsschreiber und Dichter miteinander wandeln. Vergleicht man etwa Goethes bis in den Kern erschütterndes Drama ›Torquato

Tasso‹ mit den geschichtlich überlieferten Tatsachen, so wird man in überraschend vielen Einzelheiten eine treffende Darstellung sowohl der handelnden Personen wie der Zeitumstände finden. Es ist mehr Übereinstimmendes, als man von vornherein, solange man sich diesen Geschichtsstudien nicht unterzogen hat, anzunehmen geneigt ist. Und doch erwartet rechtens niemand ein authentisches Porträt des Hofes von Ferrara in dem Theaterstück aus Weimar geliefert zu bekommen. Der historische Tasso erscheint einem da und dort unbedeutender als der mit Goethes Lebenssäften genährte Held — an andern Stellen aber auch wieder zweideutiger, rätselhafter, interessanter. Merkwürdig bleibt, daß Goethe so viel echte Wirklichkeit in sich hatte, daß sogar das, was er der Wirklichkeit entnahm, wie von ihm erfunden und gerade deshalb wirklich anmutet. Während umgekehrt in Schillers „Wallenstein" sogar das, was historisch fundiert ist, gelegentlich einen abgezogenen blassen Schein der Konstruktivität entsendet, von dem man sich erst wieder bei andern Stellen der Trilogie frei macht, die dann freilich unser Tiefstes umstürzen wie nur je der Naturanblick von Stern und Wald. Doch niemand nimmt Anstoß daran — denn gerade hier ist sein Dichtertum am stärksten in Fahrt —, daß Schiller die großartige Unterredung mit dem schwedischen Parlamentär, daß er Max und Thekla aus freier Phantasie erschaffen hat. Ich benütze die Gelegenheit, zu erklären, daß auch mein Tuscus — sic parvis componere magna solebam — eine nichts-als-poetische Existenz fristet und zufrieden sein will, wenn der Geist seiner Zeit und des römischen Imperiums in ihm fühlbar wird.

Der Freiheiten in meinem Roman sind mehr, als der Leser zunächst wahrhaben mag. So etwa hat Meleagros, wenn ich August Öhler trauen darf, fünfzig bis hundert Jahre vor den dargestellten Ereignissen gelebt. Auch die zweitausend Kreuze des Varus sind von mir anachronistischerweise in eine etwas spätere Zeit versetzt. Dagegen verwende ich einmal antizipierend sogar ein Zitat aus dem (nicht genannten) Tacitus, das ebenso einer späteren Epoche angehört wie einige Verfallssymptome des römischen Kaisertums oder wie der Schlangenkult in Alexandria, dessen Einzelheiten ich dem Bericht eines Kirchenvaters aus dem 3. Jahrhundert n. Chr., der Ketzerwiderlegung (›Elenchos‹) des Bischofs Hippolytos, verdanke, derselben Quelle, die anscheinend auch Flaubert in seiner ›Versuchung des heiligen Antonius‹ benützt hat. Doch da ja die Gnosis nicht etwa im 3. Jahrhundert entstanden ist, sondern auf viel ältere Schichten zurückblickt, halte ich in einem Werk der Dichtung (nicht der Geschichtsschreibung) derartige Freiheiten der Zeitbestimmung für unumgänglich, wenn der allmächtige Aufbau der Erzählung sie gebietet. Es sieht eben der Dichter das Wesen der Zeit anders, als sie dem Wissenschaftler erscheint. Er darf in frühere Perioden hineinlegen, was die Entwicklung erst später ans Licht zieht – denn er nimmt schon im Früheren das Künftige wahr, erlebt es als ein Werdendes, sich unaufhaltsam Vorbereitendes. Daher konnte ich, beispielsweise, den von Josephus überlieferten Aufstand der Samaritaner vorausnehmen. Und die Vorfälle nach dem Vogelopfer in Cäsarea fallen nicht dem Pontius Pilatus zur Last, sondern dem späteren Landpfleger Florus; die Theudasepisode hat sich erst unter Cuspius Fadus abgespielt (Antiqu. XX. 5, 1, vgl. Acta apost. V). Da aber alle Prokuratoren das gleiche System der Völkerausbeutung verbildlicht haben, da ein Tuscus nicht so sehr sich selbst, als den ganzen Andrang der römischen Gewaltherrschaft vertritt, wie sie sich etwa schon in Cäsars ›Gallischem Krieg‹ ohne falsche Scham einführt – so sind derartige dichtungsmäßige Zusammenfassungen als ›Verdichtungen‹ einer langsam zur Entfaltung kommenden, im Ablauf aber immer schon allgegenwärtigen Motivreihe meines Erachtens nicht etwa bloß erlaubt, sondern unerläßlich, wenn der Dichter sein Gesetz, das der höchsten Deutlichkeit und der das Herz erstürmenden Lebendigkeit, erfüllen will. Als Geschichtsquelle dagegen will eine Dichtung nun einmal nicht aufgefaßt sein. –

Ich habe es sonst vermieden, irgendeinem meiner erzählenden oder dramatischen Werke (von ›Galilei‹ und ›Lord Byron‹ abgesehen, wo ähnliche Gründe vorlagen) eine Erklärung oder einen Kommentar beizufügen. Wenn ich mich hier, viele Bedenken überwindend, dennoch dies zu tun bequeme, so geschieht es, um Mißverständnisse der unerfreulicheren Art auszuschließen, die entstehen könnten, wenn man die vorliegenden Kapitel aus der Sphäre der schöpferischen Kunst, in die allein sie heimatlich hineingehören, herauslöste und in eine andere Blickrichtung, eben etwa die der erforschenden Untersuchung, hineindrücken wollte. Das wäre eine Gewaltsamkeit, die auch dem Geist der Liebe widerspräche, in dem ich während der schönen, von dieser Arbeit gesegneten Zeit gelebt habe – und, will's Gott, noch eine Weile leben will, mit dem Friedenswunsch für alle meine Mitmenschen guten Willens in der Seele.

INHALT